東洋古典譯註叢書 206

出土文獻 補註

譯註 說文解字注 6

【076. 又部】-【107. 習部】

著者 許愼　注 段玉裁

책임번역 李忠九

공동번역 成瑭濟 林在完 趙成德 黃鳳德

책임연구 元勇準

공동연구 金正男 金赫 朴載福

전통문화연구회

東洋古典譯註叢書를 발간하면서

우리의 古典國譯事業은 민족문화 진흥의 기초사업으로 1960년대부터 政府 支援으로 古文獻 現代化 작업을 추진하여 많은 成果를 거두었다. 당시 이 사업 추진의 先行課題로 東洋古典이라 일컬어지는 중국의 基本古典을 먼저 飜譯하여야 한다는 學界의 주장이 있었음에도 불구하고 우리 고전이 아니라는 일부의 偏狹한 視角과 財政 事情 등으로 인하여 배제되어 왔다.

전통적으로 중국의 기본고전은 우리 歷史와 함께 숨쉬며 각종 교육기관의 教科書로 활용됨은 물론이고 지식인들의 必讀書가 되어 왔으며, 우리 文化의 基底에 자리잡고 거의 모든 방면의 體系와 根幹을 형성하여 왔다. 그래서 학문연구의 기본서 역할을 해 왔을 뿐만 아니라 오늘날에도 우리의 國學徒 및 東洋學 研究者들에게 같은 역할을 하고 있음은 주지의 사실이다. 그럼에도 불구하고 中國古典은 우리 것이 아니라 하여 專門機關의 飜譯對象에 포함하지 않음으로써, 대부분 原典에서의 직접 번역이 아닌 重譯이나 拔萃譯의 방식이 주를 이루면서 教養水準으로 出版되어 왔다.

오늘날 東洋 三國 중에서 우리의 東洋學 연구가 가장 부진한 이유는, 東洋基本古典에 대한 폭넓은 이해의 부족과 漢文古典 讀解力의 저하에 기인함을 우리는 솔직히 인정하여야 한다. 따라서 이들 중국고전에 대한 신뢰할 만한 國譯이 이루어지는 것이 한국학 연구를 촉진시키는 시급한 先行課題라 할 수 있다.

이에 韓國學 및 東洋學의 연구와 古典現代化의 基盤構築을 위해서는, 전문기관으로 하여금 동양고전을 단기간에 각 분야의 專門 研究者와 漢學者가 상호 협동하여 연구번역하여 飜譯의 傳統性과 效率性, 研究의 專門性을 높일 수 있도록 政策的 配慮가 있어야 한다.

이에 本會에서는 元老 및 中堅 漢學者와 斯界의 專攻者로 하여금 協同硏究飜譯하여 공부하는 사람들이 믿고 引用하거나 깊이 있는 註釋 등을 활용할 수 있게 하고, 知識人들의 敎養을 증진시켜 줄 수 있는 東洋古典의 國譯書 간행을 지속적으로 추진해 왔다. 근래에 다행히 이 사업에 대하여 각계 지도층의 폭넓은 이해와 지원에 힘입어 2001년도부터 國庫補助를 받아 東洋古典譯註叢書를 간행하게 되었다. 이를 계기로 우리 先學의 註釋과 見解를 반영하는 등 국역사업의 內實을 기하게 되었음을 이 자리를 빌어 衷心으로 감사드리며, 아울러 國譯에 參與하신 관계자 여러분의 勞苦에 깊은 謝意를 표한다.

끝으로 우리의 이러한 작업은 오랜 역사 위에 축적된 先賢들의 業績과 現代學問을 이어주는 튼튼한 架橋와 礎石이 되어 진정한 韓國學과 東洋學 발전에 기여할 것을 굳게 믿으며, 21세기를 우리 文化의 世紀로 열어 가는 밑거름이 되도록 우리의 力量을 本 事業에 경주하고자 한다. 江湖諸賢의 부단한 관심과 지원을 기대해 마지않는다.

社團法人 傳統文化硏究會 理事長 李啓晃

目 次

【088. 几部】

【089. 寸部】

【090. 皮部】

【091. 瓷部】

【092. 攴部】

【093. 敎部】

【094. 卜部】

【095. 用部】

【096. 爻部】

【097. 叕部】

第7卷
說文解字注 第4篇 上

【098. 旻部】

【099. 目部】

【100. 䀠部】

【101. 眉部】

【102. 盾部】

【103. 自部】

【104. 白部】

【105. 鼻部】

【106. 皕部】

【107. 習部】

〔補 註〕

〔附 錄〕

凡 例

1. 본서는 ≪譯註 說文解字注≫의 제6책이다.
2. 본서는 段玉裁의 ≪說文解字注≫(上海古籍出版社, 1995. 7次 印刷)를 底本으로 삼았다.
3. 본서는 원전의 傳統性과 번역의 現代性을 구현하기 위해 노력하였다.
4. 標題字는 原本의 小篆을 제시하고, 頭註로 底本에 기재된 楷書는 ( ) 속에 제시하였다. 그리고 〔 〕 속에 訓과 音을 제시하였다.
5. 標題字 앞에 卷數, 部首番號, 문자일련번호를 제시하여 색인 등에 편리하게 하였다. 표제자와 함께 그 예를 보이면 다음과 같다.

06-076-1804 (又)〔손/우〕 補

06은 5권이고, **076**은 76번째 부수이고, **1804**는 글자 전체의 순서가 1804번임을 나타낸다.

字源 解說이 부록으로 추가되는 글자는 훈음 뒤에 補로 표시하였다.

6. 原文은 字解 설명을 중심으로 구성되어 독자들의 이해도를 높이기 위해 懸吐하지 않고 본회의 기준에 따른 標點으로 처리하였다.
7. '从'자는 '……을 따르다'로 해석하였는데, 이는 '해당 部首에 從屬되다'는 의미로 쓰이는 文字學 용어이다.

'시작'이다. 一을 따르고 兀(올)은 소리이다. **始也. 从一, 兀聲**

8. 段玉裁 注는 ≪說文解字≫ 原文에 '①, ②……'로 표시하고 그 아래에 번역문과 원문을 제시하였다.
9. 讀音이 특수하거나 僻字인 경우에는 ( ) 속에 音價를 달아주었다.
10. 飜譯은 原意에 충실하고, 이해가 어려운 부분은 補充譯과 意譯을 하였다.

11. 用語 등에 대한 설명이 필요할 경우 註釋, 間註, 脚註를 달았다.
12. 飜譯文은 한글과 漢字를 混用하였으며, 맞춤법과 띄어쓰기는 한글 맞춤법과 표준어 규정을 따르는 것을 원칙으로 하였다.
13. 校勘은 원문의 衍字, 誤字, 脫字, 倒文 등을 대상으로 하였다.
14. 주요한 글자는 出土文獻 자료를 補註를 달아 해설하였다.
15. 본서의 校勘에 사용된 符號는 다음과 같다.

( )〔 〕: (저본의 誤字)〔교감한 正字〕

〔 〕: 저본의 脫字 보충

( ): 저본의 衍字 삭제

16. 본서에 사용된 주요 符號는 다음과 같다.

" ": 對話, 각종 引用

' ': " " 안에서 再引用, 强調

「 」: ' ' 안에서 再引用, 强調

( ): 원문에서는 讀音이 다른 글자나 僻字의 音
번역문에서 간단한 間注

〔 〕: 번역문의 이해를 돕기 위한 原文의 漢字나 句節
譯註에서 인용한 原文
疏에서 설명 대상으로 제시한 經이나 傳의 단어나 구절

≪ ≫: 書名이나 典據

〈 〉: 篇章名, 作品名, 補充譯

- -: 原注를 표기한 句節

出土文獻 補註

譯註 說文解字注 6

【076. 又部】-【107. 習部】

第6卷

說文解字注 第3篇 下

【076. 又部】

06-076-1804 (又)〔손/우〕[補]

'사람의 손'이니, 象形이다.[1)] 세 개의 손가락으로 표현한 것은 손에 나란히 나뉘어진 손가락이 많지만 대략 셋을 넘지 않기 때문이다. 又에 속하는 글자는 모두 又를 따랐다.

手也, 象形.① 三指者,② 手之列多略不過三也.③ 凡又之屬, 皆从又.

① 이 글자는 바로 지금의 '右'자이다. '오른손〔又手〕'이라고 말하지 않은 것은 본래 왼손〔𠂇〕과 오른손〔又〕을 아울러 말하였기 때문이다. 𠂇를 가지고 〈왼손을〉 구별하게 되면서 '又'가 전적으로 '오른손'만을 가리키게 되었으니 ≪古文尙書≫가 있고 나서 ≪今文尙書≫라는 이름이 생겼고, ≪後漢書≫가 생긴 이후에 ≪前漢書≫라는 이름이 생겼고, 〈下曲禮〉가 생긴 이후에 〈上曲禮〉라는 이름이 생긴 것과 같다.[2)] 또 '右'가 만들어지자 '又'는 '다시 그러하다'는 말이 되었으니, ≪春秋穀梁傳≫에 "又는 이어짐이 있다는 말이다."라고 하였다.[3)]

---

1) 사람의……象形이다 : ≪六書尋源≫에서는 "이 글자의 篆書는 오른손을 본떠서 속을 쥐어 에워싸서 물건을 잡은 형상이므로 의미를 '손'이라고 하였다. 𠂇(왼/좌)의 篆書는 바로 이 글자의 반대 형체이어서 왼손이 물건을 잡은 형상을 본떴다. 그러므로 옛날에 '又'자를 '右(오른쪽/우)'자로 하고, '𠂇(왼쪽/좌)'자를 '左(왼쪽/좌)'자로 하였다. 높은 사람은 오른쪽에 있으면서 號令을 내고 낮은 사람은 왼쪽에 있으면서 노력을 힘써 하므로 後人들이 右를 만들면서 口를 보태어 따르게 하고 左를 만들면서 工을 보태어 따르게 하였다.〔此字之篆 象右手 握圍中取物之象 故訓手也 𠂇字之篆 卽此字之反體 而象左手取物之形 故古者以此字爲右字 以𠂇字爲左字 蓋尊者居右而發號令 卑者居左而勤功力 故後人作右加从口 作左加从工也〕"라고 하여, 又가 후일에 口를 더한 右를 만들어 쓰이게 됨을 밝혔다.

2) 下曲禮가……같다 : ≪經典釋文≫ 〈禮記音義〉의 〈曲禮 上〉 앞부분에 있는 〈釋文〉에는 "本에 따라 간혹 '曲禮上'으로 되어 있는 것이 있는데, 이것은 後人이 추가한 것이다.〔本或作曲禮上者 後人加也〕"라고 하였고, 〈曲禮 下〉에 앞부분에 있는 〈釋文〉에는 "살펴보건대 鄭玄의 目錄에 '내용은 前篇과 같으나 簡策이 많아서 上下로 나누어 만들었다.'라고 하였다.〔案鄭目錄云 義與前篇同 簡策重多 分爲上下〕"라고 하였다.

此卽今之右字. 不言又手者, 本兼𠂇又而言. 以𠂇別之, 而又專謂右, 猶有古文尚書而後, 有今文尚書之名, 有後漢書而後, 有前漢書之名, 有下曲禮而後有上曲禮之名也. 又作右而又爲更然之詞, 穀梁傳曰 "又, 有繼之辭也."

② 세 갈래의 획은 세 개의 손가락을 본뜬 것이다.
三岐象三指.

③ 손가락으로 수를 셀 때 〈손가락의〉 전체를 사용하기도 하고 세 개만 사용하기도 한다. '略'은 '그 대략'을 말하는 것이다. 于와 救의 반절이다. 古音은 제1部에 있다.
以指記數者, 或全用, 或用三. 略者言其大略. 于救切. 古音在一部.

06-076-1805 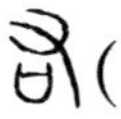(右)〔도울/우〕補

'돕다'이다. 口·又를 따랐다.[4)]

助也.① 从口又.②

① 李燾本과 ≪集韻≫ 去聲49 宥[5)]에는 이와 같이 되어 있는데,[6)] 지금의 大徐本과 小徐本에는 모두 '손과 입이 서로 돕는다.〔手口相助也〕'라고 되어 있다.
李燾本及集韻如是, 今二徐本皆作手口相助也.

② 살펴보건대 '又'자 다음에 '厷'·'叉'·'叏'자를 말하였는데, 이는 팔과 손가락부터 말한 것이다. 又의 아랫부분은 팔을, 윗부분은 손가락을 본뜬 것이니, 미리 '口를 따른 글자'를 배열한 것은 타당하지 않다. 口部에 이 글자가 있는데 "'돕다.'이다. 口·又를 따

---

3) 春秋穀梁傳에서……하였다 : 成公 7년과 昭公 25년 조에 보인다.

4) 돕다이다……따랐다 : ≪六書尋源≫에서는 "살펴보면 '又'자의 篆書는 오른손이 물건을 잡은 형상을 본떴고, '𠂇'자의 篆書는 왼손이 물건을 잡은 형상을 본떴으므로 옛날에 곧바로 '又'자를 '右(오른쪽/우)'자로 하고, '𠂇(왼쪽/좌)'자를 '左(왼쪽/좌)'자로 하였다. 後人이 '又'자에다 口를 보태어 따르게 하고 右를 만들면서 곧 右가 높아서 입으로 외쳐 명령을 시행하는 뜻이 되고, '𠂇'자에다 工을 보태어 따르게 하여 左를 만들어 곧 左가 낮아서 작업에 부역을 독촉하는 뜻이 되었다. 또 사람이 左右에 있는 이는 곧 '나를 돕는 사람'이므로 '돕다'는 의미가 되고, 또 오른쪽이 높으므로 '높다'는 의미가 되었다.〔按又字之篆 象右手持物之形 𠂇字之篆 左手持物之形 故古者直以又字爲右字 以𠂇字爲左字矣 後人就又字 而加从口作右 卽右爲尊而口號施令之義 就𠂇字而加从工作左 卽左爲卑而工作董役之義也 且人之在左右者 卽助我者 故訓助也 又以右爲尊 故訓上也〕"라고 하여, 右의 의미가 '돕다', '높다'로 되는 것을 설명하였다.

5) 集韻……宥 : ≪集韻≫ 去聲49 宥에는 "≪說文解字注≫에는 '돕는 것'이라고 하였고, 일설에는 '手와 口가 서로 돕는 것'이라고 한다.〔說文 助也 一曰手口相助也〕"라고 하였다.

6) 李燾本과……있는데 : 李燾의 ≪說文解字五音韻譜≫ 제9 又部에는 "右는 手와 口가 서로 돕는 것이다.〔右 手口相助也〕"로 되어 있다.

랐다."라고 하여,[7] '입으로 손을 돕는다'는 것을 주로 말하였으니, 이 부수에 편입시켜 '손이 입을 돕는 것'이라고 말하는 것은 타당하지 않으므로 삭제해야 한다.

按又下曰厷・曰叉・曰叉, 自臂指言之. 以又下象臂上象指也, 不當早廁從口之字. 口部有此字, 云 "助也, 從口又", 主謂以口助手, 不當入此謂手助口, 宜刪.

06-076-1806 (厷)〔팔뚝/굉〕 補

'팔뚝'이다. 又를 따르고 厷의 古文을 따랐다. (厶)는 厷의 고문이니 象形이다.[8] (肱)은 厷의 或體이니 肉을 따랐다.

臂上也.① 从又, 从古文厷,② , 古文厷, 象形.③ , (左)〔厷〕[9]或从肉.④

① 팔〔臂〕은 손의 위쪽이다.[10] 옛날에는 弓을 가차하여 厷로 썼으니 두 글자는 古音이 같다.[11] ≪周易≫을 전한 사람 중에 江東의 '馯臂子弓'[12]이라는 사람이 있는데 馯은 姓이고, 臂는 이름이며 子弓은 字이다. 이름을 '臂'라고 했기 때문에 字를 '厷'이라고 한다. ≪春秋左氏傳≫과 ≪春秋穀梁傳≫의 '邾나라 黑肱'이 ≪春秋公羊傳≫ 昭公 31년 조에는 "黑弓"이라고 하였다.[13] 鄭나라 公孫 黑肱은 字가 伯張이니[14] 肱이 바로 弓이다.

---

7) 口部에……하여 : ≪說文解字注≫ 口部에 "'돕다'이다. 口・又를 따랐다.〔助也 从口又〕"라고 하였다.

8) 팔뚝이다……象形이다 : ≪六書尋源≫에서는 "이는 又를 따랐으니, 又는 손이다. ∠을 따른 것은 팔뚝 관절의 모양을 본떴는데, 隸書에서 厶으로 써서 한 점을 보탠 것은 贅畫이다. 지금 팔을 구부려보면 그 모양은 비록 銳角 및 鈍角 三角形에 가깝지만 許愼의 篆書는 반드시 구부렸고 그 속을 또 구부렸다. 양쪽 끝이 밖으로 향한 것은 굽은 것을 펴서 역시 외면을 잘 막아내기 때문이다.〔此从又 又 手也 从∠ 象臂節之形 而隸作厶 加一點者贅矣 今試曲肱 則其狀雖近於銳角及鈍角三角形 然許篆必宛曲 其中又宛曲 其兩耑而向外者 以其能伸其屈而亦能禦外也〕"라고 하여, 자형을 팔뚝 관절의 모양 등으로 자세하게 설명하였다.

9) (左)〔厷〕: 저본에는 '左'로 되어 있으나, ≪說文解字詁林≫ 〈段注訂〉에 의거하여 '厷'으로 바로잡았다.

10) 팔〔臂〕은……위쪽이다 : ≪說文解字注≫ 肉部에 보인다.

11) 옛날에는……같다 : ≪說文解字注≫ 弓部 '弓'자의 段玉裁 注에 "居와 戎의 반절이다. 古音은 제6部에 있다. '肱'과 같이 읽는다.〔居戎切 古音在六部 讀如肱〕"라고 하였다.

12) 馯臂子弓 : ≪經典釋文≫ 敍錄에 ≪周易≫의 '註解傳述人'에 "孔子가 만년에 주역을 좋아하여 묶은 끈이 세 번 끊어질 때까지 읽고, 그것을 전하였으니 전한 것은 바로 十翼이다. 魯나라 商瞿子木이 孔子에게 주역을 전수받아 魯나라 橋庇子庸에게 주었고, 子庸이 江東의 馯臂子弓에게 전수했고, 子弓이 燕나라 周醜子家에게 전수했고……〔孔子晩而好易 讀之韋編三絶 而爲之傳 傳卽十翼也 自魯商瞿子木 受易於孔子 以授魯橋庇子庸 子庸 授江東馯臂子弓 子弓 授燕周醜子家……〕"라고 하였다.

臂, 手上也. 古假弓爲厷, 二字古音同也. 傳易者, 江東馯臂子弓, 馯, 姓, 臂, 名, 子弓, 字. 名臂故字厷. 左・穀梁郲黑肱, 公羊作黑弓, 鄭公孫黑肱, 字伯張, 則肱卽弓也.

② 小篆의 厶는 너무 오래 전의 글자이기 때문에 '又'를 더한 것이다. 古와 薨의 반절이다. 제6部에 있다.
小篆以厶太古, 故加又. 古薨切. 六部.

③ 굽은 팔을 본뜬 것이다.
象曲肱.

④ 지금은 모두 이 글자〔肱〕를 쓴다.
今皆作此.

06-076-1807 (叉)〔깍지 낄/차〕

'손가락을 서로 섞다'이다. 又・一을 따랐으니, 깍지 낀 모양을 본뜬 것이다.

手措[15]相錯也.[①] 从又一,[②] 象叉之形.[③]

① 손가락이 물건과 서로 섞이는 것을 이른다. 대체로 손가락을 펴서 물건 사이를 교차하여 잡는 것을 '叉'라고 한다. 여기에 기인하여 대체로 갈래의 끄트머리를 모두 '叉'라고 한다. 이 때문에 머리의 비녀를 '叉'라고 하는데, 지금 글자는 '釵'로 쓴다. 魚部 '鰸'자의 해설에 "크기는 비녀만 하다."라고 하였고,[16] 譙周의 ≪異物志≫에 "涪陵郡[17]에 큰 거북이 많은데 그 껍질은 점〔卜〕을 칠 수 있으며, 가장자리와 가운데의 교차한 무늬〔叉〕는 瑇瑁와 비슷하다. 세속에서는 '靈叉'라고 부른다."라고 하였고,[18] 劉逵의 〈蜀都賦〉, 常璩가 기술한 ≪華陽國志≫ 〈巴志〉, 郭璞의 ≪爾雅≫ 〈釋魚〉 注에서 모두 그 말

---

13) 春秋公羊傳……있다 : ≪春秋公羊傳≫ 昭公 31년 겨울에 "黑弓이 濫 땅을 가지고 도망왔는데, 經文에 어찌하여 郲婁라고 쓰지 않았는가.〔冬 黑弓以濫來奔 文何以無郲婁〕"라고 하였다.

14) 鄭나라……伯張이니 : ≪春秋左氏傳≫ 襄公 31년 "이때에 鄭나라 子蟜・伯有・子張은 鄭伯을 따라 齊나라 討伐에 나가고〔於是子蟜伯有子張从鄭伯伐齊〕"에 대한 杜預 注에 "子張은 公孫 黑肱이다.〔子張 公孫黑肱〕"라고 하였다.

15) 手措 : 徐鉉本에는 '手指'로 되어 있다. 段玉裁 注에도 '手指'라고 한 것을 볼 때 '手措'의 措는 指의 잘못인 듯하다. 따라서 여기서는 '손가락〔手指〕'이라는 뜻으로 풀이하였다.

16) 魚部……하였고 : ≪說文解字注≫ 魚部에 보인다.

17) 涪陵郡 : 東漢 建安 6년(201)에 劉璋이 巴郡을 분할하여 巴東屬國을 설치하였고, 建安 21년(216)에 劉備가 巴東屬國을 고쳐 涪陵郡이라고 하였다. 관할지역은 현재 重慶市 彭水, 武陵, 黔江, 西陽, 秀山과 貴州省 務川, 道眞, 沿河 일대이다.

18) 譙周의……하였고 : 譙周의 ≪異物志≫의 내용은 劉逵의 〈蜀都賦〉 注에 보인다.

을 인용하였다. 緣中叉는 가장자리〔緣〕로 비녀를 만들 수 있다는 것을 이른다. 지금 ≪爾雅≫ 注에는 '가장자리와 가운데의 무늬는 瑇瑁와 비슷하고, 민간에서는 靈龜라 부른다.〔緣中文似瑇瑁 俗呼爲靈龜〕'으로 잘못되어 있다. 賈公彦이 ≪周禮≫ 疏에서 인용한 내용에서부터[19] 이미 그렇게 되어 있었다.

謂手指與物相錯也. 凡布指錯物閒而取之曰叉. 因之, 凡岐頭皆曰叉. 是以首笄曰叉, 今字作釵. 魚部䰾下云 "大如叉股", 譙周異物志曰 "涪陵多大龜, 其甲可以卜, 其緣中叉似瑇瑁. 俗名曰靈叉". 劉逵注蜀都賦, 常璩述華陽國志, 郭(樸)〔璞〕[20]注爾雅, 皆用其語. 緣中叉, 謂緣可爲釵也. 今爾雅注譌作緣中文似瑇瑁, 俗呼爲靈龜. 自賈公彦周禮疏所引已然矣.

② 이 글자(一)는 지금 보충하였다. 손가락 사이에 물건이 있는 것을 본뜬 것이다.

此字今補. 象指閒有物也.

③ 初와 牙의 반절이다. 古音은 제16部에 있다.

初牙切. 古音在十六部.

06-076-1808 (叉)〔손발톱/조〕補

'손발톱'이다. 又를 따랐으니, 손톱의 모양을 본뜬 것이다.

手足甲也.① 从又, 象叉形.②

① 叉와 爪는 古今字이니,[21] 옛날에는 叉로 썼고 지금은 爪로 쓴다. 禮經에서는 가차하여 蚤로 썼는데, ≪儀禮≫ 〈士喪禮〉에는 "손발톱을 깎는 것이 다른 날과 같았다."라고 하였고, ≪儀禮≫ 〈士虞禮〉에는 "목욕하고 빗질하고 손발톱을 깎는다."라고 하였는데, 鄭玄 注에 "搔는 간혹 '蚤'로 되어 있다."라고 하였고, ≪禮記≫ 〈曲禮 下〉에는 "大夫와 士는 나라를 떠날 때 손발톱을 깎지 않는다."라고 하였으니, 蚤는 모두가 곧 '叉'자이다. 鄭玄 注에서 모두 바로 "蚤는 爪로 읽는다.〔讀爲〕"라고 하였으니,[22] '讀爲'는 그 글자를 바꾸는 것을 가리킨다. '爲叉'라고 바꾸지 않고 '爲爪'라고 바꾸었으니, 여기에서 한나라 사람들이 본래 '爪'를 손발톱이라는 글자로 사용했다는 것을 알 수 있다. ≪釋名≫

---

19) 賈公彦이……내용에서부터 : ≪周禮≫ 〈春官 龜人〉의 "旅祭도 이와 같이 하고 喪事도 이와 같이 한다.〔旅亦如之 喪亦如之〕"의 疏에 보인다.

20) (樸)〔璞〕: 저본에는 '樸'으로 되어 있으나, 문맥을 살펴 '璞'으로 바로잡았다.

21) 叉와……古今字이니 : '爪'는 ≪說文解字≫ 爪部 "손바닥을 뒤집는 것을 爪라 한다.〔覆手曰爪〕"의 段玉裁 注에 "지금 사람들이 이 글자를 叉甲(손톱)의 '爪'자라고 하니 옳지 않다.〔今人以此爲叉甲字 非是〕"라고 하였다.

22) 鄭玄……하였으니 : ≪儀禮≫ 〈士喪禮〉 注에서는 "蚤 讀爲爪"라고 하였고, ≪儀禮≫ 〈士虞禮〉에서는 "搔 當爲蚤"라고 하였고, ≪禮記≫ 〈曲禮 下〉에서는 "蚤 讀爲爪"라고 하였다.

에 "爪는 '잇다〔紹〕'는 뜻이다. 힘줄 끝이 손톱이 되니 손가락 끝과 이어지는 것이다." 라고 하여, 또한 叉로 되어 있지 않다.

叉爪古今字, 古作叉, 今用爪. 禮經假借作蚤, 士喪禮 "蚤揃如他日", 士虞禮 "浴沐櫛搔揃. 搔或爲蚤", 曲禮 "大夫士去國不蚤鬋", 蚤皆卽叉字也. 鄭注皆云 "蚤讀爲爪", 讀爲者, 易其字也. 不易爲叉而易爲爪, 於此可見漢人固以爪爲手足甲之字矣. 釋名曰 "爪, 紹也. 筋極爲爪, 紹續指端也", 亦不作叉.

② 側과 狡의 반절이다. 古音은 제3部에 있다.
側狡切. 古音在三部.

06-076-1809  (父) 〔큰 사람/부〕 補

'큰 사람'이다. 가장은 선도하여 가르치는 사람이다. 손에 막대기를 들고 있는 것을 따른 것이다.[23)]

巨也.① **家長, 率教者.**② **从又擧杖.**③

① 疊韻으로 풀이하였다.
以疊韻釋之.

② 率은 達과 같으니 先導하는 것이다.[24)] 經傳에는 또한 父를 가차하여 甫로 썼다.[25)]
率同達, 先導也. 經傳亦借父爲甫.

③ ≪禮記≫ 〈學記〉에 "夏와 楚[26)] 두 가지 회초리를 사용하여 威儀를 수렴한다."라고 하였기 때문에 손에 막대기를 들고 있는 것을 따른 것이다. 扶와 雨의 반절이다. 제5部

23) 큰……것이다 : ≪六書尋源≫에서는 "이른바 손에 막대기를 들고 있는 것을 따랐다는 것은 篆文이 又를 따르고 겸하여 ㄣ의 형상을 따라 몽둥이를 들고 있는 모양을 말하는 것이다. 杖은 매질하는 도구를 말한다.〔所謂从又擧杖者 言其篆文从又兼从ㄣ象 擧杖之形也 杖謂其楚撻之具也〕"라고 하여, ㄣ이 몽둥이의 형상이라는 등을 자세하게 설명하였다.

24) 率은……것이다 : ≪說文解字注≫ 辵部 "達은 先導하는 것이다.〔達 先道也〕"의 段玉裁 注에 "道는 지금의 '導'자이다. 達은 經典에서 '率'자를 가차하여 썼다.〔道 今之導字 達 經典假率字爲之〕"라고 하였다.

25) 經傳에는……썼다 : ≪說文解字注≫ 用部 '甫'자의 段玉裁 注에 "≪儀禮≫ 〈士冠禮〉에는 甫가 父로 되어 있고 다른 경전에서도 某甫의 甫를 또한 父와 통용하니 同音假借이기 때문이다.〔士冠禮甫作父 他經某甫之甫亦通用父 同音假借也〕"라고 하였다.

26) 夏와 楚 : 夏는 모양이 둥글고, 楚는 모양이 모난 체벌 도구를 가리킨다. ≪禮記≫ 〈學記〉의 鄭玄 注에 "夏는 가래나무이고 楚은 싸리나무이다.〔夏 榴也 楚 荊也〕"라고 하였다. ≪爾雅≫ 〈釋木〉에서는 "榴는 산 개오동나무〔山榎〕이다."라고 하였고, 郭璞 注에는 "오늘날의 산 가래나무〔山楸〕이다."라고 하였다.

에 있다.

學記曰“夏楚二物, 收其威也”, 故從又擧杖. 扶雨切. 五部.

06-076-1810 (叜)〔늙은이/수〕 補

‘늙은 사람’이다. 又·灾(재)를 따랐다. (寽)는 〈叜의〉 籒文이니 寸을 따랐다. (傁)는 叜의 或體이니 人을 따랐다.

老也.① 从又灾.② , 籒文从寸. , 叜或从人.③

① 疊韻이다. ≪方言≫에 “傁와 艾는 ‘長老’이다. 東齊,[27] 魯와 衞 지역에서는 지위가 높고 연로한 사람을 ‘傁’라고 하고 혹은 ‘艾’라고도 한다.”라고 하였다.

疊韻. 方言曰“傁·艾, 長老也. 東齊魯衞之閒, 凡尊老謂之傁, 或謂之艾.”

② 徐鉉本에는 “从又 从灾 闕”이라고 하였다. 살펴보건대 이 자형의 구조에는 뜻도 있고 음도 있는데, ‘비워 둔다’는 것은 “又·灾를 따랐다.”라는 뜻이 전해지지 않는다는 것을 이른다. 玄應의 〈≪一切經音義≫ 〈優婆塞五戒經〉에〉 “又는 音이 手이고 ‘灾’는 ‘쇠약함’이다.[28]라고 하였으니, 脈의 큰 징후는 寸口[29]에 있는데 老人은 寸口의 맥이 쇠약하기 때문에 又를 따르고 灾를 따랐다고 말한 것이다.”라고 하였는데, 이 해설은 아마도 전수받은 것이 있는 듯하다.

≪古今韻會擧要≫에서 ≪説文≫을 인용하여 “又·灾를 따랐다. 灾는 衰惡이다.”라고 하였으니,[30] 아마도 옛날에는 이 다섯 글자(灾者 衰惡也)가 있어서 학자들이 그렇게 해석한 것으로 보인다. 穌와 后의 반절이다. 제3部에 있다. 今字는 叟로 쓰는데, 또한 그 설에 대해서는 듣지 못하였다.

鉉本作从又, 从灾, 闕. 按此有義有音, 則闕者謂从又灾之意不傳也. 玄曰“又音手, (手)[31] 灾者, 衰惡也. 言脈之大候在於寸口, 老人寸口脈衰, 故从又从灾也.” 此説葢有所受之. 韻

27) 東齊 : 주나라 때 齊나라를 가리킨다.

28) 玄應의……쇠약함이다 : ≪一切經音義≫ 〈大灌頂經〉 ‘老叜’의 音義에서 ≪方言≫과 ≪廣雅≫을 인용하여 설명한 것이다.

29) 寸口 : 한의학에서 맥박이 활발하게 뛰는 부위를 가리킬 때 쓰는 말로, 양쪽 손바닥에서 위로 1촌쯤 되는 곳, 즉 손목 부위에 맥박이 활발하게 뛰는 곳을 말하는데, 肝, 心, 脾, 肺, 腎의 맥이 모두 이곳으로 모인다고 한다.

30) 古今韻會擧要에서……하였으니 : ≪古今韻會擧要≫에는 “灾를 따르고 又가 소리이다. 灾는 쇠약함이 심한 것이다.〔从灾又聲 灾者 衰惡也〕”라고 되어 있었는데, 段玉裁는 인용할 때 ‘聲’자를 뺐다.

31) (手) : 저본에는 ‘手’가 있으나, ≪一切經音義≫에 의거하여 衍文으로 처리하였다.

會引說文从又灾，灾者，衰惡也，葢古有此五字，而學者釋之．穌后切．三部．今字作叟，亦未聞其說．

③ 今本 ≪春秋左氏傳≫에는 이와 같이 되어 있다.[32)]
今左傳如此作．

06-076-1811 燮(燮)〔화할/섭〕 補

'조화를 이루다'이다. 言・又를 따르고 炎(염)이 소리이다. 溼(섭)과 같이 읽는다. 燮(燮)은 燮의 籒文이니 羊(임)을 따랐다.

和也.① 从言又,② 炎聲.③ 讀若溼.④ 燮, 籒文燮从羊.⑤

① ≪爾雅≫ 〈釋詁 下〉에 보인다.[33)]
見釋詁．

② 會意이다. 말과 손이 모두 조화를 이루는 것이다.
會意也．言與手皆所以和之．

③ 小徐本에 '聲'자가 있는 것을 따랐다. 穌와 叶의 반절이다. 제8部에 있다.
依小徐有聲字．穌叶切．八部．

④ 지금의 반절과 음이 같지 않지만[34)] 雙聲이다.
與今切，音不同而雙聲．

⑤ 羊의 音은 飪이니[35)] 籒文의 燮은 이와 같이 되어 있다. 살펴보건대 이것은 重文(이체자)인데 옛날글자(籒文)를 구분하지 않고 사용하였으니 매우 잘못된 것이다. ≪說文解字≫ 炎部에 '燮'자가 있는데 "푹 익힌 것이다. 炎을 따르고 손으로 辛을 잡은 것을 따랐다. 辛은 음식물이 익은 맛이다."[36)]라고 하였고, ≪廣韻≫에는 이것은 曹憲의 ≪文

---

32) 春秋左氏傳에는……있다 : '傁(傻)'로 되어 있다는 뜻이다. ≪春秋左氏傳≫ 宣公 12년 조에 "자신의 두 아들에게 뒤를 돌아보지 말하고 하였으니, 두 아들이 뒤를 돌아보며 '趙노인〔傁〕이 뒤에 온다.'라고 하였다.〔謂其二子無顧 顧曰 趙傁在後〕"라는 내용에 보인다.

33) 爾雅……보인다 : ≪爾雅≫ 〈釋詁 下〉에 "諰・燮은 和이다.〔諰燮 和也〕"라고 하였다.

34) 지금의……않지만 : '溼'은 ≪廣韻≫ 入聲 26緝 小韻字 '溼'에 '失과 入의 반절이다.〔失入切〕'라고 하였다.

35) 羊의……飪이니 : ≪說文解字注≫ 干部에 "羊은 '찌르다'이다. 飪과 같이 읽는다.〔羊 撖也 讀若飪〕"라고 하였다.

36) 炎部에……맛이다 : ≪說文解字注≫ 炎部에는 "燮은 '푹 익히다'이다. 손으로 불꽃과 辛을 쥔 모양을 따랐다. 辛은 음식물이 익어서 나는 맛이다.〔燮 大孰也 从又持炎辛 辛者 物孰味也〕"라고 하였다. "燮 大孰也"의 段玉裁 注에 "이 글자는 又部의 燮의 篆文과는 뜻이 다르

字指歸≫에 나오는 설이라고 하였다.[37] 그렇다면 炎部에는 아마도 본래 '燮'자가 없었는데 세속에서 사용하는 글자를 ≪文字指歸≫의 해설에 추가한 것이니, 羊(임)과 辛(신)이 서로 비슷하기 때문이다. 羊의 音이 飪과 같으니 飪의 뜻을 孰(익히는 것)으로 풀이하고[38] 마침내 又部의 籒文에 의거하여 炎部에 있던 小篆을 추가한 것이니 표준이 되지 못한다.

羊音飪, 籒文燮如此作. 按此重文也, 舊不分別出之, 殊誤. 炎部有燮字云, "大孰也. 从炎从又持辛. 辛者物孰味也", 廣韻謂此爲曹憲文字指歸之說, 然則炎部葢本無燮字, 俗用文字, 指歸說增之, 因羊・辛相似. 羊音同飪, 飪義訓孰, 遂依又部之籒文, 加炎部之小篆, 未爲典要.

06-076-1812 (曼)〔끌/만〕補

'끌다'이다. 又를 따르고 冒(모)가 소리이다.

引也.① 从又, 冒聲.②

① ≪詩經≫ 〈魯頌 閟宮〉의 毛亨 傳에 "曼은 '길다'는 뜻이다."라고 하였다.[39]
魯頌毛傳曰 "曼, 長也."

② 이것은 雙聲으로 소리를 삼은 것이다. 無와 販의 반절이다. 제14部에 있다.
此以雙聲爲聲也. 無販切. 十四部.

06-076-1813 (𠭰)〔펼/신〕

'펴다'이다. 又를 따르고 𦥔(신)이 소리이다. 𦥔(신)은 𦥑(申)의 古文이다.

伸也.① 从又, 𦥔聲.② 𦥔, 古文𦥑.③

① 宋本을 따랐다.[40]

다.〔此與又部燮篆義別〕"라고 하였다.

37) 廣韻에는……하였다 : ≪廣韻≫ 入聲 30 怗에 "燮은 익힌 것이다. ≪文字指歸≫에는 辛・又・炎을 따랐다.〔燮 熟也 文字指歸 从辛又炎〕"라고 하였다.

38) 飪의……풀이하고 : ≪說文解字注≫ 食部에 "飪은 '푹 익히다'이다.〔飪 大孰也〕"라고 하였다.

39) 詩經……하였다 : "심히 길고 또 크니 만민의 기대를 따르도다.〔孔曼且碩 萬民是若〕"에 대한 毛亨 傳에 보인다.

40) 宋本을 따랐다 : 宋本 大徐本에는 '神也'라고 하였고, 汲古閣 大徐本과 小徐本에는 '引也'라고 하였다. 段玉裁는 ≪汲古閣說文訂≫에서 "宋本에는 '神也'로 되어 있는데 이것은 '伸'

依宋本.

② 失과 人의 반절이다. 제12部에 있다.

失人切. 十二部.

③ 살펴보건대 申部에 "𢑚은 申의 고문이고, 昌은 申의 籒文이다."라고 하였다.[41] 그렇다면 이 '古'는 '籒'가 되어야 한다.

按申部曰 "𢑚, 古文申, 昌, 籒文申." 然則此古當作籒.

06-076-1814 (夬) 〔터놓을/**쾌**〕 補

'터놓다'이다. 又·ㅋ丨을 따랐으니, 터지는 모양을 본뜬 것이다.

分決也.① 从又ㅋ丨, 象決形.②

① ≪周易≫ 夬卦 〈彖傳〉에 "夬(쾌)는 결단함이니 剛이 柔를 결단하는 것이다."라고 하였다.

易彖傳曰 "夬, 決也, 剛決柔也."

② 徐鍇는 "ㅋ는 물건이고, ㅣ은 터지게 하는 것이다."라고 하였다. 古와 賣의 반절이다. 제15部에 있다.

鍇曰 "ㅋ, 物也, ㅣ, 所㠯決之". 古賣切. 十五部.

06-076-1815 (尹) 〔다스릴/**윤**〕 補 【重文 1】

'다스리다'이다. 又·丿를 따랐으니, 일을 장악하는 것이다. (帬)는 尹의 古文이다.

治也.① 从又·丿②, 握事者也.③ , 古文尹.④

① '伊'자의 해설에서 "天下를 잘 다스리다."라고 하였고,[42] ≪廣韻≫ 上聲 17準에서는 "'바로잡는 것'이다. '나아가는 것'이다. '정성스러운 것'이다."라고 하였다.

伊下曰 "尹治天下." 廣韻曰 "正也, 進也, 誠也."

의 오류인 듯하다.〔宋本作神也 恐是伸之誤〕"라고 하였다. 그렇기 때문에 여기에서 '伸也'로 해설을 수정한 것이다.

41) 申部에……하였다 : ≪說文解字注≫ 申部에 보인다.

42) 伊자의……하였고 : ≪說文解字注≫ 人部에 "伊는 殷나라 때 聖人인 阿衡이니, 천하를 잘 다스린 자이다.〔伊 殷聖人阿衡也 尹治天下者〕"라고 하였다.

② 句讀(구두)이다.
句.

③ '又'는 '손으로 잡는 것'이고, '丿'은 '일'이란 뜻이다. 余와 準의 반절이다. 제13部에 있다.
又爲握, 丿爲事. 余準切. 十三部.

④ 각 판본에 차이가 있는데[43] 지금은 우선 大徐本을 따랐다.
各本乖異, 今姑从大徐.

06-076-1816 (䖒)〔취할/차〕補

'손으로 아래에 있는 것을 잡다'이다. 又를 따르고 虘(차)가 소리이다.

叉卑也.[①] **从又, 虘聲**[②]

① 각 판본에는 '叉取'로 되어 있는데, 지금 ≪類篇≫에 '叉'로 되어 있고 宋本에 '卑'로 되어 있는 것에 의거하여 바로잡았다. 叉卑는 손을 사용하여 위에서 아래에 있는 것을 잡는 것이다. 지금 俗語에서는 渣(사)와 같이 읽는다. 手部에서 "擆(착)은 칼날로 찔러서 취하는 것이다."[44]라고 하였고, ≪方言≫에 "抯와 摣는 '잡다'이다. 南楚 지역에서는 대체로 도랑의 진흙에서 속에서 물건을 잡는 것을 '抯'라고 하고, 혹은 '摣'라고도 한다."라고 하였으니[45] 또한 이 글자는 引伸된 뜻이다.
各本作叉取, 今依類篇作叉・宋本作卑正. 叉卑者, 用手自高取下也. 今俗語讀如渣. 若手部云 "擆者, 以鋸物刺而取之也", 方言 "抯摣, 取也, 南楚之閒, 凡取物溝泥中謂之抯, 或謂之摣", 亦此字引伸之義.

② 側과 加의 반절이다. 古音은 제5部에 있다.
側加切. 古音在五部.

06-076-1817 (嫠)〔이끌/리〕補

'끌어당기다'이다. 又를 따르고 𠩺(리)가 소리이다.

引也. 从又, 𠩺聲.[①]

---

43) 각 판본에……있는데 : 小徐本에는 ''의 형태로 되어 있다.

44) 手部에서……것이다 : ≪說文解字注≫ 手部에 "擆은 '〈작살로〉 찌르다'이다.〔擆 刺也〕"라고 하였다.

45) 方言에……하였으니 : 이 내용은 ≪說文解字注≫ 手部 '抯'의 해설에도 동일하게 보인다.

① 里와 之의 반절이다. 제1部에 있다.
里之切. 一部.

06-076-1818 (㕞)〔닦을/쇄〕

'닦다'이다. 손으로 수건을 잡고 시신 아래쪽에 있는 것을 따랐다.

飾也.① 从又持巾在尸下.②

① 飾은 각 판본에 '拭'으로 되어 있는데, 지금 ≪五經文字≫에 의거하여 바로잡았다. 巾部에 "飾은 '닦는 것'이다."라고 하였으니[46] 서로 互訓이 된다. 手部에는 '拭'자가 없고, 彡의 해설에 "붓으로 닦아내고 무늬를 그린다.〔毛飾畫文〕"라고 하였고,[47] '𦘔'자의 해설에 "聿은 '닦다〔飾〕'이다."라고 하였으니,[48] 모두 곧 지금의 '拭'자인데, 유독 '㕞'의 설명에서만 '拭'으로 고쳤으니 ≪說文解字≫ 전체의 내용과 모순이 된다.

살펴보건대 '拭圭(홀을 닦다)'라는 단어가 비록 ≪儀禮≫ 〈聘禮〉에 보이나 반드시 세속을 따라 고친 것이다. 옛날에 '拂拭'의 '拭'자는 다만 '飾'으로만 썼으니 수건으로 먼지를 제거하기 때문에 두 글자(㕞·飾) 모두 巾을 따랐다. 먼지를 제거하여 光明을 얻을 수 있기 때문에 引伸하여 文飾의 뜻이 되었다. ≪周禮≫ 〈春官 司尊彝〉의 '涚酌'에 대해[49] 大鄭(鄭衆)은 "捝(세)는 勺을 씻은 후에 술을 따르는 것이다."라고 하였다. '拭'은 ≪釋文≫에 '飾'으로 되어 있고, 㕞 또한 刷와 통용된다. 刀部에 "禮에는 '刷巾'이 있다."라고 하였는데[50] 곧 '㕞巾'이다.

飾, 各本作拭, 今依五經文字正. 巾部曰 "飾, 㕞也", 彼此互訓. 手部無拭字, 彡下云 "毛飾畫文也", 𦘔下云 "聿, 飾也", 皆卽今之拭字, 獨於㕞下改拭, 與全書矛盾矣. 按拭圭雖見聘禮, 然必系俗改. 古者拂拭字只用飾, 以巾去其塵, 故二字皆从巾. 去塵而得光明, 故引伸爲文飾之義. 司尊彝涚酌, 大鄭云 "捝, 拭勺而酌也". 拭, 釋文作飾, 㕞亦通用刷. 刀部云 "禮有刷巾", 卽㕞巾也.

---

46) 巾部에……하였으니 : ≪說文解字注≫ 巾部에 보인다.

47) 彡의……하였고 : ≪說文解字注≫ 彡部에 보인다.

48) 𦘔의……하였으니 : ≪說文解字注≫ 聿部에 보인다.

49) 周禮……대해 : ≪周禮≫ 〈春官 司尊彝〉에 "대체로 六彝와 六尊에 술을 따를 때 鬱齏에는 獻酌을 하고, 醴齏에는 縮酌을 하고, 盎齏에는 涚酌을 하며, 모든 술에는 脩酌하게 한다."〔凡六彝六尊之酌 鬱齊獻酌 醴齊縮酌 盎齊涚酌 凡酒脩酌〕"라고 하였다.

50) 刀部에……하였는데 : ≪說文解字注≫ 刀部에 "刷는 '솔'이다. 刀를 따르고 㕞의 생략형이 소리이다. 禮에 '刷巾'이 있다.〔刷 刮也 从刀㕞省聲 禮有刷巾〕"라고 하였다.

② '屋'자의 해설에 "尸는 屋의 모양을 본뜬 것이다."라고 하였다.[51] 所와 劣의 반절이다. 제15部에 있다.
屋字下云 "尸象屋形." 所劣切. 十五部.

06-076-1819 及(及) 〔미칠/급〕 補 【重文 3】

'미치다'이다. 又・人을 따랐다.[52] 乁(乁)은 及의 古文이다. ≪秦刻石≫의 '及'자가 이 자형과 같다. 弓(弓)도 及의 고문이고, 逢(逢)도 及의 고문이다.

逮也.① 从又人. ② 乁, 古文及.③≪秦刻石≫及如此.④ 弓, 亦古文及,⑤ 逢, 亦古文及.⑥

① 辵部에 "逮는 '미치는 것〔及〕'이다."라고 하였다.[53]
辵部 "逮, 及也."

② 앞 사람에 미치는 것이다. 巨와 立의 반절이다. 제7部에 있다.
及前人也. 巨立切. 七部.

③ 句讀(구두)이다.
句.

④ 지금 ≪史記≫에 실려 있는 것이다. 琅邪臺 刻石에는 "은택이 牛馬에까지 미쳤다."라고 하였고, 碣石刻石에는 "功勞를 평가하여 장려하였는데 賞이 牛馬에 미쳤다."라고 하였다. 살펴보건대 李斯가 小篆을 썼으나 刻石을 그대로 두고 古文을 폐하지 않은 것이다.
今載史記者, 琅邪臺 刻石云 "澤及牛馬." 碣石刻石云 "惠論功勞, 賞及牛馬." 按李斯作小篆, 而刻石仍不廢古文也.

⑤ 살펴보건대, '凡'자는 이를 따랐다.[54]

---

51) 屋자의……하였다 : ≪說文解字注≫ 尸部에 "屋은 '거처하는 곳'이다.……일설에는 尸는 집의 모양을 본뜬 것이라고 하였다.〔屋 凥也……一曰尸象屋〕"라고 하였다.

52) 미치다이다……따랐다 : ≪六書尋源≫에서는 "가령 어떤 사람이 이미 앞서 멀리 갔는데 뒤에서 따라가는 이가 있으면 앞에 있는 사람의 등은 뒤에 있는 사람에게 가려서 보이지 않으므로 이 글자는 비록 윗부분에 人을 따랐다. 다만 그 머리만 보고 그 등을 보지 못하니 빈 것을 짊어진 것과 같다. 아랫부분에 又를 따른 것은 바로 '손으로 쥐고 있다'는 뜻이다.〔設有人已在前遠去 而有从後追及之者 則在前者之脊背爲在後者之所掩蔽而不見 故此字雖上从人 然但見其頭不見其背 與負虛同義 下从又 卽以手执持之義也〕"라고 하여, 人의 윗부분만 있다는 등으로 설명하였다.

53) 辵部에……하였다 : ≪說文解字注≫ 辵部에 "逮는 '도달하다〔唐逮〕'이니 '미치다'이다.〔逮 唐逮 及也〕"라고 하였다.

54) 살펴보건대……따랐다 : ≪說文解字≫ 二部의 '凡'자 해설에 "凡은 한데 모아 총괄한다는

按凡字从此.

⑥ 왼쪽은 辵을 따르고 오른쪽은 대개 筆을 따랐다.

左从辵，右蓋从筆.

06-076-1820 (秉)〔볏단/**병**〕補

'볏단'이다. 손으로 벼를 잡은 것을 따랐다.

禾束也.① 从又持禾.②

① ≪詩經≫ 〈小雅 大田〉에 "저기에 버려진 곡식 묶음이 있으며〔彼有遺秉〕"에 대해 毛亨은 "秉은 '한 줌〔把〕'이다."라고 하였고, ≪儀禮≫ 〈聘禮記〉에 "네 줌을 '1단〔筥〕'이라 한다.〔四秉曰筥〕"라고 하였는데, 鄭玄 注에 "이 '秉'자는 벤 벼가 손에 가득하다는 의미의 秉임을 이른다."라고 하였고, ≪春秋左氏傳≫ 昭公 27년 조에 "어떤 이는 볏짚 한 묶음을 가져오기도 했다.〔或取一秉秆焉〕"라고 하였다. 살펴보건대 經傳에서는 秉을 가차하여 '柄'자의 의미로 썼다.[55)]

小雅 "彼有遺秉", 毛云 "秉, 把也." 聘禮記 "四秉曰筥" 注 "此秉謂刈禾盈手之秉也." 左傳 "或取一秉秆焉." 按經傳假秉爲柄字.

② 兵과 永의 반절이다. 古音은 제10部에 있다.

兵永切. 古音在十部.

06-076-1821 (反)〔뒤집을/**번**〕補

'뒤집다'이다. 又·厂(한)을 따랐다. (反)(번)은 古文이다.

覆也.① 从又·② 厂.③ , 古文.

① 覆은 뒤집는 것이다.[56)]

말이다.……弓을 따른다. 弓은 '及'자의 古文이다.〔凡 㝡揞而言也……从弓 弓(ㄹ) 古文及字〕"라고 하였다.

55) 經傳에서는……썼다 : ≪周禮≫ 〈地官 鼓人〉의 "쇠징을 쳐서 북소리를 그치게 했다.〔以金鐃止鼓〕"에 대한 鄭玄 注의 "鐃는 鈴과 같은데 방울〔舌〕이 없고 손잡이가 있다.〔鐃如鈴 無舌有秉〕"라고 하였는데, ≪經典釋文≫ 〈周禮音義〉에 "秉은 兵과 政의 반절이고, 어떤 본에는 柄으로 되어 있다. 이하도 같다.〔秉 兵政反 本又作柄 下同〕"라고 하였다.

56) 覆은……것이다 : ≪說文解字注≫ 襾部 '覆'자의 段玉裁 注에 "〈覆은〉 '뒤집다'이다. 覆·

覆, 覂也.

② 반드시 뒤집는 자가 있을 것이다.

必有覆之者.

③ 각 판본에는 '厂'은 '뒤집힌 모양'이다.〔厂反形〕'라고 하였는데 합당하지 않다. ≪古今韻會擧要≫에는 "反形'이라는 글자가 없다. 그렇다면 마땅히 '厂聲'이라고 해야 하는데 '聲'자가 빠진 것이다.'라고 해야 한다. 厂은 呼와 旱의 반절이고, 反은 府와 遠의 반절이다. 제14部에 있다.

各本作厂反形, 未允. 韻會無反形字, 然則當云厂聲而奪也. 厂, 呼旱切, 反, 府遠切. 十四部.

06-076-1822 (㞋)〔다스릴/복〕補

'다스리다'이다. 又·卪을 따랐다. 卪(절)은 '일을 절제하다'는 뜻이다.

治也. 从又·卪.① 卪, 事之節.②

① 손으로 符節을 잡고 다스리는 것이다.

手持節以治之.

② 卪을 따른 뜻을 설명한 것이다. 房과 六의 반절이다. 古音은 제1部에 있다.

說从卪之意. 房六切. 古音在一部.

06-076-1823 (叏)〔매끄러울, 취할/도〕

'매끄럽다'이다. ≪詩經≫ 〈鄭風 子衿〉에 "매끄럽고 매끄러우니〔叏兮達兮〕"라고 하였다. 又·屮를 따랐다. 일설에는 '취하다'는 뜻이라고 하였다.

滑也. 詩云 "叏兮達兮."① 从又·屮.② 一曰, "取也."③

① 今本 ≪詩經≫ 〈鄭風 子衿〉에는 "왕래하며 서로 만나도다.〔挑兮達兮〕"로 되어 있으며, 辵部에서 인용한 ≪詩經≫에도 '挑'로 되어 있다.[57] 毛亨은 "挑達은 왕래하며 서로 보는 모양이다."라고 하였다. 살펴보건대 왕래하며 서로 만나는 것은 곧 〈관계가 서로〉

覂·反 3자는 雙聲이다.〔反也 覆覂反三字雙聲〕"라고 하였다.

57) 辵部에서……있다 : ≪說文解字注≫ 辵部에 "達은 '행하여 서로 만나지 못하다'이다. 辵을 따르고 羍(달)이 소리이다. ≪詩經≫에 '왕래하여 서로 만나도다.'라고 하였다.〔達 行不相遇也 从辵羍聲 詩曰挑兮達兮〕"라고 하였다.

매끄럽다는 뜻이니 達은 泰와 같다. 水部에 "泰는 '미끄럽다.'이다."라고 하였다.

今鄭風挑兮達兮, 辵部引亦作挑. 毛云 "挑達, 往來相見皃." 按往來相見, 卽滑泰之意, 達同泰. 水部 "泰, 滑也."

② 土와 刀의 반절이다. 古音은 대개 제3部에 있다. 생각건대 '从屮'는 그 의미가 자세하지 않지만 아마도 又를 따르고 岗(각)의 생략형이 소리인 듯하다. 岗은 휘장〔幬帳〕의 모양이니, 冃(모)를 따르고 㞢는 그 장식의 모양이다.[58] 叏는 岗의 생략형을 따르는데, '弢'자와 '鼓'자도 이 자형(叏)을 따르며, 모두 '장식을 드리운 뜻을 취하였다'고 하였으니, 叏을 따른다는 것은 또한 곧 岗을 따르는 것이다. 叏와 弢는 모두 岗를 소리로 삼았으니, 岗을 苦와 江의 반절이라고 하는 것은 잘못된 것이다.

土刀切. 古音蓋在三部. 按从屮, 未詳其意, 蓋从又岗省聲. 岗, 幬帳之象, 从冃, 㞢其飾也. 叏从岗省, 而弢鼓字从之. 云皆取垂飾意, 則从叏亦卽从岗也. 叏弢皆以岗爲聲, 則謂岗苦江切者, 非也.

③ 별도의 다른 뜻이다.

別一義.

06-076-1824 (馭)〔점칠/췌〕 補

초나라 사람들은 점을 쳐 길흉을 묻는 것을 '馭'라고 한다. 손에 祟(점친 결과/수)를 잡은 것을 따랐다. 贅(췌)와 같이 읽는다.

楚人謂卜問吉凶曰馭.① 从又持祟. 讀若贅.②

① 〈馭는〉 祝과 雙聲이다.[59]

與祝雙聲.

② 之와 芮의 반절이다. 제15部에 있다.

之芮切. 十五部.

06-076-1825 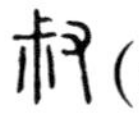(叔)〔주울, 토란을 수확할/숙〕 補 【重文 1】

---

58) 岗은……모양이다 : ≪說文解字注≫ 冃部의 '岗(각)'자 해설에 "弢·鼓·右는 모두 길게 늘이는 물건을 형상한 것이다.〔凡弢鼓右 皆像垂飾〕"라고 하였다.

59) 馭는……雙聲이다 : ≪說文解字注≫ 示部의 '祝'자 해설에 "일설에는 兌(태)의 생략형을 따랐다고 하였다. ≪周易≫에 "兌는 입이 되고 무당이 된다."라고 하였다.〔一曰从兌省 易曰 兌爲口 爲巫〕"라고 하였다.

'줍다'이다. 又를 따르고 尗(숙)이 소리이다. 汝南 지역에서는 토란을 수확하는 것을 이름하여 '叔'이라고 한다. 村(村)은 叔의 或體이며, 寸을 따랐다.

拾也.① 从又,② 尗聲.③ 汝南名收芋爲叔.④ 村, 叔或从寸.⑤

① ≪詩經≫ 〈豳風 七月〉의 "9월에는 삼씨를 주워 모으네〔九月叔苴〕"라고 하였는데 毛亨傳에는 "叔은 '줍다'는 뜻이다."라고 하였다. 살펴보건대 ≪釋名≫ 〈釋親〉에 "仲父의 동생을 '叔父'라고 하니 叔은 '젊다〔少〕'는 뜻이다."라고 하였는데, 이것은 雙聲 疊韻으로 가차한 것이다. 가차한 지가 이미 오래되어 '叔'의 本義를 아는 사람이 적은데 오직 ≪毛詩≫에서만 볼 수 있다.
豳風 "九月叔苴." 毛曰 "叔, 拾也." 按釋名 "仲父之弟曰叔父, 叔, 少也." 於其雙聲疊韻假借之. 假借旣久, 而叔之本義鮮知之者, 惟見於毛詩而巳.

② 여기에서 '줍다〔拾〕'가 本義가 됨을 알 수 있다.
於此知拾爲本義也.

③ 式과 竹의 반절이다. 제3部에 있다.
式竹切. 三部.

④ 이렇게 말한 것은 商周의 故言이 漢나라의 汝南 지역에 여전히 남아 있음을 밝힐 수 있기 때문이다.
言此者, 箸商周故言, 猶存於漢之汝南也.

⑤ 又와 寸이 모두 손이기 때문에 대부분 互用한다.
又寸皆手也, 故多互用.

06-076-1826 𠬛(𠬛)〔물에 들어가 취할/몰〕

'물에 들어가서 취하는 것이 있다'이다. 손이 연못의 물 아래에 있는 것을 따랐다. 囘는 回의 古文이다. 回는 연못의 물이다. 沬(매)와 같이 읽는다.

入水有所取也. 从又在囘下.① 囘, 古文回. 回, 淵水也. 讀若沬.②

① 莫과 勃의 반절이다. 제15部에 있다.
莫勃切. 十五部.

② 沬(매)는 각 판본에 沫(말)로 되어 있다. 沫은 荒과 內의 반절이다.[60] 대체로 未聲은

---

60) 沬은……반절이다 : ≪說文解字注≫ 水部 '沬'자 "水를 따르고 未가 소리이다.〔从水 未聲〕"의 段玉裁 注에 보인다.

13部에 가깝고 대체로 末聲은 14部에 가깝다. 叟의 平音이 제13部에 있기 때문에 반드시 沬과 같이 읽어야 함을 알 수 있다. ≪禮記≫ 〈檀弓 上〉에 "瓦器는 질이 거칠어서 광택이 없으며〔瓦不成味〕"라고 하였는데, 鄭玄은 "味는 '沬'가 되어야 한다. 沬는 '세수하다〔靧〕'는 뜻이다."라고 하였다.

여기의 沬도 荒과 內의 반절로, '세면하다'는 뜻이다. 사람들이 이해하지 못할까 걱정되었기 때문에 다시 古今字로 풀이하여[61] "沬은 바로 지금 ≪禮記≫ 〈內則〉의 靧(회)이다."라고 하였으니, 瓦器의 광택이 세면한 것과 같음을 이르며, 지금의 이른바 '광택〔釉〕'이라는 것이다. ≪經典釋文≫ 〈禮記音義〉에 "'沬'은 亡과 葛의 반절이다."라고 하였으니, 여기에서 沬를 沫로 쓴 것과 같은 오류이다.

沬, 各本作沫. 沬, 荒內切. 凡未聲近於十三部, 凡末聲近於十四部. 叟之平音在十三部, 故知必讀若沬也. 檀弓 "瓦不成味." 鄭曰 "味當作沬. 沬, 靧也." 此沬亦荒內切, 洒面也. 恐人不了, 故又以古今字釋之, 云 "沬卽今內則之靧字." 謂瓦器之光澤如洒面然, 今俗所謂釉也. 釋文作沫, 亡葛反, 與此沬作沫同誤.

06-076-1827 (取)〔포로 귀 자를/취〕 補

'포로의 귀를 자르다'이다. 又·耳를 따랐다. ≪周禮≫ 〈夏官 大司馬職〉에 "포획한 자는 왼쪽 귀를 취한다."라고 하였다. ≪司馬法≫에 "귀를 실어다 바쳤다.〔載獻聝〕"라고 하였는데, 聝은 귀〔耳〕이다.

捕取也.① 从又·耳.② 周禮 "獲者取左耳."③ 司馬法曰 "載獻聝", 聝者, 耳也.④

① 幸部에 "執은 罪人을 사로잡는 것이다."라고 하였다.[62]
幸部曰 "執, 捕罪人也."

② 七과 庾의 반절이다. 제4部에 있다.
七庾切. 四部.

③ 大司馬의 직무이다.
大司馬職.

④ ≪周禮≫를 일컫고 또 ≪司馬法≫[63]을 일컬어 풀이하여 '耳'를 따른 뜻을 설명하였다.
偁周禮, 又偁司馬法釋之, 以說从耳之意.

---

61) 古今字로 풀이하여 : 回는 古字이고 回는 今字이다.

62) 幸部에……하였다 : ≪說文解字注≫ 㚔部에 "執은 죄인을 잡는 것이다.〔執 捕辠人也〕"의 段玉裁 注에 "辠는 각 판본에 '罪'로 되어 있었는데, 지금 廣韻을 따랐다.〔辠各本作罪 今依廣韻〕"라고 하였다. 그러나 여기에서는 내용을 수정하지 않고 "幸部曰 執 捕罪人也"라고 하였다.

63) 司馬法 : 춘추시대 사람인 司馬穰苴(?~?)가 쓴 고대의 병법서이다.

06-076-1828 (彗)〔대나무 빗자루/혜〕 補【重文 2】

'대나무 빗자루'이다. 손으로 여러 가닥을 잡고 있는 것을 따랐다. (篲)는 彗의 或體이며, 竹을 따랐다. (䨮)는 彗의 古文이니 竹·習을 따랐다.

埽竹也. 从又持甡.① , 彗或从竹.② , 古文彗, 从竹·習.③

① 甡은 많은 물건이 나란히 서 있는 모양이다.[64] 甡을 따른 것은 '밀치다'는 뜻을 취한 것이다. 祥과 歲의 반절이다. 제15部에 있다.
甡, 衆生竝立之皃. 从甡者, 取排此之意. 祥歲切. 十五部.

② 대체로 빗자루〔帚〕 가운데 부드러운 것은 갈대를 써서 깨끗한 곳에 사용하고, 억센 것은 대나무를 써서 거친 곳에 사용한다.
凡帚, 柔者用荝, 施於淨處, 剛者用竹, 施於薉處.

③ 아마도 제7部인 習와 제15部인 彗는 合韻인듯하다.
葢七部·十五部合韻.

06-076-1829 (叚)[65] 〔빌릴/가〕 補【重文 2】

'빌리다'이다. 비워 둔다〔闕〕. (𠬮)(가)는 叚의 古文이다. (𠬮)는 譚長[66]이 叚를 설명한 것이 이와 같다.

借也.① 闕.② , 古文叚. , 譚長說叚如此.

① 人部 假의 해설에서는 "진짜가 아니다."라고 하였고,[67] 여기 叚에서는 "빌리다"라고 하였다. 그렇다면 일반적으로 假借라고 할 때의 '假'는 이 글자로 써야 한다. 옛날에 대부분 '瑕'를 가차하여 '叚'의 뜻으로 썼다. 晉나라 士文伯은 이름이 匃이고 字가 伯瑕이

---

64) 甡은……모양이다 : ≪說文解字≫ 生部 '甡'자의 해설에 보인다.

65) 叚 : ≪六書尋源≫에는 "가죽〔皮〕이란 물건은 추위를 막기 위한 것이고 값 역시 비싼데 반드시 2개가 있은 뒤에 빌려 주고 빌려 받을 수 있다. 그러므로 이 글자의 小篆은 皮를 따르고 二를 따라서, 의미를 '빌리다'라고 하였다.〔皮物所以備寒 而價亦珍貴 則必有二件 然後可以借與借受 故此字之篆 从皮从二 而訓借也〕"라고 하여, '皮를 따르고 二를 따랐다'고 '叚'의 金文字形인 ''를 설명하였다.

66) 譚長 : ≪說文解字≫에 학설이 인용된 사람으로, 〈說文解字敍〉에 "통달한 사람에게 널리 채집했다.〔博采通人〕"라고 했던 '通人' 중의 한 사람이다.

67) 人部……하였고 : ≪說文解字≫ 人部 '假'자의 해설에 보인다.

며,[68] 楚나라 陽匃와 鄭나라 駟乞은 모두 字가 子瑕이다. 옛날에는 이름과 자가 서로 호응하였으니 瑕는 곧 叚이다.

≪禮記≫ 〈檀弓 下〉의 "公肩假"는 ≪漢書≫ 〈古今人表〉에 "公肩瑕"라고 하였고, ≪春秋左氏傳≫ 成公 원년 조에 "〈晉侯가〉 瑕嘉를 周나라에 사신으로 보내어 戎人을 왕실과 평화롭게 지내도록 하였다."라고 하였고, ≪周禮≫의 鄭玄 注에 "叚嘉"라고 하였으니,[69] 모두 同音 叚借이다.

人部假云 "非眞也", 此叚云 "借也". 然則凡云假借當作此字. 古多借瑕爲叚. 晉士文伯名匃字伯瑕, 楚陽匃・鄭駟乞皆字子瑕. 古名字相應, 則瑕卽叚也. 禮記 "公肩假", 古今人表作 "公肩瑕", 左傳"瑕嘉平戎於王", 周禮注叚嘉, 皆同音叚借.

②〈闕은〉 그 자형에 대한 설명을 비워 둔다는 것을 말하니, 又를 따랐다는 것은 알 수 있지만 그 나머지는 알 수 없기 때문에 '闕'이라고 한 것이다. 古와 雅의 반절이다. 古音은 제5部에 있다.

謂闕其形也, 其从又可知, 其餘則未解, 故曰闕. 古雅切. 古音在五部.

06-076-1830 (友) 〔뜻을 함께하는 사람/우〕 補 【重文 2】

뜻을 함께하는 사람을 '友'라고 한다. 두 사람의 손이 서로 교차한 모양을 따랐다.[70] (㕛)는 友의 古文이다. (䎘) 역시 友의 고문이다.

同志爲友.① 从二又相交.② , 古文友. , 亦古文友.③

① ≪周禮≫ 〈地官 大司徒〉의 鄭玄 注에 "스승이 같은 사람을 '朋'이라고 하고, 뜻이 같은 사람을 '友'라고 한다."라고 하였다.[71]

周禮注曰 "同師曰朋, 同志曰友."

---

68) 晉나라……伯瑕이며 : 士匃의 姓은 范氏로 范宣子 또는 范文子로 통칭한다. 춘추시대 晉 悼公 때의 대부로 법률제도를 개혁하여 도공이 霸業을 이루는 데 크게 기여하였다.

69) 周禮의……있으니 : ≪周禮≫ 〈春官 典瑞〉의 "穀圭로 원수를 화해시키고 빙녀의 예를 행한다.〔穀圭以和難 以聘女〕"에 대한 鄭玄 注에 "晉侯가 瑕嘉를 시켜 戎을 왕실과 화평하게 하였다.〔晉侯使瑕嘉平戎於王〕"라고 하였는데, 段玉裁는 ≪經典釋文≫ 〈周禮音義〉에 "叚嘉는 音이 遐이다. 판본에 따라 또 '瑕'로도 되어 있다.〔叚嘉音遐 本又作瑕〕"라는 내용을 인용하여 "叚嘉"라고 한 것이다.

70) 두 사람의……따랐다 : ≪六書尋源≫에는 "이는 두 개의 又(손/우)를 따랐으니, 서로 握手하는 뜻이다.〔此从二又 卽互相握手之義〕"라고 하여, 握手하는 뜻으로 설명하였다.

71) 周禮……하였다 : ≪周禮≫ 〈地官 大司徒〉의 "다섯째는 친구를 사귀는 것이다.〔五曰聯朋友〕"에 대한 鄭玄 注에 보인다.

② '두 개의 又'는 두 사람이다. 형제간에 사이좋게 지내는 것을 '友愛'라고 하니,[72] 또한 두 사람이 함께 있는 것이 마치 왼손・오른손과 같다는 뜻을 취한 것이다. 云과 久의 반절이다. 제3部에 있다.

二又, 二人也, 善兄弟曰友, 亦取二人而如左右手也. 云久切. 三部.

③ 자세하지 않다.

未詳.

06-076-1831 𠨱(度)〔법제/도〕補

'법제'이다. 又를 따르고 庶(서)의 생략형이 소리이다.

法制也.① **从又, 庶省聲**②

① ≪論語≫ 〈堯曰〉에 "權과 量을 삼가고, 法과 度를 살핀다."라고 하였고, ≪禮記≫ 〈中庸〉에 "천자가 아니면 법도를 만들지 못한다." "지금 온 천하가 같은 크기의 수레를 탄다."라고 하였는데,[73] 옛날의 五度에 分・寸・尺・丈・引을 '制'라고 하였다. ≪周禮≫ 〈天官 冢宰〉의 "〈內宰가〉 그 측량기준을 산출한다."[74]라고 하였는데, 〈鄭玄 注에〉 "天子가 巡守하는 禮에 幣帛의 길이가 8척이고 純이 3咫이다."라고 하였는데 이 純은 폭의 너비를 말한다.

論語曰 "謹權量, 審法度", 中庸曰 "非天子不制度, 今天下車同軌." 古者五度, 分寸尺丈引謂之制. 周禮 "出其淳制", "天子巡守禮, 制幣丈八尺, 純三咫", 純謂幅廣.

② 周나라 제도에 寸・尺・咫・尋・常・仞이 모두 사람의 신체를 법으로 삼은 것이다. 寸은 사람 손의 寸口[75]를 법으로 삼았고,[76] 咫는 중년 婦人 손의 길이인 八寸을 법으로

---

72) 형제간에……하니 : ≪爾雅≫ 〈釋訓〉의 "형제간에 사이좋게 지내는 것을 '友'라 한다.〔善兄弟爲友〕"라는 내용을 인용한 것이다.

73) 中庸에……하였는데 : 今本 ≪中庸≫에는 "천자가 아니면 禮를 의논하여 정할 수 없고, 제도를 제정할 수 없고, 문자를 살펴 정할 수 없다. 지금 천하는, 수레에 있어서는 궤도가 같다.〔非天子 不議禮 不制度 不考文 今天下車同軌〕"라고 하였다.

74) 周禮……산출한다 : ≪周禮≫ 〈內宰〉에 "建國할 때 황후를 도와 시장을 세우고 司市가 있을 곳을 설치하고, 胥師와 賈師가 있을 곳을 마련하고, 가게들을 바르게 배치하고 貨賄를 진열하고 度・量・淳・制를 산출하고 婦人의 禮로 제사지낸다.〔凡建國 佐後立市 設其次 置其敍 正其肆 陳其貨賄 出其度量淳制 祭之以陰禮〕"라고 하였다. 司市는 주나라 때 地官 소속으로 시장의 治敎・量度 등을 맡았다.

75) 寸口 : 寸口는 양손의 橈骨(아래팔뼈) 머리의 안쪽 橈動脉으로 진맥하는 위치를 가리킨다.

76) 寸은……삼았고 : ≪說文解字注≫ 寸部 '寸'자의 해설에 보인다.

삼았고,[77] 仞은 양팔을 편 1尋을 법으로 삼았으니,[78] 모두 손에서 법을 취한 것이므로 又를 따른 것이다.

周制, 寸尺咫尋常仞皆以人之體爲法. 寸法人手之寸口, 咫法中婦人手長八寸, 仞法伸臂一尋, 皆於手取法, 故从又.

③ 徒와 故의 반절이다. 제5部에 있다.

徒故切. 五部.

又部에서 다룬 표제자는 28자이고, 중문은 16자이다.

文二十八, 重十六.①

① 지금 별도로 '燮'자를 낸다면 17자이다.

今別出燮字則十七.

---

77) 咫는……삼았고 : ≪說文解字注≫ 人部 '咫'자의 해설에 보인다.

78) 仞은……삼았으니 : ≪說文解字注≫ 人部 '仞'자의 해설에 보인다.

【077. 𠂇部】

06-077-1832 (𠂇)〔돕는 손/좌〕補

'돕는 손'이니, 象形이다. 𠂇(좌)에 속하는 글자는 모두 𠂇를 따랐다.

左手也,① 象形.② 凡𠂇之屬, 皆从𠂇.

① 徐鉉本에 '𠂇手也'로 되어 있는 것은 잘못된 것이다. 〈여기서 말하는〉 左는 지금의 '佐' 자이다. 左部에 "左는 왼손으로 서로 돕는 것이다.〔左 𠂇手相左也〕"라고 한 것[1]이 이런 용례이다. 오른손이 왼손을 얻으면 외롭지 않기 때문에 "도와주는 손〔左助之手〕"이라고 하는 것이다.[2]
   鉉本作𠂇手也, 非. 左, 今之佐字. 左部曰"左, 𠂇手相左也." 是也. 又手得𠂇手則不孤, 故曰左助之手.

② 又를 좌우로 바꾼 것이 𠂇이기 때문에 서로 어그러지는 것을 '𠂇'라고 한다.[3] 臧과 可의 반절이다. 제17部에 있다. 세속에서는 '左右'를 '𠂇又'라는 뜻의 글자로 쓰자 이에 '佐佑'를 '左右(돕다)'라는 글자의 의미로 사용하게 되었다.
   反又为𠂇, 故相戾曰𠂇, 臧可切. 十七部. 俗以左右爲𠂇又字, 乃以佐佑爲左右字.

06-077-1833 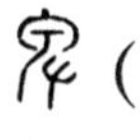(卑)〔천한 사람/비〕補

'천한 사람'이니, 일을 집행하는 자이다. 𠂇·甲을 따랐다.

賤也, 執事者. 从𠂇·甲.①

① 옛날에는 오른손을 귀하게 여기고 왼손을 낮게 여겼기 때문에[4] 𠂇가 사람의 머리 아

---

1) 左部에……것 : ≪說文解字注≫ 左部 '左'자의 해설에 보인다.
2) 도와주는……것이다 : ≪說文解字注≫ 左部 '左'자의 段玉裁 注에 보인다.
3) 서로……한다 : ≪廣韻≫ 哿韻에 "𠂇는 '이지러지다'이다〔𠂇 戾也〕"라고 하였다.
4) 옛날에는……때문에 : ≪漢書≫ 〈灌夫傳〉의 顔師古 注에 "右는 높고 左는 낮다.〔右 尊也 左

래 있는 것을 따르는 것이다. 甲은 사람의 머리를 본뜻 것이다. 補와 移의 반절이다. 제 16部에 있다.
古者尊又而卑𠂇, 故从𠂇在甲下. 甲象人頭. 補移切. 十六部.

𠂇部에서 다룬 표제자는 모두 2자이다.

文二.

卑也〕"라고 하였다.

【078. 史部】

06-078-1834 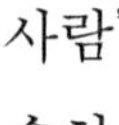(史)〔일을 기록하는 사람/**사**〕補

'일을 기록하는 사람'이다. 오른손이 中을 잡은 것을 따랐다.[1] 中은 '바르다〔正〕'는 뜻이다. 叏(사)에 속하는 글자는 모두 叏(사)를 따랐다.

記事者也.① 从又持中. 中, 正也.② 凡叏之屬, 皆从叏.

① ≪禮記≫ 〈玉藻〉에 "행동은 左史가 기록하고 말은 右史가 기록한다."라고 하였다. 〈해설에서〉 '말을 기록하였다.〔記言〕'라고 하지 않은 것은 '事를 기록하는 것〔記事〕'으로 '記言'을 포함시켰기 때문이다.
玉藻 "動則左史書之, 言則右史書之." 不云'記言'者, 以記事包之也.

② 임금의 행동은 반드시 기록해야하는데 훌륭한 사관이 기록하는 법은 숨기지 않는 것이다.[2] 疏와 士의 반절이다. 제1部에 있다.
君擧必書, 良史書法不隱. 疏士切. 一部.

06-078-1835 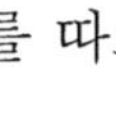(事)〔일/**사**〕補

'일〔職〕'이다. 史를 따르고 㞢(지)의 생략형이 소리이다.[3] 𠭘(사)는 事의 古文이다.

---

1) 오른손이……따랐다 : ≪六書尋源≫에는 "사관은 마치 화살을 쏘는 것처럼 中正하게 하여 마음이 올바름을 지키는데 전일해야 하므로, 이 글자는 中을 따르고 又를 따랐다. 又는 '잡음'이다.〔蓋史筆 當如射矢之中正 而心專於秉直 故此从中从又 又 持也〕"라고 하였다.

2) 훌륭한……것이다 : ≪春秋左氏傳≫ 宣公 2년 조에, "공자가 '동호는 옛날의 훌륭한 사관이니 법대로 기록하여 잘잘못을 숨기지 않았다. 趙宣子는 옛날에 어진 대부였기에 國法을 위하여 악명을 받아들였다.'라고 하였다.〔孔子曰 董狐 古之良史也 書法不隱 趙宣子 古之良大夫也 爲法受惡〕"라고 하였다.

3) 史를……소리이다 : ≪六書尋源≫에는 "史는 일을 기록하는 직책에 불과한데 이력이 오래되어 일의 이치를 꿰뚫으면 승진하여 관리가 되어 일을 다스릴 수 있으므로, 이 글자는 史를 따르고 屮(철)을 따랐다. 屮이란 말은 '통한다〔徹〕'는 뜻이니, 곧 '일의 이치를 꿰뚫

職也.① 从史, 㞢省聲.② 叓, 古文事.③

①〈事와 職은〉 疊韻이다. 職은 작은 것을 기록하는 것이다.[4] 옛날에는 〈事를〉 가차하여 '士'자의 뜻으로 썼다. ≪詩經≫ 〈鄭風 褰裳〉에 "그대가 나를 그리워하지 않을진댄 어찌 다른 남자가 없겠는가.〔子不我思 豈無他事〕"라고 하였는데, 毛亨 傳에 "事는 士이다."라고 하였다. 그런데 今本에서 傳에 의거하여 經을 고치고, 또 經에 의거하여 傳을 고쳐서 傳의 뜻이 통할 수 없게 된 것이다.[5]

疊韻. 職, 記微也. 古假借爲士字. 鄭風曰 "子不我思, 豈無他事", 毛曰 "事, 士也", 今本依傳改經, 又依經改傳, 而此傳不可通矣.

② 鉏와 史의 반절이다. 제1部에 있다.

鉏史切. 一部.

③ 徐鍇는 "이 자형은 '之(㞢)'를 생략하지 않은 것이다."라고 하였다.

鍇曰 "此則之不省."

史部에서 다룬 표제자는 모두 2자이고, 重文은 2자이다.

文二, 重一.

다'는 뜻이므로 '貫'자의 풀이를 일〔事〕이라고 한다. 무릇 관리가 된 뒤에 비로소 위로 조정의 반열에 통하므로 국가 일을 봉행하는 것을 임금을 섬긴다고 하고, 집에 들어와서 부형을 섬기며 밖에 나가서 웃사람을 섬기는 데에 있어서도 모두 이 '事'자를 사용하는 것은 곧 확장된 뜻이다.〔史者 不過為記事之職 而履歷既久 貫徹事理 則可以升進為吏而理事 故此从史 上从屮 屮之為言徹也 卽貫徹事理之義 故貫字訓事也 凡為吏 然後始乃上徹於朝班 故奉行國事 謂之事君 而至於入而事其父兄 出而事其長上 竝用此事字者 卽推廣之義也〕"라고 하여, '㞢(지)의 생략형'을 '屮'로 설명하였다.

4) 職은……것이다 : ≪說文解字注≫ 12권 상 耳部의 "職은 작은 것을 기록하는 것이다.〔職記散也〕"에 대한 段玉裁 注에 "散는 옛날에 微로 썼는데 지금 바로잡은 것이다.〔散舊作微 今正〕"라고 하였다.

5) 今本에서……것이다 : '他事'가 '他士'와 '他人'으로 된 경우가 있다는 말이다.

【079. 支部】

06-079-1836 (支) 〔대나무 가지를 제거할/지〕 補【重文 1】

‘대나무의 가지를 제거하다’이다. 손으로 〈‘竹’자의〉 절반에 해당하는 대나무를 잡은 모양을 따랐다.[1)] 支에 속하는 글자는 모두 支를 따랐다. (⿱亠⿰个又)(지)는 支의 古文이다.

去竹之枝也. 从手持半竹.① 凡支之屬, 皆从支. , 古文支.②

① ‘去竹之枝也’는 자형에서 그 뜻을 얻은 것이다. 章과 移의 반절이다. 제16部에 있다. 此於字形得其義也. 章移切. 十六部.

② 古文의 〈는〉 위아래로 각각 대나무의 반을 나누었을 때 손이 그 가운데 있는 것이다. 上下各分竹之半, 手在其中.

06-079-1837 (攲) 〔지탱하여 갈/기〕

‘지탱하여 가다’이다. 支를 따르고 奇(기)가 소리이다.

持去也.① 从支, 奇聲.②

---

1) 대나무의……따랐다 : ≪六書尋源≫에는 “이것은 枝의 古字이다. ≪說文解字注≫에서 ‘去竹’이라고 한 〈제거한다는〉 ‘去’자는 〈생긴다는〉 ‘生’자의 잘못일 것이다. 대저 艸木이 생김은 땅에 나온 것이 줄기이고 땅에 들어간 것이 뿌리인데, 대나무〔竹〕만은 그러하지 않아 땅에 나온 것이 가지이고 땅에 들어간 것이 줄기이고, 다만 맨 끝이 뿌리이다. 그러므로 이 글자는 두 개의 个를 따랐으니 곧 ‘竹’자이고 속에는 又를 따랐다. 그 뒤에 생략되어 한 개의 个를 따르고 又를 따랐다. 竹이 지면에 나와서 손으로 쥘 수 있는 것은 곧 그 가지이다.〔此乃古枝字也 說文訓去竹之去字 應是生字之誤也 大抵艸木之生 其出地者爲莖幹 入地者爲本根 惟竹則不然 其出地者爲枝柯 入地者爲莖幹 但其最末耑爲根 故此字从二个 卽竹字 而中从又 其後省 从一个从又 蓋以其竹之出于地面 而以手可持者 卽其枝也〕”라고 하여, ‘去’자는 ‘生’자의 잘못이라 하고, 个를 따르고 又을 따랐다고 설명하였다.

① 支에 '지탱하다'는 뜻이 있으므로[2] 지탱하여 간다는 뜻의 敧가 支를 따른 것이다. 宗廟에서 임금의 자리를 돕는〔宥座〕 그릇을 '敧器'라고 한다.

살펴보건대 이 敧는 마땅히 '攲(기)'로 써야 한다. 危部에 "攲는 '기울어 불안하여 오래 서 있을 수 없다.〔攲陋〕'이다."라고 하였고, 竹部에서 箸를 '飯敧'라고 풀이하였는데, 이 敧 역시 '攲'로 써야 한다. 箸는 반드시 기울여서 사용하기 때문에 '飯攲'라고 하는 것이다. ≪廣韻≫ 上平 5 支韻에 "攲는 '바르지 않다.'는 뜻이다."라고 하였고, ≪玉篇≫에 "敧는 지금은 '바르지 않다'는 뜻의 '攲'로 쓴다."라고 하였다.

支有持義, 故持去之敧从支. 宗廟宥座之器曰敧器. 按此敧當作攲. 危部曰 "攲, 攲陋也," 竹部箸訓飯敧, 此敧亦當作攲. 箸必邪用之, 故曰飯攲. 廣韻 "攲, 不正也," 玉篇曰 "敧, 今作不正之攲."

② 〈大徐本에〉 "去와 奇의 반절이다."라고 하였다. 살펴보니 ≪廣韻≫ 上平 5 支韻에 "≪說文解字≫에 居와 宜의 반절이다."라고 하였으니, 이것은 ≪說文音隱≫에 근본한 것이다. 대체로 後人은 〈敧를〉 가차하여 '攲'자의 의미로 쓰는데, 危를 따르고 독음은 去와 奇의 반절이다. 敧는 奇聲이니 古音은 제17部에 있고, 攲는 支聲이니 古音은 제16部에 있었다.

去奇切. 按廣韻曰 "說文居宜切", 此本音隱. 葢後人借爲攲字, 从危讀去奇切也. 敧, 奇聲, 古在十七部, 攲支聲, 古在十六部.

支部에서 다룬 표제자는 모두 2자이고, 重文은 1자이다.

文二, 重一.

2) 支에……있으므로 : ≪後漢書≫ 〈蘇竟傳〉에 "그러므로 하늘이 무너뜨리는 것은 사람이 지탱할 수 없다.〔故天之所壞 人不得支〕"라고 하였는데, 李賢 注에 "支는 '잡다'이다.〔支 持也〕"라고 하였다.

【080. 聿部】

06-080-1838 (聿)〔손 빠르고 솜씨 좋을/녑〕

‘손이 빠르고 솜씨가 좋다’이다. 손으로 巾을 잡은 것을 따랐다. 聿에 속하는 글자는 모두 聿을 따랐다.

手之疌巧也. 从又持巾.[①] 凡聿之屬, 皆从聿.

① 尼와 輒의 반절이다. 제8部에 있다.
尼輒切. 八部.

06-080-1839 (肄)〔익힐/이〕 補【重文 2】

‘익히다’이다. 聿(녑)을 따르고 𢑡(이)가 소리이다. 𦘦은 肄의 籒文이고, 肆(肆)는 肄의 篆文이다.

習也. 从聿, 𢑡聲.[①] 𦘦, 籒文肄,[②] 肆, 篆文肄.[③]

① 羊과 至의 반절이다. 제15部에 있다.
羊至切. 十五部.

② 이 글자는 小徐本에 근거하여 오른쪽은 聿을 따르고 왼쪽은 籒文인 𢑡(이)을 따른 것이다.
此依小徐, 右从聿, 左从籒文𢑡也.

③ 살펴보건대 이 조목은 古文을 앞에 둔 것이니, 또한 上部의 사례와 같은 것이다.[1)] 반

---

1) 上部의……것이다 : ≪說文解字注≫ 二部 “此古文丄”의 段玉裁 注에 “대체로 ≪說文解字≫ 한 책은 小篆을 바탕으로 하였기 때문에, 〈글자를 해설할 때〉 반드시 먼저 소전을 제시하고 그 다음에 ‘고문은 某로 되어 있다’라고 설명하였다. 그런데 유독 여기에서만 먼저 고문을 제시하고 그 다음에 ‘소전은 某로 되어 있다’라고 설명하였으니 예외적인 사례이다. 〔凡說文一書 以小篆爲質 必先擧小篆 後言古文作某 此獨先擧古文 後言小篆作某 變例也〕”라고 한 것

드시 古文을 앞에 둔 것은 古文은 聿을 따랐지만 篆文은 聿을 따르지 않았기 때문이다. 각 판본에서 篆文의 오른쪽이 聿을 따랐는데 그렇다면 왜 篆文을 맨 앞에 두지 않은 것은가. 肆는 隶(대)를 따르는데[2] 隸書는 肆로 되어 있으며, 肄도 같다. ≪類篇≫이 잘못되지 않았기 때문에 지금 바로잡았다.[3] 矣(시)는 矢의 古文이다.[4] 𠤱(이)와 疑 두 글자는 矢를 따랐으니, 이 또한 矣聲을 따른다.

按此條先以古文, 亦上部之例也. 必先古文者, 古文从聿, 篆不从聿也. 各本篆文右从聿, 則何不以篆文居首哉. 肆从隶而隸作肆, 肄亦同也. 類篇不誤, 今正. 矣, 古文矢字. 𠤱·疑二字从之, 此亦从矣聲也.

06-080-1840 (肅)〔일을 신중히 할/숙〕 ⿴【重文 1】

'일을 신중하게 집행하다〔振敬〕'이다. 聿(녑)이 연못 위에 있는 모양을 따랐으니 '전전긍긍하다'는 뜻이다. (𦙍)은 肅의 古文이며, 心·𠁁을 따랐다.

持事振敬也.① **从聿在𣶒上,**② **戰戰兢兢也.**③ **, 古文肅, 从心𠁁.**④

① ≪廣韻≫ 入聲 1 屋韻에 "肅은 '공손하다, 공경하다, 경계하다, 나아가다, 빠르다.'는 뜻이다."라고 하였다. 살펴보건대 '進'이라고 풀이한 것은 '羞'의 가차이고,[5] '疾'이라고 풀이한 것은 '速'의 가차이니,[6] 모두 ≪禮記≫ 〈曲禮 上〉의 〈鄭玄 注〉에 보인다.[7]

을 말한다.

2) 肆는……따르는데 : ≪說文解字注≫ 長部 '肆'자의 해설에 "長을 따르고 隶가 소리이다.〔从長 隶聲〕"라고 하였다.

3) 類篇이……바로잡았다 : ≪類篇≫ 聿部에 "𦘫·𦘭·肄은 羊과 至의 반절이다. ≪說文解字注≫에는 '익히다. 籀文은 𦘭이고 篆文은 肄이다.'〔𦘫𦘭肄 羊至切 說文 習也 籀文作𦘭 篆文作肄〕"라고 하였다.

4) 矣(사)는……古文이다 : ≪說文解字注≫ 矢部에는 古文의 자형이 보이지 않고, 匕部 '𠤱'자의 해설에 "矣는 '矢'자의 古文이다.〔矣 古文矢字〕"라고 하였다.

5) 進이라고……가차이고 : ≪說文解字≫ 丑部에 "羞는 進獻하는 것이다.〔羞 進獻也〕"의 段玉裁 注에 "인신하여 대체로 바치는 것을 모두 '羞'라고 한다. 今文尙書에 '두 번째는 五事로써 바치는 것이다.'라고 할 때 羞는 '바치다'이다.〔引申之 凡進皆曰羞 今文尙書 次二曰羞用五事 羞 進也〕"라고 하였다.

6) 疾이라고……가차이니 : ≪說文解字注≫ 辵部에 "速은 '빠르다'이다.〔速 疾也〕"라고 하였다.

7) 禮記……보인다 : ≪禮記≫ 〈曲禮 上〉의 "손님이 寢門에 이르면 主人이 들어가서 자리를 펼 것을 청한 뒤에 나와서 손님을 맞는다. 손님이 고사하면 주인이 손님에게 나아가 읍하고 먼저 들어가 객을 인도한다.〔客至於寢門 則主人請入爲席 然後出迎客 客固辭 主人肅客而入〕"에 대한 鄭玄 注에 "肅은 '나아가다'는 뜻이다.〔肅 進也〕"라고 하였다.

廣韻 "恭也, 敬也, 戒也, 進也, 疾也." 按訓進者, 羞之假借, 訓疾者, 速之假借, 皆見禮.

② 會意이다.

會意.

③ 〈戰戰兢兢은〉 ≪詩經≫ 〈小雅 小宛〉을 인용하여 㣇을 따른 의미를 설명한 것이다. 息과 逐의 반절이다. 제3部에 있다.

引詩說从㣇之意也. 息逐切. 三部.

④ 성인은 분수에 통달하고, 다음 가는 현인은 분수를 지키고, 그 아래 어리석은 사람은 분수를 잃는다.[8] 그렇기 때문에 卪을 따른다고 한 것이다.[9]

聖達節, 次守節, 下失節, 故从卪.

聿部에서 다룬 표제자는 3자이고, 重文은 3자이다.

文三, 重三.

---

8) 성인은……잃는다 : ≪春秋左氏傳≫ 成公 15년 조의 내용이다.

9) 卪을……것이다 : ≪玉篇≫ 卩部에 "卩은 符信이다. 지금은 節로 쓴다.〔卩 瑞信也 今作節〕"라고 하였다. 卪은 卩과 통용된다.

【081. 聿部】

06-081-1841  (聿) 〔붓/율〕 補

'글씨를 쓰는데 사용하는 도구'이다. 楚나라에서는 〈붓을〉 '聿(율)'이라고 하고, 吳나라에서는 '不律'이라고 하고, 燕나라에서는 '弗'이라고 한다. 聿・一을 따랐다.[1] 聿(율)에 속하는 글자는 모두 聿을 따랐다.

所㠯[2]書也.① 楚謂之聿, 吳謂之不律, 燕謂之弗.② 从聿・一.③ 凡聿之屬, 皆从聿.

① '以'는 '사용하다'는 뜻이고, '聿'은 글씨를 쓸 때 사용하는 물건이다. 대체로 〈허신의 해설에서〉 '所以'라고 말한 때의 '以'는 이와 같다.
以, 用也, 聿者, 所用書之物也. 凡言所以者視此.

② 같은 의미의 말이지만 소리와 글자가 각기 다른 것이다. ≪爾雅≫ 〈釋器〉에 "不律을 '筆'이라고 한다."라고 하였는데, 곽박은 "蜀나라 사람은 筆을 '不律'이라고 부른다."라고 하였으니, 이는 말이 달라진 것〔變轉〕이다. 살펴보건대 곽박이 말한 蜀語는 허신의 의견과 다르다. ≪爾雅≫의 郭璞 注와 ≪方言≫에서는 모두 ≪說文解字≫을 언급하지 않았다. 弗은 '먼지를 털고 닦다〔拂拭〕'라고 할 때의 '拂'과 같다.
一語而聲字各異也. 釋器曰 "不律謂之筆", 郭云 "蜀人呼筆爲不律也", 語之變轉. 按郭云蜀語與許異. 郭注爾雅・方言皆不偁說文. 弗同拂拭之拂.

③ 각 판본에는 〈一이〉 '一聲'으로 되어 있는데 지금 바로잡았다. 이것은 聿을 따르고 글씨를 쓰는 나무조각〔牘〕을 본뜬 것이다. 余와 律의 반절이다. 제15部에 있다.
各本作一聲, 今正, 此从聿而象所書之牘也. 余律切. 十五部.

---

1) 聿……따랐다 : ≪六書尋源≫에는 "붓은 칠을 그어서 글씨 쓰기 때문에 이것은 聿을 따르고 一을 따랐다. 一은 곧 이른바 하나〔一〕를 그은 것이다.〔筆管所以畫漆而書 故此从聿从一 一卽所謂畫一也〕"라고 하여, 一의 의미를 설명하였다.

2) 㠯 : '以'의 古字이다. 段玉裁는 ≪說文解字注≫ 巳部의 注에서 "또 살펴보건대 今字는 모두 '以'로 쓰는데 〈이는〉 隸變을 거치면서 오른쪽에 '人'이 추가된 것이다.〔又按今字 皆作以 由隸變 加人於右也〕"라고 하였다.

06-081-1842 筆(筆)〔붓/필〕補

秦나라에서는 '筆'이라고 한다. 聿·竹을 따랐다.

秦謂之筆. 从聿·竹.①

① 鄙와 密의 반절이다. 古音은 제15部에 있다.
鄙密切. 古音在十五部.

06-081-1843 𦘠(𦘠)〔붓으로 꾸밀, 아름다울/진〕

'붓으로 꾸미다'이다. 聿을 따르고 彡을 따랐다. 俗語에 글을 아름답게 하는 것을 '𦘠'이라 한다. 津[3]과 같이 읽는다.

聿飾也.① 从聿, 从彡.② 俗語曰書好爲𦘠.③ 讀若津也.④

① 飾은 지금의 '拭'자이니, ≪說文解字注≫ 又部의 '㕞(쇄)'자 해설에 자세히 설명하였다.[4] ≪설문해자주≫ 彡部 해설에 "'붓으로 그린 무늬'이다. 象形이다."라고 하였으니, 붓으로 그려서 무늬를 이룬 것을 이른다. 彡은 그 무늬의 모양을 본뜬 것이다. 𦘠은 붓으로 그린 문양이 彡의 모양이 되었기 때문에 聿을 따르고 彡을 따른다고 한 것이다. 楚金(徐鍇)이 장식〔妝飾〕으로 풀이하였는데 오류이다.
飾, 今之拭字, 㕞下詳之矣. 彡下曰"毛飾畫文也, 象形", 謂以毛拭畫成文. 彡象其文形也. 𦘠者, 筆之所拭文成彡形, 故从聿从彡. 楚金以妝飾解之, 繆矣.

② 會意이다.
會意.

③ 이것은 별도의 다른 뜻이다. 지금 사람이 이른바 '흥미진진하여 실증나지 않는다〔津津亹亹〕'라는 것이 아마도 여기에서 나온 듯하니, 좋은 것을 감탄하고 부러워하면 입에서 침이 흐르는 것이다. 音義는 모두 盡과 통한다.
此別一義, 今人所謂津津亹亹者, 葢出此, 歎羨其好則口流盡液. 音義皆與盡通.

④ 將과 鄰의 반절이다. 제12部에 있다.
將鄰切. 十二部.

---

3) 津 : ≪集韻≫ 眞韻에 "津의 古字는 𣶒이다.〔津 古作𣶒〕"라고 하였고, ≪正字通≫ 水部에는 "𣶒은 津의 本字이다.〔𣶒 津本字〕"라고 하였다.

4) 㕞(쇄)자……설명하였다 : 06-076-1818에 자세하다.

06-081-1844 書(書)〔기록할/서〕補

'기록하다'이다. 聿을 따르고 者(자)가 소리이다.

箸也.① **从聿, 者聲.**②

① 이것은 琴과 禁, 鼓와 郭과 같은 사례이니,[5] 疊韻으로 풀이한 것이다. 〈〈說文解字敘〉에 "竹帛에 쓴 것을 '書'라고 하는데 書는 같게 한다는 의미이다."라고 하였으니 竹帛에 쓰는 것은 붓이 아니면 방법이 없다.
此琴禁·鼓郭之例, 以疊韻釋之也. 敘目曰 "箸於竹帛謂之書, 書者, 如也", 箸於竹帛, 非筆末由矣.

② 商과 魚의 반절이다. 제5部에 있다.
商魚切. 五部.

聿部에서 다룬 표제자는 4자이다.

文四.

---

5) 琴과……사례이니 : ≪說文解字注≫ 琴部에 "거문고는 금하는 것이다.〔琴 禁也〕"라고 하였고, 鼓部에 "鼓는 '북의 테두리'이다.〔鼓 郭也〕"라고 하였다.

【082. 畫部】

06-082-1845 畵 (畫) 〔경계/획〕 補 【重文 2】

'경계'이다. 聿을 따르고, 농지의 사방에 있는 경계를 본떴다. 聿은 경계를 표시하는 데 쓰는 것이다. 畫에 속하는 글자는 모두 畫을 따랐다. 𦘦(畵)는 畫의 古文이다. 𠟭(劃) 또한 畫의 고문이다.

介也.① **从聿,**② **象田四介.**③ **聿, 所㠯畫之.**④ **凡畫之屬, 皆从畫. 𦘦, 古文畫.**⑤ **𠟭, 亦古文畫.**⑥

① 介는 각 판본에 '畍'로 되어 있으니,[1] 이것은 글자의 뜻을 모르는 사람이 고친 것이므로 지금 바로잡았다. 八部에는 "介는 경계이다.[2] 八을 따르고 人을 따랐다. 이는 사람이 각각 지키는 경계가 있는 것이다."라고 하였다.[3]

介, 各本作畍, 此不識字義者所改, 今正. 八部曰 "介, 畫也. 从八从人. 人各有介."

② 두 글자(从聿)는 지금 보충하였다.

二字今補.

③ 농지〔田〕의 바깥쪽에 가로획이 둘, 세로획 둘이어야 하는데 지금 小篆에서 가로획 하나를 생략하였으니 잘못이다.

田之外横者二, 直者二, 今篆體省一横, 非也.

④ 聿을 따른 뜻을 설명한 것이다. 引伸하여 繪畫(회화)의 畫로 쓰인다. 胡와 麥의 반절이다. 제16部에 있다.

說从聿之意. 引伸爲繪畫之字. 胡麥切. 十六部.

⑤ 古文은 聿·田을 따랐다. 이것은 徐鍇本을 따른 것이다.

古文从聿田. 此依鍇本.

---

1) 각……있으니 : 大徐本과 小徐本에는 '界'로 되어 있다.

2) 八部에는……경계이다 : ≪說文解字注≫ 八部에 보인다.

3) 八을……하였다 : ≪說文解字注≫ 八部에는 "介 畫也 从人从八"로 되어 있어 段玉裁 注와 순서가 다르다. "人各有介"는 "从人从八"에 대한 段玉裁 注의 내용이다.

⑥ 徐鍇本을 따랐다. 살펴보건대 刀部에 '劃'자가 있다.
依鍇本. 按刀部有劃字.

06-082-1846 晝 (晝) 〔낮/주〕 補 【重文 1】

'해가 뜰 때부터 질 때까지 밤과 경계가 되는 동안'이다. 畫의 생략형을 따르고 日을 따랐다. 𦘠(𦘠)는 晝의 籒文이다.

日之出入, 與夜爲介. 从畫省, 从日.① **𦘠, 籒文晝.**②

① 살펴보건대 지금 전서체는 대체로 또한 가로획 一이 적다. 陟과 救의 반절이다. 제4部에 있다.
按今篆體, 葢亦少一横. 陟救切. 四部.

② 살펴보건대 아래의 가로획 一을 생략한 것은 밤이 되면 태양이 아래에 있으나 쉰 적이 없기 때문이다.
按省下一横者, 至夜則日在下, 未嘗息也.

畫部에서 다룬 표제자는 2자이고, 重文은 3자이다.

文二, 重三.

【083. 隶部】

06-083-1847 隶(隶)〔미칠/대〕[補]

'미치다'이다. 又와 尾(尾)의 생략형을 따랐다. 손으로 꼬리를 잡은 것은 뒤따라 미쳤다는 뜻이다. 隶(대)에 속하는 글자는 모두 隶를 따랐다.

及也.① 从又, 尾省. 又持尾者, 从後及之也.② 凡隶之屬, 皆从隶.

① 이 글자는 辵部의 逮(체・태)와 音義가 모두 같다. 逮가 전적으로 사용되자 隶는 쓰이지 않게 되었다.
此與辵部逮音義皆同, 逮專行而隶廢矣.

② 徒와 耐의 반절이다. 古音은 제15部에 있다.
徒耐切. 古音在十五部.

06-083-1848 隸(隸)〔미칠/대〕

'미치다'이다. 隶(대)를 따르고 枲(시)가 소리이다. ≪詩經≫〈豳風 鴟鴞〉에 "하늘에서 비가 내리지 않았을 때에 미쳐"라고 하였다.

及也.① 从隶, 枲聲.② 詩曰 "隸天之未陰雨."③

① ≪爾雅≫〈釋言〉・≪毛詩≫・≪方言≫에 모두 "迨는 '미치다〔及〕'는 뜻이다.'"라고 하였다. 이 글자〔隸〕는 歺部의 殆와 音義가 모두 같다. 殆는 '위태롭다〔危〕'는 뜻이며, 危는 '미치다〔及〕'는 뜻과 같다.
釋言・毛傳・方言, 皆曰 "迨, 及也." 此與歺部殆音義皆同. 殆, 危也, 危猶及也.

② 徒와 耐의 반절이다. 제1部에 있다.
徒耐切. 一部.

③ ≪詩經≫〈豳風 鴟鴞〉의 글이다. 지금 ≪詩經≫에 '迨'로 되어 있는 것은 俗字이다.
豳風文. 今詩作迨, 俗字也.

06-083-1849 𩐁(隷)〔붙일/례〕【重文 1】

'붙이다'이다. 隶(대)를 따르고 柰(내)가 소리이다. 𩐁(隸)는 隷의 篆文이며 古文의 서체를 따랐다.

附箸也.① 从隶, 柰聲.② 𩐁, 篆文隷, 从古文之體.③

① '附'는 본래 坿가 되어야 하는데, 식견이 얕은 사람이 고친 것이다. ≪周禮≫ 〈秋官 序官〉의 司隷에 대한 鄭玄 注에 "隷는 힘든 일을 하는 사람이다. 漢나라 때 처음 사례를 설치하였는데, 또한 종〔徒〕을 거느리고 길을 만들고 도랑을 치우는 일을 시키기 위해서였으나, 후에 직급을 조금 높여서 官府와 近郊를 맡게 하였다."라고 하였다. ≪春秋左氏傳≫ 昭公 7년 조에 "사람에게는 10개의 등급이 있는데, '輿는 隷를 신하로 삼는다.'"라고 하였다.[1] 살펴보건대 隷와 僕은 뜻이 같고 모두 '붙이다〔坿箸〕'로 뜻풀이를 하기 때문에 隶를 따랐다.

附當是本作坿, 淺人改也. 周禮注 "隷, 給勞辱之役者. 漢始置司隷, 亦使將徒治道溝渠之役, 後稍尊之, 使主官府及近郊.[2]" 左傳 "人有十等, 輿臣隷." 按隷與僕義同, 皆訓坿箸, 故从隶.

② 郎과 計의 반절이다. 제15部에 있다.

郎計切. 十五部.

③ 살펴보건대 여기서 '篆文'이라고 말한 것은 곧 上古文[3]이다. 고문을 앞에 두고 篆文을 뒤에 놓은 것은 또한 丄部의 사례이다. 다만 古文을 앞에 두고 篆文을 뒤에 놓는다면 반드시 고문은 隶를 따르고 篆文은 隶를 따르지 않아야 합당한데, 각 판본에서는 隷와 𩐁가 모두 隶를 따랐으니 어찌하여 이것을 취한 것인가. 篆文을 알고 있었기 때문에 반드시 隶를 따르지 않은 것이다.

玄度의 ≪九經字樣≫ 〈雜辨部〉에 "'𥺝'자는 옛날에 손으로 쌀을 잡은 모양〔又持米〕을 따르고 柰聲을 따랐는데, 又는 사람의 손을 본뜬 것이다. 經典에서 서로 계승하여 隷로 쓴 지가 이미 오래되었으니 고칠 수 없다."라고 하였다. 玄應의 ≪一切經音義≫에

---

1) 사람에게는……하였다 : ≪春秋左氏傳≫ 昭公 7년 조에 "왕은 公을 신하로 하고, 공은 大夫를 신하로, 대부는 士를, 사는 皁를, 조는 輿를, 여는 隷를, 예는 僚를, 요는 僕을, 복은 臺를 신하로 하며, 말〔馬〕에는 圉人이 있고, 소〔牛〕에는 牧者가 있다.〔王臣公 公臣大夫 大夫臣士 士臣皁 皁臣輿 輿臣隷 隷臣僚 僚臣僕 僕臣臺 馬有圉 牛有牧〕"라고 하였다.

2) 郊 : ≪周禮注疏≫에는 '郡'으로 되어 있다.

3) 上古文 : 고대의 문자이다. 중국에서는 秦나라 이전부터 전해지는 篆文 형태의 문자인 甲骨文과 金文을 가리킨다.

"이 글자는 米를 따르고 㲋가 소리이다. 㲋(췌)는 又를 따르고 祟를 따랐다. 音은 之와 絹의 반절이다."라고 하였다. 〈楊君石門頌〉·〈王純碑〉를 살펴보면 隸로 되어 있으니 ≪구경자양≫과 합치하고, 〈魯峻碑〉[4]에는 隸로 되어 있으니 玄應의 ≪일체경음의≫와 합치한다. 두 사람이 이른 것은 모두 ≪說文解字≫를 말하는 듯한데 右旁이 모두 柰로 되어 있고 玄應의 說이 이와 가까운 듯하니, 대체로 바로 ≪설문해자≫의 篆文이다. ≪설문해자≫에서는 小篆을 따라 隸로 썼다. 그러므로 부득이 먼저 篆文을 제시하고 古文을 뒤에 둔 것은 그 자형이 古文과 대략 비슷하기 때문이다. 그러므로 革, 弟, 民, 酉의 사례[5]에 따라 "古文의 서체를 따랐다"라고 한 것이며, 玄應 때에 와서 "米를 따르고 㲋가 소리이다. 㲋는 之와 芮의 반절이다."[6]라고 설명한 것이다. 米를 따르는 것은 唐나라 玄度의 說이다. ≪周禮≫ 〈秋官 司厲〉에 "〈籍沒한〉 奴 가운데 男子는 罪隸官으로 보내고, 女子는 舂槀官[7]으로 보낸다."라고 하였다.

按此云篆文, 則上古文也. 先古後篆亦丄部之例. 但先古後篆, 必古从隶, 篆不从隶乃合, 各本隸·隷俱从隶則何取爾. 有以知篆文, 必非从隶矣. 九經字(揉)〔樣〕[8]云 "隸字故从又持米, 从柰聲, 又象人手, 經典相承作隸已久, 不可改正." 玄應書曰 "字从米㲋聲. 㲋从又从祟. 音之絹切." 考楊君石門頌王純碑作隸, 與字(揉)〔樣〕合, 魯峻碑作隸, 與玄應合. 二人所謂, 葢皆謂說文, 而右旁皆作柰, 玄應說似近是, 葢卽說文之篆文也. 說文因小篆作隸, 故不得先舉篆而系以古文, 以其形與古文略相似也. 故依革·弟·民·酉之例, 云从古文之體, 至玄應乃說之曰 "从米㲋聲. 㲋, 之芮切." 从米則唐玄度說. 以周禮曰 "奴, 男子入于罪隸, 女子入于舂槀."

隶部에서 다룬 표제자는 3자이고, 重文은 1자이다.

文三, 重一.

---

4) 魯峻碑 : ≪隸釋≫에 〈司隸校尉魯峻碑〉가 수록되어 있다.

5) 革……사례 : ≪說文解字注≫ 革部 '革'자의 段玉裁 注에 보인다.

6) 㲋는……반절이다 : ≪說文解字注≫ 又部 '㲋'의 반절이다.

7) 舂槀官 : 舂人과 槀人을 아울러 이르는 말이다. ≪周禮≫ 〈地官〉에 '용인'은 祭享, 賓客, 燕饗 따위에 소용되는 쌀을 관장하고, '고인'은 外朝와 內朝에 숙직하는 자의 음식과, 耆老, 孤兒와 왕궁을 숙위하는 경대부 자제의 음식물과 제사에 쓸 개〔犬〕의 먹이를 관장한다고 하였다.

8) (揉)〔樣〕: 저본에는 '揉'으로 되어 있으나, 문맥을 살펴 '樣'으로 바로잡았다. 아래도 같다.

【084. 臤部】

06-084-1850 (臤)〔견고할/간〕補

‘견고하다’이다. 又를 따르고 臣(신)이 소리이다. 臤(간)에 속하는 글자는 모두 臤을 따랐다. 鏗鏘(갱쟁)의 鏗과 같이 읽는다. 古文에서는 ‘賢’의 의미로 썼다.

堅也. 从又, 臣聲.① 凡臤之屬, 皆从臤. 讀若鏗鏘.② 古文㠯爲賢字.③

① 손으로 잡은 것이 견고함을 말한 것이다. 그렇기 때문에 又를 따랐다.
謂握之固也. 故从又.

② 鏗과 같이 읽는 것을 이른다. 鏗은 堅聲을 따르고 堅은 臤聲을 따른다. 古音은 제12部에 있다. 지금의 音에 鏗이 耕韻에 있는 것은 잘못이다. 臤은 지금 音이 苦와 閑의 반절이다.
謂讀同鏗也. 鏗从堅聲, 堅从臤聲. 古音在十二部. 今音鏗在耕韻, 非也. 臤, 今音苦閑切.

③ 대체로 “古文에서 어느 글자로 여긴다.〔古文以爲〕”[1]라고 말한 것은 모두 古文의 假借임을 말하는데, 그 사례는 屮部에 보인다. 〈漢校官碑〉에 “어진 사람을 가까이하고 지혜로운 사람을 보배로 여긴다.〔親臤寶智〕”라고 하였고,[2] 또 “어진 사람을 스승으로 삼고 친구로 사귄다.〔師臤作朋〕”라고 하였다. 〈國三老袁良碑〉에 “뛰어나고 어진 사람의 총애〔櫌臤之寵〕”라고 하였다.[3]

살펴보건대 漢나라와 魏나라 사람들은 ‘優賢’의 ‘賢’자를 사용할 때 모두 ≪今文尙書≫ 〈般庚〉의 “현명한 인재를 아름답게 여겨 널리 알린다.〔優賢揚歷〕”라는 구절에 근본하였으니, 아마도 ≪今文尙書≫ 〈般庚〉에서는 본디 ‘臤’자를 ‘賢’자의 의미로 여긴 듯하다.
凡言“古文以爲”者, 皆言古文之假借也, 例見屮部. 漢校官碑 “親臤寶智.” 又 “師臤作朋.” 國三老袁良碑 “櫌臤之寵.” 按漢魏人用優賢字, 皆本今文般庚 “優賢揚歷”句, 葢今文般庚固以臤爲賢也.

---

1) 古文에서……여긴다〔古文以爲〕: ≪說文解字注≫ 屮部 ‘屮’자의 해설에 보인다.
2) 漢校官碑에……하였고 : ≪隸釋≫에 〈溧陽長潘乾校官碑〉가 수록되어 있다.
3) 國三老袁良碑에……하였다 : ≪隸釋≫에 〈國三老袁良碑〉가 수록되어 있다.

06-084-1851 (緊)〔실 단단히 엉킬/긴〕

'실이 단단히 엉키다'이다. 臤(간)과 絲의 생략형을 따랐다.

纏絲急也.① 从臤絲省.②

① 緊과 急은 雙聲이다. 이 글자는 別本에 '絚(견)'[4]으로 되어 있다. ≪玉篇≫ 糸部에서 "成公 4년 鄭伯 絚(견)이 죽었다."를 인용하고, "〈絚은〉 古와 千, 古와 兩 2개의 반절이다."라고 하였다. '考(고)'가 ≪春秋左氏傳≫에는 '堅'으로 되어 있고, ≪春秋公羊傳≫에는 '臤'으로 되어 있고, ≪春秋穀梁傳≫에는 '賢'으로 되어 있으니,[5] 그렇다면 別本에 '絚'이라고 하였고 반절이 古와 千인 것은 틀림없다. 臣聲과 臤聲은 같은 部(12部)인데 顧野王의 ≪玉篇≫에는 '絙'으로 잘못되어 있고, ≪釋名≫에는 "絹은 '絙'이니 그 실이 질기고 두꺼우며 성기다."라고 하였으니, 그 잘못이 오래되었다.

≪集韻≫ 上 36 養韻에는 '絙'으로 되어 있고 '擧와 兩의 반절이다.'라고 하였으며, ≪集韻≫ 下平 1 先韻에는 '絚은 실이 단단히 엉킨 것이다. 緊과 堅은 같으며 經과 天의 반절이다.'라고 하였으니, 송나라 때 본래 '絚'자 있었던 것이다. 다만 丁度[6] 등이 '絙'의 잘못을 바로잡을 수가 없었고, 또 이 글자가 '緊'이라는 것을 몰랐을 뿐이다. ≪春秋左氏傳≫의 '鄭伯絚'은 ≪經典釋文≫ 〈春秋左氏傳音義〉에 실려 있지 않으니, 경전을 고찰하는 사람이 마땅히 알아야 할 것이다.

緊・急雙聲. 此字別作絚. 玉篇引"成公四年鄭伯絚卒", "古千・古兩二切." 考左作堅, 公作臤, 穀作賢, 則別本作絚, 切古千必矣. 臣聲與臤聲一也, 而顧書譌作絙, 釋名云 "絹, 絙也, 其絲絙厚而疏也." 是其譌久矣. 集韻養韻作絙, '擧兩切', 先韻作絚, '緊也. 緊堅同, 經天切.' 是宋時故有絚字. 特丁度等不能用正絙之譌, 又不知卽是緊字耳. 春秋鄭伯絚, 釋文不載, 考經字者所當知.

② 糾와 忍의 반절이다. 제12部에 있다.

糾忍切. 十二部.

---

4) 絚(견) : ≪集韻≫ 先韻에 "緊은 '실이 단단히 엉키다'이다. '絚'으로 쓰고, '緊'으로도 통용하여 쓰다.〔緊 緊也 或作絚 通作緊〕"라고 하였다.

5) 考(고)가……있으니 : 今本 ≪春秋≫ 三傳에는 '堅'으로 되어 있다.

6) 丁度 : 990~1053. 宋나라 사람으로, 자는 公雅이고 시호는 文簡이다. 觀文殿學士 등을 지냈으며, 훈고학에 정통했다. 저서로 ≪禮部韻略≫, ≪集韻≫, ≪釋文互注≫, ≪武經總要≫, ≪邇英聖覽≫ 등이 있다.

06-084-1852 (堅)〔땅 단단할/**견**〕

'땅이 단단하다'이다. 臤・土를 따랐다.

土剛也.① **从臤土.**②

①'土'자는 지금 보충하였다.[7] ≪周禮≫〈地官 司徒 草人〉에 "거칠고 붉은 땅에는 소를 이용한다."라고 하였고, ≪九章筭術≫[8]〈商功〉에 "〈땅을 판 용적 1만 입방척에 대한 體積의 비율은〉 땅을 판 용적 4에 대해 壤土(부드러운 흙)는 5이고 堅土(단단한 흙)는 3이다."라고 하였으니, 인신하여 모든 사물 가운데 굳센 것이라는 뜻으로 쓰이게 되었다. 예를 들면 '臤은 「굳세다」이다.'라고 한 것이 이런 것이다.
土字今補. 周禮草人 "騂剛用牛." 九章筭術 "穿地四, 爲壤五, 爲堅三." 引伸爲凡物之剛. 如云臤, 堅也." 是也.

② 살펴보건대 緊과 堅을 糸部와 土部에 넣지 않은 것은 설명이 句部와 丩部에 보인다.[9] 古와 賢의 반절이다. 제12部에 있다.
按緊・堅不入糸・土部者, 說見句・丩部下. 古賢切. 十二部.

06-084-1853 (豎)〔곧게 설/**수**〕【重文 1】

'곧게 서다'이다. 臤을 따르고 豆가 소리이다. (豎)는 豎의 籒文이며 殳(수)를 따랐다.

豎立也.① **从臤, 豆聲.**② **豎, 籒文豎, 从殳.**

①'곧게 선다〔豎立〕'는 것은 견고하게 서는 것을 이른다. 豎는 尌(수)와 音義가 같다.[10]

---

7) 土자는……보충하였다 : 徐鉉本에는 "剛也"로 되어 있다.

8) 九章筭術 : 고대 중국의 數學에 관한 책으로 줄여서 '九章'이라고도 한다. 黃帝가 隷數에게 명하여 만들었다는 算法이다. 일설에는 周公이 만들었다고도 한다. 九章은 方田・粟米・差分・少廣・商功・均輸・嬴不足・方程・九股 등 아홉 개의 章을 이른다. 모두 246개의 수학문제가 실려 있다.

9) 句部와……보인다 : ≪說文解字注≫ 句部에 "句에 속하는 글자는 모두 句를 따랐다.〔凡句之屬 皆从句〕", "丩에 속하는 글자는 모두 丩를 따랐다.〔凡丩之屬 皆从丩〕"라고 하였다. ≪설문해자주≫에 '句'가 포함된 글자는 이곳을 포함하여 32자인데, 이곳을 제외한 글자에서 모두 '从句'라고 하였다.

10) 尌(수)와……같다 : ≪說文解字≫ 壴部 '尌'자에 "尌는 '서다'이다.〔尌 立也〕"라고 하였다.

그러나 豎는 臤을 따르기 때문에 견고하게 서는 것임을 알 수 있다. ≪周禮≫ 〈天官序官〉의 "內豎"에 대한 鄭玄 注에 "豎는 관례를 치르지 않은 사람의 官名이다."라고 하였으니, 아마도 관례를 치르지 않은 사람은 겨우 스스로 설 수 있기 때문에 '豎'라고 명명하고 이로 인하여 官名으로 삼은 듯하다. '豎'자는 '어리다〔孺〕'는 뜻이다.

堅立謂堅固立之也. 豎與尌音義同, 而豎从臤, 故知爲堅立. 周禮內豎, 鄭云"豎, 未冠者之官名." 蓋未冠者, 才能自立, 故名之豎, 因以爲官名. 豎之言孺也.

② 臣과 庾의 반절이다. 古音은 제4部에 있다.

臣庾切. 古音在四部.

臤部에서 다룬 표제자는 4자이고, 重文은 1자이다.

文四, 重一.

【085. 臣部】

06-085-1854 臣(臣)〔끌, 임금을 섬길/**신**〕補

'끌다'이다. 임금을 섬기는 자이다. 굴복하는 모양을 본뜬 것이다.[1] 臣에 속하는 글자는 모두 臣을 따랐다.

牽也.① 事君者.② 象屈服之形.③ 凡臣之屬, 皆从臣.

①〈臣을 牽으로 풀이한 것은〉疊韻으로 해석한 것이다. ≪春秋說≫과 ≪廣雅≫〈釋詁〉에는 모두 "臣은 '견고하다'는 뜻이다."라고 하였고, ≪白虎通≫〈三綱六紀〉에는 "臣은 '묶는다'는 뜻이니, 신하로서 군주에게 마음을 붙이기를 스스로 견고하게 한 것이다."라고 하였다.

以疊韻釋之. 春秋說・廣雅皆曰 "臣, 堅也." 白虎通曰 "臣者, 纏也, 屬志自堅固也."

②'者'는 각 판본에 '也'로 되어 있는데 지금 바로잡았다.

者, 各本作也, 今正.

③植과 鄰의 반절이다. 제12部에 있다. 살펴보건대〈≪論語≫〈泰伯〉의〉≪經典釋文≫〈論語音義〉에 "恴은 植과 鄰의 반절이다. 臣의 古字이다."라고 하였다. 陸德明 당시에는 측천무후가 만든 글자가 아직 나오지 않았다. 측천무후가 만든 埊(地)와 (恴) 두 글자는 ≪戰國策≫〈魏策 一〉에 보이며, 육조시대의 俗字이다.

植鄰切. 十二部. 按論語音義 "恴, 植鄰切. 古臣字." 陸時武后字未出也. 武后埊恴二字, 見戰國策, 六朝俗字也.

06-085-1855 臦(臦)〔어그러질/**광**〕

---

1) 굴복하는……것이다 : ≪六書尋源≫에는 "朝廷의 禮는 임금만 남쪽을 향하고 신하들은 모두 북쪽을 향하니, 이것이 몸을 반대로 한 것이다. 그러므로 '臣'자는 𦣝(신)을 반대로 한 것을 따랐다. 𦣝은 곧 古文 '身'자이니, '𦣝'자도 '臣'자와 동음이다.〔朝廷之禮 惟人君南面 而諸臣則皆北面 是反身也 故此从反𦣝 𦣝卽古文身字 而此字亦與之仝音也〕"라고 하였다.

'어그러지다'이다. 두 개의 '臣'자가 서로 어그러진 것을 따랐다. 誑과 같이 읽는다.

乖也. 从二臣相違. 讀若誑.①

① 居와 況의 반절이다. 제10部에 있다. 살펴보건대 夰部(호부)의 '臦(광)'자에서는 臦이 소리로 쓰였다.
居況切. 十部. 按夰部臦以爲聲.

06-085-1856 臧(臧)〔착할/장〕補【重文 1】

'착하다'이다. 臣을 따르고 戕(장)이 소리이다. 𦣞(𦣞)은 臧의 籒文이다.

善也.① **从臣, 戕聲.**② **𦣞, 籒文.**③

① ≪爾雅≫ 〈釋詁 上〉과 ≪詩經≫ 〈邶風 雄雉〉의 〈毛傳〉도 동일하다. 살펴보건대 子와 郎, 才와 郎의 두 가지 반절이니 판본에 따라 '二'자가 없는 것도 있다. 대체로 사물의 좋은 것은 반드시 안에 숨긴다. 艸를 따르는 藏이 '숨긴다〔臧匿〕'의 '藏'자로 쓰이는 것은 한나라 말기부터 시작하여 경전을 고쳤는데, 따라서는 안 된다. 또 '횡령하여 사욕을 채우다.〔贓私〕'라고 할 때 '贓'자는 옛날에도 '臧'으로 썼다.
釋詁毛傳同. 按子郎・才郎二反, 本無二字. 凡物善者, 必隱於內也. 以从艸之藏爲臧匿字, 始於漢末, 改易經典, 不可从也. 又贓私字, 古亦用臧.

② 則과 郎의 반절이다. 제10部에 있다.
則郎切. 十部.

③ 살펴보건대 ≪說文解字≫ 宋本과 ≪集韻≫ 下平 11 唐韻, ≪類篇≫ 臣部에서 모두 二를 따랐는데〔𦣞〕, 今本에서는 아랫부분이 土를 따랐으니〔𦣞〕 이는 잘못이다.[2)]
按宋本及集韻・類篇, 皆从二, 今本下从土, 非.

臣部에서 다룬 표제자는 3자이고, 重文은 1자이다.

文三, 重一.

---

2) 今本에서는……잘못이다 : 大徐本에서는 籒文을 '𦣞(𦣞)'으로 썼다.

【086. 殳部】

06-086-1857 (殳)〔창 자루로 사람을 멀리 떼어 놓을/수〕補

'창의 자루로 사람을 멀리 떼어 놓다'이다. ≪周禮≫에 "殳는 대쪽을 합쳐서 만들고 8각형이며 길이는 1장 2척인데, 兵車에 세워 旅賁[1]이 앞서 몰았다."라고 하였다.[2] 又를 따르고 几(수)가 소리이다.[3] 殳에 속하는 글자는 모두 殳를 따랐다.

㠯杖殊人也.① 周禮② "殳㠯積竹,③ 八觚,④ 長丈二尺, 建於兵車,⑤ 旅賁㠯先驅."⑥ 从又几聲.⑦ 凡殳之屬, 皆从殳.

① 杖은 각 판본에 '杸'으로 되어 있었는데 ≪太平御覽≫[4]에 의거하여 바로잡았다. '杖'이라고 말한 것은 殳는 대나무를 합친 것을 사용하는데 칼날이 없기 때문이다. ≪詩經≫ 〈衛風 伯兮〉의 毛亨 傳에서 "殳는 길이가 1장 2척으로 칼날이 없다."라고 한 것이 이것이다. 殊는 '끊다'는 뜻이니,[5] "以杖殊人"은 창의 자루를 이용하여 사람을 멀리 떼어놓는 것을 말한다. 〈釋名〉에 "殳는 '끊다'는 뜻이니, 수레 위에서 치고 찌르는 바가 있다면 떼어놓을 수 있는 것이다."라고 하였다. 殳와 殊가 음이 같기 때문에 '殳'라고 이르는 것은 가까운 곳에서 먼 곳까지 도달하게 하는 것을 '弓'이라고 하는 것과 같다.[6]

---

1) 旅賁 : 창과 방패를 잡고 왕의 수레를 호위하는 관원이다. ≪國語≫ 〈楚語 上〉에 "수레에서는 여분의 규계가 있다.〔在輿有旅賁之規〕"라고 하였다.

2) 周禮에……하였다 : 今本 ≪周禮≫에는 이 내용이 보이지 않는다.

3) 又를……소리이다 : ≪六書尋源≫에는 "殳는 치는 병기인데 8각형에 날이 없는 것이다. 대나무나 나무의 굳센 것으로 만드는데, 그 떨쳐 공격하는 형세는 사나운 새가 물건을 움킬 때 머리를 숙이는 것과 같으므로 几를 따랐다. 又를 따른 것은 곧 손으로 몸뚱이를 잡는다는 뜻이다.〔此乃擊兵而八棱無刃者也 蓋以竹木堅強者爲之 而其奮擊之勢 如鷙鳥之攫物而垂其頭 故从几也 其从又者 卽以手持杖之義也〕"라고 하여, 几를 聲符로 보지 않고 義符로 보아 會意로 설명하였다.

4) 太平御覽 : ≪太平御覽≫ 권353 〈兵部〉 84의 '殳'항에 ≪說文解字注≫가 인용되어 있다.

5) 殊는……뜻이니 : ≪說文解字≫ 歺部에 "殊는……일설에는 '끊는 것〔斷〕'이라고도 한다.〔殊……一曰斷也〕"라고 하였다.

杖，各本作杸，依太平年覽正．云杖者，殳用積竹而無刃．毛傳 "殳長丈二而無刃．" 是也．殊，斷也，"以杖殊人"者，謂之以杖隔遠之．釋名 "殳，殊也，有所撞挃於車上，使殊離也．" 殳・殊同音，故謂之殳，猶以近窮遠謂之弓也．

② '周'자는 지금 보충하였다. 아래 글에서 말한 것은 모두 ≪周禮≫에 나온다.

周字今補．下文所說，皆出於周禮也．

③ "대쪽을 합쳐서 만든다.〔以積竹〕"는 것은 대쪽을 합친 것으로 만든다는 뜻이다. ≪漢書≫ 〈武五子傳〉에 "昌邑王[7]이 길에서 積竹杖(대쪽을 합쳐서 만든 창의 자루)을 샀다."라고 하였는데,[8] 文穎은 "대쪽을 합쳐서 창의 자루를 만든다."라고 하였다. 竹部에 "籚는 대나무를 합쳐서 만든 矛와 戟(戟)의 자루이다."라고 하였고,[9] 木部에 "欑은 대쪽을 합쳐 만든 창의 자루이다.", "柲(비)는 창의 자루이다.〔欑〕"라고 하였다.[10]

≪周禮≫ 〈冬官 考工記〉의 鄭玄 注에 "廬는 矛와 戟의 자루를 말하니, 대나무를 합쳐 만든 欑과 柲이다."라고 하였다. 대체로 戈와 矛의 자루는 모두 대나무를 합쳐서 만드는데, 오로지 殳에 쇠로 된 칼날이 없기 때문에 '積竹杖'이라고 부른다. 廬人이 그것을 만들었다.

"以積竹"者，用積竹爲之．漢書 "昌邑王道買積竹杖．" 文穎曰 "合竹作杖也．" 竹部曰 "籚，積竹矛戟矜也．" 木部曰 "欑，積(杖)〔竹〕[11]杖也．" "柲，欑也．" 考工記注曰 "廬謂矛戟柄，竹欑柲．" 凡戈矛柄，皆積竹，而殳無金刃，故專積竹杖之名，廬人爲之．

④ ≪周禮≫ 〈冬官 考工記 廬人〉의 鄭玄 注에 "대체로 창의 자루〔矜〕는 8각형〔八觚〕이다."라고 하였는데[12] 이것도 창의 자루는 칼날이 없고 또한 8각형으로 되어 있는 것이다.

考工記注云 "凡矜八觚，" 此無刃亦八觚也．

---

6) 가까운……같다 : ≪說文解字注≫ 弓部에 "弓은 '다하다〔窮〕'이다. 가까운 곳에서 먼 곳에 다하는 것이다.〔弓 窮也 㠯近窮遠者〕"라고 하였다.

7) 昌邑王 : 昌邑國에 봉해졌기 때문에 '昌邑王'이라고 칭한다. 제1대 창읍왕 劉髆은 漢 武帝의 손자로 昌邑哀王이라고 칭하며, 2대 창읍왕은 그의 아들 劉賀로 漢 廢帝이다. 劉賀는 漢朝 제9대 황제인데 재위기간이 27일로 가장 짧은 황제이다. 여기서는 漢 廢帝를 가리킨다.

8) 漢書……하였는데 : ≪漢書≫ 〈武五子傳〉에 "劉賀가 濟陽에 도착하여 오래 우는 닭을 구하고 길에서 積竹杖을 샀다. 弘農을 지날 때 大奴 善으로 하여금 衣車에 女子를 싣도록 하였다.〔賀到濟陽 求長鳴雞 道買積竹杖 過弘農 使大奴善以衣車載女子〕"라고 하였다.

9) 竹部에……하였고 : ≪說文解字注≫ 竹部 '籚'자의 해설에 보인다.

10) 木部에……하였다 : ≪說文解字注≫ 木部 '欑'자와 '柲'자의 해설에 보인다.

11) (杖)〔竹〕 : 저본에는 '杖'으로 되어 있으나, 문맥을 살펴 '竹'으로 바로잡았다.

12) 周禮……하였는데 : ≪周禮≫ 〈冬官 考工記 廬人〉의 "대체로 창을 만들 때 그 길이를 5등분하여 그 5분의 1로써 被를 만들고 圍를 만든다.〔凡爲殳 五分其長 以其一爲之被而圍之〕"의 鄭玄 注에 보인다.

⑤ ≪周禮≫ 〈冬官 考工記〉에 "廬人이 廬器를 만드는데, 殳는 길이가 1尋 4척(1장 2척)이다. 수레에 6等의 數가 있으니, 수레의 뒤턱나무가 4척인데 戈는 뒤턱나무보다 4척 높게, 사람은 戈보다 4척 높게, 殳는 사람보다 4척 높게, 車戟은 殳보다 4척 높게, 酋矛는 戟보다 4척 높게 하였다."라고 하였는데,[13] 鄭玄 注에 "이것이 이른바 '兵車'이다. 殳·戟·矛는 모두 수레의 양쪽에 기대는 나무에 꽂는다."라고 하였다.

考工記曰 "廬人爲廬器. 殳長尋有四尺. 車有六等之數, 車軫四尺, 戈崇於軫四尺, 人崇於戈四尺, 殳崇於人四尺, 車戟崇於殳四尺, 酋矛崇於戟四尺." 注云 "此所謂兵車也. 殳戟矛皆插車輢."

⑥ ≪周禮≫ 〈夏官 司馬 下〉에 "旅賁氏는 창과 방패를 잡고 왕의 수레를 호위하며 달려가는 일을 맡는다."라고 하였는데 아마도 또한 殳를 잡은 듯하다. ≪詩經≫ 〈衛風 伯兮〉에 "伯이 창을 잡고 왕을 위하여 선봉이 되었다."라고 하였다.

周禮 "旅賁氏掌執戈盾, 夾王車而趨," 葢亦執殳矣. 詩曰 "伯也執殳, 爲王前驅."

⑦ 市와 朱의 반절이다. 古音은 제4部에 있다.

市朱切. 古音在四部.

06-086-1858 祋(祋) 〔창, 출입 통제를 위해 양가죽 거는 장대/대〕

'창'이다. 殳를 따르고 示(시)가 소리이다. 혹설에 城郭과 저잣거리에 양가죽을 높이 걸어 놓고 들어오면 안 되는데 들어오려는 자가 있으면 잠시 이것을 내려 소와 말을 놀라게 하는 것을 '祋'라고 한다고 하였다. ≪毛詩≫ 〈曹風 候人〉에 "긴 창과 8각형의 창〔祋〕을 메었다."라고 하였다.

殳也.① 从殳, 示聲.② 或說城郭市里高縣羊皮, 有不當入而欲入者, 暫下㠯驚牛馬曰祋.③ 詩曰 "何戈與祋."④

---

13) 수레에……하였는데 : ≪周禮≫ 〈冬官 考工記〉에는 "수레에 六等의 數가 있는데, 수레의 뒤턱나무가 4척인 것을 '1等'이라고 하고, 戈의 자루는 6척 6촌인데 이를 세우고 나서 비스듬하게 하여 뒤턱나무보다 4척이 높게 한 것을 '2等'이라고 하고, 사람의 키는 8척인데 戈보다 4尺 높게 한 것을 '3等'이라고 하고, 殳의 길이는 1尋 4척(2丈 2척)인데 사람보다 4척 높게 한 것을 '4等'이라고 하고, 수레에 세우는 戟은 常(1丈 6척)인데 殳보다 4척 높게 한 것을 '5等'이라고 하고, 酋矛는 1常 4척(2丈)으로 戟보다 4척 높게 한 것을 '6等'이라고 한다.〔車有六等之數 車軫四尺 謂之一等 戈柲六尺有六寸 既建而迆 崇於軫四尺 謂之二等 人長八尺 崇於戈四尺 謂之三等 殳長尋有四尺 崇於人四尺 謂之四等 車戟常 崇於殳四尺 謂之五等 酋矛常有四尺 崇於戟四尺 謂之六等〕"라고 한 내용을 요약한 것이다.

① 毛亨 傳에 보인다.
見毛傳.

② 丁과 外의 반절이다. 제15部에 있다.
丁外切. 十五部.

③ 이것은 별도의 다른 뜻이다. 祋(대)는 咄과 뜻이 같다.[14]
此別一義. 祋與咄義同.

④ ≪詩經≫ 〈曹風 候人〉의 글이다. 이것은 앞의 〈'殳也'라는〉 한 가지 뜻을 증명한 것이다.
曹風文. 此證前一義.

06-086-1859 (杸) 〔병사가 잡고 있는 창/수〕

'군중에서 병사가 잡고 있는 창'이다. 木・殳를 따랐다. ≪司馬法≫에 "羽를 잡고 杸을 따른다."라고 하였다.

軍中士所持殳也.① **从木・殳.**② **≪司馬法≫曰 "執羽從杸."**③

① 군중에서 병사가 잡고 있는 창은 반드시 모두 대쪽을 합친 것을 쓰는 것은 아니기 때문에 글자가 木을 따른 것이다.
軍中士所持殳, 不必皆用積竹, 故字从木.

② 市와 朱의 반절이다. 古音은 제4部에 있다.
市朱切. 古音在四部.

③ '從'자는 ≪廣韻≫ 上平 10 虞韻에 의거한 것이다.
從字依廣韻.

06-086-1860 (毄) 〔서로 칠/격〕

'서로 치다'이다. 수레가 서로 부딪치는 것과 같으므로 殳・軎(예)를 따랐다.

相擊中也.① **如車相擊, 故从殳軎也.**②

① ≪周禮≫ 〈冬官 考工記 廬人〉에 "毄兵(戈戟과 같은 병기)은 모두 강하다."라고 하였는데,

---

14) 咄과……같다 : ≪說文解字注≫ 口部에 "咄은 '서로 말하다'이다.〔咄 相謂也〕"라고 하였는데, 段玉裁 注에 "'相謂也'는 서로 말하려고 하면서 먼저 상대를 놀라게 하는 말을 이른다.〔謂欲相語 而先驚之之詞〕"라고 하였다.

〈轂兵은〉 戈・戟・殳를 아울러 말한 것이다. ≪周禮≫ 〈冬官 考工記 弓人〉에 "활을 조정한 다음 먼지를 떨고 문지른다.〔和弓轂摩〕"의 注에 "轂은 '먼지를 털다'이다."라고 하였다. 手部에 "拂은 지나가며 부딪치는 것이다."라고 하였는데,[15] 오직 〈考工記〉의 글에서만 이 글자의 본의로 사용하였다. ≪周禮≫ 〈地官 司門〉에 "祭祀에 쓸 소를 묶었다.〔祭祀之牛牲轂焉〕"와 같은 것이다.

≪周禮≫ 〈夏官 校人〉에 "3皁(36필)를 轂(계)라 하니 轂는 馭夫官이 1명이고, 6轂를 '廏'라 하니 廏는 僕夫官이 1명이다."라고 하였는데, 여기에 쓰인 '轂'는 모두 가차하여 '系'자의 뜻으로 쓴 것이니, 지금의 '繫'자이다. ≪周易≫ 〈轂辭〉의 轂자가 ≪經典釋文≫ 〈周易音義〉에는 이 글자로 되어 있다. 그러므로 '系'라고 한 것이다. 글자가 轂를 따랐으니, 만약 곧바로 轂자 밑에 系를 쓰고, 음을 口와 奚의 반절이라고 한다면 잘못이다.

이것은 繫가 곧 ≪說文解字≫ 糸部에 '繫縛(매다)'의 '繫'자라는 것을 이르며[16] '轂辭'의 轂는 繫로 써서는 안 된다. ≪漢書≫ 景帝의 조칙에 "농사짓고 누에치고 먹여 기르고 방목한다.〔農桑轂畜〕"에 대한 顏師古 注에 "〈轂는〉 '먹여서 기르다'는 뜻이다."라고 하였다.[17]

考工記 "轂兵同強." 兼戈戟殳言之. "和弓轂摩." 注 "轂, 拂也." 手部曰 "拂, 過擊也." 惟記文用此字本義, 若司門祭祀之牛牲轂焉. 校人三皁爲轂, 轂一馭夫, 六轂爲廏, 廏一僕夫, 皆假借爲系字, 今之繫也. 易轂辭, 釋文作此字, 故云系也. 字从轂, 若直作轂下系者, 音口奚反, 非. 此謂繫乃說文繫縛字. 轂辭不當作繫也. 漢書 景帝詔 "農桑轂畜." 注 "食養之(畜)."[18]

② 轚은 본래 手를 따랐는데 지금 바로잡았다. 轚은 비녀장과 수레 굴대가 서로 부딪치는 것이다.[19] 轄은 또한 '舝'자이니,[20] 수레 굴대 끝에 있는 비녀장이고, 軎는 수레 굴대의 끝이다.[21] 殳가 치는 데 사용하는 물건이기 때문에 〈轚가〉 殳・軎(예)를 따랐다고 한 것이니 수레가 서로 부딪치는 것에서 뜻을 취한 것이다. 古와 歷의 반절이다. 제16

---

15) 手部에……하였는데 : ≪說文解字注≫ 手部 '拂'자의 해설에 보인다.

16) 說文解字의……이르며 : ≪說文解字注≫ 糸部에 "繫는 '매다'이다.〔繫 繫縛也〕"라고 하였고, 殳部 '轂'자의 段玉裁 注에 "이 글자는 繫를 이르니 곧 ≪설문해자주≫ 糸部의 '繫縛'라고 할 때의 '繫'자이다.〔此謂繫 乃說文繫縛字〕"라고 하였다.

17) 顏師古……하였다 : ≪漢書≫ 景帝紀第五의 顏師古 注에 "轂謂食養之 畜謂牧放也"이라고 하였다. 여기서는 '畜'을 衍字으로 보아 번역하지 않았다.

18) (畜) : 저본에는 '畜'이 있으나, ≪漢書≫에 의거하여 衍文으로 처리하였다.

19) 轚은……것이다 : ≪說文解字注≫ 車部에 보인다.

20) 轄은……舝자이니 : ≪說文解字注≫ 車部 '轄'자의 段玉裁 注에 "舝과 轄 두 글자의 전서는 글자는 다르지만 뜻이 같고 소리가 같다.〔舝轄二篆異字 而同義同音〕"라고 하였다.

21) 軎는……끝이다 : ≪說文解字注≫ 車部에 보인다.

部에 있다.

轚本从手, 今正. 轚, 車轄相擊也. 轄亦䡅字, 車軸耑鍵也, 軎, 車軸耑也. 殳可用擊之物, 故从殳軎, 取意於車相轚也. 古歷反. 十六部.

06-086-1861 𣪊(㱿) 〔위에서 아래로 칠, 껍질/각〕 補

'위에서 아래로 치다'이다. 殳를 따르고 㱿(각)이 소리이다. 일설에는 "단단한 껍질〔素〕"이라고 한다.

從上擊下也.① 从殳, 㱿聲.② 一曰, "素也."③

① 위에서 아래로 내려쳐 정확하게 그 물건을 맞혀서 확실하게 소리가 나는 것이다.
從上擊下, 正中其物, 確然有聲.

② 苦와 角의 반절이다. 제3部에 있다. 대체로 '穀'·'槃(穀)'·'轂(轂)'자는 '㱿'을 소리로 삼았다.[22] 大徐本과 小徐本에 모두 "㱿(각)은 口와 江의 반절이다."라고 하였으나 今本 ≪廣韻≫ 上平 4 江韻에는 없다. 그런데 𣪊이 제3部에 있으니, 㱿의 古音 또한 제3部에 있었다는 것을 알 수 있다. 音이 바뀌어 鞱와 같이 읽는다. 土와 刀의 반절이다.
苦角切. 三部. 凡穀槃(穀)轂(轂)字以爲聲. 大小徐皆云 "㱿, 口江切." 今廣韻四江無. 𣪊在三部, 則㱿古音亦在三部可知. 音轉讀如鞱. 土刀切.

③ '素'는 물건의 재질이 흙으로 만든 굽지 않은 기와와 같은 것을 말한다.[23] 지금 사람들은 '腔'자로 쓰는데 ≪說文解字≫에서는 대부분 '空'으로 썼으니, 空은 㱿과 뜻이 같다. 민간에서 殼으로 쓰고 혹은 '㲉(각)'으로 쓴다. 吳와 會 지역에서는 音을 '哭'이라고 하는데 '계란의 바깥 단단한 껍질'이라는 뜻이다.[24]
素謂物之質如土坏也. 今人用腔字, 說文多作空, 空與㱿義同. 俗作殼, 或作㲉. 吳會閒音哭, 卵外堅也.

---

22) 穀……삼았다 : ≪說文解字注≫ 木部 '穀'자의 해설에 "木을 따르고 㱿이 소리이다.〔从木㱿聲〕"라고 하였고, ≪설문해자주≫ 禾部 '穀'자의 해설에 "禾를 따르고 𣪊이 소리이다.〔从禾 𣪊聲〕"라고 하였고, ≪설문해자주≫ 車部 '轂'자의 해설에 "車를 따르고 㱿이 소리이다.〔从車 㱿聲〕"라고 하였다.

23) 흙으로……말한다 : ≪說文解字注≫ 土部 '坏'자의 해설에 "일설에는 굽지 않은 기와이다.〔一曰 瓦不燒〕"라고 하였다.

24) 계란의……뜻이다 : ≪一切經音義≫ 권2 〈大般涅槃經〉 '明㲉'의 〈音義〉에 "계란의 바깥 단단한 껍질이다.〔卵外堅也〕"라고 하였다.

06-086-1862 (㱼)〔아래에서 위로 칠/**침**〕

'아래에서 위로 치다'이다. 殳를 따르고 冘(음)이 소리이다.

下擊上也.① **从殳, 冘聲.**②

① ≪廣雅≫ 〈釋詁 四上〉에 "㱼은 '금하다'는 뜻이다."라고 하였으니, 위에서 금하여 내려올 수 없도록 하는 것을 이른다.
廣雅四曰 "㱼, 禁也," 謂禁上使不得下也.

② 知와 朕의 반절이다. 제8部에 있다.
知朕切. 八部.

06-086-1863 (毆)〔멀리서 칠/**투**〕

'멀리서 치다'이다. 殳를 따르고 豆가 소리이다. '投'의 古文은 이와 같다.

繇擊也.① **从殳, 豆聲.**② **古文投如此.**③

① 繇는 ≪說文解字≫에 䚻(요)로 되어 있고 '따르다'는 뜻이다.[25] ≪설문해자≫에는 '遙'자 없으니, 이 글자가 바로 '遙'자이다. 繇擊은 '멀리서 치다'이다. 예를 들면 ≪說苑≫ 〈復恩〉의 "張良이 자객과 함께 博浪沙에서 진시황을 저격하였다."와 같은 것이다.
繇, 說文作䚻, 隨從也. 說文無遙字, 此卽其遙字. 繇擊者, 遠而擊之. 如"良與客狙擊秦皇帝博浪沙中也."

② 度와 侯의 반절이다. 제4部에 있다.
度侯切. 四部.

③ 投는 각 판본에 祋(대)로 잘못되어 있는데 지금 바로잡았다. 投는 殳聲이고, 毆는 豆聲이지만 殳와 豆는 함께 古音 제4部에 있다. 이 5자(古文投如此)는 아마도 後人이 주석을 달 때 기록한 말인 듯하다. 가령 이 글자가 投의 고문이었다면 許愼의 通例로 볼 때 마땅히 手部 投의 해설에 重文으로 들어가야 할 것이다. 投의 해설에 "'들추다〔擿〕'이다"라고 하였는데,[26] 여기에서 '遙擊'이라고 하였으니 의미가 본래 다른 것이다.
投, 各本譌作祋, 今正. 投, 殳聲, 毆, 豆聲, 殳・豆同在古音四部也. 此五字葢後人所注記語. 假令果是古文投, 則許之例當入手部投下重文矣. 投下云擿也, 此云遙擊, 則義固別.

---

25) 繇는……것이다 : ≪說文解字注≫ 系部 '䚻'자의 해설에 보인다.

26) 投의……있는데 : ≪說文解字注≫ 手部 '投'자의 해설에 보인다.

06-086-1864 (㲉)〔물건 매달고 칠/주〕

‘물건을 매달아 놓고 치다’이다. 殳를 따르고 𠷎(壽)가 소리이다.

縣物毄擊也.① 从殳, 𠷎聲.②

① 이 글자(㲉)는 手部의 擣(도)와 音義가 같다. 擣는 ‘손으로 치다’이다.[27]
此與手部擣音義同. 擣, 手椎也.

② 市와 流의 반절이다. 제3部에 있다.
市流切. 三部.

06-086-1865 (𣪊)〔몽둥이로 물건 칠/독〕

‘몽둥이로 물건을 치다’이다. 殳를 따르고 豖(축)이 소리이다.

椎毄物也.① 从殳, 豖聲.②

① 몽둥이로 물건을 치는 것을 말한다. 攴部의 𢾅(축), 木部의 椓(탁)과 音義가 대략 같다.[28]
謂用椎擊中物. 與攴部𢾅, 木部椓, 音義略同.

② 各과 毒의 반절이다. ≪廣韻≫에는 “竹과 角의 반절이다.”라고 하였다. 제3部에 있다.
各毒切. 廣韻 “竹角切.” 三部.

06-086-1866 (毆)〔몽둥이로 물건 칠/구〕補

‘몽둥이로 물건을 치다’이다. 殳를 따르고 區가 소리이다.

捶毄物也.① 从殳, 區聲.②

① 捶는 ‘몽둥이로 치다’이다. 인하여 杖을 일러 ‘捶’라고 하니, “捶毄物”은 몽둥이로 사람이나 물건을 치는 것을 말한다. 살펴보건대 이 글자는 지금 經典의 ‘毆’자이다. ≪廣韻≫ 上聲 45 厚韻에 〈毆는〉 “세속에서 ‘毆’로 쓴다.”라고 말한 것이 바로 이것이다.

---

27) 擣는……것이다 : ≪說文解字注≫ 手部 ‘擣(擣)’자의 段玉裁 注에 보인다.

28) 攴部의……같다 : ≪說文解字注≫ 攴部 ‘𢾅’자의 段玉裁 注에 “이 글자는 木部의 ‘椓’과 音義가 모두 같다.〔此與木部椓音義皆同〕”라고 하였고, 木部 ‘椓’자의 段玉裁 注에 “이 글자는 攴部의 ‘𢾅’과 音義가 모두 같다.〔此與攴部𢾅音義皆同〕”라고 하였다.

唐나라 石經의 ≪周禮≫ 〈夏官 射鳥氏〉에 "射鳥氏(석조씨)는 활과 화살로 까마귀와 솔개를 친다.", ≪주례≫ 〈夏官 方相氏〉에 "方相氏는 집안을 수색하고 역질을 몰아내고 壙에 들어가서 창으로 네 모퉁이를 쳐서 도깨비를 몰아낸다.", ≪주례≫ 〈秋官 冥氏〉에 "冥氏는 靈鼓를 쳐서 〈짐승을 함정과 덫이 있는 곳으로〉 몰아간다.", ≪주례≫ 〈秋官 庶氏〉에 "庶氏는 대체로 해충을 몰아 낼 때 사람으로 하여금 하나하나 검사하게 한다.", ≪주례≫ 〈秋官 壺涿氏〉에 "壺涿氏는 흙을 구워서 만든 북을 쳐서 〈水蟲을〉 몰아낸다."라고 하였는데, 지금 판본에는 모두 '敺'로 되어 있으니 당나라 판각에만 잘못된 것이 아니다.

張參의 ≪五經文字≫의 殳部에는 "毆는 一과 口의 반절이다."라고 하였고, 支部[29]에는 '敺'가 없다. 殳部 '毆'자는 바로 經典을 지을 때 나온 것인데, 다만 일찍이 분명하게 또 '起와 俱의 반절이다. 세속에서는 敺로 쓴다.'고 말하지 않았을 뿐이다. 毆를 '몽둥이로 물건을 치는 것'이라고 풀이하였기 때문에 "궁시로 친다.〔以弓矢〕", "창으로 친다.〔以戈〕", "靈鼓를 친다.〔以靈鼓〕", "흙을 구워서 만든 북을 친다.〔以炮土之鼓〕"라고 하였으니, 모두 '몽둥이로 친다'는 뜻이다. 區聲의 古音은 제4部에 있으니 一과 口의 반절로 읽어야 한다. 音이 변하여 5部로 전입되어 ≪經典釋文≫에서는 起와 俱, 邛와 于의 반절로 읽었다.

식견이 얕은 사람이 구분하여 一과 口의 반절은 '毆打'라고 할 때의 '毆'자라고 하고, 起와 具, 邛와 于의 반절은 '驅逐'이라고 할 때의 '驅'자라고 한 것은 잘못이다. 또 "敺는 馬部에 있는 驅의 古文이다."라고 하였는데 敺는 馬部에서 '驅'자의 古文이라 하고, 殳部에 있는 '毆'자의 俗字라고 하면 억지로 맞출 필요 없이 驅는 '말을 몰다〔馬馳〕'로 풀이하고 毆는 '몽둥이로 치다〔捶毄〕'로 풀이하면 된다. 생각해보면 〈≪孟子≫ 〈離婁上〉의〉 '연못을 위해 물고기를 몰아주고〔敺〕 나무떨기를 위해 새매를 몰아준다〔敺〕'는 따위를 고쳐 '물고기를 몰고〔驅〕 새매를 몬다.〔驅〕'라고 할 수 있겠는가.

≪周禮≫ 〈天官 太宰〉의 鄭玄 注에 "대체로 '馭'라고 말한 것은 "몰아서〔敺〕 善에 들어가게 하기 위한 것이다."라고 하였는데,[30] 어떻게 이를 고쳐서 '때려서〔驅〕 좋은 곳으로 들어가게 하는 것이다'라고 할 수 있겠는가. 바로 옛날에는 종종 假借하여 通用하는 경우가 있었으나 唐나라 石經에서는 끝까지 바꾸지 않은 것이다.

○ 또 살펴보건대 이 部首의 '殸'자부터 그 이하로 '擊'자를 언급한 것이 8번이고 '毄'자를 언급한 것이 두 번인데, 뒤섞여 나와서 차례가 없어서는 안 된다. 아마도 '擊'자가 모두 본래 '毄'으로 되어 있던 것을 식견이 얕은 사람이 고쳤으나 미진한 듯하다. 擊은 '치다〔攴〕'이고,[31] 攴은 '약하게 치다〔小毄〕'이니,[32] '毄'자와는 의미가 다르다.

29) 支部 : ≪五經文字≫에는 '攵部'로 되어 있다.

30) 周禮……하였는데 : ≪周禮≫ 〈天官 太宰〉의 "八柄으로 군주를 이끌어 신하들을 다스린다.〔以八柄詔王馭群臣〕"에 대한 鄭玄 注에 보인다.

捶，以杖擊也．因謂杖爲捶，捶毄物者，謂用杖擊中人物也．按此字卽今經典之敺字．廣韻曰“俗作敺”，是也．唐石經周禮“射鳥氏以弓矢毆烏鳶.”“方相氏索室毆疫，入壙以戈擊四隅毆方良.”“冥氏以靈鼓毆之.”“庶氏凡毆蠱則令之比之，壺涿氏以炮土之鼓毆之.”今版本皆作敺，唐刻獨不誤．張參五經文字殳部“毆，一口反.”攴部無敺．殳部毆字正爲經典而出，特未嘗箸之曰‘又起俱反．俗作敺’耳．毆訓捶毄物，故以弓矢，以戈，以靈鼓，以炮土之鼓，皆捶擊意也．區聲古音在四部，讀一口反．音轉入五部，釋文讀起俱・疋于反．淺人乃分析一口爲毆打之字，起具・疋于爲驅逐之字，誤矣．又云“敺是馬部驅之古文，”夫敺在馬部爲古文驅，在殳部爲俗毆字，無庸牽合，驅訓馬馳，毆訓捶毄．試思爲淵敺魚，爲叢敺爵之類，可改爲‘驅魚驅爵’乎．鄭注周禮曰“凡言馭者，所以敺之納之於善.”豈可改爲‘驅之納之於善’乎．卽古閒有假借通用，唐石經固不可易也．○又按此部自殸而下，言擊者八，言毄者二，不應錯出不倫．葢擊字皆本作毄，淺人改之而未盡．擊，攴也，攴，小毄也，與毄字義異．

② 烏와 后의 반절이다. 제4部에 있다.
烏后切. 四部.

06-086-1867 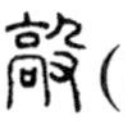(毃)〔머리 칠/각〕

‘머리를 치다’이다. 殳를 따르고 高(고)가 소리이다.

擊頭也.① 从殳, 高聲.②

① ≪淮南子≫〈修務訓〉에 “나이가 어린 사람이 마을 어른을 위해 설득하면 머리를 얻어맞아도 모자랄 판인데 어찌 도를 밝힐 수 있겠는가.”라고 하였는데, 高誘 注에 “老人이 〈나이 어린 사람의〉 머리를 때려서 자신을 구원하기에도 겨를이 없다는 뜻이다.”라고 하였다.

살펴보건대 敲는 ‘毃’가 되어야 한다. ≪呂氏春秋≫〈紀部 當務〉에 “죽었을 때 쇠몽둥이를 쥐어주고 장례를 치르면서 ‘저 세상에서 六王과 五伯를 만나면 이 쇠몽둥이로 그들의 머리를 쳐라.’”라고 하였는데, 살펴보건대 〈毃이〉 今本에는 ‘穀’으로 잘못되어 있다.

淮南書曰“以年之少，爲閭丈人說事，救敲不給，何道之能明也.”高注“老人敲其頭，自救不暇.”按敲當作毃．呂氏春秋曰“死而操金椎以葬，曰下見六王五伯，將毃其頭矣.”按毃今本譌穀.

---

31) 擊는 치다〔攴〕이고 : ≪說文解字注≫ 手部에 보인다.

32) 攴은 치다〔小毄〕이니 : ≪說文解字注≫ 攴部에 보인다.

② 口와 卓의 반절이다. 제2部에 있다.
口卓切. 二部.

06-086-1868 (殿)〔치는 소리/전〕補

'치는 소리'이다. 殳를 따르고 屍(둔)이 소리이다.

擊聲也.① **从殳, 屍聲.**②

① 이 글자의 本義는 보이지 않고, 가차하여 '宮殿'이라고 할 때 '殿'자의 의미로 쓰인다. ≪儀禮≫ 〈燕禮〉의 "當東霤"에 대한 鄭玄 注에 "〈當東霤는〉 人君이 殿屋으로 삼는 것이다."라고 하였는데, 孔穎達 疏에 "한나라 때 殿屋의 사방에 물이 흘렀다."라고 하였다. ≪廣雅≫ 〈釋宮〉에 "堂堭은 '壂〔殿〕'이다."라고 하였다. ≪爾雅≫ 〈釋宮〉에 "室이 없는 것이 榭(정자)이다."라고 하였는데, 郭璞 注에 "〈榭는〉 지금의 堂堭이다."라고 하였으니, 그렇다면 室이 없는 것을 '殿'이라고 이르는 것이다. 다시 가차되어 군영에서 뒤처지는 것을 '殿'이라고 한다.[33)]
此字本義未見, 假借爲宮殿字. 燕禮注 "人君爲殿屋", 疏云 "漢時殿屋四向流水." 廣雅曰 "堂堭, 壂也." 爾雅 "無室曰榭." 郭注 "卽今堂堭." 然則無室謂之殿矣. 又假借爲軍後曰殿.

② 堂과 練의 반절이다. 古音은 제13部에 있다.
堂練切. 古音在十三部.

06-086-1869 (殹)〔치는 소리/예〕補

'치는 소리'이다. 殳를 따르고 医(예)가 소리이다.

擊中聲也.① **从殳, 医聲.**②

① 이 글자의 本義는 못 볼 수 없다. 酉部에 "醫는 殹을 따랐다. 王育의 해설에 '殹은 「나쁜 자태」이다.'라고 하였다. 일설에 殹는 '앓는 소리'라고 한다."라고 하였으니,[34)] 이것은 치는 소리와 뜻이 가깝다. 秦나라 사람은 가차하여 語詞로 썼다. 秦 惠文王의 〈詛楚文〉에 "禮에 한 사람의 노인으로 하여금 이를 가져가 스스로를 구원하게 했다."라고

---

33) 군영에서……한다 : ≪論語≫ 〈雍也〉에 "후퇴할 때 군대 후미에 있었다.〔奔而殿〕"라고 하였다.

34) 酉部에……따랐다 : ≪說文解字注≫ 酉部 '醫'자의 段玉裁 注에 보인다.

하였고,[35] 薛尚功[36]이 본 秦나라 〈權銘〉에는 "〈權의 규칙을〉 영원히 지켜라.〔其於久遠殹〕"라고 하였고, 〈石鼓文〉 제2鼓에는 "汧水가 넘실대도다.〔汧殹沔沔〕"라고 하였다. 〈權銘〉의 '殹'자가 琅邪臺刻石[37]과 다른 秦나라 저울추〔權〕와 秦나라 저울추〔斤〕에는 모두 '㔯'[38]로 되어 있다. 그렇다면 周나라와 秦나라 사람들이 殹를 '也'의 의미로 썼다는 것을 확인할 수 있다. ≪詩經≫의 '兮'자는 ≪詩經≫을 말하는 자들이 간혹 '兮'자를 '也'자로 썼으니[39] 세 글자〔殹·也·兮〕를 통용한 것이다.

此字本義亦未見. 酉部"醫从殹. 王育說殹, 惡姿也. 一曰殹, 病聲也." 此與殸中聲義近. 秦人借爲語詞, 詛楚文 "禮使介老將之以自救殹." 薛尚功所見秦權銘 "其於久遠殹." 石鼓文 "汧殹沔沔." 權銘殹字, 琅邪臺刻石及他秦權秦斤皆作㔯, 然則周秦人以殹爲也可信. 詩之兮字, 偁詩者或用也爲之, 三字通用也.

② 於와 計의 반절이다. 제15部에 있다.

於計切. 十五部.

06-086-1870 (段)〔물건 칠/단〕補

'물건을 치다'이다. 殳를 따르고 耑(단)의 생략형이 소리이다.

椎物也.① 从殳, 耑省聲.②

① 몽둥이를 쓰는 것을 '椎'라고 한다.[40] ≪周禮≫ 〈冬官 考工記〉에 "段氏가 鎛器(박기)를 만든다."라고 하였는데, 徐邈[41]은 〈段은〉 丁과 亂의 반절이라고 하였고, 劉昌宗[42]은

---

35) 秦……하였고 : ≪古文苑≫ 〈詛楚文〉에 보인다. 〈詛楚文〉은 秦나라 石刻文字로 北宋 때 출토되었다. 戰國 後期 秦나라와 楚나라가 패권을 다툴 때 秦 惠文王이 천신에게 秦나라를 보호하고 楚나라가 망하게 해달라고 기원한 내용이다.

36) 薛尚功 : ?~? 宋代의 금석학자이다. 字는 用敏이며 錢唐 사람이다. 南宋 紹興 연간에 通直郎을 지냈고, 다른 행적은 자세하지 않다. 저서로 ≪曆代鍾鼎彝器款識法帖≫, ≪書學正韻≫, ≪鐘鼎篆韻≫ 등이 있다.

37) 琅邪臺刻石 : 王昶의 ≪金石萃編≫ 권4에 수록되어 있다.

38) 㔯 : '也'의 古字이다.

39) 兮자를……썼으니 : ≪詩經≫ 〈曹風 鳲鳩〉에 "선량한 군자는 그 거동이 한결같도다.〔淑人君子 其儀一兮〕"라는 구절을, ≪禮記≫ 〈緇衣〉에 "淑人君子 其儀一也"라고 하였고, ≪淮南子≫ 〈詮言訓〉에 "淑人君子 其儀一也"라고 하여, '兮'자와 '也'자를 통용하고 있다.

40) 몽둥이를……한다 : ≪說文解字注≫ 木部에 "椎는 치는데 사용하는 것이다.〔椎 所目擊也〕"라고 하였다.

41) 徐邈 : 171~249. 삼국시대 魏나라 사람으로 자는 景山이며 시호는 穆이다. 휘장을 드리우고 글을 읽으면서 城邑에 들어가지 않았다고 한다. 謝安이 천거하여 中書舍人이 되

徒와 亂의 반절이라고 하였는데,[43] 서막의 音이 옳다. 鏄(박)은 쳐서 단단하게 해야 하기 때문에 관리를 '段氏'라고 한 것이다. ≪周禮≫ 〈冬官 考工記 上 函人職〉에 "대체로 갑옷은 두드리기를 지극히 않으면 견고하지 않다."의 鍛(단) 또한 마땅히 '段'이 되어야 한다. 金部에 "鍛은 '조금 불리다〔小冶〕'이다."라고 하였는데,[44] 小冶는 작은 것을 주조하는 대장간〔竈〕이다. 後人이 鍛을 '段'자로 여기고 段을 分段(잘려나가다)의 '段'자로 여겨, 徒와 亂의 반절로 읽었다. 分段의 '段'자는 응당 '斷'이 되어야 하니, 대체로 古字와 今字가 같지 않은 것이 이와 같다.

≪詩經≫ 〈大雅 公劉〉에 "숫돌을 취하고 쇠를 취했네.〔取厲取碫〕"라고 하였는데, 毛亨傳에 "碫은 段石이다."라고 하였고, 鄭玄은 "段石은 재질을 단단하게 하는 것이다."라고 하였으니, 古本은 마땅히 이와 같아야 한다. 石部에 "碫은 段石이다. 石·段을 따랐다.[45] ≪春秋左氏傳≫ 襄公 27년 조에 "鄭公의 손자인 段의 字는 子石이다."라고 하였으니, 〈≪說文解字≫의〉 古本은 마땅히 이와 같아야 한다. 段石은 厲石(숫돌)과 다른 물건이다. ≪說文解字≫의 訓詁는 대부분 毛亨 傳을 으뜸으로 여겼다.

用椎曰椎. 考工記 "段氏爲鏄器." "徐丁亂反, 劉徒亂反." 徐音是也. 鏄欲其段之堅, 故官曰段氏. 函人職曰 "凡甲鍛不摯則不堅." 鍛亦當作段. 金部曰 "鍛, 小冶也." 小冶, 小鑄之竈也. 後人以鍛爲段字, 以段爲分段字, 讀徒亂切. 分段字自應作斷, 葢古今字之不同如此. 大雅 "取厲取碫." 毛曰 "碫, 段石也." 鄭曰 "段石所以爲段質也." 古本當如是. 石部 "碫, 段石也. 从石段." 春秋傳 "鄭公孫段, 字子石." 古本當如是. 段石與厲石各物. 說文訓詁多宗毛傳.

② 徒와 玩의 반절이다. 제14部에 있다.

徒玩切. 十四部.

06-086-1871 (㲨)〔속 빈 물건 치는 소리/동·홍〕

'속이 빈 물건을 치는 소리'이다. 殳를 따르고 宮(궁)이 소리이다.

었다. ≪經典釋文≫ 〈序錄〉에 저서로 ≪周禮音≫, ≪禮記音≫이 있었다고 한다.

42) 劉昌宗 : ?~? ≪經典釋文≫ 〈序錄〉에 의하면 저서로 ≪周禮音≫, ≪儀禮音≫, ≪禮記音≫ 등이 있었다고 한다.

43) 周禮……하였는데 : "徐丁亂反 劉徒亂反"는 ≪周禮≫ 〈冬官 考工記〉의 "段氏가 鏄器를 만들 때〔段氏爲鏄器〕"에 대한 注에 보이지 않고, ≪주례≫ 〈동관 고공기〉의 "쇠를 다루는 직업은 築氏·冶氏·鳧氏·㮚氏·段氏·桃氏이다.〔攻金之工 築冶鳧㮚段桃〕"에 대한 注에 보인다.

44) 金部에……하였는데 : ≪說文解字注≫ 金部 '鍛'자의 段玉裁 注에는 "小冶는 작게 풍로를 만들어 쇠를 불리는 것을 이른다.〔小冶 謂小作鑪鞴以冶金〕"라고 하여 이곳의 주석과 차이가 있다.

45) 石部에……따랐다 : ≪說文解字注≫ 石部에 보인다.

擊空聲也. 从殳, 宮聲.①

① 徒와 冬의 반절이다. 또 火와 宮의 반절이다. 제9部에 있다. 살펴보건대, 또한 殸으로도 쓰며, 枯와 公의 반절이다.
徒冬切. 又火宮切. 九部. 按亦作殸. 枯公切.

06-086-1872 殽(殽)〔서로 섞일/효〕

'서로 섞이다'이다. 殳를 따르고 肴(효)가 소리이다.

相雜錯也.① **从殳,**② **肴聲.**③

① ≪漢書≫ 〈食貨志〉에 "돈을 주조하는 실정에 있어 딴 물건을 섞어서 속임수를 부리지 않으면 이익을 얻을 수가 없다."라고 하였다. 살펴보건대, 殽는 '鉛鐵을 섞는 것'을 이른다. ≪漢書≫ 〈董仲舒傳〉에 "어진 사람과 못난 사람이 섞이다."라고 하였다. 經典에서는 殽를 가차하여 '肴'자의 뜻으로 썼는데, ≪禮記≫에서는 殽를 가차하여 '效'자의 뜻으로 썼다.
食貨志 "鑄錢之情. 非殽雜爲巧則不可得贏." 按殽謂雜以鉛鐵也. 董仲舒傳 "賢不肖混殽." 經典借爲肴字. 禮記借爲效字.
② '뒤섞다'는 뜻을 취한 것이다.
取攪之之意.
③ 胡와 茅의 반절이다. 제2部에 있다.
胡茅切. 二部.

06-086-1873 毅(毅)〔함부로 성낼, 결단할/의〕 補

'함부로 성내다'이다. 일설에 "毅는 決斷함이 있는 것이다."라고 한다. 殳를 따르고 豙(의)가 소리이다.

妄怒也.① **一曰, "毅, 有決也."**② **从殳,**③ **豙聲.**④

① '𡉚(황)'자 해설에 "'草木이 왕성하게 자라다'이다."라고 하였다. 대체로 기운이 왕성한 것을 '妄'이라고 한다.
𡉚下曰, "妄生也." 凡氣盛曰妄.

② ≪예기≫ 〈中庸〉에 "강인하고 굳세다."라고 하였다. ≪春秋左傳氏傳≫ 宣公 2년 조에 "敵을 죽이는 것을 '果'라 하고, 지극히 果敢한 것을 '毅'라고 한다."라고 하였다. ≪論語≫ 〈顔淵〉의 苞咸 注[46]에 "毅는 '강하면서 결단을 잘하다'는 뜻이다."라고 하였다.
中庸曰, "發強剛毅." 左傳曰, "殺敵爲果. 致果爲毅." 苞注論語曰, "毅, 強而能決斷也."

③ 무력을 쓴 뜻을 취한 것이다.
取用武之意.

④ 살펴보건대, 豙(의)는 辛을 따랐다. ≪五經文字≫에서 "〈豙는〉 辛의 생략형을 따랐다."라고 한 것은 잘못이다. 隸書는 劃이 줄어들어, 䇂(건)의 생략형을 따랐을 뿐이다. 魚와 旣의 반절이다. 제15部에 있다.
按豙从辛. 五經文字曰, "从䇂省." 非也. 隸省从䇂省耳. 魚旣切. 十五部.

06-086-1874 (毆) 〔구부릴/구〕 補

'구부리다'이다. 殳·叀(전)을 따랐다. 叀은 叀(전)의 古字이다. '廏(廐)'자는 이를 따랐다.

揉屈也.① **从殳·叀.**② **叀, 古叀字.**③ **廏字从此.**

① ≪說文解字≫에 煣(유)는 있어도 揉는 없다. 煣는 '나무를 구부리거나 펴다'이다. 煣屈은 부드럽게 하여 구부리는 것을 이른다. ≪廣韻≫에 "強擊은 바로 柔屈과 상반된다."라고 하였다.
說文有煣無揉. 煣, 屈申木也. 煣屈, 謂柔而屈之. 廣韻曰, "強擊, 正與柔屈相反.

② 殳(수)는 〈사람이 사용하여〉 힘을 쓸 수 있는 물건이다. 힘을 쓸 수 있는 물건을 사용할 때는 엄밀하고 신중하게 다루어야 한다. 叀은 '조금 삼가다'는 뜻이다. 居와 又의 반절이다. 제3部에 있다.
殳者有力之物. 用有力之物而精謹也. 叀, 小謹也. 居又切. 三部.

③ "古叀字"는 '叀의 古文이다.〔古文叀〕'라고 해야 한다. 斤部에 "叀은 '叀'자의 古文이다."[47]라고 한 것이 이 용례이다.
當云古文叀. 斤部云, "叀, 古文叀字." 是也.

---

46) 苞咸 注 : ≪論語≫ 〈泰伯〉의 "선비는 마음이 크고 뜻이 굳세지 않아서는 안 되니〔士不可以不弘毅〕"에 대한 苞咸 注를 가리킨다.

47) 叀은……古文이다 : ≪설문해자≫ 斤部의 '𣃔(斷)'자 해설에 "㓷는 𣃔의 古文이며 叀를 따랐다. 叀는 叀의 古文이다.〔㓷 古文𣃔 从叀 叀 古文叀字〕"라고 하였다.

06-086-1875 (役) 〔변방을 지킬/역〕 [補]【重文1】

'변방을 지키다'이다. 殳·彳(척)을 따랐다.[48] (伇)은 役의 古文이며, 人을 따랐다.

戍也.① 从殳·彳.② , 古文役, 从人.③

① ≪古今韻會擧要≫에 의거하여 바로잡았다.[49] 戍는 '변방을 지키다'이다. ≪司馬法≫[50] 〈定爵〉에 "활과 화살〔弓矢〕은 방어하고, 대나무로 만든 창〔殳〕과 긴 자루 끝에 날을 단 창〔矛〕은 지키고, 날이 있고 가지가 있는 창〔戈〕과 창끝이 두 가닥으로 갈라져 있는 창〔戟〕으로 돕는다. 다섯 가지 兵器는 긴 것으로 짧은 것을 호위하고, 짧은 것으로 긴 것을 구한다."라고 하였다.

살펴보건대, 圉는 '禦'의 古字이다. 今本 ≪周禮≫ 〈夏官 司右〉 注에는 '圍'로 되어 있는데[51] 이는 잘못이다. 殳는 지키기 위한 도구이기 때문에 그 글자가 殳를 따른다. 引伸된 뜻은 대체로 일하느라 수고로운 것을 모두 役이라고 한다. 또 ≪詩經≫ 〈大雅 生民〉에 "줄지어 있는 벼의 싹이 아름답다.〔禾役穟穟〕"라고 하였는데, 役은 穎(이삭)을 假借한 것이다. 〈禾役穟穟를〉 禾部에서는 두 번 ≪詩經≫을 인용하였는데,[52] 〈"禾役"이〉 모두 "禾穎"으로 되어 있다.

依韻會訂. 戍, 守邊也. 司馬法曰, "弓矢圉, 殳矛守, 戈戟助. 凡五兵, 長以衞短, 短以救長." 按圉, 古禦字. 今周禮注, 作圍. 誤. 殳所以守也, 故其字从殳. 引伸之義凡事勞, 皆曰役. 又生民詩. 禾役穟穟. 役者, 穎之假借. 禾部兩引詩, 皆作禾穎.

② 彳은 巡行의 뜻을 취한 것이다. 營과 隻의 반절이다. 제16部에 있다.

彳取巡行之意. 營隻切. 十六部.

③ 은 '사람이 창〔戈〕을 메고 있는 것'을 따른 戍와 뜻이 같다.

與戍从人持戈同意.

---

48) 殳·彳(척)을 따랐다 : ≪六書尋源≫에서는 "변방 수비를 하러 가는 데에는 반드시 殳를 지니므로 이 글자는 彳을 따르고 殳를 따랐는데, 또 '시키다', '가다', '쓴다'라는 의미는 모두 轉義이다. 또 의미를 '徭役'과 '職役'으로하는 것은 모두 借義이다.〔戍邊之行 必執殳 故此从彳从殳 而又訓使也行也用也者 竝轉義也 又訓徭役及職役者 竝借義也〕"라고 하였다.

49) 바로잡았다 : 大徐本과 小徐本에는 모두 '戍邊也'로 되어 있는 것을 ≪古今韻會擧要≫에 의거하여 '바로잡았다'는 뜻이다.

50) 司馬法 : 춘추시대 齊나라 사람인 司馬穰苴가 쓴 兵法書이다.

51) 圍로……있는데 : ≪周禮≫ 〈夏官 司右〉 注에 "≪司馬法≫에 '弓矢는 포위하고……〔司馬法曰 弓矢圍……〕"라고 한 것을 가리킨다.

52) 두 번……인용하였는데 : ≪說文解字注≫ 禾部 '穎'자의 해설에 "詩曰 禾穎穟穟"라고 하였고, 또 禾部 '穟'자의 해설에 "詩曰 禾穎穟穟"라고 한 것을 가리킨다.

06-086-1876 (毅)〔부적/개〕

毅改(개이)[53]이니 大剛卯이다. 이것으로 귀신을 쫓는다. 殳를 따르고 亥(해)가 소리이다.

毅改① 大剛卯也. 㠯逐精鬽.② 从殳, 亥聲.③

① 句讀(구두)이다.
   逗.

② 鬽가 각 판본에 鬼로 되어 있어, 지금 바로잡았다. ≪漢書≫ 〈王莽傳〉에 "正月 卯日에 만들어 몸에 차는 剛卯와 쇠로 만든 화폐인 金刀의 편리함을 모두 시행해선 안 된다."라고 하였는데, 服虔·晉灼의 注와 司馬彪의 〈輿服志〉[54]에서 그 제도를 상세하게 말하였다. 살펴보건대, 毅가 殳를 따른 것은 몽둥이로 귀신을 加擊할 수 있음을 이르는 것이다.
   鬽各本作鬼, 今正. 王莽傳 "剛卯金刀之利, 皆不得行." 服虔·晉灼注, 司馬彪輿服志言其制詳矣. 按毅从殳者, 謂其可擊鬼也.

③ 古와 哀의 반절이다. ≪廣韻≫ 上平 16 咍韻에서는 音을 開라고 하였다. 제1部에 있다.
   古哀切. 廣韻音開. 一部.

殳部에서 다룬 표제자는 20자이고, 重文은 1자이다.

文二十, 重一.

---

53) 毅改(개이) : 귀신을 쫓기 위해 正月 卯日에 금·옥·복숭아나무 등으로 만들어 차는 부적의 일종이다. '大剛卯' 또는 '剛卯'라고도 한다.

54) 輿服志 : 晉나라 司馬彪의 ≪續漢書≫ 중에 실려 있던 〈輿服志〉를 가리킨다. 그런데 ≪續漢書≫는 오래전에 失傳되었는데, 今本 ≪後漢書≫ 〈志〉에 이 〈輿服志〉의 내용이 실려 전한다.

【087. 殺部】

06-087-1877 (殺)[1] 〔죽일/살〕 補【重文5】

‘죽이다’이다. 殳를 따르고 杀(살)을 따랐다.[2] 殺에 속하는 글자는 모두 殺을 따랐다. (殺)은 殺의 古文이다. (㣲)은 殺의 고문이다. (𢿛)은 殺의 고문이다. (布)은 殺의 고문이다. (𣫤)은 殺의 籒文이다.

戮也.① 从殳, 杀聲.② 凡殺之屬, 皆从殺. , 古文殺.③ , 古文殺. , 古文殺. , 古文殺.④ , 籒文殺.⑤

① 戈部에 “戮은 ‘죽이다’이다.”라고 하였다.
戈部曰, “戮, 殺也.”

② 徐鉉 등은 “≪說文解字≫에 ‘杀’자는 없다. 서로 전하기를 〈‘杀’자의〉 音은 ‘察’이라고 한다.”라고 하였다. 살펴보건대, 張參의 ≪五經文字≫ 卷下 殳部에 “杀은 殺의 古字이다.”라고 하였는데, 장삼의 해설이 옳은 듯하다. 이것은 마치 본래 朮로 되어 있는데 간혹 禾가 더해져 秫이 되는 것과 같다. 所와 八의 반절이다. 제15部에 있다.
鉉等曰, “說文無杀字. 相傳音察.” 按張參曰, “杀, 古殺字.” 張說似近是. 此如本作朮, 或加禾爲秫. 所八切. 十五部.

③ 살펴보건대, 宋나라 판본 徐鉉本에는 이 글자〔〕가 없다. 李燾本[3]도 같다.

---

1) 殺 : 王有宗은 ≪今字解剖≫에서 “朩은 术의 생략형이다. 殺은 朩을 따랐다.〔朩 术之省 殺 从朩〕”라고 하여, 丶을 생략한 ‘殺’자가 쓰인다는 사실을 밝혔다.

2) 殺은……따랐다 : ≪六書尋源≫에는 “윗사람이 아랫사람을 죽이는 것을 殺이라고 하므로 이 글자는 殳를 따랐다. 殳는 아래로 내려 치는 것이다. 아랫사람이 윗사람을 죽이는 것을 ‘弒’라고 하므로 弒는 式을 따랐는데, 다만 ‘弋’자의 의미를 따른 것이다. 弋은 위를 향하여 쏘는 것이다.〔以上殺下 謂之殺 故此从殳 殳者 所以垂下擊之者也 以下殺上 謂之弒 故弒从式而單取弋字之義 弋 所以向上射之者也〕”라고 하였다.

3) 李燾本 : 宋나라 학자 李燾(1115~1184)의 ≪說文解字五音韻譜≫를 가리킨다. 李燾의 자는 仁甫이고 호는 巽巖이다. 禮部侍郎 등을 지냈다. 저서로 ≪續資治通鑑長編≫, ≪春秋學≫, ≪說文解字五音韻譜≫ 등이 있다.

按鉉本宋刻無此字. 李燾本同.

④ 살펴보건대, 이〔𣏂〕는 대개 바로 '杀'자가 轉寫하는 과정에서 잘못 바뀐 것이며, 殳를 보태어 小篆의 '殺'자가 된 것이다. 이러한 종류는 매우 많다. 夏竦[4]의 ≪古文四聲韻≫에 "〈'杀'자가〉 崔希裕[5]의 ≪纂古≫에는 𢦿로 되어 있고 ≪說文解字≫에는 𣏂(布)로 되어 있다."라고 하였으니, 夏竦이 근거한 ≪說文解字≫는 善本이며 바로 張參의 해설과 합치된다. 해설의 첫머리 글자 다음은 응당 "殳를 따르고 杀을 따랐다.〔从殳 从杀〕"라고 해야 하는데, 어떤 사람이 잘못하여 "杀聲"이라고 한 것이다.

按此葢即杀字轉寫譌變耳, 加殳爲小篆之殺. 此類甚多. 古文四聲韻"𢦿爲崔希裕纂古, 𣏂(布)爲說文." 則夏氏所據說文爲善本. 正與張參說合. 首字下當云从殳从杀. 或譌爲杀聲也.

⑤ 살펴보건대, 宋나라 판본 徐鉉本에는 이 글자〔𣪩〕가 없으며, 李燾本도 똑같다. ≪類篇≫ 殺部에 "역사를 기록한 글에는 殺이 '𣪩'로 되어 있다. 臣 司馬光[6]은 '≪說文解字注≫에서 수록하지 않았기 때문에 ≪集韻≫에 지금 실려 있지 않다.'라고 하였다."라고 하였다. 그렇다면 司馬光이 근거한 徐鉉本에 '𣪩'자가 없었던 것이 확실하다. 지금 판본에는 徐鍇本에 의거하여 더한 것이다. ≪周禮≫ 〈考工記 宰人〉의 '閷'자[7]는 어떻게 閃을 따랐는지 모르겠다. 그런데 지금 殳部의 '役의 古文인 𠈱'과 殺部의 '殺의 籒文인 𢽍'에 근거하면, 殳는 모두 𠬛가 되는 원인을 여기서 찾게 되고, 𠬛가 잘못되어 閃이 된 것을 알게 되면, 이러한 의심은 풀린다. 學者들이 유추해서 확대 적용해 나가는 것도 괜찮다.

按鉉本宋刻無此字, 李燾本同. 類篇云, "史文殺作𣪩. 臣光曰, '說文失收, 故集韻今不載.'" 然則司馬公所據鉉本無𣪩信矣. 今版本依鍇本增之耳. 考工記閷字, 不識何以从閃. 今據殳部古文役, 殺部籒文殺, 殳皆作𠬛求之, 知𠬛譌爲閃, 頓釋此疑. 學者觸類而長之可也.

06-087-1878 弒(弑)〔신하가 군주 죽일/시〕

'신하가 군주를 죽이다'이다. ≪周易≫ 坤卦 〈文言傳〉에 "신하가 그의 군주를 시해하다."라고 하였다. 殺의 생략형을 따랐고, 式(식)이 소리이다.

---

4) 夏竦 : 985~1051. 宋나라의 문신으로, 字는 子喬이고, 諡號는 文莊이다. 樞密副使·參知政事·樞密使 등을 역임하였다. 저서로 ≪文莊集≫, ≪古文四聲韻≫이 있다.

5) 崔希裕 : ?~? 唐나라 때의 학자이다. 이외의 행적은 자세하지 않다. 저서로 ≪纂古≫, ≪略古≫가 있다.

6) 司馬光 : 1019~1086. 宋 哲宗 때의 문신 겸 학자이다. 이름은 君實이고, 호는 迂夫 또는 迂叟이다. 저서로 ≪自治通鑑≫, ≪類篇≫ 등이 있다.

7) 周禮……閷자 : ≪周禮≫ 〈考工記 宰人〉에 "움켜쥐면 죽이고 끌어당겨 잡으면 물어뜯는 짐승〔凡攫閷援簭之類〕"이라는 글의 '閷'자를 가리킨다.

臣殺君也.① **易曰, "臣弑其君."**② **从殺省, 式聲.**③

① 經傳의 '殺'·'弑' 두 글자는 轉寫될 때 대부분 잘못되고 혼란스러워졌다. 音韻 학자들이 또 간혹 音에만 너무 얽매여 있고, 그중에 일정한 견해도 없으며, 殺을 '弑'로 읽는 자가 많이 있다. 살펴보건대, 그 사실을 설명하면 '군주를 죽이다〔殺君〕'이고, 그 名分을 바르게 하면 '군주를 시해하다〔弑君〕'이다. ≪春秋≫는 名分을 바로잡은 책이기 때문에, '弑'라고 말하고 '殺'이라고 말하지 않았다. ≪春秋左氏傳≫·≪春秋公羊傳≫·≪春秋穀梁傳≫은 사실을 진술하여 經文을 풀이한 책이다. 그러므로 '殺'이라고 말하기도 하고 弑라고 말하기도 하였으니, 반드시 傳에 '殺君'의 '殺'자가 없는 것은 아니다.

許愼이 弑를 풀이하여 "臣殺君"이라고 말한 것은 이것으로 증명할 수 있다. 殺은 古音의 제15部에 있고 弑는 제1部에 있으니, 본래 서로 통하지 않는다. 弑는 漢나라 石經의 ≪春秋公羊傳≫에는 '試'로 되어 있으니, 두 글자는 똑같이 式이 소리이다. ≪白虎通≫ 〈誅伐〉에서 ≪春秋讖≫을 인용하여 "弑는 '죽이다〔試〕'는 뜻이다. 신하와 자식이 그 군주와 아버지를 죽이려고 하다가 감히 마치지 못하고, 틈을 엿보고 상황을 살펴 차차 죽일 수 있음을 말하고자 한 것이다."라고 하였고, ≪釋名≫ 〈釋喪制〉에 "弑는 '엿보다'는 뜻이다."라고 하였으니, 해설이 똑같다. 모두 ≪周易≫ 坤卦 〈文言傳〉의 뜻에 근본을 둔 것이다.

經傳殺弑二字轉寫既多譌亂. 音家又或拘泥, 中無定見, 多有殺讀弑者. 按述其實則曰殺君. 正其名則曰弑君. 春秋正名之書也, 故言弑不言殺. 三傳述實以釋經之書也. 故或言殺, 或言弑. 不必傳無殺君字也. 許釋弑曰臣殺君, 此可以證矣. 殺在古音十五部, 弑在一部, 本不相通也. 弑, 漢石經公羊作試, 二字同式聲也. 白虎通引春秋讖曰, "弑者, 試也. 欲言臣子殺其君父不敢卒, 候閒司事, 可稍稍試之." 釋名曰, "弑, 伺也." 說同. 皆本文言傳之意.

② ≪周易≫ 坤卦 〈文言傳〉의 글이다.

文言傳文.

③ 式과 吏의 반절이다. 제1部에 있다.

式吏切. 一部.

殺部에서 다룬 표제자는 2자이고, 重文은 5자이다.

文二, 重五.①

① 宋刻本에는 "重文은 4자이다.〔重四〕"라고 하였는데, 실제로 重文은 3자이다. 李燾本에는 "重文은 3자이다.〔重三〕"라고 하였다. 徐鍇本에는 "重文은 4자이다.〔重四〕"라고 하였는데 실제로 重文은 5자이다.

宋刻作"重四." 實重三. 李燾作"重三." 鍇本作"重四." 實重五.

【088. 几部】

06-088-1879 (几)〔깃이 짧은 새가 쉭쉭 나는 모양/**수**〕

‘깃이 짧은 새가 쉭쉭 나는 모양’이다. 象形이다.[1] 几에 속하는 글자는 모두 几를 따랐다. 殊와 같이 읽는다.

鳥之短羽飛几几也. 象形. 凡几之屬, 皆从几. 讀若殊.①

① 市와 朱의 반절이다. 살펴보건대, ‘殳’자가 几聲을 따른 것[2]으로 几의 소리〔讀若殊〕를 구한 것이다. 古音은 제4部에 있다.
市朱切. 按以殳从几聲求之. 古音在四部.

06-088-1880 (𠘩)〔새로 깃이 나서 날/**진**〕

‘새로 깃이 나서 날다’이다. 几를 따르고[3] 彡(삼)을 따랐다.

新生羽而飛.① 从几. 从彡.②

① 이(𠘩)는 彡部의 㐱(진)과 음이 같으며, 字形은 비슷하나 뜻이 다르다.
此與彡部㐱音同, 形似而義殊.

---

1) 깃이……象形이다 : ≪六書尋源≫에는 “‘鳥’자는 위가 머리·눈과 목털〔頸毛〕을 본떴고, 아래가 깃털과 발톱을 본떴다. 이 글자는 鳥의 생략을 따랐는데 오직 목털만 남겼다. 頸毛는 바로 깃 바탕의 짧은 털이므로 의미를 ‘짧은 깃으로 날다’라고 하였다.〔鳥字上象頭目及頸毛 下象羽毛及足爪也 此字从鳥省 而惟存頸毛 頸毛 卽羽本之短毛 故訓短羽飛也〕”라고 하여, 几는 鳥의 생략을 따랐다고 설명하였다.

2) 殳자가……따른 것 : ≪說文解字注≫ 殳部에 “殳는 ‘杖(兵器)를 가지고 사람을 죽이다’이다.……又를 따르고 几(수)가 소리이다.〔殳 目杖殊人也……从又 几聲〕”라고 하였다.

3) 几를 따르고 : 几(안석/궤)의 오른 쪽 획은 갈고리가 있는데, 갈고리가 없으면 几(깃이 짧은 새가 쉭쉭 나는 모양/수)이다. 几와 几는 모양이 비슷하지만 음과 뜻은 매우 다르다.〔几之右筆有鉤 無鉤爲几(音殊) 几几形似 而音義逈別〕(≪正中形音義綜合大字典≫)

② 几를 따르고 그 모양을 본뜬 것이다. 之와 忍의 반절이다. 제13部에 있다.
从几而象其形也. 之忍切. 十三部.

06-088-1881  (鳧)〔오리/부〕補

舒鳧이니, '오리'이다. 几・鳥를 따랐다.[4] 几(수)는 또한 소리이다.

舒鳧,① 鶩也.② 从几・鳥. 几亦聲.③

① 句讀(구두)이다.
逗.

② ≪爾雅≫ 〈釋鳥〉에 "舒鴈은 '거위〔鵝〕'이다. 舒鳧는 '오리〔鶩〕'이다."라고 하였다. ≪禮記≫ 〈內則〉 注도 같다.[5] 舍人[6]과 李巡은 "들에 사는 것을 '鴈'이라 하고, 집에 사는 것을 鵝라고 한다. 들에 사는 것을 '鳧'라 하고, 집에 사는 것을 '鶩'이라고 한다."라고 하였다. 살펴보건대, 들에 사는 것을 '鴈・鳧'라고 한다. 그런데 집에서 기르는 것을 '舒鴈・舒鳧' 라고 말하며, 이것을 '鵝・鶩'이라고 한다. 舒는 가는 것이 느릿느릿하고 사람을 두려워하지 않는 것을 이른다.

≪詩經≫ 〈鄭風 女曰鷄鳴〉에 "오리와 기러기를 주살로 잡아 오세요.〔弋鳧與鴈〕"라고 한 것과, 다른 데서 말한 "鴻鴈"과 "鳧鷖"[7]는 모두 들새〔野鳥〕를 이르며, '舒鳧'와 '舒鴈'은 아니다. ≪詩經≫ 〈大雅 鳧鷖〉의 毛亨 傳[8]에 "鳧는 '물새〔水鳥〕'이다. 鷖는 오리〔鳧〕 등속이다."라고 하였다. 그렇다면 ≪설문해자주≫의 '鳧'자 해설에서 舒鳧를 거론한 것은 대체로 구분 없이 말한 것이며 구별하지, 않아도 됨을 이른다. 단지 "舒鳧"라고만 하면 본래 나누어 말하는 것이다.

---

4) 鳧는……따랐다 : ≪六書尋源≫에는 "鳧는 짧은 깃의 새이므로, 几를 따랐다.〔此鳥短羽 故从几也〕"라고 하였다.

5) 禮記……같다 : ≪禮記≫ 〈內則〉의 "거위의 꽁짓살과 고니・올빼미의 갈빗살과 오리의 꽁짓살과 닭의 간과 기러기의 콩팥〔舒雁翠 鵠鴞胖 舒鳧翠 鷄肝 雁腎〕"에 대한 注에 "서안은 '거위'이다……서부는 '오리'이다.〔舒雁 鵝也……舒鳧 鶩也〕"라고 한 것을 가리킨다.

6) 舍人 : 漢 武帝 때의 사람으로, 犍爲文學・犍爲舍人, 또는 舍人이라고도 한다.

7) 鴻鴈과 鳧鷖 : ≪詩經≫ 〈小雅 鴻鴈〉의 "큰기러기와 작은 기러기가 날아오다.〔鴻鴈于飛〕"와 ≪詩經≫ 〈大雅 鳧鷖〉의 "오리와 갈매기가 물 가운데 있도다.〔鳧鷖在涇〕"을 가리킨다.

8) 毛亨 傳 : ≪詩經≫ 〈大雅 鳧鷖〉의 "오리와 갈매기가 물 가운데 있거늘, 공시가 와서 잔치하니 마음 편안하도다.〔鳧鷖在涇 公尸來燕來寧〕"라고 하였는데, 이에 대한 毛亨 傳을 가리킨다. 公尸는 고대에 천자가 제사 지낼 때, 제사를 받는 신령을 대신하여 제사를 받는 산 사람을 가리킨다.

許愼의 뜻을 살펴보건대 鳧를 鳥部에 넣지 않고 几部에 넣었으니, 이는 句・丩 두 部의 사례[9]이다. 오리의 깃이 짧아 날 수가 없기 때문에 그 글자가 几를 따른 것이니, 들에 사는 오리가 또한 깃이 짧은데도 날 수 있음을 어찌 알았겠는가.

釋鳥曰, "舒鴈, 鵝. 舒鳧, 鶩." 内則注同. 舍人・李巡云, "野曰鴈, 家曰鵝. 野曰鳧, 家曰鶩." 按野曰鴈・鳧. 而畜於家者曰舒鴈・舒鳧, 是爲鵝・鶩. 舒者, 謂其行舒遲不畏人也. 詩"弋鳧與鴈." 以及他言鴻鴈鳧鷖, 皆謂野鳥, 非舒鳧・舒鴈也. 大雅傳曰, "鳧, 水鳥也. 鷖, 鳧屬也." 然則說文於鳧下擧舒鳧, 葢謂統言可不別. 但云舒鳧, 則固析言之矣, 尋許意不以鳧入鳥部而入几部. 此句丩二部之例. 鳧之羽短不能飛, 故其字从几, 豈知野鳧亦短羽而能飛乎.

③ 각 판본에는 "几亦聲"이 "鳥를 따르고 几가 소리이다.〔从鳥几聲〕"로 되어 있는데, 지금 보충하고 바로잡았다. 房과 無의 반절이다. 古音은 대체로 제4部에 있다.

各本作"从鳥几聲." 今補正. 房無切. 古音葢在四部.

几部에서 다룬 표제자는 3자이다.

文三.

9) 句……사례 : ≪說文解字注≫ 句部에서 "句(句)는 '굽다'이다. 口를 따르고 丩가 소리이다.〔曲也 从口 丩聲〕"라고 하였고, 같은 곳 丩部에서 "丩(丩)는 '서로 얽히다'이다.……상형이다.〔相糾繚也……象形〕"라고 하였다. 우선 앞의 두 글자는 小篆의 丩(丩) 부분이 같다. 그리고 句의 "曲也"는 구분 없이 말한 것이고, 丩의 "相糾繚也"는 구분하여 말한 것이다. 따라서 '서로 얽히다'는 뜻이 포함된 句를 丩部에 넣어야 하는데, 그렇게 하지 않고 따로 句部를 두어 여기에 '句'자를 배열했다는 뜻이다.

【089. 寸部】

06-089-1882 (寸)〔한 치/촌〕補

‘十分’이다. 사람의 손에서 뒤로 1寸 물러나 맥박이 뛰는 곳을 ‘寸口’라고 이른다. 又·一을 따랐다.[1] 寸에 속하는 글자는 모두 寸을 따랐다.

十分也.① 人手卻一寸動衇謂之寸口. 从又·一.② 凡寸之屬, 皆从寸.

① 度數는 分에서 구별되고 寸에서 헤아린다. 禾部 ‘程’자의 해설에 “10髮을 ‘1程’이라 하고,[2] 1程을 ‘1分’이라 하고, 10分을 ‘1寸’이라 한다.”라고 하였다.
度別於分. 忖於寸. 禾部曰, “十髮爲程. 一程爲分. 十分爲寸.”

② 卻은 ‘뒤로 물러나다’는 뜻이다. 손에서 뒤로 10分 물러나 맥박이 뛰는 곳을 ‘寸口’라고 하기 때문에 글자가 又·一을 따랐다. 會意이다.[3] ≪周禮≫ 〈天官 疾醫〉의 鄭玄 注[4]에 “맥박의 큰 징후는 요컨대 陽明(인체의 經脈 이름)과 寸口에 있다.”라고 하였다. 倉과 困의 반절이다. 제13部에 있다.
卻猶退也. 距手十分動衇之處謂之寸口, 故字从又一. 會意也. 周禮注云. “脈之大候, 要在陽明寸口.” 倉困切. 十三部.

---

1) 寸은……따랐다 : ≪六書尋源≫에는 “무릇 사람의 가운데 손가락의 가운데 마디의 횡선 하나는 周尺 1寸이 되는데, 1寸은 尺度의 근본이 되므로 ‘寸’자의 小篆이 又를 따랐다. 又는 손이다. 一을 따른 것은 가운데 마디의 橫線의 뜻을 겸하여 취하였다.〔凡中人中指中節之橫一線 爲周尺一寸 而其一寸爲尺度之本 故此字之篆从又 又 手也 从一兼取其橫線之義〕”라고 하여, 一이 1寸에다 가운데 손가락 가운데 마디의 橫線의 뜻을 겸하여 취하였다고 설명하였다.

2) 10髮을……하고 : ≪說文解字注≫ 禾部 ‘程’자의 해설인 “10髮을 ‘程’이라 한다.〔十髮爲程〕”에 대한 段玉裁 注에 “10髮은 벼의 까끄라기 12개가 되어야 한다. 그러므로 글자가 禾를 따르는 것이다.〔十髮當禾秒十二 故字从禾〕”라고 하였다.

3) 會意이다 : 살펴보면 ‘寸’자의 모양은 又를 따랐으니, 又는 손이고, 一로써 맥박 뛰는 그곳을 가리킨다. 一은 不成文字로, 추상적 부호이다. 段玉裁 注에 會意라고 하였는데 잘못이다. 又는 이미 글자를 이루었으므로, 合體指事字가 된다.〔按 寸字之形 从又 又 手也 一以指其處 一不成文 乃抽象之符號 段注以爲會意 非也 以又已成文 故爲合體指事字〕(≪中文大辭典≫)

4) 鄭玄 注 : ≪周禮≫ 〈天官 疾醫〉의 “兩으로 九竅가 변하고 參으로 九臟이 움직인다.〔兩之以九竅之變 參之以九藏之動〕”에 대한 정현의 주를 가리킨다.

06-089-1883  (寺)〔조정/시〕補

'朝廷'이다. 법도가 있는 곳이다. 寸을 따르고 㞢(之 : 지)가 소리이다.

廷也.① 有法度者也. 从寸,② 㞢聲.③

① 廴部에 "廷은 '朝廷의 안'이다."라고 하였다. ≪漢書≫의 注[5]에 "대체로 관청이 있는 곳을 모두 '寺'라고 이른다."라고 하였다. ≪釋名≫ 〈釋宮室〉에 "寺는 '잇다'는 뜻이다. 일을 다스리는 자는 그 안에서 일을 서로 이어서 하게 한다."라고 하였다. ≪廣韻≫에 "寺는 '맡다'는 뜻이다. 관리가 머무는 곳에 九寺[6]를 두었다."라고 하였다.

살펴보건대 經典에서는 寺를 가차하여 '侍'로 썼다. ≪詩經≫ 〈大雅 瞻仰〉의 毛亨 傳에 "侍는 '가깝다'는 뜻이다."라고 하였고, ≪周禮≫ 〈天官 序官〉 注에 "寺라는 말은 '모시다〔侍〕'는 뜻이다."라고 하였다. 대체로 ≪周禮≫·≪詩經≫·≪春秋左氏傳≫에서 "寺人"을 말한 것이 모두 같다. 漢나라 때 西域에서 白馬와 낙타에 佛經을 싣고 올 적에 처음으로 鴻臚寺에 머물렀으므로, 마침내 '寺'라는 명칭을 취하여 처음으로 白馬寺를 두게 되었다. 그러니 이 명칭은 바르지 못한 것이다.

廴部曰, "廷, 朝中也." 漢書注曰, "凡府庭所在皆謂之寺." 釋名, "寺, 嗣也. 治事者相嗣續於其內." 廣韻, "寺者, 司也. 官之所止有九寺." 按經典假寺爲侍. 詩瞻卬傳曰, "寺, 近也." 周禮注曰, "寺之言侍也." 凡禮·詩·左傳言寺人皆同. 若漢西域白馬駝經來, 初止於鴻臚寺. 遂取寺名. 初置白馬寺. 此名之不正者也.

② ≪周禮≫ 〈考工記 匠人〉에 "저자와 조정은 1夫의 면적을 차지한다."라고 하였는데, 鄭玄 注에 "〈1夫의 면적은〉 사방 각각 100步이다."라고 하였으니, 天子의 三朝[7]가 각각 사방 100步인 것을 알겠으나, 諸侯와 大夫의 제도는 자세하지 않다. 步는 반드시 寸이 쌓여서 이루어지는 것이다. 法度를 말하는 글자들은 대부분 寸을 따른다. 又部에 "度는 법과 제도이다."라고 하였다.

考工記曰, "市朝一夫." 注云, "方各百步." 知天子三朝, 各方百步, 其諸侯大夫之制未詳. 步必積寸爲之. 言法度字多从寸. 又部曰, "度, 法制也."

---

5) 漢書의 注 : ≪漢書≫ 〈元帝紀〉 初元 2년의 "2월 무오일에 농서군에 지진이 일어났다.〔乃二月戊午 地震于隴西郡〕"에 대한 顔師古 注를 가리킨다.

6) 九寺 : 九卿이 다스리던 아홉 관아인, 太常寺·宗正寺·光祿寺·衞尉寺·太僕寺·大理寺·鴻臚寺·司農寺·太府寺를 이른다.

7) 三朝 : 周나라 때 天子와 諸侯의 外朝·內朝·燕朝를 이른다. '외조'는 朝士들이 대궐 밖에서 정사를 보는 곳, '내조'는 임금이 대궐 안에서 정사를 보는 곳, '연조'는 임금이 便殿에 거처하면서 정사를 보는 곳을 이른다.

③ 祥과 吏의 반절이다. 제1部에 있다.
祥吏切. 一部.

06-089-1884 𢍜(將)〔거느릴/장〕

'거느리다'이다. 寸을 따르고 醬(장)의 생략형이 소리이다.

帥也.① 从寸,② 醬省聲.③

① 帥은 衛(솔)이 되어야 한다. 行部에 "衛은 '거느리다〔將〕'이다."라고 하였으니, '將'과 '衛' 두 글자는 互訓한 것이다. ≪儀禮≫와 ≪周禮≫의 古文은 衛이 대부분 '率'로, 今文은 '帥'로 되어 있다. ≪毛詩≫ 〈周頌 噫嘻〉에 "이 농부들을 거느려〔率時農夫〕"라고 하였는데, 率이 ≪韓詩≫에는 '帥'로 되어 있다.[8)] 이에 대한 해설은 ≪周禮漢讀考≫ 〈春官〉에 상세하다. 帥은 수건〔巾〕을 차고 있는 것이다. 漢나라 사람들은 帥을 가차하여 '率'자로 썼다. 率은 또한 '衛'의 가차이다.

許愼이 ≪說文解字≫를 지을 때 당연히 본래 "將은 '거느리다'이다.〔將 衛也〕"라고 하여 스스로 해설을 하였다. 轉寫와 改竄을 거치면서 옛날과 다르게 되었다. 後人이 將·帥 두 글자의 去聲은 平聲의 將과 入聲의 帥로 구별된다고 말하는데, 옛날에는 이런 해설이 없었다. ≪毛詩≫의 '將'자에 대한 故訓 특히 많으니, '크다〔大〕, 보내다〔送〕, 가다〔行〕, 기르다〔養〕, 바치다〔齊〕, 옆〔側〕, 원하다〔願〕, 청하다〔請〕'는 뜻이 있다. 이러한 뜻들은 간혹 ≪爾雅≫에 보이기도 하고 보이지 않기도 하며, 모두 각각 문장에 따라 뜻을 삼고, 또한 모두 첩운과 쌍성을 따라 뜻을 얻기도 하였다. 예컨대 願과 請은 동일한 뜻이다.

將을 七과 羊의 반절로 읽기 때문에 '청하다〔請〕'는 뜻으로 풀이한 것이다. 將을 即과 羊의 반절로 읽기 때문에 ≪詩經≫ 〈大雅 皇矣〉의 毛亨 傳에 '옆〔側〕'는 뜻으로 풀이하였고, ≪爾雅≫ 〈釋言〉과 ≪詩經≫ 〈小雅 楚茨〉의 毛亨 傳에서 '바치다〔齊〕'는 뜻으로 풀이한 것이다. 齊는 徐仙民[9)]의 ≪周禮音≫에 蔣과 細의 반절로 되어 있으니, 모두 雙聲이다. ≪爾雅≫ 〈釋言〉에 "將은 '바치다〔齊〕'는 뜻이다."라고 하였는데, 郭璞은 "나누어 바치는 것을 이른다."라 하고 ≪詩經≫ 〈小雅 楚茨〉의 "제물을 진설하기도 하고 골고루 바치기도 한다.〔或肆或將〕"을 인용하였으니, 이는 매우 분명하게 구분한 것이다.

---

8) 韓詩에는……있다 : ≪文選≫ 〈東都賦〉의 말미에 있는 〈靈臺詩〉에 대한 李善 注에서 "≪韓詩≫에 '이 농부를 거느려〔韓詩曰 帥時農夫〕"라고 하였다.

9) 徐仙民 : 172~249. 晉 武帝 때 中書舍人을 지낸 徐邈을 가리킨다. 仙民은 徐邈의 字이다. 저서로 ≪周禮音≫이 있다.

"或肆(제물을 진열하고)"는 "或剥(혹은 짐승의 가죽을 벗기고)"를 받는 말이니,[10] 가죽을 벗기면 바로 고기를 걸어놓는 틀〔互〕에 진열하는 것을 말한다. "或將"은 "或烹"을 잇는 것이니, 고기를 삶으면 반드시 물・불과 五味의 마땅함을 조절하고 헤아리는 것을 말한다. 그러므로 "그 고기를 바친다.〔齊其肉〕"[11]라고 한 것이며, 이와 같이 하고 바로 祝官이 門 안에서 제사를 지내는 것이다.〔祝祭于祊〕[12] ≪詩經≫과 ≪爾雅≫의 疏는 뜻이 모두 분명하지 않기 때문에 이를 드러내 밝힌 것이다.

帥當作衛. 行部曰, "衛, 將也." 二字互訓. 儀禮・周禮古文衛多作率. 今文多作帥. 毛詩率時農夫. 韓詩作帥. 說詳周禮漢讀考. 帥者佩巾. 漢人假爲率字. 率亦衛之假也. 許造說文. 當是本作"將衛也." 以自伸其說. 經轉寫改竄而非舊矣. 後人謂將帥二字去聲, 與平聲之將・入聲之帥別者. 古無是說也. 毛詩將字故訓特多, 大也, 送也, 行也, 養也, 齊也, 側也, 願也, 請也. 此等或見爾雅. 或不見. 皆各依文爲義. 亦皆就疊韻雙聲得之. 如願請是一義, 將讀七羊反, 故釋爲請也. 將讀卽羊反, 故皇矣傳釋爲側. 釋言及楚茨傳釋爲齊. 齊, 徐仙民周禮音蔣細反, 皆雙聲也. 釋言, "將, 齊也." 郭云, "謂分齊也." 引詩"或肆或將." 此甚明晝. 或肆蒙或剥, 言剥之乃陳於互也. "或將"蒙"或烹", 言烹之必劑量其水火及五味之宜. 故云齊其肉也, 如是乃以祝祭于祊. 詩・爾雅疏, 皆不了, 故箸之.

② 반드시 법도가 있고 난 뒤에라야 主導하고 先導할 수 있기 때문에 寸을 따랐다.
必有法度而後, 可以主之先之, 故从寸.

③ 將은 卽과 諒의 반절이다. 제10部에 있다.
卽諒切. 十部.

06-089-1885 (㝷)〔단서를 찾아 다스릴, 여덟 척/심〕

'단서를 찾아 다스리다'이다. 工・口를 따랐고 又・寸을 따랐다. 工口는 '다스리다'이다. 又寸는 '나누어 다스리다'이다. 彡(삼)이 소리이다. 이는 㲽(다스릴/녕)과 뜻이 같다. 사람의 두 팔의 벌린 길이를 잰 것을 㝷이라 하니, 8尺이다.

繹理也.① 从工・口, 从又・寸. 工口, 亂也. 又寸, 分理之也. 彡聲.② 此與㲽同意.③ 度人

10) 或肆……말이니 : ≪詩經≫ 〈小雅 楚茨〉의 "혹은 짐승의 가죽을 벗기고 혹은 희생을 삶으며, 혹은 진설하고 혹은 바치도다.〔或剝或亨 或肆或將〕"라고 한 내용의 선후 관계를 밝힌 것이다.

11) 그……바친다〔齊其肉〕: ≪詩經≫ 〈小雅 楚茨〉의 毛亨 傳에 "肆는 '진설하다'는 뜻이고, 將은 '바치다'는 뜻이다. 혹은 고기를 걸어놓는 틀에 진설하기도 하고, 혹은 그 고기를 바치기도 한다.〔肆 陳 將 齊也 或陳于互 或齊其肉〕"라고 하였다.

12) 祝祭于祊 : ≪詩經≫ 〈小雅 楚茨〉의 "或肆或將" 바로 다음에 이어지는 구절이다.

之网臂爲潯，八尺也.④

① 실마리를 찾아 다스리는 것을 이른다. 대체로 혼란을 다스릴 때는 반드시 그 실마리를 찾은 뒤에 법을 시행하여 다스린다. 引伸된 뜻은 '길다〔長〕'이다. ≪方言≫ 권1에 "尋은 '길다'는 뜻이다. 海岱와 大野 지역에서는 '尋'이라 하고, 函谷關 서쪽과 秦·晉과 梁州·益州 지역에서는 대체로 물건이 긴 것을 '尋'이라고 한다. ≪周禮≫ 〈考工記 匠人〉의 法(度量衡制度)에, 넓이를 헤아리는 것을 '尋'이라 한다."라고 하였다. 古文의 ≪儀禮≫에서는 尋을 가차하여 '燅(데울/섬)'으로 썼다.

≪儀禮≫ 〈有司徹〉에 "有司가 음식을 거두어들이고 바로 尸俎를 데운다.〔有司徹乃燅尸俎〕"에 대한 鄭玄 注에 "燅은 '데우다'는 뜻이다. 古文에는 燅이 모두 '尋'으로 되어 있다. ≪禮記≫ 〈郊特牲〉에는 간혹 '尋'으로 되어 있다. ≪春秋左氏傳≫ 哀公 12년 조에 '〈반드시 맹약을 다시 확고히 하겠다고 하시니,〉 만약 따뜻하게 데울 수 있다면 또한 식힐 수도 있습니다.'라고 하였다."라고 하였다.

살펴보건대, 服虔 注에 "尋이란 말은 '거듭하다'는 뜻이고, '데우다'는 뜻이다."라고 하였다. ≪論語≫ 〈爲政〉의 何晏 注에 "溫은 '찾다〔尋〕'는 뜻이다."라고 하였다. 서로 '尋'자의 뜻을 드러내 밝힌 것이다. 〈尋이〉 俗本 ≪儀禮≫ 注에 '潯'으로 되어 있는 것은 잘못이다.

謂抽繹而治之. 凡治亂必得其緒而後設法治之. 引伸之義爲長. 方言曰, "尋, 長也. 海岱大野之閒曰尋. 自關而西秦晉梁益之閒凡物長謂之尋. 周官之法度廣爲尋." 古文禮假尋爲燅. "有司徹乃燅尸俎"注, "燅, 温也. 古文燅, 皆作尋. 記或作尋. 春秋傳, '若可尋也. 亦可寒也.'" 案左傳服注, "尋之言重也, 温也." 論語何注, "温, 尋也." 互相發明. 俗本禮注作潯, 誤.

② 徐와 林의 반절이다. 제7部에 있다.

徐林切. 七部.

③ 해설은 ≪說文解字≫ 皿部의 嵒(녕)자 해설에 보인다.

說見嵒下.

④ 이는 별도의 다른 뜻이니, 또한 寸을 따른 것으로 인하여 언급한 것이다. ≪周禮≫ 〈考工記 匠人〉에 "澮(봇도랑/회)는 넓이가 2尋이다."라고 하였다.

此別一義, 亦因从寸及之. 考工記曰, "澮廣二尋."

06-089-1886  (專)〔여섯 촌의 홀, 방추차/전〕補

'6寸의 笏'이다. 寸을 따르고 叀(전)이 소리이다. 일설에 "專은 紡錘車이다."라고 한다.

六寸簿也.① 从寸, 叀聲.② 一曰, "專, 紡專."③

① ≪說文解字≫에 簿는 없고 薄이 있다. 이는 대체로 後人이 艸를 竹으로 바꾸어 그 글자를 분별한 것이다. "六寸簿"은 대체로 笏이다. 曰部에 "𠚤[13]은 '차다〔佩〕'이다."라고 하였는데, '笏'자가 없다. ≪釋名≫ 〈釋書契〉에 "笏은 '갑자기〔忽〕'라는 뜻이다. 군주가 命을 내리면 笏에 적어서 갑자기 잊어버림〔忽忘〕에 대비하는 것이다. 〈笏을〉 혹자는 薄이라고 하는데, 簿에 일을 기록할 수 있다는 뜻이다."라고 하였다. 徐廣[14]의 ≪車服儀制≫에 "옛날에는 貴賤에 따라 笏을 잡았는데, 바로 지금의 '手版'이다."라고 하였다. ≪春秋左氏傳≫의 杜注[15]에 "珽은 '玉笏'이다. 지금의 관리들이 지니는 簿와 같다."라고 하였다.

≪三國志≫ 〈蜀書 秦宓傳〉에 秦宓이 廣漢太守를 만나 "簿로써 뺨을 쳤다."라고 하였는데, 裴松之 注에 "簿는 手版이다."라고 하였다. "六寸"에 대해서는 듣지 못하였는데, 아마도 "六寸"앞에 "二尺"이 빠진 듯하다. ≪禮記≫ 〈玉藻〉에 "笏의 법도는 2尺 6寸이다."라고 하였으니, 이것이 법도이므로 그 글자가 寸을 따른 것이다.

說文無簿有薄. 葢後人易艸爲竹, 以分別其字耳. "六寸簿", 葢笏也. 曰部云, "𠚤, 佩也." 無笏字. 釋名曰, "笏, 忽也. 君有命則書其上. 備忽忘也. 或曰薄, 可以簿疏物也." 徐廣車服儀制曰, "古者貴賤, 皆執笏. 卽今手版也." 杜注左傳, "珽, 玉笏也. 若今吏之持簿." 蜀志, 秦宓見廣漢太守, "以簿擊頰." 裴松之曰, "簿, 手版也." "六寸"未聞. 疑上奪[16]"二尺"字. 玉藻曰, "笏度, 二尺有六寸." 此法度也, 故其字从寸.

② 職과 緣의 반절이다. 제14部에 있다.

職緣切. 十四部.

③ ≪詩經≫ 〈小雅 斯干〉에 "딸을 낳으면 실패를 가지고 놀게 하네.〔乃生女子 載弄之瓦〕"라고 하였는데, 毛亨 傳에 "瓦는 '실패〔紡專〕'이다."라고 하였다. 糸部에 "紡은 '網絲'이다."라고 하였는데, 網絲는 專(紡專)을 錘로 삼는다. ≪廣韻≫ 去聲 32 霰韻에 "䥥(천)은 紡錘(물레에서 실을 감는 가락/방추)이다."라고 한 것이 이 용례이다. 지금 專의 俗字는 甎·塼으로 쓰고, 專을 嫥壹의 嫥(전일할/전)으로 여긴다. ≪廣韻≫ 下平聲 2 仙韻에

13) 𠚤 : '曶(홀)'자의 籒文이다. ≪說文解字注≫ 曰部에 "曶은 '기운이 나가는 말'이라는 뜻이다……𠚤은 曶의 籒文이다. 일설에 '「차다」는 뜻이다.'라고 한다.〔曶 出气詈也……𠚤 籒文曶 一曰佩也〕"라고 하였다.

14) 徐廣 : 352~425. 東晉 때의 학자로, 字는 野民이며, 徐邈의 아우이다. 저서로 ≪史記音義≫, ≪車服儀注≫ 등이 있다.

15) 杜注 : ≪春秋左氏傳≫ 桓公 2년 조의 "그림이 있는 옷, 冠, 무릎을 가리개, 玉笏〔袞冕黻珽〕"에 대한 杜預 注를 가리킨다.

16) 奪 : '奪'의 古字이다.

"專은 '멋대로 하다〔擅〕, 혼자〔單〕, 바루다〔政〕, 진실로〔誠〕, 홀로〔獨〕, 스스로 옳게 여기다〔自是〕'는 뜻이다."라고 하였다.
小雅, "乃生女子, 載弄之瓦." 毛曰, "瓦, 紡專也." 糸部, "紡, 網絲也." 網絲者, 以專爲錘. 廣韻曰, "甎, 紡錘" 是也. 今專之俗字作甎·塼, 以專爲嫥壹之嫥. 廣韻曰, "擅也, 單也, 政也, 誠也, 獨也, 自是也."

06-089-1887  (尃)〔펼/부〕補

'펴다'이다. 寸을 따르고 甫(보)가 소리이다.

布也.① **从寸,**② **甫聲.**③

① ≪禮記≫ 〈祭義〉에 "이것을 펼쳐 두면 천하에 퍼진다.〔溥之而橫乎四海〕"라고 하였다. ≪經典釋文≫ 〈禮記音義〉에 "溥는 판본에 따라 '尃'로 되어 있는데 같은 글자이며, 芳과 于의 반절이다."라고 하였다. 지금의 板刻本에 "간혹 '敷'로 되어 있기도 하다."라고 한 것은 잘못이니, ≪集韻≫ 上平聲 10 虞韻와 ≪古今韻會擧要≫ 上平 7 虞韻에서 잘못을 증명할 수 있다. ≪周易≫ 〈說卦傳〉에 "震은 '尃'이 된다.〔爲尃〕[17)]"라고 하였는데, 鄭玄·虞翻·姚信도 모두 똑같이 '尃'이라고 하였다. 王肅과 干寶는 專로 썼다. 干寶는 "꽃을 통틀어 '鋪'라고 부르고, 꽃의 모양을 '藪(부)'라고 이른다."라고 하였다.
≪漢書≫ 〈司馬相如傳 上〉에 인용된 〈上林賦〉에 "묶여 있는 실을 푼다.〔布結縷〕"라고 하였는데, ≪史記≫에는 布가 尃로 되어 있다.[18)] 徐廣은 "尃는 布의 古字이다."라고 하였다. 살펴보건대, 尃를 '펴다〔布也〕'로 풀이하였으니 〈尃와 專이〉 같은 글자는 아니다.
祭義, "溥之而橫乎四海." 釋文, "溥, 本或作尃, 同, 芳于反." 今刻云, "或作敷." 繆也, 集韻·韻會可證. 說卦傳, "震, 爲尃." 鄭·虞·姚, 皆同. 王肅·干寶作專. 干云, "花之通名爲鋪, 花皃謂之藪." 漢書上林賦, "布結縷." 史記布作尃. 徐廣曰, "尃, 古布字." 按尃訓布也, 非一字.

② 대체로 재물 등을 베풀 때는 반드시 법도를 만들고 나서 시행하기 때문에 寸을 따랐다.
凡敷敀, 必有法度而後行, 故从寸.

---

17) 爲尃 : ≪周易正義≫에는 '爲旉'로 되어 있는데, 孔穎達 疏에 "爲旉는 봄철에 봄기운이 이르러 초목이 모두 꽃을 토하자 꽃봉오리가 펴져 피어남을 취한 것이다.〔爲旉 取其春時氣至 草木皆吐 旉布而生也〕"라고 하였고, 元나라 吳澄은 "爲尃의 '尃'자는 또 '藪'로 쓰기도 하며, '華(꽃)'와 통한다.〔爲尃字 又作藪 與華通〕"라고 하였다. 한편 爲尃의 '尃'에 대한 阮元本의 〈校勘記〉에서는 "尃는 어떤 판본에 또 '專'으로 되어 있다.〔尃 本又作專〕"라고 하였다.

18) 史記에는……있다 : ≪史記≫ 〈司馬相如傳〉에 "널리 퍼지고 흩어지게 하네.〔氾尃濩之〕"라고 하였다. 그리고 이에 대한 徐廣 注에 "布의 古字는 尃로 썼다.〔古布字作尃〕"라고 하였다.

③ 芳과 無의 반절이다. 제5部에 있다.
芳無切. 五部.

06-089-1888 (導)〔인도할/**도**〕

導는 '인도하다'이다. 寸을 따르고 道(도)가 소리이다.

導,① 引也.② 从寸,③ 道聲.④

① 導는 중복되게 열거한 글자로, 산삭하지 않은 것이다.
此複舉字, 未刪者.

② 경전에서 대부분 道를 가차하여 '導(인도하다)'의 뜻으로 썼다. 뜻은 본래 통용하였다.
經傳多假道爲導. 義本通也.

③ 인도할 때는 반드시 法度로써 해야 한다.
引之必以法度.

④ 徒와 晧의 반절이다. ≪광운≫에 "徒와 到의 반절이다."라고 하였다. 古音은 제3部에 있다.
徒晧切. 廣韻徒到切. 古音在三部.

寸部에서 다룬 표제자는 7자이다.

文七.

【090. 皮部】

06-090-1889 (皮)〔짐승 가죽/피〕補【重文2】

짐승의 가죽을 벗겨 취하는 자들은 벗긴 가죽을 '皮'라고 말한다.[1] 又를 따르고 (爲)의 생략형이 소리이다. 皮에 속하는 글자는 모두 皮를 따랐다. (笈)는 皮의 古文이다. (㞺)는 皮의 籒文이다.

剥取獸革者謂之皮.① 从又,② 省聲.③ 凡皮之屬, 皆从皮. 古文皮.④ 籒文皮.

① 剝은 '찢어지다'는 뜻이니, 가죽이 살과 나뉘어 찢어지게 함을 이른다. "革"이라고 하는 것은, 구분해서 말하면 털을 제거한 것을 '革'이라 하고, 구분 없이 말하면 〈皮와〉 구별하지 않는다. "者"라고 한 것은 '그 일을 하는 사람'을 이르니, 짐승의 가죽을 취하는 장인을 '皮'라고 말한다는 뜻이다. 皮는 '柀'이니, 柀는 '가르다'는 뜻이고, 6편 상의 木部에 보이며, 이에 따라 취한 것을 '皮'라고 이른다. 引伸하여 대체로 물건의 표면을 '皮'라고 하고, 대체로 물건의 표면을 제거하는 것도 모두 '皮'라고 한다.

≪戰國策≫ 〈韓策〉에 "얼굴 가죽을 벗기고 눈알을 후벼냈다.〔皮面抉眼〕"라고 말하였고, 王褒의 〈僮約〉[2]에 "뽕잎을 따고 종려나무 껍질을 벗긴다.〔落桑皮椶〕"라고 말하였으며, ≪釋名≫ 〈釋飮食〉에 "조롱박 껍질을 벗겨서 쌓아둔다.〔皮瓠以爲蓄〕"라고 한 것이 모두 이 용례이다.

剝, 裂也, 謂使革與肉分裂也. 云"革"者, 析言則去毛曰革. 統言則不別也. 云"者"者, 謂其人也, 取獸革者謂之皮. 皮, 柀. 柀, 析也, 見木部, 因之所取謂之皮矣. 引伸凡物之表, 皆曰皮, 凡去物之表, 亦皆曰皮. 戰國策言, "皮面抉眼." 王褒僮約言, "落桑皮椶." 釋名言,

---

1) 皮라고 말한다 : ≪六書尋源≫에는 "대저 짐승에는 '皮'라고 하고 사람에게는 '膚'라고 하는데, 나누어 말하면 다르지만 구분해서 말하면 또한 혼합하여 '皮膚'라고 한다.〔大抵獸曰皮 人曰膚 而分言則異 通言則亦混稱皮膚也〕"라고 하여, 皮膚가 混稱임을 밝혔다.

2) 王褒의 僮約 : 王褒(?~?)는 前漢 때의 인물로 字는 子淵이며 辭賦에 능했다. 〈僮約〉은 노비 계약을 다룬 글로, 노예가 한번 팔려 가면 아무리 어려운 일이라도 주인이 시키는 대로 조금도 거역 없이 해내야 한다는 내용을 기술하고 있다.

"皮瓠以爲蓄." 皆是.

② 又는 손이니, 손으로 가죽을 벗겨 취하는 것이다.

又, 手也, 所以剝取也.

③ 符와 羈의 반절이다. 古音의 爲와 皮는 모두 제17部에 있다.

符羈切. 古音爲·皮, 皆在十七部.

④ 竹을 따른 것은 대체로 대나무를 사용하여 살과 가죽을 가르기 때문이다.

从竹者, 葢用竹以離之.

06-090-1890 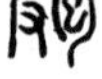(皰) 〔여드름/**포**〕

'얼굴에 기운이 돋다'이다. 皮를 따르고 包(포)가 소리이다.

面生气也.① **从皮, 包聲.**②

① ≪玉篇≫에 "얼굴 피부에 기운이 돋는 것이다."라고 하였다. 玄應의 ≪一切經音義≫에 인용된 ≪說文解字≫의 해설 가운데 하나[3]에는 "얼굴에 熱氣가 돋다."라고 하였고, ≪淮南子≫ 〈說林訓〉에 "조그만 여드름을 짰더니 毒瘡이 났다.〔潰小皰而發痤疽〕"라고 하였는데, 高誘 注에 "皰는 '얼굴의 기운'이다.〔面氣〕"라고 하였다. 玄應이 ≪일체경음의≫에서 인용한 ≪淮南子≫ 글에는 〈皰가〉 靤(포)로 되어 있다.

玉篇作 "面皮生氣也." 玄應書一作"面生熱氣也." 淮南 "潰小皰而發痤疽." 高曰, "皰, 面氣也." 玄應引作靤.

② 旁과 教의 반절이다. 古音은 제3部에 있다.

旁教切. 古音在三部.

06-090-1891 (皯) 〔기미 낄/**간**〕

'얼굴의 검은 기운'이다. 皮를 따르고 干(간)이 소리이다.

面黑气也.① **从皮, 干聲.**②

① ≪列子≫ 〈黃帝〉에 "초췌한 모습에 얼굴 피부색이 기미가 끼어 검다."라고 하였다.

---

3) 說文解字의……하나 : ≪一切經音義≫에 인용된 ≪설문해자≫의 皰에 대한 해설이 "얼굴에 기운이 돋는 것이다.〔面生气也〕"와 "얼굴에 열기가 돋는 것이다.〔面生熱氣也〕" 두 종류가 있는데, 이 중에 하나인 "面生熱氣也"를 가리킨다.

列子曰, "燋然肌色皯䵟."

② 古와 旱의 반절이다. 제14部에 있다.

古旱切. 十四部.

皮部에서 다룬 표제자는 3자이고, 重文은 2자이다.

文三, 重二.

【091. 㼱部】

06-091-1892 (𤿬·㼱)〔부드럽게 손질한 가죽/연〕【重文2】

‘부드럽게 손질한 가죽’이다. 北을 따르고 皮의 생략형을 따랐으며, 夐(현)의 생략형이 소리이다. 㼱에 속하는 글자는 모두 㼱을 따랐다. 耎(연)과 같이 읽는다. 일설에 “儁(준)과 같이 발음한다.”라고도 한다. (阴)은 㼱의 古文이다. (㼱)은 㼱의 籒文이며, 夐의 생략형을 따랐다.

柔韋也.① 从北,② 从皮省,③ 夐省聲.④ 凡㼱之屬, 皆从㼱. 讀若耎. 一曰, “若儁.”⑤ 古文㼱.⑥ 籒文㼱, 从夐省.⑦

① 柔는 ‘손질하여 가죽을 부드럽게 하다’는 뜻이다.[1)] 韋는 사용할 수 있는 가죽〔皮〕이다. ≪周禮≫ 〈考工記〉 注[2)]에 “≪蒼頡篇≫에 ‘가죽을 부드럽게 한다.〔鞄㼱〕’이 있다.”라고 하였다.
柔者, 治之使鞣也. 韋, 可用之皮也. 考工記注曰, “蒼頡篇有鞄㼱.”

② 徐鉉은 “北을 따른 것은 반복하여 부드럽게 손질하기 때문이다.”라고 하였다.
鉉曰, “从北者, 反覆柔治之也.”

③ ‘皮의 생략형을 따랐다’고 하는 것은 를 이른다. 〈는〉 耳도 아니고 瓦도 아니다. 지금 隸書에는 아랫부분이 모두 瓦로 되어 있다.
謂(皮)也. 非耳, 非瓦. 今隸下, 皆作瓦矣.

④ 각 판본에는 ‘聲’자가 없는데, 지금 보충하였다. 夐()의 古音은 제14部에 있다. 여기

1) 柔는……뜻이다 : ≪說文通訓定聲≫에서는 “살펴보건대 北(배)는 ‘背(등지다)’이니, 韋가 舛을 따른 것과 같은 뜻이다. 가죽을 다루어 부드럽게 하는 데에는 반드시 그 성질을 교정해야 한다.〔按北者 背也 與韋从舛同意 治革使柔 必矯戾其性質也〕”라고 하여, 北를 背로 설명하였다.(≪說文解字詁林正補合編≫ 〈說文通訓定聲〉)

2) 考工記 注 : ≪周禮≫ 〈考工記 序官〉의 “가죽을 가공하는 장인은 ‘函人·鮑人·韗人·韋氏·裘氏’이다.〔攻皮之工 函鮑韗韋裘〕”에 대한 鄭玄 注를 가리킨다. 지금의 鄭玄 注에는 ‘鞄㼱’이 ‘鮑㼱’으로 되어 있다.

서는 夐의 위와 아래를 생략하고 冂을 취하여 소리로 삼은 것이다. 而와 兗(연)의 반절이다. 제14部에 있다.

各本無聲，今補. 夐古音在十四部. 此省其上下，取冂爲聲也. 而兗切. 十四部.

⑤ 㒞은 俊과 같은데，人部에 俊은 있어도 㒞은 없다.

㒞同俊，人部有俊無㒞.

⑥ 皮(皮)의 생략형을 따랐고，사람이 손질함을 따랐다.

从皮省，从人治之.

⑦ 아래는 皮의 생략형을 따랐고，위는 夐의 생략형을 따랐다.

下从皮省，上从夐省.

06-091-1893 ⿰㼱灷(⿰㼱灷)〔사냥할 때 입는 가죽 바지/용〕【重文 1】

'사냥할 때 입는 가죽 바지'이다. 㼱을 따르고 灷(선)이 소리이다. ⿴衣灷(⿴衣灷)은 ≪尙書≫〈虞書〉에 "새와 짐승은 솜털이 난다.〔⿴衣灷毛〕"라고 할 때의 '⿴衣灷'자이며，朕(朕)을 따르고 衣를 따랐다.

羽獵韋絝.① 从㼱,② 灷聲.③ ⿴衣灷，虞書曰,④ "鳥獸⿴衣灷毛."⑤ 从朕，从衣.⑥

① "羽獵"은 〈高堂賦〉에 보인다.[3] ≪漢書≫ 〈揚雄傳 上〉의 顔師古 注[4]에 인용된 글에 "服虔은 '〈羽獵은〉 士卒이 화살을 지는 것이다.'라고 하였다."라고 하였다.

羽獵見高唐賦，楊雄傳，"服虔曰，'士卒負羽.'"也.

② 부드러운 가죽으로 바지를 만든다.

柔韋爲絝.

③ 살펴보건대，火・収(廾) 두 部에는 '灷'자가 없으나，이 部에는 ⿰㼱灷자가 있다. 人部에는 㑞(잉)이 있고，舟部에 朕(짐)이 있는데 모두 '灷聲'을 따랐다. 그렇다면 今本 ≪說文解字≫에 '灷'자가 빠진 것이 분명하며，그 뜻은 들어보지 못했다. 그 音은 㑞・朕・勝・騰(등)・黱(대)・滕(등)・螣(등)・勝(승)・縢(등)이니，모두 제6部에 있다. ⿰㼱灷의 本音은 대체로 제6部에 있었는데 제9部로 轉入되었다. 而와 隴의 반절이다.

按火収二部無灷字，而此部有⿰㼱灷. 人部有㑞，舟部有朕，皆从灷聲. 然則今本說文奪灷字無

---

3) 羽獵은……보인다 : ≪文選≫ 〈高堂賦〉에 "사냥할 때 銜枚하여 말하지 못하게 하다.〔羽獵銜枚無聲〕"라고 하였다.

4) 顔師古 注 : ≪漢書≫ 〈揚雄傳 上〉의 "그해 12월에 成帝가 사냥에 나갈 때 揚雄이 수행하였다.〔其十二月羽獵 雄从〕"에 대한 顔師古 注를 가리킨다.

疑，其義未聞．其音則倂・胼・勝・騰・朥・滕・賸・滕・縢，皆在六部．𧟒本音，葢在六部，轉入九部也．而隴切．

④〈虞書〉는 〈唐書〉가 되어야 한다.
虞書當作唐書.

⑤〈堯典〉의 글이다. 지금 ≪尙書≫에는 氄(솜털/용)으로 되어 있고, 毛部에는 毴(용)으로 되어 있는데 "'털이 무성하다'이다."라고 하였다. 여기에는 褎으로 되어 있으니, 어찌 저 古文과 이 今文이 다른 것인가.
堯典文. 今尙書作氄, 毛部作毴, 云盛毛也. 此作褎. 豈彼古文此今文之異與.

⑥ 小徐本(徐鍇本)은 이와 같은데 注를 달아 "이 또한 𧟒자이다."라고 하였다. 大徐(徐鉉)는 그 인하여 뒤바꾸어 "혹은 衣를 따르고 朕을 따르기도 한다. ≪尙書≫〈虞書 堯典〉에 '새와 짐승은 솜털이 난다.〔鳥獸褎毛〕'라고 하였다."라고 하였다. 지금 小徐를 따른 것은 옛것을 따른 것이며, 의심스러운 것을 빼버렸다. 朕聲은 옛날에 6部에 있었는데 제9部로 轉入되었다.
小徐本如是. 而注之曰, "此亦𧟒字." 大徐因倒之云, "或从衣从朕. 虞書曰, '鳥獸褎毛.'" 今依小徐者, 仍舊也, 闕疑也. 朕聲古在六部, 轉入九部.

𦦻部에서 다룬 표제자는 2자이고, 重文은 3자이다.

文二,① 重三.②

① 徐鉉本에는 "文三"으로 되어 있다.
鉉作文三.

② 徐鉉本에는 "重二"로 되어 있다.
鉉作重二.

【092. 攴部】

06-092-1894 𢻮(攴)〔살짝 칠/복〕 補

'살짝 치다'이다. 又를 따르고 卜(복)이 소리이다.[1] 攴에 속하는 글자는 모두 攴을 따른다.

小擊也.① 从又, 卜聲.② 凡攴之屬, 皆从攴.

① 手部에서 "擊은 '치다'이다.〔攴也〕"라고 하였는데, 여기서는 "攴은 '살짝 치다〔小擊也〕'"라고 하였으니, 뜻은 같지만 약간의 차이가 있다. 살펴보건대, 이 글자는 又를 따르고 卜이 소리인데, 又는 손이다. 〈그러므로 攴이〉 經典에서 隷變하여 '扑'이 되었다. 대체로 ≪尙書≫와 ≪三禮≫의 "鞭扑"의 '扑'자가 모두 '扑'으로 되어 있다. 又가 변하여 手가 되고 卜聲은 바뀌지 않은 것이며, 아마도 漢나라 石經의 書體인 듯하다. 이것이 手部에 '扑'자가 없게 된 원인이다. 唐나라 石經의 初刻에는 朴으로 되어 있는데, 木을 따른 것을 唐元度[2]가 교정할 때 手를 따르는 것으로 바로잡았으니, 옳다.

≪詩經≫ 〈豳風 七月〉에 "8월에 대추를 턴다.〔八月剝棗〕"라고 하였는데, 剝을 가차하여 攴의 뜻으로 쓴 것이다. 〈이 剝은〉 毛亨 傳에 "'치다〔擊〕'는 뜻이다."라고 하였고, ≪經典釋文≫ 〈毛詩音義〉에 "普와 卜의 반절이다."라고 하였다.

手部曰, "擊, 攴也." 此云, "小擊也." 同義而微有別. 按此字从又卜聲. 又者手也. 經典隸變作扑. 凡尙書・三禮鞭扑字, 皆作扑. 又變爲手, 卜聲不改, 蓋漢石經之體. 此手部無扑之原也. 唐石經初刻作朴, 从木者, 唐元度覆挍正之从手, 是也. 豳風, "八月剝棗." 假剝爲攴. 毛曰, "擊也." 音義曰, "普卜反."

---

1) 攴은……소리이다 : ≪六書尋源≫에는 "攴은 卜을 따르고 又를 따랐는데, 又는 '손'이어서 '扑'자가 '손〔手〕'를 따른 것과 같으므로 〈攴과 扑〉 2字는 仝一한 字이고 모두 '살짝 치다〔小擊〕'라고 풀이한다.〔此从卜从又 又 手也 與扑字之从手 一也 故二字爲仝一字 而俱訓小擊也〕"라고 하여, 攴은 扑과 仝一한 字라고 설명하였다.

2) 唐元度 : ?~? 唐나라의 書法家인 唐玄度를 가리킨다. 玄을 元으로 쓴 것은 淸 聖祖의 이름을 諱한 것이다. 자는 彦升이고, 楚州司兵參軍 등을 지냈으며, 唐 文宗 7년(833)에 開成石經을 세울 때 주도적인 역할을 하였다. 저서로 字書인 ≪九經字樣≫이 있다.

② 普와 木의 반절이다. 제3部에 있다.
普木切. 三部.

06-092-1895 (啟)〔가르칠/계〕補

'가르치다'이다. 攴을 따르고 启(계)가 소리이다. ≪論語≫ 〈述而〉에 "마음속으로 알려고 노력하지 않으면 가르쳐주지 않는다."라고 하였다.

教也. 从攴, 启聲.① **論語曰, "不憤不啟."**②

① 康과 禮의 반절이다. 제15部에 있다.
康禮切. 十五部.

② ≪論語≫ 〈述而〉의 글이다.
述而篇文.

06-092-1896 (徹)〔통할, 재상/철〕補【重文 1】

'통하다'이다. 彳을 따르고 攴을 따르고 育을 따랐다. 일설에 "相臣(宰相)이다."라고 한다. (徹)은 徹의 古文이다.

通也.① **从彳, 从攴, 从育.**② **一曰, "相臣."**③ **, 古文徹.**④

① ≪孟子≫ 〈滕文公 上〉에 "〈徹法의〉 徹은 '통하다〔徹〕'는 뜻이다."라고 하였다. ≪論語≫ 鄭玄 注[3]에 "徹은 '통하다'는 뜻이니, 천하의 공통적인 법이기 때문이다."라고 하였다. 살펴보건대, ≪詩經≫ 〈豳風 鴟鴞〉에 "저 뽕나무 뿌리를 찢어다가〔徹彼桑土〕"라고 하였는데, 〈'徹'의 뜻을〉 傳[4]에서 "찢다〔裂也〕"라고 하였다. ≪詩經≫ 〈小雅 十月之交〉에 "나의 담장과 집을 헐어버려〔徹我牆屋〕"라고 하였는데, 〈'徹'의 뜻을〉 鄭玄 箋에서 "헐다.〔毁也〕"라고 하였고, ≪詩經≫ 〈小雅 十月之交〉에 "왕의 教命이 하늘의 도를 따르지 않아〔天命不徹〕"라고 하였는데, 〈'徹'의 뜻을〉 毛亨 傳에서 "道이다.〔道也〕"라고 하였고, ≪詩經≫ 〈大雅 江漢〉에 "우리의 國境을 다스리도록 하라.〔徹我疆土〕"라고 하였는데, 〈'徹'의

---

3) 鄭玄 注 : ≪論語注疏≫ 〈顏淵〉의 "유약이 '어찌 徹法을 쓰지 않으십니까?'〔有若對曰 盍徹乎〕"에 대한 鄭玄 注를 가리킨다.

4) 傳 : "徹彼桑土"에 대한 傳이라면 毛亨 傳을 가리키는데, 今本 毛亨 傳에는 "벗기다〔剝也〕"로 되어 있다. 이는 段玉裁가 인용한 "裂也"와는 차이가 있다.

뜻을〉 鄭玄 箋에서 "다스리다.〔治也〕"라고 하여, 각각 문장에 따라 풀이하였으니, '徹'[5] 자의 뜻을 개괄할 수 있다. 옛날에 '徹'자는 있었지만 '轍'자는 없었다.

孟子曰, "徹者, 徹也." 鄭注論語曰, "徹, 通也, 爲天下通法也." 按詩 "徹彼桑土." 傳曰, "裂也.", "徹我牆屋." 曰, "毁也.", "天命不徹." 曰, "道也.", "徹我疆土." 曰, "治也." 各隨文解之, 而通字可以隱栝. 古有徹無轍.

② 대체로 세 글자가 합해진 會意이다. 회초리로 쳐서 바른길로 인도하고 양육하여 주고 도를 행하게 한다면, 통하지 않음이 없는 것이니, 毛亨 傳에 이른바 '다스리다'는 뜻이다. 丑과 列의 반절이다. 제15部에 있다.

蓋合三字會意. 攴之, 而養育之, 而行之, 則無不通矣, 毛傳所謂治也. 丑列切. 十五部.

③ 아마도 잘못이 있는 듯하다. 徐鉉本에 이 네 글자가 없다.

疑有譌. 鉉本無此四字.

④ 글자의 가운데 부분이 鬲을 따랐다.

中从鬲.

06-092-1897 (敏)〔빠를/민〕補

'빠르다'이다. 攴을 따르고 每(매)가 소리이다.

疾也.① 从攴, 每聲.②

① 〈釋詁〉[6]와 毛亨 傳[7]도 같다.

釋詁・毛傳同.

② 眉와 隕의 반절이다. 古音은 제1部에 있다. ≪詩經≫ 〈大雅 生民〉에 "高辛氏 발자국의 엄지발가락을 밟고〔履帝武敏〕"라고 하였고, ≪爾雅≫ 〈釋訓〉에 "敏은 엄지발가락〔拇〕이다."라고 하였으니, 敏은 拇의 假借가 됨을 이른다. 拇는 엄지발가락이다. 옛날에는 母로 썼다.

眉殞切. 古音在一部. 生民詩"履帝武敏." 釋訓, "敏, 拇也." 謂敏爲拇之假借. 拇, 足大指也. 古作母.

---

5) 徹 : 저본에는 '通'으로 되어 있는데, 이는 漢 武帝의 이름인 '徹'자를 諱하여 '通'자로 바꾸어 쓴 것이다. 그러므로 원래의 글자인 '徹'로 풀이하였다.

6) 釋詁 : ≪廣雅≫ 〈釋詁〉에 "敏은 '빠르다'는 뜻이다.〔敏 疾也〕"라고 하였다.

7) 毛亨 傳 : ≪詩經≫의 〈大雅 生民〉・〈大雅 文王〉・〈大雅 江漢〉・〈小雅 甫田〉 등의 毛亨 傳에 "敏 疾也"라는 구절이 보인다.

06-092-1898 (敃)〔힘쓸/민〕 補

'힘쓰다'이다. 攴을 따르고 民(민)이 소리이다.

彊也.① **从攴, 民聲.**②

① ≪爾雅≫ 〈釋詁〉에 "昏·暋은 '힘쓰다'는 뜻이다.〔昏暋 强也〕"라고 하였다. 살펴보건대, ≪說文解字≫에는 暋이 '敯'으로 되어 있고, "敯은 '무릅쓰다'이다.〔敯 冒也〕"라고 하였다. 그렇다면 許愼이 근거한 ≪爾雅≫에는 "敃은 '힘쓰다'는 뜻이다.〔敃 强也〕"라고 하였었던 것이다. '昏'자는 氐의 생략형을 따르고 民聲을 따르지 않았다. 그런데 세속에서 轉寫할 때 뒤섞여 잘못되었고, 音韻도 어지럽게 되었다. ≪玉篇≫ 攴部 제270에 "敃·敯은 같은 글자이다."라고 이른 것이 이 용례이다.
釋詁 "昏·暋, 強也." 按說文暋作"敯, 冒也." 則許所據爾雅作 "敃, 強也." 昏字从氐省, 不从民聲. 自俗寫殽譌. 音韻亦亂. 玉篇謂 "敃敯同字" 是也.

② 眉와 隕의 반절이다. 제12部에 있다.
眉殞切. 十二部.

06-092-1899 (敄)〔힘쓸/무〕 補

'힘쓰다'이다. 攴을 따르고 矛(모)가 소리이다.

彊也. 从攴, 矛聲.①

① 亡과 遇의 반절이다. 古音은 제3部에 있다.
亡遇切. 古音在三部.

06-092-1900 (敀)〔일어날/박〕

'일어나다'이다. 攴을 따르고 白(백)이 소리이다. ≪周書≫[8)]에 "〈왕의 좌우에 있는

8) 周書 : ≪尙書≫의 편명인 〈周書〉로 표기하지 않고 書名으로 표기하였다. 虞書·夏書·商書 등에서도 똑같이 적용하였다. 그 이유는 許愼이 〈說文解字敍〉에서 孔子의 舊宅을 헐다가 그 벽 속에서 얻었다는 ≪尙書≫를 한 번 언급했을 뿐, ≪說文解字≫의 본문 해설에서는 ≪尙書≫를 언급하지 않고 모두 "虞書·夏書·商書·周書" 등으로 표기했는데, 이는 許愼이 ≪虞書≫·≪夏書≫·≪商書≫·≪周書≫로 각각 나뉘어 있던 책들을 보고 해설하였음을 말해주기 때문이다. 段玉裁도 土部 '堣'자를 해설한 注에서 "許愼은 으레 ≪尙書≫를

신하는〉 常敀과 常任[9]이다."라고 하였다.

迮也.① 从攴. 白聲.② 周書曰, "常敀·常任."③

① 迮(책)은 '일어나다'는 뜻이다. 敀은 '일으키다'는 뜻이다. 迫과 音義가 같다.
迮, 起也. 敀者, 起之也. 與迫音義同.

② 博과 陌의 반절이다. 古音은 제5部에 있다.
博陌切. 古音在五部.

③ ≪尙書≫ 〈周書 立政〉편의 글이다. 살펴보건대, 漢나라 사람들이 사용한 책에는 〈"常敀"이〉 모두 "常伯"으로 되어 있었고, 今本 ≪尙書≫에도 '伯'으로 되어 있다. 許愼이 근거한 글자가 매우 다른 것은, 벽 속에서 나온 古文[10]에는 假借字가 많기 때문이었다. 敀을 '伯'으로 쓴 것은 ≪尙書≫ 〈周書 洪範〉에서 攷를 '好'로 쓰고, ≪尙書≫ 〈周書 顧命〉에서 蔑을 '蔑'로 쓰고, ≪尙書≫ 〈周書 牧誓〉에서 狟을 '桓'으로 쓴 경우와 같으니, 〈敀·攷·蔑·狟은〉 모두 벽 속에서 나온 古文의 假借字이다.

今本 ≪尙書≫에 伯·好·蔑·桓으로 되어 있는 것은, 孔安國[11]이 今文의 글자로 古文을 해독하여 바꾸었기 때문이다. 〈孔安國이 今文의 글자로 古文을 해독하여 바꾸었지만〉 漢나라 시대에 ≪古文尙書≫를 말하는 자들이 ≪古文尙書≫를 따른 것은, 마치 杜子春[12]과 鄭司農(鄭衆)이 ≪周禮≫의 故書를 해독하면서 종종 그 글자를 바꾸었지만, 許叔重(許愼)과 鄭康成(鄭玄)이 대부분 ≪周禮≫의 故書를 따른 경우와 같으니, 그 이치는 동일하다.

두자춘이 ≪周禮≫를 고쳤지만 그 故書와 古字가 여전히 鄭衆 注에 남아 있고, 공안국이 ≪尙書≫를 고쳤지만 그 벽 속에서 나온 古文의 글자는 여전히 ≪說文解字≫에 남아 있다.

말하지 않았다.〔許之例不云尙書〕"라고 하였다.

9) 常敀과 常任 : '常敀'이 ≪尙書正義≫에는 '常伯'으로 되어 있으며, 이에 대한 孔安國 傳에 "〈常伯은〉 항상 長으로 대접할 대상이고, 〈常任은〉 항상 委任할 대상이니, '三公'과 '六卿'을 이른다.〔常所長事常所委任 謂三公六卿〕"라고 하였다.

10) 벽……古文 : 漢 武帝 때 魯恭王이 孔子의 舊宅을 헐다가 그 벽 속에서 얻었다는 ≪尙書≫·≪禮記≫·≪論語≫·≪孝經≫ 등의 古文 經典을 말하는데, 여기서는 ≪古文尙書≫를 지칭하는 말로 쓰였다.

11) 孔安國 : ?~? 前漢 武帝 때의 학자로, 자는 子國이다. 申公에게 ≪詩經≫을 배우고, 伏生에게서 ≪尙書≫를 전수받았다. 孔子의 옛집 벽 속에서 나온 ≪尙書≫를 당시의 문자인 今文으로 해독하였다.

12) 杜子春 : B.C. 30?~A.D. 58? 後漢 때의 經學家이다. 西漢 말에 劉歆에게서 ≪周禮≫를 전수받고, 東漢 明帝 때까지 오래 살아 鄭衆·賈逵 등을 가르쳐 ≪주례≫의 학문을 전하게 되었다.

立政篇文. 按漢人所用, 皆作"常伯", 今尙書作伯. 許所據絕異者, 壁中古文多假借字也. 以敀爲伯, 如洪範以敀爲好, 顧命以莫爲蔑, 牧誓以狟爲桓, 皆壁中古文假借. 今尙書作伯・好・蔑・桓者, 孔安國以今文字讀古文而易之, 而漢世言古文尙書者因之, 如杜子春・鄭司農讀周禮故書, 往往易其字, 而許叔重・鄭康成多因之, 其理一也. 杜子春, 已改之周禮, 其故書・古字猶存於鄭注, 孔安國, 已改之尙書, 其壁中古文之字, 猶存於說文.

06-092-1901 (整) 〔가지런할/**정**〕

'가지런하다'이다. 攴을 따르고, 束・正을 따랐다. 正(정)은 또한 소리이다.

齊也.① **从攴, 从束・正. 正亦聲.**②

① 齊는 벼와 보리가 이삭을 내민 위쪽이 평평한 것이다. 인신하여 대체로 '가지런하다〔齊〕'를 일컫는 뜻[13]으로 쓰인다.
齊者, 禾麥吐采上平也. 引伸爲凡齊之偁.

② 之와 郢의 반절이다. 제11部에 있다.
之郢切. 十一部.

06-092-1902 (效) 〔비슷할, 본받을/**효**〕 補

'비슷하다'이다. 攴을 따르고 交(교)가 소리이다.

象也.① **从攴, 交聲.**②

① 象은 '像'이 되어야 한다. 人部에 "像은 '비슷하다'이다."라고 하였다. ≪毛詩≫ 〈小雅 鹿鳴〉의 "군자가 이를 본받고 이를 따르네.〔君子是則是傚〕"의 傚와 또 ≪모시≫ 〈小雅 角弓〉에 "백성들이 서로 본받는다.〔民胥傚矣〕"의 傚는 모두 '效法(본받다)'이라는 뜻으로 쓰는 '效'자의 或體이고, ≪春秋左氏傳≫에 인용된 詩[14]의 "民胥效矣"의 '效'가 이것이다. 저쪽에서 행하면 이쪽에서 그것을 본받기 때문에, 세속에서 '報效'라 하고 '效力'이

13) 인신하여……뜻 : ≪說文解字注≫ 齊部의 "齊는 벼와 보리가 이삭을 내밀어 위쪽이 평평한 것이다.〔齊 禾麥吐采上平也〕"에 대한 段玉裁 注에 "齊는 인신하여 대체로 '동등하다〔齊等〕'는 뜻으로 쓰인다.……또한 가차하여 '재계〔齋〕'의 글자로 쓴다.〔引伸爲凡齊等之義……亦叚爲齋字〕"라고 하였다.

14) 春秋左氏傳에……詩 : ≪春秋左氏傳≫ 昭公 6년 조에 "≪詩經≫에 '네가 가르치면 백성들이 서로 본받는다.'라고 하였다.〔詩曰 爾之教矣 民胥效矣〕"라는 구절을 이른다.

라 하고 '效驗'이라고 하는 것이다.

≪廣韻≫ 去 36 效에 "俗字는 '効'로 쓴다."라고 하였는데, 지금 세속에서 분별하여 '效力'을 効로 쓰고, '效法・效驗'을 效로 쓰니, 더욱 속된 것이다. '效法'의 '效'자를 또한 爻로 쓰는데, ≪周易≫ 〈繫辭傳 上〉에 "법칙을 본받는 것을 '坤'이라 한다.〔爻法之謂坤〕"라고 한 것이 이 용례이다. 또한 殽로 쓰기도 하니, ≪禮記≫ 〈禮運〉에 "본받아서 명령을 내리다.〔殽以降命〕"라고 한 것이 이 용례이다. 또한 '詨'로 쓰기도 하니, ≪儀禮≫ 〈鄕飮酒禮〉 注[15]에 인용된 詩에 "군자가 이를 본받고 이를 따르네.〔君子是則是詨〕"라고 한 것이 이 용례로, 모두 假借한 것이다.

象當作像. 人部曰, "像, 似也." 毛詩 "君子是則是傚." 又"民胥傚矣." 皆效法字之或體, 左傳引詩 "民胥效矣." 是也. 彼行之而此效之, 故俗云報效, 云效力, 云效驗. 廣韻云, "俗字作効." 今俗分別效力作効, 效法・效驗作效, 尤爲鄙俚. 效法之字亦作爻, 毄辭 "爻法之謂坤"是. 亦作殽, 禮運 "殽以降命"是. 亦作詨, 儀禮注引詩 "君子是則是詨"是, 皆假借也.

② 胡와 教의 반절이다. 제2部에 있다.
胡教切. 二部.

06-092-1903 故(故) 〔까닭, 원인/고〕 補

'어떤 일을 시켜서 하게 하는 것이다.'이다. 攴을 따르고 古(고)가 소리이다.[16]

使爲之也.① 从攴,② 古聲.③

① 지금 세속에서 말하는 '原故(까닭・원인)'가 이것이다. 대체로 어떤 일을 하는 데는 반드시 이를 시킨 자가 있다. 일을 시켜서 하게 하면 예전부터 해온 일〔故事〕을 이루게 된다. 引伸하여 '故舊'의 뜻으로 쓰기 때문에 〈古部에서〉 "古는 '그렇게 된 까닭〔故〕'이다."[17]라고 한 것이다. ≪墨子≫ 〈經 上〉에 "故는 이것을 얻음으로 인하여 저것을 이룬

---

15) 儀禮……注 : ≪儀禮≫ 〈鄕飮酒禮〉의 "악공이 小雅의 〈鹿鳴〉과 〈四牡〉와 〈皇皇者華〉를 노래하면〔工歌鹿鳴 四牡 皇皇者華〕"에 대한 鄭玄 注에 "본받을 만하다.〔可則傚也〕"라고 한 것을 가리킨다. 그런데 여기의 '傚'가 ≪經典釋文≫ 〈儀禮音義〉에는 '詨'로 되어 있다. 그리고 "可則傚也"는 ≪詩經≫의 "是則是詨"를 가리키는 말이다.

16) 故는……소리이다 : ≪六書尋源≫에는 "이를 '어떤 일을 시켜서 하게 하는 것이다.'라고 풀이한 것은 바로 그 일의 이치가 진실로 그러한 뜻이므로 古를 따랐으니, 古는 固와 같은 뜻이다. 攴을 따른 것은 바로 손〔又〕에 다루는 것이 있다는 뜻이다.〔此訓使爲之者 卽其事理固然之義 故从古 古與固仝義也 从攴 卽以手有所治理之義也〕"라고 하여, 古를 聲符로 보지 않고 義符로 보아 會意로 설명하였다.

17) 그렇게……까닭〔故〕이다 : 許愼의 "古 故也"에 대한 段玉裁 注에 "살펴보건대, 故는 모든 일이 그렇게 된 까닭이며, 그렇게 된 까닭은 모두 옛날에 갖추어졌기 때문에 '古 故也'라

다는 뜻이다."[18]라고 하였는데, 許愼이 여기에 근거한 것이다.

今俗云原故是也. 凡爲之必有使之者. 使之而爲之則成故事矣. 引伸之爲故舊, 故曰, "古, 故也." 墨子經上曰, "故, 所得而後成也." 許本之.

② 어떤 일을 시킨다는 뜻을 취한 것이다.

取使之之意.

③ 古와 慕의 반절이다. 제5部에 있다.

古慕切. 五部.

06-092-1904 (政) 〔바로잡을/정〕 補

'바로잡다'이다. 攴·正을 따랐으며, 正(정)은 또한 소리이기도 하다.

正也.① 从攴·正. 正亦聲.②

① ≪論語≫ 〈顔淵〉에 孔子가 "政은 '바로잡다'는 뜻이다."라고 하였다.

論語, 孔子曰, "政者, 正也."

② 之와 盛의 반절이다. 제11部에 있다.

之盛切. 十一部.

06-092-1905 (攺) 〔펼/시〕

'펴다'이다. 攴을 따르고 也(야)가 소리이다. 施와 같이 읽는다.

敷也.① 从攴, 也聲. 讀與施同.②

① 今字는 施로 되어 있다. 施가 통용되자 攺가 쓰이지 않게 되었다. 〈≪說文解字≫ 㫃部에서〉 "施는 '깃발〔旗〕이 펄럭이며 흔들이는 모양'이다."라고 하였다. 經傳에서는 대부분 施를 假借하여 攺(베풀/시)의 뜻으로 썼다.

今字作施. 施行而攺廢矣. 施, 旗旖施也. 經傳多假借.

② 式과 支의 반절이다. 古音은 제17部에 있다.

式支切. 古音在十七部.

고 말한 것이다.〔按故者 凡事之所以然 而所以然 皆備於古 故曰古 故也〕"라고 하였다.

18) 이것을……뜻이다 : 해당 원문의 "故 所得而後成也"에 대한 孫詒讓의 ≪墨子閒詁≫에 "이것은 故의 뜻을 말한 것이니, 모든 일은 이것을 얻음으로 인하여 저것을 이루는 것을 이른다.〔此言故之爲辭 凡事因得此而成彼之謂〕"라고 한 해설에 의거하여 풀이한 것이다.

06-092-1906 (敷)〔펼/부〕

'펴다'이다. 攴을 따르고 尃(부)가 소리이다. ≪周書≫에 "펼쳐서 後人에게 남겨주었다."라고 하였다.

㪔也.① **从攴, 尃聲.**② **周書曰, "用敷遺後人."**③

① 이는 寸部의 尃와 音義가 같다.
此與寸部尃音義同.

② 芳과 無의 반절이다. 제5部에 있다. 세속에서는 '敷'로 쓴다. 옛날에 寸은 方과 대부분 통용되었다.
芳無切. 五部. 俗作敷. 古寸與方多通用.

③ ≪尙書≫ 〈周書 顧命〉의 글[19)]이다.
顧命文.

06-092-1907 (敟)〔주관할/전〕

'주관하다'이다. 攴을 따르고 典(전)이 소리이다.

主也.① **从攴, 典聲.**②

① ≪廣韻≫ 上聲 27 銑韻의 '典'자 해설에 "'주관하다, 일정하다, 법, 날실'이라는 뜻이다."라고 하였다. 살펴보건대, 대체로 典法·典守의 '典'자는 모두 '敟'으로 써야 하는데, 經傳에는 대부분 '典'으로 되어 있다. 典이 통용되자 敟이 쓰이지 않게 되었다.
廣韻典字下曰, "主也, 常也, 法也, 經也." 按凡典法·典守字, 皆當作敟, 經傳多作典. 典行而敟廢矣.

② 多와 殄의 반절이다. 제12部에 있다.
多殄切. 十二部.

06-092-1908 (𢿱)〔셀/려〕

'세다(헤아리다)'이다. 攴을 따르고 麗(려)가 소리이다.

---

19) 尙書……글 : "펼쳐서 後人에게 남겨주었다.〔用敷遺後人〕"라는 구절이 ≪尙書正義≫에는 〈周書 康王之誥〉에 보인다.

數也.① **从攴, 麗聲.**②

① ≪詩經≫ 〈大雅 文王〉에 "그 숫자가 億일 뿐만이 아니다."라고 하였는데, 毛亨 傳에 "麗는 숫자이다."라고 하였다. ≪方言≫ 권3에 "𢿢로 되어 있고, 또한 '세다〔數〕'는 뜻이다."라고 하였다. 대체로 𢿢가 正字이고 麗는 假借字이다. 麗를 따른 것은 麗가 '둘〔兩〕'이란 뜻이기 때문이다. 둘씩 짝을 지어 세는 것이다.

大雅 "其麗不億." 毛曰, "麗, 數也." 方言"作𢿢, 亦云, '數也.'" 蓋𢿢是正字, 麗是假借字. 从麗者, 麗㒳也. 㒳㒳而數之也.

② 力과 米의 반절이다. 古音은 제16部에 있다. 曹憲[20]이 인용한 ≪說文解字≫에는 李와 衣의 반절로 되어 있는데, 이는 대체로 ≪說文音隱≫[21]에 근거한 것이다.

力米切. 古音在十六部. 曹憲引說文李衣反. 蓋本音隱.

06-092-1909 (數)〔헤아릴/**수**〕

'헤아리다'이다. 攴을 따르고 婁(루)가 소리이다.

計也.① **从攴, 婁聲.**②

① 六藝의 여섯 번째가 九數인데 지금의 九章筭術[22]이 이것이다. 지금 사람들은 헤아림이 사물에 있는 경우에는 去聲이고 헤아림이 사람에게 있는 경우에는 上聲이라고 말하는데, 옛사람들은 모두 그렇게 하지 않았다. 또 引伸된 뜻으로 나눈 音이 매우 많은데, 대략 '빠르다〔速〕와 빽빽하다〔密〕' 두 가지 뜻이 이들을 포괄할 수 있다.

六藝六曰九數, 今九章筭術是也. 今人謂在物者去聲, 在人者上聲, 昔人不盡然. 又引伸之義, 分析之音甚多. 大約速與密二義可包之.

② 所와 矩의 반절이다. 古音은 제4部에 있다.

所矩切. 古音在四部.

06-092-1910 (潄)〔쇠를 겹치고 단련할/**련**〕

---

20) 曹憲 : ?~? 隋·唐 때의 문자학자로, ≪昭明文選≫과 諸家의 古文字 책에 精通하였다. 隋 煬帝의 명으로 여러 학자들과 함께 ≪桂苑珠叢≫을 편찬하였고, ≪廣雅音≫을 지었다.

21) 說文音隱 : 저자 미상의 책으로, ≪隋書≫ 〈經籍志〉와 ≪舊唐書≫ 〈經籍志〉에 언급되어 있으나, 현재는 전하지 않는다.

22) 九章筭術 : 黃帝가 隸數에게 명하여 만들었다는 算法이다. 方田·粟米·差分·少廣·商功·均輸·嬴不足·方程·九股를 가리킨다. 일설에는 周公이 만들었다고 한다.

'쇠를 겹치고 단련하다'이다. 攴·涑(련)을 따랐다.

辟漱鐵也.① **从攴·涑.**②

① 張協의 〈七命〉에 "쇠붙이를 불리고 녹이며, 만 번을 겹치고 천 번을 주조하네.〔萬辟千灌〕"라고 하였는데, 李善 注에 "辟은 '겹치는 것'을 이르고, 灌은 '鑄造하는 것'을 이른다."라고 하고, 〈典論〉의 "魏나라 太子 丕는 쇠를 백 번 겹친 寶劍을 주조하였다."라는 글을 인용하였다. 또 王粲의 〈刀銘〉에 "주조하고 겹치기를 수차례 하고, 모양을 질박하게 만들어 윗사람에게 바친다."라고 한 글을 인용하였다.

살펴보건대, 辟은 襞(겹칠/벽)의 假借이다. 漱은 '鍛鍊하다'는 뜻이다. 精鐵을 뽑아서 쓸 경우에는 겹치는 횟수를 헤아리지 않고 단련한다. 이로 인하여 '辟漱鐵'이라고 이름한 것이다.

張協七命"乃鍊乃鑠, 萬辟千灌." 李注"辟謂疊之, 灌謂鑄之." 引典論"魏太子丕, 造百辟寶劍." 又引王粲刀銘"灌辟以數, 質象以呈." 按辟者, 襞之假借也. 漱者, 段也. 簡取精鐵, 不計數摺疊, 段之. 因名爲辟漱鐵也.

② 攴을 따른 것은 '단련하다'는 뜻을 취한 것이다. 涑은 '씻다〔瀾〕'는 뜻이다. 涑을 따른 것은 '簡擇'의 뜻을 취한 것이다. 涑은 또한 소리이기도 하다. 郎과 電의 반절이다. 제14部에 있다.

从攴者, 取段意. 涑者, 瀾也. 从涑, 取簡擇之意. 涑亦聲. 郎電切. 十四部.

06-092-1911 (孜)〔부지런히 힘쓸/자〕

孜孜이니, '부지런히 힘쓰다'이다. 攴을 따르고 子(자)가 소리이다. ≪周書≫에 "부지런히 힘써 태만함이 없도록 하라."라고 하였다.

孜孜,① **汲汲也.**② **从攴, 子聲.**③ **周書曰, "孜孜無怠."**④

① "孜孜" 두 글자를 지금 보충하였다.

二字今補.

② ≪廣雅≫ 권6 上 〈釋訓〉에 "孜孜와 汲汲은 '심하다'는 뜻이다."라고 하였다. 살펴보건대, 汲汲은 彶彶과 같으며, '급하게 가다'는 뜻이다.[23)]

廣雅, "孜孜·汲汲, 劇也." 按汲汲與彶彶同, 急行也.

---

23) 汲汲은……뜻이다 : ≪說文解字≫ 彳部에 "彶은 '급하게 가다'이다. 急과 彶은 첩운이다. 대체로 '汲汲'이란 글자를 쓰는 것은 바로 '彶彶'의 假借이다.〔彶 急行也 急彶疊韻 凡用汲汲字 乃彶彶之叚借也〕"라고 하였다.

③ 子와 之의 반절이다. 제1部에 있다.
子之切. 一部.

④ "孜孜無怠"는 ≪尙書≫ 〈周書 大誓(泰誓)〉의 글이다. ≪詩經≫ 〈大雅 文王〉에 인용된 ≪毛詩正義≫의 글에 보인다.[24] 또 ≪史記≫ 〈周本紀〉에도 보이는데 글자(孜孜)가 '孶孶'로 되어 있다.

살펴보건대, 伏生의 28편 ≪尙書≫에는 본래 〈大誓〉가 없었는데 세속에서 뒤에 〈大誓〉를 얻게 되었고, 박사들이 이를 익히고 읽을 때 28편을 합하여 29편으로 만들었다. 司馬遷의 ≪史記≫, 董仲舒의 〈對策〉, 劉向의 ≪說苑≫ 및 終軍[25]·班伯[26]·谷永[27]·匡衡[28]·平當[29]의 奏對에서는 대부분 이를 인용하였는데, 이것이 今文 〈大誓〉이다.

孔安國이 벽 속에서 얻은 古文 ≪尙書≫에는 〈大誓〉 3편이 있었는데, 古文 학자인 馬融·鄭玄·王肅이 모두 주석을 달았는데, 今文의 글자와 간혹 다르다. 예컨대 "불이 흘러가 변하여 雕가 되었다.〔流爲雕〕"에 대하여 馬融은 "雕는 '鷙鳥(사나운 새)'이다."라고 하였는데, 이것이 古文 〈大誓〉에 '雕'로 되어 있었다는 증거이다.

≪尙書大傳≫과 鄭玄이 인용한 〈禮說〉·〈周本紀〉·〈董仲舒傳〉에는 〈雕가〉 모두 '烏'로 되어 있는데, 이것이 今文 〈大誓〉에 '烏'로 되어 있었다는 증거이다. 鄭玄 注에 "雕는 '雅'가 되어야 한다. 雅는 '까마귀〔烏〕'이다."라고 하였는데, 이것은 今文에 의거하여 古文을 바로잡은 것이다.

≪說文解字≫의 이곳 및 '搯(도)'자 해설과 '涘(사)'자 해설에 인용된 〈大誓〉는 모두 古文 〈大誓〉이다. 許愼은 '孜'로 썼는데 ≪史記≫에는 '孶'로 되어 있으니, 이것이 대체로 또한 古文과 今文의 차이이다. 唐나라 孔穎達과 賈公彦은 枚頤[30]本의 3편을 '眞古

24) 詩經……보인다 : "孜孜無怠"는 ≪詩經≫ 〈大雅 文王〉의 ≪毛詩正義≫에는 보이지 않고, ≪詩經≫ 〈大雅 大明〉의 "상제가 그대에게 임하셨으니 그대의 마음에 의심하지 말라.〔上帝臨女 無貳爾心〕"에 대한 ≪毛詩正義≫에 보인다.

25) 終軍 : ?~B.C. 112. 漢 武帝 때 사람이다. 武帝에게 발탁되어 諫議大夫가 되고, 南越에 사신으로 가서 남월왕을 漢나라에 복속하게 하였다.

26) 班伯 : B.C. 47?~B.C. 10? 西漢의 經學家이다. 成帝 때 經筵에서 經書를 講說한 적이 있다. 定襄太守로 있을 때 치적이 있었다.

27) 谷永 : ?~B.C. 8. 西漢 成帝 때의 大臣이다. 字는 子雲이고, 본명은 竝이다. 글씨와 문장에 능했고, 젊었을 때 經書에 널리 통하였다.

28) 匡衡 : ?~? 漢나라 東海 사람으로, 經義에 두루 통하였으며 특히 ≪詩經≫의 강설에 뛰어났다.

29) 平當 : ?~B.C. 5. 前漢 哀帝 때의 丞相이다. 經學에 밝아 博士가 되었으며, 애제 때 공신에 책록되고 승상에 올랐다.

30) 枚頤 : ?~? 東晉 때 사람으로, '梅賾'이라고도 한다. 字는 仲眞이고, 그가 豫章內史로 있

文'이라고 말하였으니, 馬融・鄭玄・王肅이 注를 단 것이 今文의 〈大誓〉라고 말하지 않을 수 없다. 자세한 내용은 〈段玉裁의〉 ≪古文尙書撰異≫에 보인다.

大誓篇文. 見詩文王正義引. 又見史記周本紀, 字作孳孳. 按伏生二十八篇本無大誓, 民閒後得大誓, 博士習而讀之, 合二十八篇爲二十九篇. 司馬遷史記, 董仲舒對策, 劉向說苑, 及終軍・班伯・谷永・匡衡・平當奏對多用之, 此今文大誓也. 孔安國得壁中古文, 有大誓三篇, 古文家馬・鄭・王, 皆作注, 與今文字或異. 如流爲雕, 馬曰, "雕, 鷙鳥." 此古文大誓作雕之證. 尙書大傳・鄭所引禮說・周本紀・董仲舒傳, 皆作烏, 此今文大誓作烏之證. 鄭注云, "雕當爲雅. 雅, 烏也." 此據今文正古文也. 說文此及掐下涘下所引, 皆古文大誓也. 許作孜, 史記作孳. 葢亦古文今文之異也. 唐孔穎達・賈公彥謂枚頤本三篇爲眞古文. 則不得不謂馬・鄭・王所注爲今文大誓. 詳見古文尙書撰異.

06-092-1912 (攽) 〔나눌/반〕

'나누다'이다. 攴을 따르고 分(분)이 소리이다. ≪周書≫에 "그대 孺子는 일을 나누어서 하라."라고 하였다. 彪(반)과 같이 읽는다.

分也. 从攴, 分聲.① 周書曰, "乃惟孺子攽."② 讀與彪同.③

① 이 글자는 形聲이면서 會意을 포함하고 있다.
此形聲包會意.

② ≪尙書≫ 〈周書 雒誥〉의 글이다. 攽이 今本 ≪尙書≫에는 頒으로 되어 있는데, 대체로 孔安國이 今文(隸書)의 글자로 바꾼 것이다. ≪周禮≫ 〈天官 大宰〉에도 頒으로 되어 있으니, 이 '攽'자가 正字가 되고 頒은 假借字가 되어야 한다. 鄭司農(鄭衆)은 "頒은 班布의 班으로 읽는다."라고 하였다.

許愼이 일컬은 古文에 근거하면 '頒은 攽이 되어야 한다.'라고 해야 하는데, 그렇게 하지 않은 것은 漢나라 때에 '攽'자가 쓰이지 않았기 때문이다. ≪尙書≫의 馬融 注에 "頒은 '나누다〔分〕'는 뜻과 같다.〔猶〕"라고 하였다. "猶(같다)"라고 한 것은, 頒의 뜻을 '크다〔大〕'로 풀이하고[31] 크면〔大〕 반드시 나누게〔分〕 되니, 곧장 뜻을 '나누다〔分〕'로 풀이할 수 있는 것이 아니었기 때문에 '猶'라고 한 것이다.

雒誥文. 今尙書作頒, 葢孔安國以今文字易之. 周禮亦作頒, 當是攽爲正字, 頒爲假借字. 鄭

을 때 헌상했다는 ≪古文尙書≫는 후대에 '僞古文尙書'로 불렸다.

31) 頒의……풀이하고 : ≪說文解字≫ 頁部에 "頒은 머리가 큰 것이다. ≪詩經≫ 〈小雅 魚藻〉에 '그 머리가 크기도 하도다.'라고 하였다.〔頒 大頭也……詩曰 有頒其首〕"라고 하여, 頒의 뜻을 '크다〔大〕'로 해설하였다.

司農云, "頒讀爲班布之班." 據許所偁古文, 則當云頒當爲攽, 不爾者, 漢時攽字不行也. 馬注尙書"頒猶分也." 云猶者, 頒訓大, 大則必分, 非可徑訓分也, 故云猶.

③ 分聲 · 彬聲은 본래 모두 제13部에 있었다. 徐仙民(徐邈)은 ≪周禮≫ 〈天官 大宰〉의 釋文에서 '頒의 音은 「墳」이다.'라고 하였고 ≪尙書≫ 〈周書 洛誥〉의 釋文에서 '音은 甫와 云의 반절이다.'라고 한 것이 이것이다. 音이 제14部로 轉入되었다. 布와 還의 반절이다.
分聲 · 彬聲, 本皆在十三部. 徐仙民於周禮頒音墳, 於書音甫云反是也. 音轉入十四部. 布還切.

06-092-1913 (敦)〔막을/한〕補

'막다'이다. 攴을 따르고 旱(한)이 소리이다. ≪周書≫에 "나를 艱難에서 막아주었다."라고 하였다.

止也.① 从攴, 旱聲.② 周書曰, "敦我于艱."③

① 敦과 扞은 古今字이다. 扞이 통용되자 敦은 쓰이지 않게 되었다. ≪毛詩≫ 〈周南 兔罝〉의 毛亨 傳[32]에 "干은 '막다〔扞〕'는 뜻이다."라고 하였으니, 干은 扞의 假借임을 이른다. 실제로는 干은 敦의 가차이다. ≪說文解字≫ 手部에 "扞은 '해치다〔忮〕'이다."라고 하였다.
敦 · 扞古今字. 扞行而敦廢矣. 毛詩傳曰, "干, 扞也." 謂干爲扞之假借. 實則干爲敦之假借也. 手部曰, "扞, 忮也."

② 侯와 旰의 반절이다. 제14部에 있다.
侯旰切. 十四部.

③ ≪尙書≫ 〈周書 文侯之命〉의 글이다. 敦이 지금은 扞으로 되어 있다.
文侯之命篇文. 今作扞.

06-092-1914 (敳)〔다스릴/애〕

'다스리는 바가 있다'이다. 攴을 따르고 豈(기)가 소리이다. 豤(간)과 같이 읽는다.

有所治也.① 从攴, 豈聲. 讀若豤.②

---

32) 毛亨 傳 : ≪毛詩≫ 〈周南 兔罝〉의 "씩씩한 무사여, 공후의 간성이로다.〔赳赳武夫 公侯干城〕"에 대한 毛亨의 傳을 가리킨다.

① ≪春秋左氏傳≫ 文公 18년 조에 보이는 八凱[33] 가운데 隤敳(퇴애)가 있다.
左傳八凱有隤敳.

② 이는 제15部와 제13部[34]의 合韻이다. 지금의 音은 五와 來의 반절인데 옳지 않다. 豤은 徐鍇本에 墾으로 되어 있다.
此十五部十三部合音也. 今音五來切, 非是. 豤鍇本作墾.

06-092-1915 (敞) 〔높은 땅을 평평히 하여 멀리 바라볼 수 있을/**창**〕

'높은 땅을 평평하게 닦아서 멀리 바라볼 수 있다'이다. 攴을 따르고 尙(상)이 소리이다.

平治高土可目遠望也.① **从攴, 尙聲.**②

① 생각건대, 〈땅을〉 평평하게 닦기 때문에 글자가 攴을 따른 것이다. 後人들은 땅이 높아서 멀리 바라볼 수 있는 것을 '敞'이라고 말하는데, 그 기원은 분명하지 않다.
惟平治故字从攴. 後人乃謂高土可以遠望爲敞, 而昧其本始矣.

② 昌과 兩의 반절이다. 제10部에 있다.
昌兩切. 十部.

06-092-1916 (敒) 〔다스릴/**신**〕

'다스리다'이다. 攴을 따르고 伸(신)이 소리이다.

理也. 从攴, 伸聲.①

① 直과 刃의 반절이다. 제12部에 있다. 살펴보건대, 直과 刃은 잘못이며[35] 陳(진)의 音과 같다. 〈東京賦〉에 "하늘의 紀綱을 정리하고, 땅의 그물을 펼친다.〔振天維 衍地絡〕"라고 하였는데, 衍(연)은 '펼치다'는 뜻이다. ≪玉篇≫ 手部 제66에서 "〈衍은〉 余와 忍의

---

33) 八凱 : 古代 高陽氏의 재능이 뛰어난 8명의 아들을 이른다. ≪春秋左氏傳≫ 文公 18년 조에, "高陽氏에게 재능이 뛰어난 아들 8명이 있었으니, 창서・퇴애・도인・대림・방항・정견・중용・숙달이다.〔昔高陽氏有才子八人 蒼舒 隤敳 檮戭 大臨 尨降 庭堅 仲容 叔達〕"라고 하였다.

34) 제15部와 제13部 : 豈는 제15部에 있고 豤은 제13部에 있다.

35) 直과……잘못이며 : 徐鉉本에는 直과 刃의 반절로 되어 있고, 徐鍇本에는 式과 人의 반절로 되어 있다.

반절이다."라고 하였다. 搟은 㑇의 或體이다.
直刃切. 十二部. 按直刃乃誤, 同𠻁音耳. 東京賦"振天維, 搟地絡." 搟謂申布也. 玉篇 "余忍切." 搟當是㑇之或體.

06-092-1917 (改) 〔고칠/개〕 補

'고치다'이다. 攴을 따르고 己(기)가 소리이다.[36]

更也.① **从攴, 己聲.**②

① 改와 更은 쌍성이다.
雙聲.

② 간혹 '聲'자가 없기도 한데[37] 잘못된 것이다. 古와 亥의 반절이다. 제1部에 있다.
或無聲, 誤. 古亥切. 一部.

06-092-1918 (變) 〔고칠/변〕

'고치다'이다. 攴을 따르고 䜌(련)이 소리이다.

更也. 从攴, 䜌聲.①

① 祕와 戀의 반절이다. 제14部에 있다.
祕戀切. 十四部.

06-092-1919 (更) 〔고칠/경〕 補

'고치다'이다. 攴을 따르고 丙(병)이 소리이다.

改也.① **从攴, 丙聲.**②

---

36) 改는……소리이다 : ≪六書尋源≫에는 "무릇 자신의 이익을 꾀하는 마음이 있으면 수련하여 제거하기를 몽매함을 공격하듯이 해야 하므로, 改는 己를 따르고 攴을 따랐으니, 㪅(고칠/경)과 뜻이 같다.〔凡有私己之心 則當脩治除去之 如擊蒙然 故此从己从攴 與㪅仝義也〕"라고 하여, 己를 聲符로 보지 않고 義符로 보아 會意로 설명하였다.

37) 聲자가……한데 : 徐鉉本에는 "从攴己"로 되어 있고, 徐鍇本에는 "从攴己聲"으로 되어 있다.

① 更의 뜻은 '고치다〔改〕' 또는 '잇다〔繼〕'이다. 고치지 않는 것을 '繼'라 하고, 고치는 것도 '繼'라고 한다. 그러므로 ≪詩經≫ 〈小雅 大東〉의 毛亨 傳[38]에 "庚은 '잇다〔續〕'는 뜻이다."라고 하였고, 用部 '庸'자의 해설에 "庚은 '일을 고치다'는 뜻이다."라고 하였다. ≪列子≫ 〈黃帝〉에 "5년 뒤에는 마음으로 다시〔庚〕 是非를 생각하고, 입으로 다시〔庚〕 利害를 말하였다. 7년이 뒤에는 마음대로 생각해도 다시〔庚〕 是非를 분별하지 않았고, 입으로 마음대로 말해도 다시〔庚〕 利害를 따지지 않았다."라고 하였는데, 모두 庚을 가차하여 更의 뜻으로 쓴 것이다. 지금 사람들은 平聲과 去聲 두 音으로 분별하는데, 古音이 아니다.

更訓改, 亦訓繼. 不改爲繼, 改之亦爲繼. 故小雅毛傳曰, "庚, 續也." 用部庸下曰, "庚, 更事也." 列子云, "五年之後. 心庚念是非. 口庚言利害. 七年之後. 从心之所念庚無是非. 从口之所言庚無利害." 皆假庚爲更. 今人分別平去二音, 非古也.

② 古와 孟의 반절이다. 또 古와 行의 반절이다. 古音은 제10部에 있다.

古孟切. 又古行切. 古音在十部.

06-092-1920 敕(敕)〔경계할, 꽂을/칙〕 補

'경계하다'이다. 일설에 "〈어떤 것을〉 땅에 꽂는 것을 '敕'이라고 한다."라고 한다. 攴·束을 따랐다.

誡也.① 一曰,② "臿地曰敕."③ 从攴·束.④

① 言部에 "誡는 '경계하다〔敕〕'이다."라고 하였으니, 敕와 誡는 互訓이다. ≪毛詩≫ 〈小雅 楚茨〉의 毛亨 傳[39]에 "敕은 '견고하다〔固〕'는 뜻이다."라고 하였다. 이것은 敕이 바로 飭의 假借임을 이른다. 飭은 '치밀하고 견고하다〔致堅〕'는 뜻이다. 후인들은 勑를 敕으로 쓴다. 力部에 "勑는 '위로하다〔勞〕'이다."라고 하였는데, 勑는 洛과 代의 반절이다. 또 간혹 力을 따라 勅으로 쓰기도 한다.

言部曰, "誡, 敕也." 二字互訓. 小雅毛傳曰, "敕, 固也." 此謂敕卽飭之假借. 飭, 致堅也. 後人用勑爲敕. 力部"勑, 勞也." 洛代切. 又或从力作勅.

② "一曰" 두 글자는 지금 보충하였다.

二字今補.

38) 毛亨 傳 : ≪詩經≫ 〈小雅 大東〉의 "동쪽에는 계명성, 서쪽에는 장경성 있네.〔東有啓明 西有長庚〕"에 대한 毛亨의 傳을 가리킨다.

39) 毛亨 傳 : ≪詩經≫ 〈小雅 楚茨〉의 "이미 整齊하고 이미 빨리하였으며, 이미 바르게 하고 이미 삼가서 견고하게 하였으니〔旣齊旣稷 旣匡旣勑〕"에 대한 毛亨의 傳을 가리킨다.

③ 이는 별도의 다른 뜻이다. 대체로 땅속에 어떤 물건을 꽂는 것을 '菑(치)'라고 이른다. 〈敕을〉 간혹 傳(사)·事·剚(사)·䤬(사)로 쓰기도 하며, 側과 吏, 初와 吏 두 개의 반절이다. 敕은 初와 吏 한 개의 반절로 읽을 때는 菑와 바로 同部雙聲이다. 臿은 지금의 '插'자인데, 漢人들은 단지 臿으로만 썼다.
此別一義. 凡植物地中謂之菑. 或作傳·事·剚·䤬, 側吏·初吏二切. 敕與初吏一切, 正同部雙聲也. 臿者今之插字. 漢人祇作臿.

④ 각 판본에는 '聲'자가 있으나[40] 잘못이므로 지금 산삭하였다. '약하게 치다〔攴〕', '단단히 묶다〔束〕'는 두 가지 뜻은 모두 여기에서 會意이니, '束聲'은 잘못이다. 恥와 力의 반절이다. 제1部에 있다.
各本有聲, 誤, 今刪. 攴而收束之二義, 皆於此會意, 非束聲也. 恥力切. 一部.

06-092-1921 (聑攴) 〔부릴/섭〕 補

'부리다(시키다)'이다. 攴을 따르고 耴(첩)의 생략형이 소리이다.

使也. 从攴, 耴省聲.①

① 而와 涉의 반절이다. 제8部에 있다.
而涉切. 八部.

06-092-1922 (斂) 〔거둘/렴〕 補

'거두다'이다. 攴을 따르고 僉(첨)이 소리이다.

收也. 从攴, 僉聲.①

① 良과 冄(염)의 반절이다. 제7部에 있다.
良冄切. 七部.

06-092-1923 (敹) 〔선택할/료〕

'선택하다'이다. 攴·寀(미)를 따랐다. ≪周書≫에 "너의 갑옷과 투구를 선택하라."

---

40) 각……있으나 : 徐鉉本과 徐鍇本에 모두 "从攴束聲"으로 되어 있다.

라고 하였다.

擇也.① 从攴・柬.② 周書曰, "敹乃甲胄."

① ≪尙書≫ 〈周書 柴誓(費誓)〉의 某氏 注(孔安國 傳)에 "너의 갑옷과 투구를 잘 선택해야 함을 말한다."라고 하였으니, 許愼의 해설과 합치된다. 鄭玄 注에서는 "敹는 '뚫어서 꿰는 것'을 이른다."라고 하였다.

柴誓某氏注, "言當善簡汝甲胄." 與許說合. 鄭注敹謂穿徹之.

② 각 판본에는 '聲'자가 있으나 잘못이므로 지금 산삭하였다. 柬는 罙(미)의 或體이며 '뒤집어 씌우다〔冒〕'는 뜻이다. 攴・柬를 따른 것은 뒤집어 씌워 어두운 것을 두드려보고 선택하는 것이다. 洛과 蕭의 반절이다. 〈敹은〉 今音에 따르면 제2部에 있다.[41)]

各本有聲, 誤, 今刪. 柬或罙字, 冒也. 从攴柬者, 毃其冒昧而擇之. 洛蕭切. 依今音在二部.

06-092-1924 (敿)〔매어서 연결할/교〕

'매어서 연결하다'이다. 攴을 따르고 喬(교)가 소리이다. ≪周書≫에 "너의 방패를 〈수레의 앞쪽에〉 합쳐서 동여매라."라고 하였다. 矯와 같이 읽는다.

繫連也.① 从攴, 喬聲. 周書曰, "敿乃干." 讀若矯.②

① 繫는 系가 되어야 한다. ≪尙書≫ 〈周書 柴誓(費誓)〉의 某氏 注(孔安國 傳)에 "너의 방패를 단단히 묶어 설치하라."라고 하였는데, 王肅 注에 "방패를 동여맬 때는 단단히 묶어 이에 의지함이 있어야 한다."라고 하였다. 鄭玄 注에 "敿는 '繫(동여매다)'는 뜻과 같다."라고 하였다. 살펴보건대, 鄭玄이 "猶"라고 한 것은, 鄭玄의 생각에 敿는 '敿拂'(바로잡다)을 일컫는 것으로 여겼기 때문이며, 바로잡은 이후에 동여매니, 한 가지 일이 아니다. 敿를 '동여매다'는 뜻으로 풀이하지 않았기 때문에 "猶"라고 한 것이다.

許愼이 "繫連"이라고 한 것은 '매어서 연결함'을 이른다. ≪詩經≫ 〈秦風 小戎〉에 "용을 그린 방패를 수레 위에 합해 싣고〔龍盾之合〕"라고 하였는데, 毛亨 傳에 "합해서 싣는 것이다.〔合而載之〕"라고 하였다. ≪春秋左氏傳≫ 昭公 26년 조에 "齊나라 公子 淵捷이 魯나라 大夫 泄聲子를 쫓아가 활을 쏘아 방패의 등을 맞추었는데, 화살이 멍에를 통과해 끌채를 스쳐 지나가 방패의 등에 꽂힌 것이 3寸이나 되었다."라고 하였는데, 그 내용은 傳文에 자세하다. 盾은 바로 수레 앞을 가리는 것인데, 반드시 이를 연결해 합쳐야 수레가 가려진다. 그러므로 "繫連"라고 한 것이다. 대체로 글자에는 오로지 經文을

41) 今音에……있다 : '敹'자는 ≪廣韻≫ 下平聲 3 蕭韻에 보이고, '蕭韻'은 段玉裁의 ≪六書音均表≫ 가운데 〈今韻古分十七部表〉의 제2部에 속해 있다는 뜻이다.

풀이하기 위한 것이 있으니, 敹(료)·𢾼가 이것이다.

繫當作系. 柴誓某氏注云, "施汝盾紛." 王云, "𢾼盾當有紛繫持之." 鄭云, "𢾼猶繫也." 按鄭云 "猶"者, 鄭意𢾼是矯拂之㑥, 矯之而後繫之, 非一事也. 𢾼不訓繫故云 "猶." 許云, "繫連"者, 謂繫而連之. 秦風"龍盾之合." 毛云, "合而載之." 左傳"齊子淵捷从泄聲子, 射之, 中盾瓦, 繇朐汏輈, 匕入者三寸." 詳傳文. 盾正蔽車前, 必聯合之以爲車蔽. 故云 "繫連" 凡字有專釋經者, 敹𢾼是也.

② 居와 天의 반절이다. 제2部에 있다.
居天切. 二部.

06-092-1925 (敆)〔합할/갑〕

'합하다'이다. 攴·合을 따랐다. 合(합)은 또한 소리이기도 하다.

合會也.① **从攴·合. 合亦聲.**②

① ≪爾雅≫ 〈釋詁〉에 보인다. 지금 세속에서는 "敆縫"이라고 한다.
見釋詁. 今俗云 "敆縫."

② 古와 沓의 반절이다. 제7部에 있다.
古沓切. 七部.

06-092-1926 (敶)〔늘어놓을/진〕 補

'벌리다'이다. 攴을 따르고 陳(진)이 소리이다.

列也.① **从攴, 陳聲.**②

① ≪韓詩≫에 "진실로 저 남산을 禹임금이 늘어놓았네."라고 하였다. ≪爾雅≫ 〈釋地〉에 "郊外를 '田'이라고 이른다."라고 하였는데, 李巡은 "田은 敶이니, 종자 곡식을 늘어놓는 곳을 이른다."라고 하였다. 敶은 敶의 생략형이니, ≪黃帝內經素問≫ 王氷 注에 "敶은 '陳'의 古字이다."라고 한 것이 이 용례이다. 이는 본래 '敶列'의 '敶'자인데 後人이 陳을 가차하여 '敶'으로 쓴 것이다. 陳이 통용되자 敶은 쓰이지 않게 되었다. 또한 본래 '軍敶'의 '敶'자이기도 하니, '㐱(오를/진)'자 해설에 "軍敶의 '敶'과 같이 읽는다."라고 한 것이 이 용례이다. 후인이 별도로 이치에 맞지 않는 '陣'자를 만든 것이며, 陣이 통용되자 敶이 또 쓰이지 않게 되었다.

韓詩 "信彼南山, 惟禹敶之." 爾雅"郊外謂之田." 李巡云, "田, 敶也, 謂敶列種穀之處." 敶者敶之省, 素問注云, "敶, 古陳字." 是也. 此本敶列字. 後人假借陳爲之. 陳行而敶廢矣. 亦本軍敶字, 冃下云, "讀若軍敶之敶." 是也. 後人別製無理之陣字, 陣行而敶又廢矣.

② 直과 刃의 반절이다. ≪廣韻≫ 上平聲 17 眞韻에 "敶은 陳의 古文이다."라고 하였는데, "古文"은 古字가 되어야 한다. 제12部에 있다.
直刃切. 廣韻十七眞曰, "敶者, 陳之古文." 古文當作古字. 十二部.

06-092-1927 (敵)〔원수/적〕補

'원수'이다. 攴을 따르고 啻(시)가 소리이다.

仇也.① 从攴, 啻聲.②[42]

① 仇는 '원수'이다. ≪春秋左氏傳≫ 桓公 2년 조에 "화목하지 못한 夫婦를 '원수〔仇〕'라고 한다."라고 하였다. 仇는 좋음과 나쁨〔好惡〕을 겸하고 있는 말이다. 서로 대등한 것을 '敵'이라 하니, 이로 인하여 서로 다투는 것을 '敵'이라 한다. 옛날에는 대부분 適을 가차하여 敵의 뜻으로 썼다. ≪禮記≫ 〈雜記 上〉에 "適者(작위가 같은 사람)에게 訃告할 때는"이라고 하였고, ≪史記≫ 〈田單傳〉에 "적들〔敵人〕이 문을 열게 하고, 敵이 방비할 여지가 없게 한다."라고 하였고, ≪荀子≫ 〈君子〉에 "천자가 온 천하 안에서 손님의 예로 대접받지 않는 것은 필적할 사람이 없는 사람임을 알리는 것이다."라고 하였고, ≪文子≫ 〈道德〉 제5에 "一이란 無敵(대적함이 없다)의 道이다."라고 하였다.

살펴보건대, 後人이 ≪文子≫를 취하여 ≪論語≫ 〈學而〉의 注[43]에 "敬이란 하나를 위주로 하여〔主一〕 마음이 다른 데로 감이 없는 것〔無適〕을 이른다."라고 하였는데, 適은 如字[44]로 읽는다. 대체로 하나를 위주로 하면 마음이 다른 데로 갈 경우가 있는 것인데, 바로 "無適"이라고 한 것인가. 敬이란 일을 공손하게 처리한다는 뜻이니, "主一"을 말한 것이 아니다. ≪淮南子≫ 〈詮言〉에 "一이란 만물의 근본이고 대적함이 없는 道이다."라고 하여, ≪文子≫와 같이 바르게 '敵'으로 되어 있다.
仇, 讎也. 左傳曰, "怨耦曰仇." 仇者兼好惡之詞. 相等爲敵, 因之相角爲敵. 古多假借適爲敵. 襍記 "訃於適者." 史記"適人開戶, 適不及拒." 荀卿子 "天子四海之內無客禮. 告無適

---

42) 啻聲 : ≪說文通訓定聲≫, ≪正中形音義綜合大字典≫에는 '商(적)聲'으로 되어 있다.

43) 論語……注 : ≪論語≫ 〈學而〉 5장의 "일을 공경하고 미덥게 하며〔敬事而信〕"에 대한 朱子注를 가리킨다.

44) 如字 : 한 글자에 둘 이상의 음이나 뜻이 있을 경우, 본래의 음과 뜻으로 읽거나 해석하라는 것이다. 여기서는 '간다'는 뜻의 '적'으로 읽으라는 것이다.

也." 文子曰, "一也者. 無敵之道也." 按後人取文子注論語曰, "敬者, 主一無適之謂." 適讀如字. 夫主一則有適矣, 乃云 "無適"乎. 敬者持事振敬, 非謂"主一"也. 淮南書曰, "一者, 萬物之本也, 無(適)〔敵〕[45]之道也." 與文子同, 正作敵.

② 徒와 歷의 반절이다. 제16部에 있다.
徒歷切, 十六部.

06-092-1928 (救)〔막을/구〕 補

'막다'이다. 攴을 따르고 求(구)가 소리이다.[46]

止也.① **从攴, 求聲.**②

① ≪論語≫ 〈八佾〉에 "孔子가 冉有에게 '네가 막을〔救〕 수 있지 않겠느냐?'"라고 하였는데, 馬融은 "救는 '막다〔止〕'의 뜻과 같다."라고 하였다. 〈猶를 쓴 것을 보면〉 馬融은 救와 止가 조금 다르다고 생각한 것이다. 許愼이 대체로 止라고 말한 것은 모두 救를 이른다.
論語 "子謂冉有曰, '女弗能救與.'" 馬曰, "救猶止也." 馬意救與止稍別. 許謂凡止, 皆謂之救.

② 居와 又의 반절이다. 제3部에 있다.
居又切. 三部.

06-092-1929 (敓)〔강탈할/탈〕

'강제로 취하다'이다. ≪周書≫에 "남의 것을 강탈하고 훔치고 속여 빼앗았다."라고 하였다. 攴을 따르고 兌(태)가 소리이다.

---

45) (適)〔敵〕: 저본에는 '適'으로 되어 있으나, 皇淸經解本 ≪說文解字注≫에 의거하여 '敵'으로 바로잡았다.

46) 救……소리이다 : ≪六書尋源≫에는 "敵國이 우리를 침략하면 우리는 반드시 구원을 동맹국에게 빌어 적국을 쳐서 위급함을 구원하기를 청한다. 그러므로 '救'자는 求를 따랐는데 求는 '빌다〔乞〕'이고, 攴을 따랐는데 攴은 '치다〔擊〕'이다. '救'자가 풀이를 '막다'라고 한 것은 곧 약자를 구제하고 기우는 자를 도와 주어서 暴亂을 금지시키는 뜻이다. 〔敵國寇我 則我必乞援於與國 請其擊敵而救急 故此从求 求 乞也 急也 从攴 攴 擊也 此訓止也者 卽濟弱扶傾 而禁止暴亂之義也〕"라고 하여, 求를 聲符로 보지 않고 義符로 보아 會意로 설명하였다.

彊取也.① **周書曰, "敓攘矯虔."**② **从攴, 兌聲.**③

① 이것이 '爭敓'이라고 할 때 敓의 正字인데, 後人들이 奪(奪)을 가차하여 敓의 뜻으로 썼다. 奪이 통용되자 敓이 쓰이지 않게 되었다.
此是爭敓正字, 後人假奪爲敓. 奪行而敓廢矣.

② ≪尙書≫ 〈周書 呂刑〉의 글이다. 지금 ≪尙書≫에는 敓이 奪로 되어 있는데, 이는 唐나라 天寶[47] 때에 衛包[48]가 고친 것이다. 대체로 ≪尙書≫의 글자에는 古文家가 벽 속에서 나온 고문을 고쳐 써서 계속 이어진 지가 오래된 것이 있고, 衛包가 억측하여 고친 것이 있는데, 모두 분별하고 살펴보면 알 수가 있다. 이에 대한 상세한 내용은 ≪古文尙書撰異≫에 보인다. 당나라 사람들은 오히려 '敓'자를 썼으니, ≪陸宣公集≫[49]에 있는 敓과 敹(攘)이 이 용례이다.
呂刑篇文. 今尙書作奪, 此唐天寶衛包所改. 凡尙書之字, 有古文家改壁中相沿已久者, 有衛包肊改者, 皆可分別考而知之. 詳見古文尙書撰異. 唐人尙用敓字, 陸宣公集有敓敹是也.

③ 徒와 活의 반절이다. 제15部에 있다.
徒活切. 十五部.

06-092-1930 (斁) 〔풀이할, 싫어할, 마칠/역〕 補

'풀이하다'이다. 攴을 따르고 睪(역)이 소리이다. ≪詩經≫ 〈周南 葛覃〉에 "입으면 싫증남이 없도다."라고 하였다. 斁은 '싫어하다'는 뜻이다. 일설에 "'마치다'는 뜻이다."라고 한다.

解也.① **从攴, 睪聲.**② **詩曰, "服之無斁."**③ **斁, 厭也.**④ **一曰, "終也."**⑤

① 斁은 釋[50]과 音義가 같은데, 後人이 이를 구별하였다.
此與釋音義同, 後人區別之.

② 羊과 益의 반절이다. 古音은 제5部에 있다.
羊益切. 古音在五部.

---

47) 天寶 : 唐 玄宗의 年號(742~755)이다.

48) 衛包 : ?~? 唐나라 사람으로, 天寶 중에 集賢殿 學士가 되어 왕명을 받들어 ≪尙書≫의 古文을 今文으로 고쳤다.

49) 陸宣公集 : 唐나라 陸贄(754~805)의 奏草·奏議·制誥를 모은 문집이다. 육지는 唐 德宗 때의 재상으로 蘇州 嘉興 사람이고, 자는 敬輿이며 시호는 宣公이다.

50) 釋 : ≪說文解字注≫ 釆部에 "釋은 '풀이하다'이다.〔釋 解也〕"라고 하였다.

③ ≪詩經≫ 〈周南 葛覃〉의 글이다.
周南文.

④ ≪爾雅≫ 〈釋詁〉와 毛亨 傳에 보인다. 살펴보건대, 이 세 글자(斁厭也)는 인용한 詩의 '斁'을 풀이하여 앞글에서 풀이한 뜻과 구별하였다.[51] 이는 ≪說文解字≫의 한 가지 규례이다. 厭은 猒과 같으며, '배부르다'는 뜻이다. 經典에서는 또한 射(역)을 가차하여 斁의 뜻으로 썼다.
見釋詁・毛傳. 按此三字釋所引詩之斁, 以別於上文解訓. 此全書之一例也. 厭同猒, 飽也. 經典亦假射爲斁.

⑤ 이는 별도의 다른 뜻이다.
此別一義.

06-092-1931 赦(赦) 〔풀어줄/사〕 補 【重文 1】

'풀어주다'이다. 攴을 따르고 赤(적)이 소리이다. 㪇(赦)는 赦의 或體이며, 亦을 따랐다.

置也.① 从攴, 赤聲.② 㪇赦或, 从亦.③

① 网部에 "置는 '풀어주다'이다."라고 하였으니, 赦와 置는 互訓이다. 赦는 捨와 音義가 같으니, 오로지 '赦罪하다'는 뜻을 이르지는 않는다. 후대에 捨가 통용되자 赦가 쓰이지 않게 되었고, 赦는 오로지 '赦罪'의 뜻으로만 쓰이게 되었다.
网部曰, "置, 赦也." 二字互訓. 赦與捨音義同, 非專謂赦罪也. 後捨行而赦廢, 赦專爲赦罪矣.

② 始와 夜의 반절이다. 古音은 제5部에 있다.
始夜切. 古音在五部.

③ 亦이 소리이다. 古音[52]은 제5部에 있다.
亦聲. 古在五部.

---

51) 이……구별하였다 : ≪詩經≫ 〈周南 葛覃〉에 "굵고 가는 갈포 옷을 지어서, 싫증 내지 않고 몸에 걸치도다.〔爲絺爲綌 服之無斁〕"라는 구절에 대한 毛亨 傳에 "斁은 '싫어하다'이다.〔厭也斁 厭也〕"라고 하였다.

52) 古音 : 원문에는 '古'자만 있는데 '音'자가 생략된 듯하니, 亦聲이 제5部에 있기 때문이다. 이에 '古音'으로 풀이하였다.

06-092-1932 (攸)〔물 흘러가게 할/유〕補【重文 1】

'물을 흘러가게 하다'이다. 攴을 따르고, 人과 水의 생략형을 따랐다. (汥)는 秦나라 때 嶧山에 글씨를 새긴 비석[53]을 세웠는데, 이 비석 글〔碑文〕의 '攸'자가 이와 같다.

行水也.① 从攴, 从人② · 水省.③ , 秦刻石嶧山,④ 石文攸字如此.⑤

① 戴侗[54]은 "唐本에는 '물이 攸攸하게 흘러가는 것이다.〔水行攸攸也〕 그 가운데는 를 따랐다.'라고 하였다."[55]라고 하였다. 살펴보건대, 〈"水行攸攸也"는〉 '물을 攸攸하게 흘러가도록 하는 것이다.〔行水攸攸也〕'로 되어야 한다. 물을 그 속성에 따라 가게 하면 편안히 攸攸하게 흘러가 바다로 들어간다. ≪毛詩≫ 〈衛風 竹竿〉의 毛亨 傳에 "浟浟는 물이 흘러가는 모양이다."[56]라고 한 것이 이 용례이다. 浟로 쓴 것은 세속에서 바꾼 것이다.

≪春秋左氏傳≫ 哀公 3년 조에 火를 설명하기를 "불기운〔鬱攸〕이 있는 곳으로 가라. 〈물에 적신 帷幕 등의 물건으로〉 公宮(군왕의 궁전)의 지붕을 덮어라."라고 하였는데, 불길이 가는 것이 물이 가는 것과 같기 때문에 '鬱攸'라고 한 것이다. ≪詩經≫ 〈大雅 韓奕〉에 "韓姞을 위하여 그가 거처할 곳〔攸〕을 살펴보니"라고 하였는데, ≪爾雅≫ 〈釋言〉에 "攸는 '처소〔所〕'이다."라고 하였다. 물이 편안히 흘러가는 것을 '攸'라고 하기 때문에 대체로 편안히 거처할 만한 곳을 '攸'라고 한다. 또 가차하여 逌(유)의 뜻으로 쓰는데, 逌는 기운이 흘러가는 모양이다. 물이 흘러가는 뜻의 攸와 기운이 흘러가는 뜻

---

53) 嶧山에……비석 : 秦 始皇 28년(B.C. 219)에 동쪽을 巡行하다가 嶧山에 올라가 새긴 비석을 가리킨다. 그 내용은 秦나라의 공덕을 칭송한 것이고, 그 글씨는 丞相 李斯가 小篆體로 썼다고 전해지며, 이 비문은 〈嶧山刻石文〉으로 일컬어진다. 역산은 山東省 鄒縣 동남쪽에 있는 산 이름으로, '繹山 · 鄒嶧山 · 鄒山 · 邾嶧山'이라고도 한다.

54) 戴侗 : ?~? 南宋의 저명한 문학가로, 자는 仲達이다. 저서로 ≪六書故≫, ≪易書四家說≫ 등이 있다.

55) 唐本에는……있다 : 戴侗의 ≪六書故≫ 15에 "攸는 唐本≪說文解字≫에 '물이 유유하게 흘러가는 것이다. 그 가운데는 彳으로 되어 있다.'라고 하였다. 徐玄本에는 '물을 흘러가게 하는 것이다. 그 가운데는 丨으로 되어 있다. 攴을 따르고 人을 따르고 水의 생략형을 따랐다.'라고 하였다.〔攸 說文唐本曰 水行攸攸也 其中作彳 徐本曰 行水也 其中作丨 从攴从人从水省〕"라고 하였다.

56) 毛亨……모양이다 : ≪毛詩正義≫ 〈衛風 竹竿〉의 "기수가 유유히 흐른다.〔淇水滺滺〕"에 대한 毛亨 傳에 "滺滺는 흐르는 모양이다.〔滺滺 流貌〕"라고 하였는데, 여기의 "滺滺"가 段玉裁의 해설에는 "浟浟"로 다르게 인용되어 있다. 아마도 단옥재가 다른 판본을 보고 인용한 듯하다.

의 逌는 모두 평이하고 완만함을 위주로 하기 때문에, 간혹 攸를 쓰기도 하고 혹은 逌를 쓰기도 했다.

戴侗曰, "唐本作'水行攸攸也. 其中从巛.'" 按當作行水攸攸也. 行水順其性則安流攸攸而入於海. 衞風傳"滺滺, 流皃." 是也. 作滺者, 俗變也. 左傳說火曰, "鬱攸从之. 蒙葺公屋." 火之行如水之行, 故曰鬱攸. 大雅曰, "爲韓姞相攸." 釋言 "攸, 所也." 水之安行爲攸, 故凡可安爲攸. 又借爲逌字, 逌, 气行皃. 水行之攸・气行之逌, 皆主和緩, 故或用攸. 或用逌.

② 攴은 '인도한다'는 뜻을 취한 것이고, 人은 '인도하는 자'를 이른다.

攴, 取引導之意, 人謂引導者.

③ 以와 周의 반절이다. 제3部에 있다.

以周切. 三部.

④ 句讀(구두)이다.

句.

⑤ 汥는 〈攸에서〉 人만 생략되고 水는 생략되지 않았다. 嶧山에 세운 비석의 글은 ≪史記≫에 실려 있지 않다.[57] 그 碑文[58]에 "〈秦始皇이〉 繹山에 올랐을 때 따라온 신하들은 모두 장구〔汥長〕하기를 생각하였다."라고 하였는데, 지금 '汥'가 '攸'로 되어 있는 것은, 옮겨 새길 때 본래 모습을 잃었기 때문이다. 또 ≪史記≫ 〈秦始皇本紀〉 37년에 실려 있는 會稽山 올랐을 때 세운 비석의 글〔碑文〕에 "황제의 공덕이 훌륭하여 천하를 평정하여 통일하시니 그 은덕과 혜택이 장구〔脩長〕하였다."라고 하였는데, 小司馬[59]는 ≪史記索隱≫에서 "王劭가 살펴본 '張徽가 기록한 會稽南山의 秦始皇碑文'에는 '脩'가 '攸'로 되어 있다."라고 하였으니, 아마도 그 글자가 또한 '汥'로 되어 있었던 듯하다. 이로써 ≪詩經≫의 〈小雅〉와 〈大雅〉의 毛亨 傳에 모두 "脩는 '길다〔長〕'는 뜻이다."[60]라고 한 것을 알 수가 있다. 經文의 '脩'자는 모두 攸의 假借이며, 본래 攸로 되어 있었던 것을 뒤에 고친 것이다. ≪爾雅≫ 〈釋詁〉에 "永・悠・迥・遠는 '멀다〔遐〕'는 뜻이다."라고 하였는데, 悠는 攸가 되어야 한다.

人省水不省. 嶧山石文, 史記不載. 其文曰, "登于繹山. 羣臣从者. 咸思汥長." 今作攸者, 傳刻失眞也. 又史記載會稽石文曰, "皇帝休烈, 平一海内, 德惠脩長." 小司馬云, "王劭按張徽

57) 史記에……않다 : ≪史記≫ 〈秦始皇本紀〉 28년에 진시황이 역산에 비석을 세운 일은 기록되어 있지만, 그 碑文은 실려 있지 않다는 말이다.

58) 碑文 : 李斯가 썼다고 전해지는 〈嶧山刻石文〉을 가리킨다.

59) 小司馬 : 唐 玄宗 때의 문신・사학자인 司馬貞(679~732)을 가리킨다. 弘文館 學士 등을 지냈으며, ≪史記≫의 注釋書인 ≪史記索隱≫을 저술하였다.

60) 詩經의……뜻이다 : ≪詩經≫ 〈小雅 六月〉의 "사모가 길고 크도다.〔四牡脩廣〕"에 대한 毛亨 傳에 "脩는 '길다'는 뜻이다.〔脩 長〕"라고 하였고, ≪詩經≫ 〈大雅 韓奕〉의 "매우 길고 크도다.〔孔脩且張〕"에 대한 毛亨 傳에 "脩는 '길다'는 뜻이다.〔脩 長〕"라고 하였다.

所錄會稽南山秦始皇碑文, 脩作攸.” 蓋其字亦作汥也. 用此知小雅・大雅毛傳, 皆云, “脩, 長也.” 經文脩字, 皆攸之假借. 本作攸. 後改耳. 釋詁“永・悠・迥・遠, 遐也.” 悠當作攸.

06-092-1933 (敄)〔어루만질/무〕

‘어루만지다’이다. 攴을 따르고 亡(무)가 소리이다. 撫와 같이 읽는다.

撫也. 从攴, 亡聲. 讀與撫同.[①]

① 亡는 제9部에 있고, 無는 제5部에 있다. 옛날에는 亡를 가차하여 無로 썼기 때문에 撫와 같이 고쳐 읽은 것이다. 芳과 武의 반절이다.
亡在九部, 無在五部. 古借亡爲無. 故改讀如撫也. 芳武切.

06-092-1934 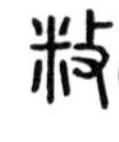(敉)〔어루만질/미〕【重文 1】

‘어루만지다’이다. 攴을 따르고 米(미)가 소리이다. ≪周書≫에 “또한 公의 功을 잘 어루만지지〔敉〕 못하는 것이다.”라고 하였다. 弭(미)와 같이 읽는다. 侎(侎)는 敉의 或體이며 人을 따랐다.

撫也.[①] **从攴, 米聲. 周書曰, “亦未克敉公功.**[②] **讀若弭.**[③] **侎敉或, 从人.**

① ≪爾雅≫ 〈釋言〉에 보인다.
見釋言.
② ≪尙書≫ 〈周書 雒誥(洛誥)〉의 글이다.
雒誥文.
③ 緜과 婢의 반절이다. 제16部에 있다. 살펴보건대, 米聲은 제15部에 있고 弭聲는 제16部에 있으니, 이는 合音이다.
緜婢切. 十六部. 按米聲十五. 弭十六. 此合音也.

06-092-1935 (敡)〔업신여길/이〕

‘업신여기다’이다. 攴을 따르고 易(이)를 따랐다. 易는 또한 소리이기도 하다.

侮也.[①] **从攴, 从易. 易亦聲.**[②]

① 𢾺는 人部의 傷(이)와 뜻이 대략 같다.
此與人部傷義略同.

② 以와 豉(시)의 반절이다. 제16部에 있다.
以豉切. 十六部.

06-092-1936 (𢾺)〔어긋날/위〕

'어긋나다'이다. 攴을 따르고 韋(위)가 소리이다.

戾也.① 从攴, 韋聲.②

① ≪楚辭≫ 〈離騷〉의 王逸 注[61]에 "緯繣(위획)은 '어긋나다'는 뜻이다."라고 하였다. ≪廣雅≫ 〈釋訓〉에 "緯憓(위획)은 '거스르다(거역하다)'는 뜻이다."라고 하였고, ≪廣韻≫ 入聲 21 麥韻에 "徽繣은 '어긋나다'는 뜻이다."라고 하였다. ≪說文解字≫에는 '繣'자가 없으며, 緯·徽는 모두 𢾺의 假借字이다.
王注離騷曰, "緯繣, 乖戾也." 廣雅釋訓曰, "緯憓, 乖剌也." 廣韻卄一麥曰, "徽繣, 乖違也." 說文無繣, 緯·徽, 皆𢾺之假借也.

② 羽와 非의 반절이다. 제15部에 있다.
羽非切. 十五部.

06-092-1937 (敦)〔성낼, 꾸짖을, 누구/돈〕 補

'성내다', '꾸짖다'이다. 일설에 "'누구인가'라는 뜻이다."라고도 한다. 攴을 따르고 𦎫(순)이 소리이다.

怒也, 詆也. 一曰, "誰何也."① 从攴, 𦎫聲.②

① 모두 '꾸짖다'는 뜻이다. ≪毛詩≫ 〈邶風 北門〉에 "王事가 나에게 두텁다〔敦我〕"라고 하였는데, 毛亨 傳에 "敦은 '두텁다〔厚〕'는 뜻이다."라고 하였다. 살펴보건대, 心部에 "惇은 '두텁다〔厚〕'이다."라고 하였다. 그렇다면 대체로 '敦厚'라고 할 때의 '敦'자는 모두 敦을 假借하여 '惇'의 뜻으로 쓴 것이다. 이 글자의 본래 뜻이 '꾸짖다〔責問〕'이기 때문에 攵을 따랐다. "誰何"는 言部에 보인다.

---

61) 王逸 注 : ≪楚辭≫ 〈離騷〉의 "갑자기 어긋나니 뜻 바꾸기 어렵네.〔忽緯繣其難遷〕"에 대한 王逸 注를 가리킨다.

皆責問之意. 邶風"王事敦我." 毛曰, "敦, 厚也." 按心部"惇, 厚也." 然則凡云敦厚者, 皆假敦爲惇. 此字本義訓責問. 故从攴. 誰何見言部.

② 都와 昆의 반절이다. 제13部에 있다.
都昆切. 十三部.

06-092-1938 (䵳)〔뭇사람들이 침입할/**군**〕

'뭇사람들이 침입하다'이다. 羣·攴을 따랐다. 羣(군)은 또한 소리이다.

朋侵也. 从羣·攴.① 羣亦聲.②

① 羣은 '무리'이다. 攴은 '침입하다'는 뜻이다.
羣, 朋也. 攴, 侵也.

② 渠와 云의 반절이다. 제13部에 있다.
渠云切. 十三部.

06-092-1939 (敗)〔망가질/**패**〕補【重文 1】

'망가지다'이다. 攴·貝를 따랐다. 賊·敗는 모두 貝를 따랐다. (䝱)는 敗의 籒文이며, 賏(영)을 따랐다.

毁也. 从攴·貝.① 賊·敗, 皆从貝.② 籒文敗, 从賏.③

① 會意이다. 貝(패)는 또한 소리이기도 하다. 薄과 邁의 반절이다. 제15部에 있다.
會意. 貝亦聲. 薄邁切. 十五部.

② 賊·敗 두 글자는 뜻이 같다. 옛적에는 조개〔貝〕를 화폐로 썼기 때문에 貝를 따랐다. 會意이다. 戈部에 "賊은 戈를 따르고, 則이 소리이다."라고 하였으니, 여기와 합치되지 않는다.[62)]
二字同意. 古者貨貝, 故从貝, 會意. 戈部云, "賊, 从戈, 則聲." 與此不合.

③ 두 개의 貝를 따른 것이다. ≪老子≫ 제44장에 "많이 축적하면 반드시 크게 잃는다."라고 하였다.
从二貝也. 老子曰, "多藏必厚亡."

---

62) 여기와……않는다 : 敗는 攴·貝을 따른 會意字이지만, 賊은 '戈를 따르고 則이 소리'인 形聲字이기 때문에 서로 합치되지 않는다는 뜻이다.

06-092-1940 (敽)〔번거로울/**란**〕

'번거롭다'이다. 攴을 따르고 𤔔(란)이 소리이다.

煩也.① **从攴, 𤔔聲.**②

① 煩은 머리에 열이 나고 아픈 것이다. 인신하여 '煩亂(번거롭다)'는 뜻으로 쓰인다. 살펴보건대, 敽은 𠬪部(표부)의 𤔔, 乙部의 亂, 言部의 䜌(련)과 音義가 모두 같다. 번거로움〔煩〕을 '敽'이라 하며, 그 번거로움을 다스리는 것을 또한 '亂'이라고 한다.
煩, 熱頭痛也. 引伸爲煩亂. 按敽與𠬪部𤔔・乙部亂・言部䜌, 音義皆同. 煩曰敽. 治其煩亦曰亂也.

② 郎과 段의 반절이다. 제14部에 있다.
郎段切. 十四部.

06-092-1941 (寇)〔해칠/**구**〕[補]

'해치다'이다. 攴・完을 따랐다.

暴也.① **从攴・完.**②

① 暴는 夲部의 㬥로 되어야 한다. '暴疾'의 '暴'자는 인신하여 '暴亂'의 暴로 쓰인다.
暴當是夲部之㬥. 暴疾之字引伸爲暴亂也.

② 이는 敗・賊과 뜻이 같다. 苦와 候의 반절이다. 제4部에 있다.
此與敗・賊同意. 苦候切. 四部.

06-092-1942 (𢾅)〔찌를/**지**〕

'찌르다'이다. 攴을 따르고 蚩(치)가 소리이다.

刺也.① **从攴, 蚩聲.**②

① 刺가 각 판본에는 剌(랄)로 되어 있다. 지금 살펴보건대, 𢾅는 揿(치)와 雙聲이니, 분명히 刺가 되어야 한다. 七과 迹의 반절이다.
刺各本作剌. 今按𢾅與揿雙聲. 定作刺. 七迹切.

② 〈大徐本에〉 "豬와 几의 반절이다."이라고 하였지만, 살펴보건대, 几는 己가 되어야 한다.[63] 古音은 제1部에 있다.
"豬几切." 按几當作己. 古音在一部.

06-092-1943 (敷) 〔닫을/두〕 【重文 1】

'닫다'이다. 攴을 따르고 度(도)가 소리이다. 杜(두)와 같이 읽는다. (剫)는 敷의 或體이며, 刀를 따랐다.

閉也.① 从攴, 度聲. 讀若杜.② 剫, 敷或, 从刀.③

① '杜門'의 '杜'자는 이 글자(敷)로 써야 한다. 杜가 통용되자 敷가 쓰이지 않게 되었다. 丹部의 '雘(확)'자 해설에서 ≪尙書≫ 〈周書 梓材〉의 "惟其敷[64]丹雘(단청을 칠한다.)"을 인용하였는데, 여기서는 敷를 가차하여 塗의 뜻으로 쓴 것이다.
杜門字當作此. 杜行而敷廢矣. 丹部引周書"惟其敷丹雘." 此假敷爲塗也.

② 徒와 古의 반절이다. 제5部에 있다.
徒古切. 五部.

③ 살펴보건대, 刀部에 "剫는 '나누다〔判〕'이다."라고 하였는데, 이것은 산삭해야 한다.
按刀部 "剫, 判也." 則此當刪.

06-092-1944 (敜) 〔막을/녑〕

'막다'이다. 攴을 따르고 念(념)이 소리이다. ≪周書≫에 "너의 함정을 막아서"라고 하였다.

塞也.① 从攴, 念聲.② 周書曰, "敜乃穽."

① ≪尙書≫ 〈周書 柴誓(費誓)〉의 某氏注(孔安國 傳)에 "〈흙으로 함정을〉 막는 것이다."라고 하였다. 살펴보건대, ≪儀禮≫ 〈士喪禮〉에 "隸人이 변소를 막는다."[65]라고 하였는

---

63) 几는……한다 : 표제자 敱(치)의 古音은 제1부에 있는데, 几(궤)는 제15部에 있으므로 部가 일치하지 않는다. 그러므로 제1部에 있는 己(기)가 되어야 한다는 뜻이다.

64) 敷 : ≪尙書正義≫ 〈梓材〉에는 '塗'로 되어 있다.

65) 隸人이……막는다 : 이 말이 今本 ≪儀禮≫에는 〈士喪禮〉에 보이지 않고 〈旣夕禮〉에 보인다.

데, 鄭玄 注에 "涅은 '막다〔塞〕'는 뜻이다."라고 하였다. 대체로 敜은 本字이고 涅은 그 假借字이다. 異部雙聲으로 假借[66]하였기 때문에, 敜은 또한 音이 乃와 結의 반절이기도 하다.

柴誓某氏注云, "窒敜之." 按士喪禮"隸人涅厠." 注, "涅, 塞也." 葢敜其本字, 涅其假借字也. 異部雙聲相假借, 故敜亦音乃結反.

② 奴와 叶의 반절이다. 제7부에 있다.

奴叶切. 七部.

06-092-1945 (斁) 〔다할/필〕

斁은 '다하다'이다. 攴을 따르고 畢(필)이 소리이다.[67]

斁,① 盡也.② 从攴, 畢聲.③

① 이(斁)는 글자를 중복해서 열거한 글자가 다만 남아 있는 사례이다.

此複擧字之僅存者.

② '일이 끝나다'는 뜻의 글자에는 이 글자(盡)를 써야 한다. 畢이 통용되자 斁은 쓰이지 않게 되었다. 畢은 '사냥용 그물'이다.

事畢之字當作此. 畢行而斁廢矣. 畢, 田网也.

③ 卑와 吉의 반절이다. 제12부에 있다.

卑吉切. 十二部.

06-092-1946 (收) 〔취할/수〕

'취하다'이다. 攴을 따르고 丩(얽힐/규)가 소리이다.

捕也.① 从攴, 丩聲.②

① 手部에 "捕는 '취하다'이다."라고 하였다.

手部曰, "捕, 取也."

---

66) 異部雙聲으로 假借 : 敜(녑)은 제7부에 있고 涅(녈)은 제12部에 있기 때문에, 部가 다른 雙聲으로 가차하였다고 한 것이다.

67) 攴을……소리이다 : ≪六書尋源≫에는 "斁은 곧 다루는 일을 종료하는 뜻이므로, 畢을 따르고 攴을 따랐다.〔此卽終了治事之義 故从畢从攴也〕"라고 하여, 畢을 聲符로 보지 않고 義符로 보아 會意로 설명하였다.

② 式과 州의 반절이다. 제3部에 있다.
式州切. 三部.

06-092-1947 敼(鼓)〔북 칠/고〕補

'북을 치다'이다. 攴·壴를 따랐다. 壴(주)는 또한 소리이다. 屬(촉)과 같이 읽는다.

擊鼓也. 从攴·壴.① 壴亦聲.② 讀若屬.③

① 壴는 鼓의 생략형이다. 攴은 '치다'는 뜻이다.
壴者鼓之省. 攴者擊.

② 壴의 古音은 제4部에 있으며, 矦(侯)韻에 속한다. 尤·矦의 入聲은 屋·沃·燭이 된다.[68)]
壴古音在四部, 矦韻. 尤·矦之入聲爲屋·沃·燭.

③ 徐鉉本에는 이 세 글자(讀若屬)가 없으니, 잘못이다. 屬(제3部)은 之와 欲의 반절이다. 그러므로 敼(제4部)는 豥(제3部)과 같이 읽으며, 擊과는 雙聲이다. 大徐(徐鉉)는 그 字形이 鼓(鼔)와 비슷하다고 여겨 公과 戶의 반절로 읽고, 이 세 글자를 산삭하였으니, 그 잘못이 대체로 오래되었다.

《玉篇》에 "〈敼는〉 之와 錄의 반절이며, '치다〔擊〕'는 뜻이다."[69)]라고 하였는데, 이는 顧氏[70)]의 原文이고, "또 公과 戶의 반절이다.〔又公戶切〕"라고 하였는데 이는 孫强[71)]이 보탠 것이다. 《佩觿》[72)] 卷下에 "敼는 之와 錄, 工과 五 두 개의 반절이다."라고 한 것은 孫强의 잘못을 따른 것이다. 《廣韻》의 경우에는 姥韻(모운)에 敼는 있으나

---

68) 尤……된다:〈今韻古分十七部表〉(六書音均表一)에서 '尤'는 제3部의 평성에 속해 있고 '矦'는 제4部의 평성에 속해 있으며, '屋·沃·燭'은 제3部의 入聲에 속해 있다. 한편 단옥재는 〈古十七部合用類分表〉(六書音均表三)의 '第四部與第三部同入說'에서 "제4部와 제3部는 合用하기에 가장 가까우니, 그 入音은 제3部와 같다.〔第四部與第三部合用最近 其入音同弟三部〕"라고 하였다.

69) 敼는……뜻이다:《玉篇》 攴部 제270에 "敼는 之와 錄의 반절이며, '치다'는 뜻이다. 또한 公과 戶의 반절이다.〔敼 之錄切 擊也 又公戶切〕"라고 하였다.

70) 顧氏:519~581. 《玉篇》을 편찬한 梁나라의 顧野王을 가리킨다. 고야왕은 중국 남북조시대 梁·陳의 문신 겸 학자이다. 天文·卜書·奇字에 능통하여 많은 저서를 남겼는데, 그 가운데 《玉篇》이 유명하다.

71) 孫强:?~? 唐나라 사람으로, 《玉篇》을 增補한 사람이다.

72) 佩觿:郭忠恕(?~977)가 지은 文字書이다. 그는 北宋의 문신·서법가·화가·문자학자로, 자는 恕先이다. 저서로 《佩觿》, 《汗簡》 등이 있다.

燭韻에 敱는 없다. ≪集韻≫·≪類篇≫의 경우에는 朱와 欲, 殊와 玉 두 개의 반절로 豈聲을 따르는 '敳(애)'자로 귀결시켰으나, 두 개의 반절이 모두 ≪說文解字≫의 "敱는 屬과 같이 읽는다.〔敱讀如屬〕"에 근본한 것을 모르는 것이다. 敳에 어찌 이렇게 두 개의 반절이 있을 수 있겠는가. 모두 徐鉉을 답습한 데서 말미암아 마침내 어그러지고 잘못된 것이 이 지경에 이르렀다.

南宋의 毛晃에 이르러 또 "'鼓舞'의 '鼓'자는 攴을 따르며, '鐘鼓'의 鼓자와 같지 않다."라고 하였다. 岳珂[73)]가 간행한 九經과 三傳에서는 대체로 "瑟을 타고 琴을 탄다.〔鼓瑟鼓琴〕", "궁궐에서 종을 친다.〔鼓鍾于宮〕", "치지도 않고 두드리지도 않는다.〔弗鼓弗考〕", "북을 치고 춤을 춘다.〔鼓之舞之〕"에서 모두 분별하여 敱로 썼다. ≪經典釋文≫·≪五經文字≫·≪九經字樣≫·≪開成石經≫에는 모두 이러한 사례가 없다. ≪周禮≫〈春官 小師〉에 "小師는 鼓鼗·柷·敔·塤·簫·管·弦·歌를 가르치는 것을 관장한다."라고 하였는데, 鄭玄 注에 "소리를 내는 것을 '鼓'라고 한다."라고 하였다.

살펴보건대, 鼓는 '안으로부터 가득 차서 밖으로 나가다〔郭〕'[74)]는 뜻이다. 그러므로 대체로 그 소리를 내는 것을 모두 '鼓'라고 하니, 마치 敱를 '치다〔擊〕'는 뜻으로 풀이한 것과 같다. 鼗·柷·敔는 '치다〔敱〕'라고 말할 수 있지만, 塤·簫·管·弦·歌는 '치다〔敱〕'라고 말할 수 있는가. 역시 敱의 반절이 公과 戶인 데서 말미암은 것이니, 차차 異說을 이루어 經典의 글자를 滅裂함이 이 지경에 이르게 되었다.

鉉本無此三字. 非也. 屬, 之欲切, 故敱讀如斀, 與擊雙聲. 大徐以其形似鼓, 讀公戶切. 刪此三字, 其誤蓋久矣. 玉篇云, "之錄切. 擊也." 此顧氏原文, 云, "又公戶切." 此孫強所增也. 佩觿云, "敱, 之錄·工五二切." 沿孫之繆. 至廣韻乃姥韻有敱而燭韻無敱. 至集韻·類篇乃以朱欲·殊玉二切, 歸之从豈聲之敳字, 而不知二切, 皆本說文"敱讀如屬." 敳安得有此二切也. 皆由沿襲徐鉉, 遂舛誤至此. 至乎南宋毛晃, 又云, "鼓舞字从攴, 與鐘鼓字不同." 岳珂刊九經三傳, 凡"鼓瑟鼓琴", "鼓鍾于宮", "弗鼓弗考", "鼓之舞之" 皆分別作敱. 經典釋文·五經文字·九經字樣·開成石經, 皆無此例也. 周禮小師. "掌教鼓鼗·柷·敔·塤·簫·管·弦·歌." 注云, "出音曰鼓." 按鼓, 郭也. 故凡出其音皆曰鼓, 若敱訓擊也. "鼗·柷·敔"可云敱, "塤·簫·管·弦·歌"可云敱乎. 亦由敱切公戶, 寖成異說. 滅裂經字, 以至於此.

---

73) 岳珂 : 1183~1243. 宋 寧宗 때 사람으로 많은 서적을 校刊하였는데, 그가 교간한 서적은 지극히 정밀하다고 한다. 저서로 ≪金佗粹編≫, ≪桯史≫ 등이 있다.

74) 안으로부터……나가다〔郭〕: ≪說文解字≫ '鼓'자 해설의 "鼓는 '郭'이다.〔鼓 郭也〕"에 대한 段玉裁 注에 "안으로부터 성대하게 가득 차서 밖으로 나가는 것을 또한 '郭'이라고 한다.〔自內盛滿出外 亦曰郭〕"라고 한 말에 근거하여 풀이하였다.

06-092-1948 (攷)〔칠/고〕

'치다'이다. 攴을 따르고 丂(교)가 소리이다.

敂也.[①] 从攴, 丂聲.[②]

① ≪詩經≫ 〈唐風 山有樞〉에 "그대가 종과 북이 있는데, 두드리지도 않고 치지도 않는다면〔弗考〕"이라고 하였는데, 毛亨 傳에 "考는 또한 '치다〔擊〕'는 뜻이다."라고 하였다. 攷의 인신된 뜻은 '攷課(考課)'이다. ≪주례≫에는 대부분 攷로 되어 있다. 다른 경전에는 '攷擊'·'攷課'의 攷가 모두 '考'로 되어 있는데, 이는 假借한 것이다. 攷와 敂(구)는 疊韻이다.

唐風 "子有鐘鼓, 弗擊弗考." 毛曰, "考, 亦擊也." 攷引伸之義爲攷課. 周禮多作攷, 他經攷擊·攷課, 皆作考. 假借也. 攷敂疊韻.

② 苦와 浩의 반절이다. 古音은 제3部에 있다.

苦浩切. 古音在三部.

06-092-1949 (敂)〔칠/구〕

'치다'이다. 攴을 따르고 句(구)가 소리이다. 扣(구)와 같이 읽는다.

擊也.[①] 从攴, 句聲. 讀若扣.[②]

① ≪周禮≫ 〈地官 司關〉에 "모든 사방의 빈객들이 關門을 두드린다."라고 하였다. ≪宋書≫ 〈謝靈運傳〉에 인용된 〈山居賦〉의 '敂弦'[75]은 곧 〈江賦〉의 '叩舷'[76]이다. 배〔舟〕의 밑바닥이 활처럼 굽어 있기 때문에 배의 위쪽을 '弦'이라고 한다. 扣와 叩가 통용되고 나서 敂는 쓰이지 않게 되었다. 手部에 "扣는 '말고삐를 당기다'이다."라고 하였다. 〈≪說文解字≫에는〉 '叩'자는 없다.

周禮"凡四方之賓客敂關." 宋書山居賦敂弦, 卽江賦之叩舷也. 舟底曲如弓, 故其上曰弦. 自

---

75) 山居賦의 敂弦 : 〈山居賦〉에 "구현(채릉가)의 고상한 곡조를 그리워하고, 강남곡의 슬픈 탄식을 느껴 보네.〔眷敂弦之逸曲 感江南之哀歎〕"라고 하였다. '敂弦'은 뱃전을 두드리며 부르는 〈菜菱歌〉를 가리키고, '江南'은 〈江南曲〉을 가리킨다. 〈강남곡〉은 樂府 相和歌辭의 곡 이름으로, 〈江南採蓮曲〉이라고도 하는데, 멀리 헤어져 있는 부부가 서로 그리워하는 애절한 심경을 노래하는 뜻이 주종을 이루고 있다.

76) 江賦의 叩舷 : ≪文選≫ 권12에 수록된 郭璞의 〈江賦〉에 "갑자기 저녁을 잊고 밤에 돌아감이여, 채릉가를 부르며 뱃전을 두드리도다.〔忽忘夕而宵歸 詠採菱以叩舷〕"라고 하였다.

扣叩行而敂廢矣. 手部"扣, 牽馬也." 無叩字.

② 苦와 候의 반절이다. 제4部에 있다.
苦候切. 四部.

06-092-1950 (攻)〔칠/공〕

'치다'이다. 攴을 따르고 工(공)이 소리이다.

擊也.① **从攴, 工聲.**②

① ≪周禮≫ 〈考工記 序〉에 "攻木・攻皮・攻金"이라고 하였는데, 鄭玄 注에 "攻은 '治(가공하다)'와 같다."라고 하였으니, 이는 引伸된 뜻이다.
考工記 "攻木・攻皮・攻金." 注曰, "攻猶治也." 此引伸之義.

② 古와 洪의 반절이다. 제9部에 있다.
古洪切. 九部.

06-092-1951 (敲)〔옆에서 때릴/고〕

'옆에서 때리다'이다. 攴을 따르고 高(고)가 소리이다.

橫擿也.① **从攴, 高聲.**②

① 擿은 지금의 '擲'자이니, 橫擿은 '옆에서 던지다'는 뜻이다. ≪春秋左氏傳≫ 定公 2년 조에 "그에게서 몽둥이를 빼앗아 그를 때렸다."라고 하였다. 그런데 ≪春秋左氏傳≫ 〈春秋左氏傳音義〉에 "≪說文解字≫에는 㱿(머리를 때릴/각)으로 되어 있다."라고 하였으니, 이는 ≪春秋左氏傳≫의 글자가 㱿이 되어야 함을 이른다. 옆으로 던질 때는 반드시 몽둥이를 쓸 필요가 없다.

살펴보건대, ≪春秋公羊傳≫ 宣公 6년 조에 "말〔斗〕로 머리와 목을 때려서 죽였다."라고 하였는데, 何休는 "摮(오)는 '擊(칠/교)'와 같다."라고 하였다. 擊는 머리와 목을 옆에서 때리는 것을 이른다. 摮는 '敲'자이고, 擊는 '㱿'자이다. 그 글자의 뜻이 다르기 때문에 '猶'라고 한 것이다. 擿은 간혹 '擿'로 쓰기도 하는데 잘못이다.
擿, 今之擲字, 橫擿, 橫投之也. 左傳 "奪之杖以敲之." 釋文曰, "說文作㱿." 此謂左字當作㱿也. 橫投不必以杖. 又按公羊傳"以斗摮而殺之." 何云, "摮, 猶擊也." 擊謂旁擊頭項. 摮即敲字, 擊即㱿字. 其字義異故云猶. 擿或作擿. 誤.

② 口와 交의 반절이다. 제2部에 있다.
口交切. 二部.

06-092-1952 (㪷)〔칠/**탁**〕

'치다'이다. 攴을 따르고 豖(축)이 소리이다.

擊也.① 从攴, 豖聲.②

① 이 글자는 木部의 椓과 音義가 모두 같다.
此與木部椓音義皆同.
② 竹과 角의 반절이다. 제3部에 있다.
竹角切. 三部.

06-092-1953 (𢾍)〔쫓을/**왕**〕

'쫓다'이다. 攴을 따르고 㞷(황)이 소리이다.

放也.① 从攴, 㞷聲.②

① 放部에 "放은 '쫓다〔逐〕'이다."라고 하였다. ≪廣韻≫ 上聲 36 養韻에 "𢾍은 '완곡하게 침입하다'는 뜻이다."라고 하였다.
放部曰, "逐也." 廣韻曰, "𢾍, 曲侵."
② 迂와 往의 반절이다. 제10部에 있다.
迂往切. 十部.

06-092-1954 (𢽗)〔쪼갤/**리**〕 補

'쪼개다'이다. 攴을 따르고 厂(한)[77]을 따랐다. 厂의 성향은 쪼개지는 것이다. 과일이 익어서 맛이 있으면 또한 쪼개지므로 未를 따랐다.

坼也. 从攴.① 从厂. 厂之性坼.② 果孰有味亦坼. 故从未.③

---

77) 厂(한) : ≪說文解字≫ 厂部에 "厂은 돌산의 가장자리 언덕이다.〔厂 山石之厓巖〕"라고 하였다.

① 쳐서 물건을 쪼갤 수 있으므로 攴을 따랐다.
攴可剖物. 故从攴.

② 돌산의 가장자리 언덕에 있는 바위는 대부분 쪼개져 갈라지기 때문에 厂을 따랐다.
山石之厓巖多坼裂, 故从厂.

③ "故从未"가 각 판본[78]에는 "그러므로 '𠩺'라고 이르며, 未聲을 따랐다.〔故謂之𠩺 从未聲〕"로 되어 있는데, '謂·之·𠩺·聲' 네 글자는 衍文이다. 이(故从未)는 未를 따른 뜻을 설명한 것이지 形聲을 설명한 것이 아니며, 未와 𠩺는 聲이 되지 못한다. '未'자 해설에 "未는 '맛〔味〕'이다. 6월에 맛이 좋다."[79]라고 하였고, '剌(制)'자 해설에 "刀를 따르고 未를 따랐다. 未는 과일〔物〕이 다 익으면 맛이 있어 裁斷할 만한 것이다."라고 하였다. 未는 味이다. 이는 바로 "과일이 익어서 맛이 있으면 또한 쪼개지므로 未를 따랐다."라고 한 것과 같다. '과일이 쪼개진다'는 것은 마치 左思의 〈蜀都賦〉에 "개암과 밤송이가 벌어지니, 석류가 앞다투어 벌어진다."라고 한 것과 같다. 이 글자(𠩺)는 '未·攴·厂' 세 글자를 합한 會意이다. 許와 其의 반절이다. 제1部에 있다.
各本"故謂之𠩺, 从未聲." 衍四字. 此說从未之意, 非說形聲, 未與𠩺不爲聲也. 未下曰, "味也. 六月滋味也. 剌下曰, "从刀从未. 未, 物成有滋味可裁斷也." 未卽味. 此云, "果孰有味亦坼, 故从未." 正同. 果坼者, 如左思賦云, "榛栗罅發, 石榴競裂."也. 此合三字會意. 許其切. 一部.

06-092-1955 (斀)〔생식기를 제거하는 형벌/탁〕

'죄인의 생식기를 제거하는 형벌'이다. 攴을 따르고 蜀(촉)이 소리이다. ≪周書≫에 "발꿈치를 베는 형벌〔刖〕, 코를 베는 형벌〔劓〕, 생식기를 제거하는 형벌〔斀〕, 얼굴에 죄명을 刺字하는 형벌〔黥〕"이라고 하였다.

去陰之刑也.① 从攴, 蜀聲.② 周書曰, "刖劓斀黥."③

① 斀은 '베다'는 뜻이다. ≪詩經≫ 〈大雅 召旻〉에 "昏椓(혼탁)들이 공손하지 못하여"라고 하였는데, 鄭玄 箋에 "昏과 椓은 모두 환관〔奄人〕이다. 昏은 관직 이름이고, 椓은 생식기를 훼손한 자이다."라고 하였는데, 이는 椓을 가차하여 斀의 뜻으로 쓴 것이다.

---

78) 각 판본 : 徐鉉本과 徐鍇本을 가리키며, 이들의 판본에 모두 "故謂之𠩺 从未聲"으로 되어 있다.

79) 未는……좋다 : ≪說文解字≫ 未部의 "未 未也 六月滋味也"에 대한 段玉裁 注에 "≪史記≫ 〈律書〉에 未는 만물이 모두 익어 맛이 있는 것을 말한다.〔未者 言萬物皆成 有滋味也〕"라고 하였다.

斀, 斲也. 大雅 "昏椓靡共." 鄭云, "昏·椓皆奄人也. 昏, 其官名也, 椓, 毁陰者也." 此假椓爲斀也.

② 竹과 角의 반절이다. 제3部에 있다.
竹角切. 三部.

③ ≪尙書≫ 〈周書 呂刑〉의 글이다. 刵은 '刵(귀벨/이)'가 되어야 한다. 〈堯典〉의 제목에 대한 ≪尙書正義≫에서 "賈逵·馬融·鄭玄의 ≪古文尙書≫에는 '劓刵劅剠'으로 되어 있고, 大小의 夏侯와 歐陽[80]의 ≪尙書≫에는 '臏·宮·劓·割·頭庶剠'[81]으로 되어 있다."라고 하였다.

살펴보건대, 賈逵·馬融·鄭玄이 모두 '刵'로 썼다면 許愼도 반드시 동일하게 썼을 것이다. ≪經典釋文≫ 〈尙書音義〉와 ≪尙書正義≫ 권2에는 모두 "劓刵"라고 하였는데, 本篇의 ≪尙書正義≫에는 "刵劓"로 되어 있다. 이는 唐나라 초기의 판본이 본래 같지 않았기 때문이다.

"斀黥"은 ≪尙書正義≫에 의거하면 가규·마융·정현은 "劅剠"이라고 썼는데, 劅은 '斀'과 같고, 剠(경)은 '黥'과 같다. 衞包는 ≪尙書正義≫[82]에 "劅은 '사람의 생식기를 손상하는 것〔椓人陰〕'이다."라고 한 글에 따라 이에 斀을 바꾸어 '椓'자로 썼다. 그런데 이는 斀·椓의 字義가 같지 않은 것을 알지 못한 것이다. 椓은 '치다〔擊〕'는 뜻이니, 생식기를 제거하는 것〔去陰〕을 '椓'이라고 해서는 안 된다.

呂刑篇文. 刵當作刵. 尙書正義曰, "賈·馬·鄭古文尙書劓刵劅剠. 大小夏侯·歐陽尙書作臏宮劓割頭庶剠." 按賈·馬·鄭, 皆作刵, 許必同. 釋文及正義卷二, 皆云 "劓刵." 本篇正義作 "刵劓." 唐初本固不同耳. "斀黥"據正義, 賈·馬·鄭作"劅剠." 劅同斀, 剠同黥. 衞包因正義云, "劅, 椓人陰." 乃易爲椓字, 而不知斀椓字義之不同. 椓, 擊也, 去陰不可云椓.

06-092-1956 (敯)〔무릅쓸, 억셀/민〕

'무릅쓰다'이다. 攴을 따르고 昏(민)이 소리이다. ≪周書≫에 "억세어 죽음을 두려

80) 大小의……歐陽 : '大小의 夏侯'는 大夏侯인 夏侯勝과 小夏侯인 夏侯建을 가리키며, 歐陽은 歐陽和伯을 가리킨다. 참고로 伏生이 口傳한 ≪尙書≫ 29편을 再傳하여, 하후승·하후건·구양화백 三家에게 이른 것을 ≪今文尙書≫라고 한다.

81) 臏……頭庶剠 : 臏(빈)은 정강이뼈를 베는 형벌, 宮은 宮刑, 劓는 코를 베는 형벌, 刵는 귀를 베는 형벌이고, 割은 미상이며, 頭庶剠은 고대 형벌의 일종으로 칼로 이마에 글자를 새기고 먹물을 칠하는 것이다.

82) 尙書正義 : ≪尙書≫ 〈周書 呂刑〉의 "이에 비로소 지나치게 코를 베고 귀를 베고 생식기를 손상하고 얼굴에 刺字하여〔爰始淫爲劓刵椓黥〕"라는 구절에 대한 ≪尙書正義≫를 가리킨다.

하지 않는다."라고 하였다.

冒也.① 从攴, 昏聲.② 周書曰, "敃不畏死."

① 今本 ≪爾雅≫ 〈釋詁〉에는 "昏(민)과 敃은 '강하다〔强〕'는 뜻이다."라고 하였다. ≪尙書≫ 〈夏書 盤庚〉에 "힘써〔昏〕[83] 노력하지 않아서"라고 하였는데, 鄭玄 注에 "昏은 敃과 같이 읽어야 하며, '힘쓰다〔勉〕'는 뜻이다."라고 하였으니, 鄭玄이 근거한 ≪爾雅≫는 今本과 또한 같지 않은 듯하다. ≪尙書≫ 〈周書 康誥〉에 "억세어 죽음을 두려하지 않는다."라고 하였는데, ≪孟子≫ 〈萬章 下〉에는 敃자가 '閔'으로 되어 있다.[84] ≪尙書≫ 〈周書 立政〉에 "受德(紂의 字임)에 와서는 억세어〔敃〕"라고 하였다. 心部에는 敃이 '忞'으로 되어 있는데,[85] 昏聲과 文聲은 〈모두 제13部에 있어〉 部가 같다.
今本爾雅 "昏・敃, 强也." 般庚 "不昏作勞." 鄭注 "昏讀爲敃, 勉也." 似鄭所據爾雅與今本亦不同. 康誥 "敃不畏死." 孟子作閔. 立政"其在受德敃." 心部作忞. 昏聲・文聲同部.

② 眉와 殞의 반절이다. 제13부에 있다. 살펴보건대, 昏은 氐의 생략형을 따랐고 民을 따르지 않았다. 대체로 昏의 편방이 昬으로 되어 있는 것은 잘못이다. 日部에 상세하다.
眉殞切. 十三部. 按昏从氐省, 不从民. 凡昏旁作昬者誤. 詳日部.

06-092-1957 (敔)〔금지할, 악기/어〕 補

'금지하다'이다. 일설에 "樂器이니, 椌과 楬이며, 모양은 나무로 만든 호랑이와 같다."라고 한다. 攴을 따르고 吾(오)가 소리이다.

禁也.① 一曰, "樂器, 椌楬也, 形如木虎."② 从攴, 吾聲.③

① 圉・禦와 音이 같다. ≪爾雅≫ 〈釋言〉에 "禦와 圉는 '금지하다'는 뜻이다."라고 하였다. ≪說文解字≫에서는 禦를 '제사〔祀〕'라고 뜻풀이하고, 圉를 "囹圄는 죄인을 구속하기 위한 것이다."라고 뜻풀이를 하였으니, 敔는 '禁禦(막다)'라고 할 때의 禦의 本字가 된다. 禦가 통용되자 敔는 쓰이지 않게 되었다. 옛날에는 가차하여 御로 쓰고 圉로 썼다.
與圉・禦音同. 釋言"禦・圉, 禁也." 說文禦訓祀, 圉訓 "囹圄, 所以拘罪人." 則敔爲禁禦本

83) 昏 : ≪尙書正義≫에는 '昬'으로 되어 있다.

84) 閔으로……있다 : ≪孟子≫ 〈萬章 下〉에 "〈康誥〉에 '사람을 죽여서 재물을 빼앗고, 억세어 죽음을 두려워하지 않는다.〔康誥曰 殺越人于貨 閔不畏死〕'라고 하였다.

85) 忞으로……있는데 : ≪說文解字注≫ 10편 下에 "忞은 '스스로 힘쓰다'이다. 心을 따르고 文이 소리이다. ≪尙書≫ 〈周書 立政〉에 '受德에 와서는 스스로 힘써'라고 하였다.〔忞 自勉彊也 从心 文聲 周書曰 在受德忞〕"라고 하였다.

字. 禦行而敔廢矣. 古假借作御, 作圉.

② 살펴보건대, 이 11자(一曰樂器 椌楬也 形如木虎)는 後人이 함부로 보탠 것이다. ≪禮記≫ 〈樂器〉에 "椌과 楬"이라고 하였는데, 鄭玄 注에 "椌과 楬은 柷과 敔를 이른다."라고 하였으니, 椌은 柷을 이르고, 楬은 敔를 이른다. 柷은 형태가 검게 칠한 桶과 같고, 敔는 형태가 엎드리고 있는 호랑이와 같으니, 이 두 가지를 아울러 한 가지로 말할 수가 없다. 木部 '椌'자의 해설에 "椌은 柷樂이다."라고 하였는데, '楬'자 해설에서 "楬은 敔樂이다."라고 하지 않은 것은,86) 敔는 '遏(막을/알)'에서 뜻을 취하였고 楬은 遏(막을/알)의 假借字가 되기 때문이다. 敔는 음악을 멈추기 위한 것이므로,87) 敔로 명명한 것이다. 앞에서 "禁也"라고 한 말에는 이미 이러한 내용을 포함하고 있으니, 〈11자를〉 별도로 거론할 필요가 없다. 이로써 대체로 "一曰"이란 말은 간혹 학식이 얕은 사람들의 '글자를 더하거나 고쳐 쓴 과정'을 거친 것임을 알 수 있다.

按此十一字後人妄增也. 樂記 "椌・楬" 注 "謂柷・敔也." 椌謂柷, 楬謂敔. 柷形如桼桶, 敔狀如伏虎. 不得併二爲一. 木部椌云, "柷樂也." 楬下不云敔樂者, 敔取義於遏, 楬爲遏之假借耳. 敔者所以止樂. 故以敔名. 上云 "禁也." 已包此物, 無庸別擧. 用此, 知凡言一曰者, 或經淺人增竄.

③ 魚와 擧의 반절이다. 제5部에 있다.

魚擧切. 五部.

06-092-1958 (敤)〔갈/과〕

'갈다'이다. 攴을 따르고 果(과)가 소리이다. 舜임금의 누이동생의 이름이 '敤首'이다.

研治也. 从攴, 果聲. ① **舜女弟名敤首.** ②

① 苦와 果의 반절이다. 제17部에 있다.

苦果切. 十七部.

② ≪漢書≫ 권20 〈古今人表〉의 '上下'를 등급지어놓은 문장에 "敤手는 舜임금의 누이동생이다."라고 하였는데, 顏師古는 "민간에 유통되는 판본〔流俗本〕에는 '擊'으로 되어 있다."88)라고 한 것은, 敤・手 두 글자를 합하여 그릇되게 한 글자로 만들었기 때문이

---

86) 楬은……것은 : ≪說文解字注≫ 木部 '楬'자의 해설에 "楬은 '나무를 꽂아 표시하다'이다. 〔楬 楬櫫也〕"라고 하였다.

87) 敔는……것이므로 : ≪龍龕手鑑≫ 文部에 "敔는 '멈추다'이다.〔敔 止也〕"라고 하였다.

88) 민간에……있다 : ≪漢書≫ 권20 〈古今人表〉의 '上下智人'에 보이는 "敤手"에 대한 顏師古 注에 "敤는 音이 口와 果의 반절이다. 민간에 유통되는 책에 '繫'자로 되어 있는 것은 잘

다. 살펴보건대, ≪列女傳≫ 〈有虞二妃〉에 "순임금의 누이동생은 '繫'이다."라고 한 구절의 '繫'는 또 擊의 譌字이다. 首와 手는 옛날에 同音으로 통용되었다.
古今人表上下等"敤手, 舜妹." 顏云 "流俗本作擊"者, 合敤・手二字譌爲一字也. 按列女傳云, "舜之女弟繫." 則又擊之譌矣. 首・手古同音通用.

06-092-1959 鈙(鈙)〔잡을/금〕

'잡다'이다. 攴을 따르고 金(금)이 소리이다. 琴과 같이 읽는다.

持也.① **从攴, 金聲. 讀若琴.**②

① 鈙과 持는 쌍성이다. 鈙은 捦(붙잡을/금)과 뜻이 대략 같다.
雙聲. 此與捦義略同.

② 巨와 今의 반절이다. 제7部에 있다.
巨今切. 七部.

06-092-1960 𢿎(𢿎)〔버릴/추〕

'버리다'이다. 攴를 따르고 𠷎(壽)가 소리이다. ≪周書≫에서는 𢿎를 討로 썼다. ≪詩經≫ 〈鄭風 遵大路〉에 "나를 버리지〔𢿎〕[89] 말지어다."라고 하였다.

棄也.① **从攴, 𠷎聲.**② **周書目爲討.**③ **詩曰, "無我敲兮."**④

① ≪詩經≫ 〈鄭風 遵大路〉의 毛亨 傳에 "𢿎는 '버리다'는 뜻이다."라고 하였으니, 許愼은 毛亨 傳에 의거한 것이다. 鄭玄은 𢿎를 바로 醜와 같이 읽었다.
鄭風, 毛傳曰, "𢿎, 棄也." 許本毛也. 鄭乃讀爲醜.

② 𠷎가 口部에 '𠷎'로 되어 있는 것은 잘못이다. 市와 流의 반절이다. 제3部에 있다.
𠷎, 口部作𠷎, 誤. 市流切. 三部.

③ 이는 假借임을 말한 것이다. 今本 ≪尙書≫ 〈周書〉 중에는 '討'자가 없고, 오직 ≪尙書≫ 〈虞書 咎繇謨(皐陶謨)〉에 "하늘은 죄가 있는 자를 토벌〔討〕한다."라고 한 구절의 '討'만 있으니, 아마도 '周'자는 '虞'자로 써야 할 듯하다. 討는 古音이 제3部에 있다.
此言假借也. 今尙書周書中無討字, 惟虞書咎繇謨云, "天討有罪." 疑周當作虞. 討古音在三部.

못이다.〔敤音口果反 流俗書作繫字者誤〕"라고 하였다.

89) 𢿎 : ≪毛詩正義≫에는 '醜'로 되어 있다.

④ ≪經典釋文≫ 〈毛詩音義〉에 "䛬는 어떤 판본에 또 '𣪘'로 되어 있다."라고 하였다.
釋文曰, "䛬本亦作𣪘."

06-092-1961 (敀)〔경작할/**전**〕[補]

'田地를 다스리다'이다. 攴·田을 따랐다. ≪周書≫에 "너의 田地를 다스려라."라고 하였다.

平田也.① **从攴·田.**② **周書曰, "畋尒田."**③

① ≪詩經≫ 〈齊風 甫田〉에 "큰 밭 경작하지 말라.〔無田甫田〕"라고 하였는데, 앞에 있는 田은 '畋'자이다.
齊風. 無田甫田. 上田卽畋字.

② 田은 또한 소리이기도 하다. 待와 年의 반절이다. 제12部에 있다.
田亦聲. 待年切. 十二部.

③ ≪尙書≫ 〈周書 多方〉의 글이다.
多方篇文.

06-092-1962 (攺)〔부적/**이**〕[補]

毅攺(개이)이니, '大剛卯(귀신을 쫓는 부적)'로 귀신을 쫓는 것이다. 攴을 따르고 巳(사)가 소리이다. 巳(이)와 같이 읽는다.

毅攺,① **大剛卯目逐鬼鬽也.**② **从攴, 巳聲. 讀若巳.**③

① 句讀(구두)이다.
逗.

② 殳部 〈'毅'의 해설에〉 보인다.
見殳部.

③ 余와 止의 반절이다. 어떤 본〔徐鉉本〕에는 古와 亥의 반절로 되어 있는데 이는 잘못이다. 제1部에 있다. 巳가 小徐本〔徐鍇本〕에는 目(以)로 되어 있다.
余止切. 一本作古亥. 非. 一部. 巳小徐作目.

06-092-1963 (敘)〔차례/서〕補

'차례'이다. 攴을 따르고 余(여)가 소리이다.[90]

次弟也.① 从攴, 余聲.②

① ≪尙書≫ 〈周書 咎繇謨(皐陶謨)〉에 "하늘이 차례를 정하면서 일정한 기준을 두었다.〔天敘有典〕"라고 하였는데, ≪爾雅≫ 〈釋詁〉에 "舒・業・順・敘는 '단서〔緖〕'라는 뜻이다." 라고 하였다. 옛날에는 간혹 序를 가차하여 '敘'의 뜻으로 썼다.
咎繇謨曰, "天敘有典." 釋詁曰, "舒・業・順・敘, 緖也." 古或假序爲之.

② 徐와 呂의 반절이다. 제5部에 있다.
徐呂切. 五部.

06-092-1964 (𢾹)〔깨뜨릴/비〕

'깨뜨리다'이다. 攴을 따르고 卑(비)가 소리이다.

毁也. 从攴. 卑聲.①

① 辟과 米의 반절이다. 제16部에 있다.
辟米切. 十六部.

06-092-1965 (𢿱)〔깨뜨릴/예〕

'깨뜨리다'이다. 攴을 따르고 兒(아)가 소리이다.

𢾹也.① 从攴, 兒聲.②

① 살펴보건대, '𢾹(비)'자 해설에 "𢾹𢿱는 '깨뜨리다'이다.〔𢾹𢿱 毁也〕"라고 해야 하며, '𢿱'자 해설에 "𢿱는 𢾹𢿱이다.〔𢿱 𢾹𢿱也〕"라고 해야 한다. 이것이 ≪說文解字≫ 전체 책에서의 규례인데, 대부분 학식이 얕은 사람이 어지럽힌 것이다.· ≪玉篇≫과 ≪廣韻≫에

---

90) 攴을……소리이다 : ≪六書尋源≫에는 "무릇 일은 천천히 다스린 뒤에야 그 순서를 순하게 할 수 있으므로 敘는 余를 따르고 攴을 따랐다. 攴은 '다스리다〔治〕'와 같다.〔凡事舒緩治理之 然後能順其序 故此从余从攴 攴 猶治也〕"라고 하여, 余를 聲符로 보지 않고 義符로 보아 會意로 설명하였다.

는 모두 𣪠와 㱿의 글자를 연이어 열거하였으니, 疊韻이 됨을 알았던 것이 분명하다. ≪廣韻≫에 "𣪠㱿는 '치는 소리'란 뜻이다."라고 하였다.
按𣪠下當云, "𣪠㱿, 毁也." 㱿下當云, "𣪠㱿也." 此全書之例, 多爲淺人亂之. 篇·韻皆連擧𣪠㱿字. 知爲疊韻無疑. 廣韻云, "𣪠㱿, 擊聲也."

② 〈大徐本에〉 '五와 計의 반절'이라고 하였지만, ≪玉篇≫과 ≪廣韻≫의 '五와 禮의 반절'을 따라야 한다. 제16部에 있다.
五計切, 當依篇·韻五禮切. 十六部.

06-092-1966 (牧)〔소 치는 사람/**목**〕[補]

'소를 기르는 사람'이다. 攴·牛를 따랐다. ≪詩經≫ 〈小雅 無羊〉에 "소를 기르는 사람이 꿈을 꾸니"라고 하였다.

養牛人也.[①] 从攴·牛.[②] 詩曰, "牧人乃夢."[③]

① ≪春秋左氏傳≫ 昭公 7년 조에 "말에는 圉人이 있고, 소에는 牧者가 있다."라고 하였다. 인신하여 '牧民'의 牧(다스릴/목)으로 쓰인다.
左傳曰, "馬有圉, 牛有牧." 引伸爲牧民之牧.

② 會意이다. 莫과 卜의 반절이다. 古音은 제1部에 있다.
會意. 莫卜切. 古音在一部.

③ ≪詩經≫ 〈小雅 無羊〉의 글이다.
小雅文.

06-092-1967 (敇)〔말 매질할/**책**〕

'말에 매질하다'이다. 攴을 따르고 朿(자)가 소리이다.

擊馬也.[①] 从攴, 朿聲.[②]

① 말에 매질하는 데 쓰는 것을 '箠(채찍/추)'라 하고 또한 '策'이라고도 한다. 채찍〔策〕으로 말을 때리는 것을 '敇'이라고 한다. '策'자가 오로지 통용되자 '敇'이 쓰이지 않게 되었다.
所以擊馬者曰箠, 亦曰策. 以策擊馬曰敇. 策專行而敇廢矣.

② 楚와 革의 반절이다. 제16部에 있다.
楚革切. 十六部.

06-092-1968 (𣀔)〔조금 찧을/찬〕

'조금 찧다'이다. 攴을 따르고 算(산)이 소리이다.

小舂也.① 从攴, 算聲.②

① ≪說文解字≫ 臼部에 속하는 글자의 해설에서 舂을 언급한 표제자는 3자이다.91) 여기서 "小舂"이라고 한 것은 '조금 찧는 것'을 이른다. ≪廣雅≫ 〈釋詁〉 4下에 '방아를 찧다〔舂〕'는 뜻을 말하는 글자는 11자이다.92) 그 가운데 '𣀔'자가 있는데, 𣀔은 또한 '𥻨'으로 쓰기도 한다.

臼部言舂者三字. 此云 "小舂"謂稍舂之. 廣雅言舂者十一字. 有𣀔字. 𣀔亦作𥻨.

② 初와 絭(권)의 반절이다. 제14부에 있다.

初絭切. 十四部.

06-092-1969 (𢿢)〔칠/교〕

'치다'이다. 攴을 따르고 堯(요)가 소리이다.

觳田也.① 从攴, 堯聲.②

① 玄應의 ≪一切經音義≫ 권6에 "≪三蒼≫에 '𢿢와 㪉(칠/개)는 「서로 치다」는 뜻이다.'라고 하였다."라고 하였고, 권13에 "敲(고)는 ≪蒼頡訓詁≫에 '𢿢'로 되어 있는데, 똑같이 苦와 交의 반절이며, '내리치다'는 뜻이다. ≪說文解字≫에는 '옆에서 때리다'이다, '머리를 때리다'이다."라고 하였다. 이에 의거하면 ≪설문해자≫에는 본래 '𢿢'자가 없는데 後人이 보탠 것이다. 그 뜻은 대체로 본래 擊(칠/교)가 되는데, 擊는 '옆에서 치다'는 뜻이다.

한편에서는 잘못하여 觳(지팡이 손잡이의 뿔장식/혁)이라 하고, 거듭 잘못하여 다시 田을 군더더기로 끼워 넣었으니, 뜻이 통할 수가 없다. 李仁甫本에는 오히려 '田'자가 없다.93) ≪玉篇≫과 ≪廣韻≫에서는 모두 "𢿢는 '치다〔擊〕'는 뜻이다."라고 하였다.

---

91) 臼部……3자이다 : ≪說文解字注≫ 臼部에 "臼는 '방아를 찧는 절구'이다.〔臼 舂臼也〕"라 하였고, "舀은 齊나라 지역에서 '방아를 찧는 것'을 '舀'이라고 이른다.〔舀 齊謂舂曰舀〕"라 하였고, "臿은 '방아를 찧어 보리 껍질을 제거하다'이다.〔臿 舂去麥皮也〕"라고 하였다.

92) 廣雅……11자이다 : ≪廣雅≫ 〈釋詁〉에 "臿・䑛・䀹・睗・𣪠・捶・𪈺・𣀔・𥻨・碓은 '방아를 찧다〔舂〕'는 뜻이다.〔臿䑛䀹睗𣪠捶𪈺𣀔𥻨碓 舂也〕"라고 한 것을 가리킨다.

玄應書卷六曰, "三蒼'敼・敱, 相擊也.'" 卷十三曰, "敲, 蒼頡訓詁作敼, 同苦交切, 下擊也. 說文橫檛也, 擊頭也." 據此則說文本無敼字, 後人增之. 其訓葢本作擊也, 擎者, 旁擊也. 一譌爲髂, 再譌又衍田, 莫能通矣. 李仁甫本尚無田字. 篇・韻皆云, "敼, 擊也."

② 牽과 遥의 반절이다. ≪廣韻≫에는 苦와 幺의 반절이라고 하였다. 제2部에 있다.
牽遥切. 廣韻苦幺切. 二部.

攴部에서 다룬 표제자는 78자이고, 重文은 6자이다.

文七十八,① 重六.

① 宋本에는 '七十七'로 되어 있다. 살펴보건대, 옛날에는 肇・斆 두 글자가 없었다. 斆는 土部의 '壞의 籒文'이고, 肇는 戈部의 '肈의 俗字'이니, 이는 ≪玉篇≫ 攴部 제270에 "肇는 肈의 俗字이다."라고 하고 ≪五經文字≫ 戈部에 "肈를 肇로 쓰는 것은 잘못이다."라고 한 데서 증명할 수 있다. ≪經典釋文≫과 〈開成石經〉[94]에서는 肇가 모두 戈를 따라 肈로 되어 있다. 그런데 근래의 經典은 모두 고쳐 攵을 따랐으니, 망령된 사람이 ≪說文解字≫의 〈攴部에〉 잘못 뒤섞어 넣었기 때문이다. 잘못이 심하니, 이 책은 살펴 바로잡는 일을 느슨히 해서는 안 된다. 지금 두 글자를 산삭하여 옛날대로 돌려놓았으니, 실제로는 76자이다.
宋本作七十七. 按古無肇・斆二字. 斆者, 土部壞之籒文, 肇者, 戈部(肇)〔肈〕[95]之俗字, 玉篇云, "肇俗肈字." 五經文字云, "肈作肇, 譌." 可證也. 經典釋文・開成石經, 肈皆从戈, 近經典皆改从攵, 妄人竄入說文. 甚矣, 此書攷正之不可緩也. 今刪二字以還古, 實七十六字.

---

93) 李仁甫本에는……없다 : 李仁甫本은 李燾의 ≪說文解字五音韻譜≫를 가리킨다. 仁甫는 李燾의 字이다. ≪說文解字五音韻譜≫ 권10에 "敼는 지팡이 손잡이의 뿔장식이다.〔敼 髂也〕"라고 하였다.

94) 開成石經 : 唐 文宗 太和 7년 조에 玄度가 칙명을 받고, 석경의 字體를 정하여 9경과 ≪論語≫・≪爾雅≫ 등 도합 1백 59권을 石刻하여 開成 2년에 완성하였으므로 ≪개성석경≫이라 한다.

95) (肇)〔肈〕 : 저본에는 '肇'로 되어 있으나, 문맥을 살펴 '肈'로 바로잡았다.

【093. 教部】

06-093-1970 (教)〔가르칠/교〕 補【重文 2】

'윗사람이 가르치는〔施〕[1] 바를 아랫사람이 본받다'이다. 攴・孝(교)를 따랐다.[2] 教에 속하는 글자는 모두 教를 따랐다. (𧦝)는 教의 古文이다. (𢼂)는 또한 教의 古文이다.

上所施, 下所效也.① **从攴・孝.**② **凡教之屬, 皆从教. , 古文教.**③ **, 亦古文教.**④

① 教와 效는 疊韻이다.
教・效疊韻.

② 孝는 子部에 보이며, '본받다〔效〕'는 뜻이다. 윗사람이 가르치기 때문에 攵을 따랐고, 아랫사람이 본받기 때문에 孝를 따랐다. 古와 孝의 반절이다. 제2部에 있다.
孝見子部, 效也. 上施故从攵, 下效故从孝. 古孝切. 二部.

③ 의 오른쪽은 古文의 言을 따랐다.
右从古文言.

④ 는 攴을 따르고 爻를 따랐다.
从攴从爻.

06-093-1971 (斆)〔깨달을/학・효〕 補【重文 1】

---

1) 가르치는〔施〕: ≪禮記≫ 〈學記〉에 "〈나이와 재주에 따라〉 감당할 수 있는 내용을 가르치는 것을 '孫'이라 한다.〔不陵節而施之謂孫〕"라고 하였는데, 鄭玄 注에 "施는 '가르치다〔教〕'는 뜻과 같다.〔施 猶教也〕"라고 하였다. 이에 근거하여 '施'자를 '가르치다'는 뜻으로 풀이하였다.

2) 教는……따랐다 : ≪六書尋源≫에는 "教는 반드시 善으로 인도하여 본받기를 기대하는데 회초리로 치는 형벌이 없을 수 없으므로, '教'자의 小篆은 孝를 따르고 攴을 따랐다.〔教者必導之以善 期於放效 而不能無夏楚之扑刑 故此字之篆从孝从攴〕"라고 하여, 攴을 회초리로 치는 것으로 설명하였다.

'깨닫다'이다. 教·冖(멱)을 따랐다. 冖은 '아직도 몽매하다'는 뜻이다. 𦥑(국)이 소리이다. 𡕥(學)는 斆의 篆文이며 생략형이다.

覺悟也.① 从教·冖.② 冖,③ 尙矇也.④ 𦥑聲.⑤ 𡕥, 篆文斆省.⑥

① 斆와 覺은 疊韻이다. ≪禮記≫ 〈學記〉에 "배운 뒤에야 자신의 부족함을 알고, 자신의 부족함을 안 뒤에야 스스로 반성할 수 있다."라고 하였다. 살펴보건대, 자기의 부족함을 아는 것이 이른바 "覺悟(깨닫다)"라는 것이다. ≪禮記≫ 〈學記〉에 또 "남을 가르친 뒤에야 곤궁함을 알고, 곤궁함을 안 뒤에야 스스로 힘쓸 수 있다. 그러므로 '가르침과 배움이 서로 자라고 보탬이 된다.〔教學相長〕'라고 한 것이다.

≪尙書≫ 〈兌命〉[3]에 '가르침은 배움의 절반이다.〔學學半〕'라고 하였으니, 이것을 말함일 것이다."라고 하였다. 살펴보건대, 〈兌命〉에서 앞의 '學'자는 '가르침〔教〕'을 이른다. 사람을 가르치는 것은 바로 자기의 배움〔學〕의 절반을 유익하게 함을 말한다. 사람을 가르치는 것을 '學'이라고 말한 것은, 배움〔學〕은 스스로 깨닫는 것으로 아랫사람이 본받는 것이고, 가르침〔教〕은 사람이 사람을 깨닫게 하는 것으로 윗사람이 가르치는 것이기 때문이다. 그러므로 옛날에는 學과 教를 통틀어 '學'이라고 말한 것이다. 枚頤(梅賾)의 ≪僞尙書≫ 〈說命〉에는 앞의 글자인 '學'이 '斆'으로 되어 있고, 뒤의 글자인 '學'이 '學'으로 되어 있다. ≪說文解字≫ 바로 이하의 字書인 ≪玉篇≫에서 분별한 것[4]과 같다.

斆·覺疊韻. 學記曰, "學然後知不足, 知不足然後能自反也." 按知不足所謂覺悟也. 記又曰, "教然後知困, 知困然後能自強也. 故曰教學相長也. 兌命曰, '學學半.' 其此之謂乎." 按兌命上學字謂教. 言教人乃益己之學半. 教人謂之學者, 學所以自覺, 下之效也, 教人所以覺人, 上之施也. 故古統謂之學也. 枚頤僞尙書說命上字作斆, 下字作學. 乃巳下同玉篇之分別矣.

② 會意이다.

會意.

③ 句讀(구두)이다.

逗.

---

3) 兌命 : ≪尙書≫ 〈說命〉을 가리킨다. ≪禮記≫ 〈學記〉의 "〈兌命〉에 '생각의 끝과 시작을 항상 배우는 데에 둔다.'라고 하였다.〔兌命曰 念終始典於學〕"에 대한 鄭玄 注에 "兌는 '說'이 되어야 하니, 글자가 잘못되었다.〔兌 當爲說 字之誤也〕라고 하였다.

4) 玉篇에서……것 : ≪玉篇≫ 攴部 제270에 "斆는 下와 孝의 반절이며, '가르치다'는 뜻이다.〔斆 下孝切 教也〕"라 하고, 子部 제527에 "學은 爲와 角의 반절이며, '가르침을 받다', '깨닫다'는 뜻이다.〔學 爲角切 受教也 覺也〕"라고 하여, 斆와 學을 각각 다른 글자로 분별한 것을 가리킨다.

④ '冖'자 해설에 "冖은 '덮다'이다."라고 하였다. 아직 어린아이가 몽매하기 때문에 가르쳐서 깨닫게 하는 것이니, 이는 冖을 따른 뜻을 설명한 것이며, 옛날에 글자를 만든 뜻을 자세하게 말하였다. 斆으로 쓰고 教를 따른 것은 '다른 사람을 깨닫게 해주는 뜻'을 위주로 한 것이고, 秦나라 이래로 攴을 없애고 '學'으로 쓴 것은 '스스로 깨닫는 뜻'을 위주로 한 것이다. ≪禮記≫ 〈學記〉의 글에서 學과 教를 구분하여 열거한 것은, 이미 〈兌命〉에서 총칭하여 '學'이라고 했던 것과는 다르다.

冖下曰, "覆也." 尙童矇, 故教而覺之, 此說从冖之意, 詳古之製字. 作斆从教, 主於覺人. 秦以來去攴作學, 主於自覺. 學記之文. 學教分列, 巳與兌命統名爲學者殊矣.

⑤ 胡와 覺의 반절이다. 제3部에 있다. 後人이 斆는 胡와 孝의 반절이고, 學은 胡와 覺의 반절로 구별하였다.

胡覺切. 三部. 後人分別斆胡孝反. 學胡覺反.

⑥ 𦥯이 篆文이면 斆은 古文이니, 또한 丄部에서 '二(상)'자의 사례[5]와 같다.

此爲篆文, 則斆古文也. 亦丄部之例.

教部에서 다룬 표제자는 2자이고, 重文은 3자이다.

文二, 重三.①

① 徐鉉本에는 二로 되어 있는데, 이는 잘못이다.

鉉本作二, 誤.

5) 丄部의 사례 : ≪說文解字注≫ 丄(상)部 '二(상)'자의 해설에 "二(上)은 '높다'이다. 二은 丄의 古文이다.……丄은 上의 篆文이다.〔二 高也 此古文丄……丄 篆文上〕"라고 한 것을 가리킨다.

【094. 卜部】

06-094-1972 卜(卜)〔거북을 구워 갈라지게 할/복〕 補【重文 1】

'거북을 구워 갈라지게 하다'이다. 거북을 굽는 모양을 본떴다. 일설에 "龜兆[1]가 종횡으로 갈라져 있는 모양을 본뜬 것이다."라고도 한다. 𠁽(卜)은 卜의 古文이다.

灼剝龜也.① **象灸龜之形.**② **一曰, "象龜兆之縱衡也."**③ **𠁽, 古文卜.**

① 火部에 "灼은 '굽다'이다."라고 하였고, 刀部에 "剝은 '갈라지다'이다."라고 하였으니, "灼剝"은 구워서 갈라지는 것을 이른다. 灼은 〈灸와〉 雙聲이고, 剝은 〈卜과〉 疊韻이다.
火部 "灼, 灸也." 刀部 "剝, 裂也." "灼剝"者, 謂灸而裂之. 灼雙聲, 剝疊韻.

② 세로선은 거북을 본떴고, 가로선은 楚焞(초돈)[2]으로 거북을 굽는 것을 본떴다.
直者象龜, 橫者象楚焞之灼龜.

③ 字形의 다른 해설이다. 博과 木의 반절이다. 제3部에 있다. 卜에 속하는 글자는 모두 卜을 따랐다.
字形之別說也. 博木切. 三部. 凡卜之屬, 皆从卜.

06-094-1973 卦(卦)〔점칠/괘〕

'점을 치다'이다. 卜을 따르고 圭(규)가 소리이다.

所㠯筮也.① **从卜, 圭聲.**②

① "所以" 두 글자가 각 판본에는 산삭되어 있어, 지금 보충하였다.
"所以"二字各本刪之, 今補.

---

1) 龜兆 : 점을 치기 위하여 거북의 배딱지를 불에 구울 때 배딱지가 갈라지면서 나타나는 무늬를 이른다.

2) 楚焞(초돈) : 점을 치기 위하여 거북의 배딱지를 굽는 나무를 이른다.

② 古와 壞의 반절이다.[3] 살펴보건대, ≪廣韻≫의 '古와 賣의 반절'을 따라야 한다.[4] 제16부에 있다.
古壞切. 按當从廣韻"古賣切." 十六部.

06-094-1974 𠧩(卟) 〔점 쳐 의심나는 것을 물을/계〕

'점을 쳐서 의심나는 것을 묻다'이다. 口·卜을 따랐다. 稽(계)와 같이 읽는다.

卜㠯問疑也.① 从口·卜.② 讀與稽同.③

① ≪春秋左氏傳≫ 桓公 11년 조에 "점은 의심나는 것을 결정하기 위하여 치는 것이니, 의심스럽지 않은데 어찌 점을 치겠습니까?"라고 하였다. 의심나는 것을 묻기 때문에 口를 따른 것이다. 민간에서는 乩(점칠/계)로 쓴다.
左傳曰, "卜以決疑, 不疑何卜." 問疑故从口. 俗作乩.

② "口卜"은 "卜口"로 써야 하니, 점을 치고 입으로 묻기 때문이다. 대체로 이와 같은 점들은 다 바로잡을 수가 없으니, 학자들은 이런 사례에 대하여 三隅反[5]을 해야 된다.
當作卜口, 卜而以口問也. 凡若此等未能盡正, 學者於此例之. 可以三隅反矣.

③ 古와 兮의 반절이다. 제16部에 있다. 살펴보건대, 小徐(徐鍇)는 "≪尙書≫ 〈周書 洪範〉에 '卜筮를 밝게 써서 의심스러운 일을 묻는다.〔明用卟疑〕'라고 하였는데, 今文에서는 '卟' 대신 '稽'자를 가차하였다."라고 하였으니, 徐鍇의 말은 근거 없는 말일 뿐이다. ≪尙書≫에 "卟疑"로 되어 있는 곳은 없는데, 만약 있다면 역시 陸氏(陸德明)가 이른바 "천작하는 무리들이 힘써 異論을 세우려고 한 것"[6]이라는 것이다. 大徐(徐鉉)는 바로 똑같이 아래 해설에서 "書云卟疑"라는 네 글자를 더하여 後生들은 의혹스럽게 만들었으니, 그 또한 망령된 일이다.

---

3) 古와……반절이다 : 大徐本에는 "古와 壞의 반절이다.〔古壞切〕"로 되어 있고, 小徐本에는 "古와 賣의 반절이다.〔古賣切〕"로 되어 있다.

4) 古와……한다 : '卦'는 ≪廣韻≫의 去聲 15韻目의 글자이며 '古와 賣의 반절'로 되어 있다. 大徐本에 '卦'의 반절을 '古와 壞의 반절'이라고 하였는데, 이 반절은 ≪廣韻≫의 去聲 16怪韻의 '怪'자에 해당하고, 이 '怪'는 ≪六書音韻表≫ 〈今韻古分十七部表〉의 제15部에 속하여 圭聲 제16部와 맞지 않는다. 그러므로 ≪廣韻≫의 반절을 따라야 한다는 것이다.

5) 三隅反 : '세 모퉁이를 반증한다'는 뜻으로, 하나의 사실을 가지고 나머지를 유추해서 아는 것을 이른다. ≪論語≫ 〈述而〉에 孔子가 "한 모퉁이를 가르쳐 주었는데도, 나머지 세 모퉁이를 알아채어 반증하지 못한다면, 더 가르쳐주지 않는다.〔擧一隅不以三隅反 則不復也〕"라는 구절에서 유래하였다.

6) 천작하는……것 : 陸德明의 ≪經典釋文≫ 序錄의 〈條例〉에 보인다.

古兮切. 十六部. 按小徐曰, "尙書曰, '明用卟疑.' 今文借稽字." 徐語肊說耳. 尙書無作"卟疑"者, 卽有之. 亦陸氏所謂"穿鑿之徒務欲立異者"也. 大徐乃於同下沾"書云卟疑"四字, 疑惑後生, 其亦妄矣.

06-094-1975 貞 (貞) 〔점 쳐 길흉을 물을/정〕 補

'점을 쳐서 길흉을 묻다'이다. 卜・貝을 따랐다. 貝는 幣帛으로 삼는다. 일설에 "鼎의 생략형이 소리이다."라고 하는데, 京房[7]이 해설한 것이다.

卜問也.① 从卜・貝.② 貝,③ 目爲贄.④ 一曰, "鼎省聲." 京房所說.⑤

① ≪周禮≫ 〈春官 大卜〉에 "대체로 나라에 큰일이 있으면 점을 쳐서 묻는다."라고 하였는데, 大鄭(鄭衆)은 "貞은 '묻다'는 뜻이다. 나라에 크게 의심나는 일이 있으면 蓍龜(시초점과 거북점)에 묻는다."라고 하였다. 後鄭(鄭玄)은 "貞은 '묻다'는 뜻이다. 바른 것에 관하여 묻는 자는 반드시 먼저 자신을 바르게 하고 나서 묻는다."라고 하고 ≪周易≫ 師卦의 卦辭에 "군대는 정의로워야 하니, 훌륭한 장수가 통솔해야 길하다."라는 말을 인용하였다.
大卜"凡國大貞." 大鄭云, "貞, 問也. 國有大疑, 問於蓍龜." 後鄭云, "貞之爲問, 問於正者, 必先正之, 乃從問焉." 引易"師貞, 丈人吉."

② 회의이다.
會意.

③ 句讀(구두)이다. '貝'자는 지금 보충하였다.
逗. 此字今補.

④ 貝를 따른 뜻을 설명하였다.
說从貝之意.

⑤ 일설은 鼎의 省聲이라는 것이니, '貝'자가 아니다. 許愼은 "貝를 따랐다."고 해설하였기 때문에 '鼎'자 해설에서 "〈鼎은〉 貞의 생략형이 소리이다."라고 하였다. 京房의 해설은 '古文에서 貝를 鼎으로 여겼기 때문에 "卜을 따르고 鼎이 소리이다."라고 한 것이다. 陟과 盈의 반절이다. 제11部에 있다.
一說是鼎省聲, 非貝字也. 許說"从貝." 故鼎下曰, "貞省聲." 京說古文以貝爲鼎, 故云, "从卜, 鼎聲"也. 陟盈切. 十一部.

---

7) 京房 : B.C. 77~B.C. 37. 漢 元帝 때 사람으로, 今文 易學의 大家이며 京氏學의 창시자이다. 魏郡太守 등을 지냈다. 저서로 ≪京氏易傳≫이 있다.

06-094-1976 𠧞(𠧞)〔주역 괘의 외괘/회〕

'≪周易≫ 卦의 外卦'이다. ≪商書≫에 "'貞(內卦)'이라 하고 '𠧞(外卦)'라고 한다."[8] 라고 하였다. 卜을 따르고 每가 소리이다.

易卦之上體也.① 商書曰,② "曰貞曰𠧞."③ 从卜, 每聲.④

① 𠧞가 今本 ≪尙書≫와 ≪春秋左氏傳≫에는 모두 '悔'로 되어 있다. 아마도 𠧞는 벽 속에서 나온 古文인 듯한데, 孔安國이 今文(隸書)으로 이를 해독할 때 바꾸어 悔로 쓴 듯하다. 혹자는 "許愼에 의거하면 小篆에 이 글자가 있다."라고 하는데, 나(段玉裁)는 그렇지 않다고 생각한다. 許愼의 ≪說文解字≫는 小篆을 앞에 놓고 古文을 뒤에 놓는 것을 正例로 삼고, 古文을 앞에 놓고 小篆을 뒤에 놓는 것을 變例로 삼았으니, 어찌 古文을 우선하였겠는가. 〈글자를 어떤 部에 배열할 때〉 따르는 바의 글자('从'자 다음의 部首 글자)에 따라 배열하니, 예컨대 斅이 古文이고 學이 小篆일 경우, 斅이 〈部首 글자인〉 教를 따랐다면 반드시 斅을 앞에 놓았을 것이니, 형세가 그러하다.

그렇다면 𠧞는 본래 古文이고 小篆이 아니며, 〈𠧞자가〉 '卜'을 따른 것으로 말미암아 卜部에 붙인 것이니, 또한 형세가 그러하다. '篆文은 悔로 되어 있다.'라고 말하지 않고, 또한 心部 '悔'자의 해설에 𠧞를 나열하여 '悔의 古文이다.'라고 말하지 않은 것은, 본래 같은 글자가 아니기 때문이다. 小篆에는 𠧞가 없지만 벽 속에서 나온 古文에는 𠧞가 있으니, 卜部에 배열해 놓지 않을 수가 없었던 것이다.

대체로 ≪尙書≫에 있는 古文의 사례가 이와 같다. ≪尙書≫의 鄭玄 注에 "悔라는 말은 '晦'의 뜻이며, 晦는 '끝〔終〕'이란 뜻과 같다."라고 하였다.

今尙書・左傳, 皆作悔. 疑𠧞是壁中古文, 孔安國以今文讀之, 易爲悔也. 或曰, "據許則小篆有此字." 玉裁謂不然. 許書以先小篆後古文爲正例, 以先古文後小篆爲變例, 曷爲先古文也. 於其所从系之也, 如斅者古文學者小篆, 斅从教則必先之, 埶然也. 然則𠧞本古文非小篆. 因其从卜則系之卜部, 亦埶然也. 不曰篆文作悔, 亦不於心部悔下列𠧞云古文悔者, 本非一字也. 小篆無𠧞, 而壁中古文有𠧞, 不可以不存之於卜部. 凡其存尙書古文之例如此. 鄭注尙書云, "悔之言晦, 晦猶終也."

② '曰'자는 지금 보충하였다.

曰字今補.

---

8) 貞(內卦)이라……한다 : 桂馥 ≪說文義證≫ 卜部에 "筮法에 爻는 아래에서부터 시작되기 때문에 下體를 '內'라고 하고 上體를 '外'라고 한다.〔筮法 爻從下起 故以下體爲內 上體爲外〕"라고 하였다.

③ ≪尙書≫ 〈周書 洪範〉을 이른다. 살펴보건대, ≪春秋左氏傳≫에서 〈洪範〉을 세 번 인용하였고 ≪說文解字≫에서 다섯 번 인용하였는데, 모두 〈商書〉에 있다고 하였다. 馬融·鄭玄本은 모두 이와 같지 않으니, 아마도 今文 ≪尙書≫의 說인 듯하다. 許愼이 '〈堯典〉을 〈唐書〉, 〈咎繇謨〉를 〈虞書〉, 〈禹貢〉을 〈夏書〉라고 이른 것은 모두 今文家의 說이다. 그런데 허신은 〈微子〉를 세 번 인용하면서 두 번은 〈周書〉라고 말하고 한 번은 〈商書〉라고 말하였는데, 아마도 '商'자는 '周'자를 잘못 붙인 듯하다.

대체로 今文家들은 〈微子〉를 〈周書〉에 붙이고 〈洪範〉을 〈商書〉에 붙였는데, 어쩌면 微子는 周나라에 귀의하였기 때문에 〈周書〉에 붙이고, 箕子는 周나라의 신하가 되지 않았기 때문에 〈箕子가 지었다는 〈洪範〉을〉 〈商書〉에 붙인 것인가. 춘추시대에 卿大夫들이 익힌 〈洪範〉은 모두 〈商書〉에 있었으니, 今文家의 說은 바로 옛날의 說이다.

謂洪範也. 按左傳三引洪範, 說文五引, 皆云商書. 馬·鄭本皆不如是, 葢今文尙書說與. 許謂堯典唐書, 咎繇謨虞書, 禹貢夏書, 皆今文說也. 而三引微子, 兩云周書, 一云商書, 疑商系周誤. 葢今文家以微子系周書, 以洪範系商書. 豈微子歸周故周之, 箕子不臣故商之與. 春秋時卿大夫所習洪範, 皆商書, 則今文家說乃古說也.

④ 荒과 内의 반절이다. 古音은 제1部에 있다.

荒内切. 古音在一部.

06-094-1977 占(占)〔거북점 칠/점〕補

'龜兆를 살펴 吉凶을 묻다'이다. 卜·口를 따랐다.

視兆問也.① **从卜·口.**②

① ≪주례≫ 〈春官 序官〉의 '占人'에 대한 鄭玄 注에 "시초점의 卦象과 거북점의 龜兆로 吉凶을 점친다."라고 하였고, 또 "占人은 거북점 치는 것을 관장한다.〔占人掌占龜〕"에 대한 鄭玄 注에 "占人 또한 시초점을 치기도 하는데 '거북점 치는 것을 관장한다.'고 말하는 것은, 시초점의 이치는 짧고 거북점의 이치는 길어서,[9] 긴 것을 주로 하기 때문이다."라고 하였다. 여기서 "龜兆를 살펴서 묻는다."라고 말한 것은 또한 오로지 거북점을 말한다.

周禮占人注曰, "占著龜之卦兆吉凶." 又"占人掌占龜." 注曰, "占人亦占簭. 言'掌占龜'者,

---

9) 시초점의……길어서 : 이 鄭玄 注에 대한 賈公彦 疏에 "韓簡이 '龜는 象이고 筮는 數이다. 만물은 생겨난 뒤에 모양이 있게 되고, 모양이 있은 뒤에 불어나며, 불어난 뒤에 숫자가 있게 된다.'라고 하였다. 그러므로 象(龜)은 긴 것이다.〔韓簡云 龜 象也 筮 數也 物生而後有象 象而後有滋 滋而後有數 故象長〕"라고 하였다.

簭短龜長 主於長者.” 此云, “視兆問.” 亦專謂龜卜.

② 職과 廉의 반절이다. 제7部에 있다. 살펴보건대, 앞에 나온 ‘卟’자는 아마도 ‘占’자의 變體인데 後人이 뒤섞어 넣은 듯하다.
職廉切. 七部. 按上文卟字, 疑占之變體, 後人所竄入.

06-094-1978 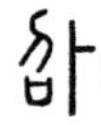(卜召) 〔점 쳐 물을/소〕 補

‘점을 쳐 길흉을 묻다’이다. 卜을 따르고 召(소)가 소리이다.

卜問也.① **从卜, 召聲.**②

① 아마도 卜召는 後人의 ‘杯珓(배교)’[10]를 뜻하는 글자인데 後人이 보탠 것이다.
疑此卽後人杯珓字. 後人所增.

② 市와 沼의 반절이다. ≪廣韻≫에 “또한 音은 照이다.”라고 하였다. 제2部에 있다.
市沼切. 廣韻“又音照.” 二部.

06-094-1979 (𠧪) 〔거북의 배딱지가 갈라진 모양/조〕 補 【重文 1】

‘거북 배딱지를 구워 갈라진 모양’이다. 卜·兆를 따랐다. 象形이다. (兆)는 𠧪의 古文이며, 생략형이다.

灼龜坼也.① **从卜·兆. 象形.**② , **古文𠧪省.**③

① ≪周禮≫ 〈春官 大卜〉의 鄭玄 注[11]에 “兆는 거북을 구울 때 불에 의해 갈라진 틈이니, 그 모양을 보고 점을 칠 수 있는 것이다. 그 모양이 옥〔玉〕·기와〔瓦〕·논밭〔原田〕의 갈라진 틈과 흡사하여 붙여진 이름이다.”라고 하였다. 살펴보건대, 대체로 ‘朕兆’라고 말하는데, 朕은 배〔舟〕의 이음매와 같고 兆는 거북의 배딱지가 갈라진 틈과 같은 것이니, 모두 引伸假借이다.
周禮注曰, “兆者, 灼龜發於火, 其形可占者, 其象似玉瓦原之璺罅, 是用名之焉.” 按凡曰朕兆者, 朕者如舟之縫, 兆者如龜之坼, 皆引伸假借也.

---

10) 杯珓(배교) : 옥이나 조개껍질로 만든 점치는 도구로, 이를 땅에 던져서 엎어지는가 뒤집어지는가에 따라 길흉을 점쳤다.

11) 鄭玄 注 : ≪周禮≫ 〈春官 大卜〉의 “태복은 三兆의 법을 관장한다.〔大卜 掌三兆之法〕”에 대한 鄭玄 注를 가리킨다. 三兆는 玉兆·瓦兆·原兆를 가리킨다.

② 治와 少의 반절이다. 제2部에 있다.
治少切. 二部.

③ 살펴보건대, 古文은 단지 象形字일 뿐인데, 小篆은 卜이 더해진 것이고, 古文에서 卜이 빠진 것이 아니다. ≪廣韻≫ 上 30 小韻에 "𠧞는 거북의 배딱지를 구워 갈라진 것이다. ≪文字指歸≫에 나온다.〔出文字指歸〕"라고 하였으며, 兆는 "治와 小의 반절이다."라고 하였고, ≪說文解字≫의 "〈兆는〉 '나누다'이다.〔分也〕"라는 해설을 인용하였다. "分也"의 뜻은 八部의 '兆(별)'자의 해설[12]에 보이고 𠧞는 ≪說文解字≫에 나오니, "出文字指歸"라고 해서는 안 된다.

아마도 古本 ≪說文解字≫의 卜部에는 '𠧞'·'兆'자가 없었던 듯하다. 八部의 '兆'자는 바로 '龜兆'의 '兆'자인데, 지금의 '兆'자의 音은 兵과 列의 반절이고, 卜部의 兆(𠬞)자는 한 필획이 많아 𠔁(兆)와 다르니, 모두 古文이 아니다. ≪玉篇≫에서는 卜部 외에 별도로 兆部를 만들고 〈兆部 제278에서〉 "兆는 〈어떤〉 일에 임하여 먼저 나타나는 것이다. 모양이다. 𠧞는 兆와 같다."라고 하였다. 가령 顧野王이 의거한 ≪說文解字≫가 일찍이 지금의 판본과 같았다면, 어찌하여 이렇듯 어지럽게 고쳤겠는가. 이는 반드시 ≪설문해자≫에 '兆'자가 없어 이 한 部(兆部)를 늘린 것이 분명하며, ≪玉篇≫과 ≪廣韻≫에 의거하여 ≪설문해자≫를 바로잡은 것이 확실하다.

이 글자의 연유를 살펴보면, 대체로 虞翻이 ≪尙書≫ 〈堯典〉의 "三苗를 나누어 등지고 살게 하였다.〔分𠦒(北)三苗〕"를 해독할 때 '𠦒(등질/배)'를 𠔁(兆)로 여기고 "𠔁은 옛날의 '別'자이다."라고 하였는데, 이로부터 이를 믿는 자들이 ≪설문해자≫ 八部의 𠔁을 兵과 列의 반절로 읽고, 또 ≪설문해자≫에 "八은 또한 소리이다.〔八 亦聲〕"를 보태어 넣게 되자, ≪설문해자≫에는 이에 '龜兆'의 '兆'자가 없어지게 되었다.[13] ≪설문해자≫에 '龜兆'의 '兆'자가 없었기 때문에 梁나라 顧野王은 ≪玉篇≫을 지을 때 바로 卜部의 뒤에 兆部를 늘렸고,[14] 隋나라의 曹憲은 ≪文字指歸≫를 지을 때 이에 또 𠧞를 거두어 '龜兆'의 '兆'자로 삼았다.

그런데 ≪설문해자≫를 고치는 자들이 이에 卜部에 𠧞를 보태어 篆文으로 삼고 兆는 고문으로 삼았으며, 다시 그 字形이 八部에서 혼동될까 하여 이에 다시 한 필획을 더 보태서 다르게 한 것이니, 잘못되게 된 연유를 역력히 볼 수가 있다. 앞서 八部의 注에서 분명하게 설명하지 못하였으니, 후대의 학자들은 이 해설에 의거하여 刪定하

---

12) 兆(별)자의 해설 : ≪說文解字注≫ 八部에 "兆은 '나누다'이다.〔兆 分也〕"라고 하였는데, 段玉裁 注에 "兆는 바로 지금의 '兆'자이다.〔此即今之兆字也〕"라고 하였다.

13) 兆자가……되었다 : ≪說文解字≫ 卜部에 "𠧞은 거북의 배딱지를 구워 갈라진 모양이다.〔𠧞 灼龜坼也〕"라고 하여, 지금의 兆자를 '𠧞(06-094-1979)'자로 처리하였다.

14) 兆部를 늘렸고 : ≪玉篇≫ 𠬞部에 "𠬞는 어떤 일에 임하여 먼저 나타나는 것이다.〔𠬞 事先見也〕"라고 하였다.

는 것이 좋을 것이다.

○ 또 살펴보건대, 丁度[15)]의 ≪集韻≫과 司馬光의 ≪類篇≫에서는 모두 ≪설문해자≫를 인용하여 "𠧞의 古文은 필획을 생략하여 '𠔁'로 쓰기도 한다. 臣 司馬光은 '살펴보건대, 𠔁은 兵과 列의 반절이며, 八을 중복한 글자입니다. 𠧞의 古文은 𠔁가 되어야 합니다.'라고 하였다."라고 하였는데, 이는 억지로 애써 구분한 것이다. 대체로 司馬光을 비롯하여 徐鍇·徐鉉·丁度 등이 모두 𠔁로 썼다. 사마광이 답습한 것은 夏竦 무리들의 책이다.

按古文祗爲象形之字, 小篆加卜, 非古文減卜也. 廣韻曰, "𠧞, 灼龜坼. 出文字指歸." 兆, "治小切." 引說文"分也." 分也之訓見八部𠔁下, 𠧞出說文, 則不得云 "出文字指歸." 葢古本說文卜部無𠧞·兆字. 八部𠔁字卽龜兆字, 今𠔁音兵列切, 卜部兆中多一筆以殊於𠔁, 皆非古也. 玉篇卜部之外, 別爲兆部, 云, "兆, 事先見也. 形也. 𠧞, 同上." 假令顧氏所據說文早同今本, 何爲作此紛更乎. 是必說文無兆而增此一部曉然, 據篇·韻以正說文, 可無疑矣. 尋此字之原委, 葢由虞翻讀尙書"分𠔁三苗"爲𠔁. 云, "𠔁, 古別字." 由是信之者, 讀說文八部之𠔁爲兵列切, 又增竄"八亦聲"於說解中, 而說文乃無龜兆字矣. 說文無龜兆字, 梁顧氏作玉篇乃增兆部於卜部之後, 隨曹憲作文字指歸乃又收𠧞爲龜兆字. 而改竄說文者乃於卜部增𠧞爲篆文, 兆爲古文, 又恐其形之溷於八部也, 乃加增一筆以殊之, 紕繆之由, 歷歷可見. 前注八部, 未能了然, 後之學者, 依此說而刪定可也. ○ 又按集韻·類篇, 皆引說文"𠧞古省或作𠔁. 臣光曰, '按𠔁兵列切, 重八也. 𠧞古當作𠔁.'" 是則勉強區分. 葢由司馬公始, 徐鍇·徐鉉·丁度等, 皆作𠔁. 司馬公所襲者, 夏竦輩之書也.

卜部에서 다룬 표제자는 8자이고, 重文은 2자이다.

文八, 重二.

15) 丁度 : 990~1053. 北宋 때의 정치가이자 학자로, 자는 公雅이다. 仁宗 연간에 參知政事 등을 지냈다. 저서로 ≪禮部韻略≫, ≪集韻≫, ≪武經總要≫ 등이 있다.

【095. 用部】

06-095-1980 用(用)〔쓸/**용**〕補【重文 1】

'시행할 수 있다'이다. 卜·中을 따랐다. 衛宏[1)]의 說이다. 用(用)은 用의 古文이다.[2)] 用에 속하는 글자는 모두 用을 따랐다.

可施行也. 从卜·中. 衛宏說.① 用, 古文用. 凡用之屬, 皆从用.

① 점이 맞으면 시행할 수 있기 때문에 會意로 뜻을 취한 것이다. 余와 訟의 반절이다. 제9部에 있다.
卜中則可施行, 故取以會意. 余訟切. 九部.

06-095-1981 甫(甫)〔남자의 미칭/**보**〕補

'남자의 美稱'이다. 用·父를 따랐다. 父(보)는 또한 소리이기도 하다.

男子之美偁也.① 从用·父.② 父亦聲.③

① ≪春秋左氏傳≫ 隱公 원년 經文에 "隱公이 邾나라 임금 儀父와 蔑에서 盟約하였다."라고 하였는데, ≪春秋穀梁傳≫ 隱公 원년 조에 "儀는 字이다. 父는 傅와 같으며, 男子에

---

1) 衛宏 : ?~? 後漢 光武帝 때의 학자로, 자는 敬仲·次中이며, 벼슬은 給事中을 지냈다. 謝曼卿에게 ≪毛詩≫를 배워 〈毛詩序〉를 지었고, 뒤에 다시 杜林에게 ≪古文尙書≫를 배우고 ≪訓旨≫를 지었다. 또한 저서로 ≪漢舊儀≫가 있다.

2) 用은……古文이다 : ≪六書尋源≫에는 "무릇 물건은 반드시 中材 이상이 된 뒤에야 사용할 수 있다. 더구나 훌륭한 재주를 가진 사람 중에 임용을 감당할 만한 사람을 골라 그로 하여금 보필하게 할 만한 자이겠는가. 用은 의미가 '任'이고 또 '以'이다. '以'는 보필할 수 있는 것이다. 그러므로 '用'자의 古文은 上을 따르고 中을 따랐는데 今文은 간소함을 따라 한 획을 줄였다.〔凡物須中材以上 然後乃可用 何況擇人之賢材 可堪任用 而使之左右之者乎 此訓任也 亦訓以也 以者 能左右之也 故此字之古文从上从中 而今文从簡省一畫也〕"라고 하여, 用은 古文에서 한 획을 줄인 것이라고 설명하였다.

대한 美稱이다."라고 하였다. ≪儀禮≫ 〈士冠禮〉에 "字辭[3]에 '〈그대의 字는〉 伯某甫이다. 〈冠을 쓴 사람이 형제 가운데 몇째인가에 따라〉 仲·叔·季 등 해당하는 대로 짓는다.'라고 하였다."라고 하였는데, 鄭玄 注에 "伯·仲·叔·季는 長幼의 명칭이요, 甫는 丈夫의 美稱이다."라고 하였다.

살펴보건대, 甫는 男子에 대한 미칭이다. "某甫"는 尼甫·嘉甫·孔甫[4]라는 말과 같고 이를 '且字'라고 이르는데, '且'는 '자리〔薦〕'란 뜻이다. 50세가 되면 伯(첫째)와 仲(둘째)으로써 구별하는 것을 바로 '字'라고 말한다. 〈'且'자〉 아래의 '一'자는 伯·仲·叔·季의 자리〔薦〕가 되기 때문에 "且字"라고 하는 것이다. 甫는 字가 아니다. 대체로 男子들은 모두 '甫'라고 일컬을 수 있다. 男子가 처음으로 冠禮하는 것을 일컫기 때문에, 인신하여 '처음〔始〕'이라는 뜻으로 쓰고, 또 인신하여 '크다〔大〕'는 뜻으로도 쓴다.

春秋 "公及邾儀父, 盟于蔑." 穀梁傳曰, "儀, 字也. 父猶傅也, 男子之美稱也." 士冠禮 "字辭曰, '伯某甫, 仲·叔·季惟其所當.'" 注"伯·仲·叔·季, 長幼之稱, 甫是丈夫之美稱." 按甫者, 男子美偁. "某甫"者, 若言尼甫·嘉甫·孔甫, 謂之且字, 且者, 薦也. 五十以伯仲乃謂之字. 以下一字爲伯仲叔季之薦, 故曰 "且字"也. 甫則非字. 凡男子皆得偁之. 以男子始冠之偁, 引伸爲始也, 又引伸爲大也.

② 사람의 아버지가 될 수 있다는 뜻이다.

可爲人父也.

③ "父亦聲"이 徐鍇本에는 없다. 方과 矩의 반절이다. 제5부에 있다. ≪儀禮≫ 〈士冠禮〉의 甫는 '父'가 되어야 한다. 다른 경전에서는 某甫의 甫를 또한 父로 통용하기도 하니, 同音假借이다.

鍇本無. 方矩切. 五部. 士冠禮甫作父. 他經某甫之甫亦通用父. 同音假借也.

06-095-1982 (庸)〔쓸/용〕[補]

'쓰다'이다. 用·庚을 따랐다. 庚은 '일을 변경하다'는 뜻이다.[5] ≪周易≫ 巽卦 九五의 爻辭에 "3일 전에 먼저 일을 변경한다."라고 하였다.

用也.① 从用·庚.② 庚, 更事也.③ 易曰, "先庚三日."④

---

3) 字辭 : 字를 지어주는 의도와 뜻을 적은 글을 이른다. 예전에 선비가 관례를 치를 때 세 차례 冠을 씌워 주고 세 차례 醮禮를 베푼 뒤 字辭를 지어 읽어주었다.

4) 尼甫……孔甫 : ≪儀禮≫ 〈士冠禮〉의 "曰伯某甫"에 대한 鄭玄 注에 "孔子를 '尼甫'라고 한다. 周나라 大夫 중에 嘉甫가 있고, 宋나라 大夫 중에 孔甫가 있다.〔孔子爲尼甫 周大夫有嘉甫 宋大夫有孔甫〕"라고 하였다.

5) 庚은……뜻이다 : ≪釋名≫ 〈釋天〉에 "庚은 '更(바꾸다)'과 같다.〔庚 猶更〕"라고 하였다.

① 庸과 用은 疊韻이다.
疊韻.

② 會意이다. 余와 封의 반절이다. 제9部에 있다.
會意. 余封切. 九部.

③ 庚과 更은 音이 같다. 庚을 따른 뜻을 설명하였다.
庚・更同音. 說从庚之意.

④ ≪周易≫ 巽卦 九五의 爻辭이다. "先庚三日"은 '일에 앞서 계획하여 변경하다'라는 뜻이다. 이 말을 인용하여 庚을 '쓰다〔庸〕'는 뜻으로 삼은 것을 증명하였으니, '蘼'자와 '寷'자에서 ≪周易≫을 인용한 것[6]과 뜻이 같다. 설명은 艸部 '蘼'자의 해설에 보인다.
巽九五爻辭. "先庚三日"者, 先事而圖更也. 引以證用庚爲庸. 與蘼・寷引易同意. 說見艸部蘼下.

06-095-1983 (葡・葡)〔갖출/비〕 補

'갖추다'이다. 用과 茍(극)[7]의 생략형을 따랐다.

具也.① **从用, 茍省.**②

① 具는 '마련하여 놓다'는 뜻이다. 人部에 "備(備)는 '삼가다〔愼〕'이다."라고 하였다. 그렇다면 '防備'의 '備'자는 備로 써야 하고, '全具'의 '具'자는 葡(갖출/비)로 써야 하니, 뜻은 같으나 조금 구별이 있다. 지금은 오로지 備만 통용되자 葡가 쓰이지 않게 되었다.
具, 供置也. 人部曰, "備, 愼也." 然則防備字當作備, 全具字當作葡, 義同而略有區別. 今則專用備而葡廢矣.

② 茍은 己와 力의 반절이며, '스스로를 급히 경계하다'는 뜻이다. 敕은 '경계하다'는 뜻이다. 이는 會意이다. 平과 祕의 반절이다. 古音은 제1部에 있다. 茍은 또한 소리이다.
茍, 己力切. 自急敕也. 敕, 誡也. 此會意. 平祕切. 古音在一部. 茍亦聲也.

---

6) 蘼자와……것 : ≪說文解字注≫ 艸部 '蘼'자의 해설에서 "从艸 麗聲"이라 하고 "≪周易≫ 離卦 〈彖傳〉에 '百穀과 草木이 땅에 붙어 있다.'라고 하였다.〔易曰 百穀艸木麗於地〕"를 인용하여 '蘼'자가 艸와 麗를 따른 뜻을 설명하였고, '寷'자 해설에서 "从宀 豐聲"이라 하고 "≪周易≫ 豐卦 上六에 '그 집을 크게 지었다.'라고 하였다.〔易曰 豐其屋〕"을 인용하여 '寷'자가 形聲이면서도 宀과 豐을 따른 會意의 뜻이 있다고 설명한 것을 가리킨다.

7) 茍(극) : ≪正中形音義綜合大字典≫에 "후세에 서로 따라서 茍(극)을 '苟(구)'자의 音으로 읽게 되자 古音이 마침내 사라졌다. 隷變에서 다시 잘못되어 茍과 苟가 동일한 글자가 되었으므로 지금 쓰이는 글자가 되었다.〔後世相沿 以茍讀苟字之音 而古音遂泯 隷變更譌 茍苟爲一字 爲今所行字〕"라고 하였다.

06-095-1984 甯(甯)〔소원/녕〕

'바라다'이다. 用을 따르고 寧(녕)의 생략형이 소리이다.[8)]

所願也.① **从用, 寧省聲.**②

① 甯은 丂(고)部 '寧'자와 音義가 모두 같다. 許愼의 생각에 寧은 '바라는 말'이고, 甯은 '所願'이라고 여겨 조금 구별했을 뿐이다. 甯과 寧, 두 글자는 옛날에 모두 平聲이었기 때문에 〈≪春秋左氏傳≫ 宣公 11년 조에 보이는〉 '公孫寧'과 '儀行父'가 ≪春秋公羊傳≫에는 '公孫甯'라고 하였다.[9)] ≪漢書≫ 〈禮樂志 郊祀歌 景星〉에 "얻은 복이 많고 正道로 돌아갔으니, 지난날의 소원〔甯〕에 합당하도다."라고 하였는데, 顏師古 注에 "얻은 복이 이미 많고 正道로 돌아갔으니, 능히 지난날의 所願에 합당한 것을 말한다. 甯은 音이 '寧'이다."라고 하였다.

此與丂部寧音義皆同. 許意寧爲願詈, 甯爲所願, 略區別耳. 二字古皆平聲, 故公孫寧儀行父, 公羊作公孫甯也. 漢郊祀歌"穰穰復正直往甯." 師古曰, "言獲福旣多, 歸於正道, 克當往日所願也. 甯音寧."

② 여기서 "寍[10)]省聲"이라고 말하지 않고 "寧省聲"이라고 말한 것은 形聲이면서 會意를 포함하고 있기 때문이다.[11)] 乃와 定의 반절이다. 제11部에 있다. 隸變하여 甯이 되었으니, 잘못이다.

此不云 "寍省聲"云 "寧省聲"者, 以形聲包會意也. 乃定切. 十一部. 隸變作甯. 非.

用部에서 다룬 표제자는 5자이고, 重文은 1자이다.

文五, 重一.

---

8) 甯은……소리이다 : ≪六書尋源≫에는 "甯은 寧의 생략형을 따랐으니, 寧은 '바라는 말'이다. 用을 따른 것은 中 이상이 되기를 원하고 中 이하가 되기를 원하지 않는다는 말과 같다.〔此从寧省 寧 卽願詞也 从用者 猶言願爲中之上 而不願爲中之下也〕"라고 하여, 寧의 생략형과 用을 따른 會意로 설명하였다.

9) 春秋公羊傳에는……있다 : ≪春秋公羊傳≫ 宣公 11년 조에 "公孫寧과 儀行父를 陳나라로 들여보냈다.〔納公孫甯儀行父於陳〕"라고 하였다.

10) 寍 : ≪說文解字注≫ 宀部 '寍'자의 해설에 "寍은 '편안하다'이다.〔安也〕"라고 하였는데, 段玉裁 注에 "寍은 安寧이라고 할 때의 '寧'의 正字이다. 지금은 寧이 통용되자 寍이 쓰이지 않게 되었다.〔此安寧正字 今則寧行而寍廢矣〕"라고 하였다.

11) 寍省聲이라고……때문이다 : '소원'이란 뜻의 형성 겸 회의 글자인 '甯'자의 聲符에 '편안하다'는 뜻의 '寍'자 보다는 '바란다'는 뜻의 '寧'자가 더 합당하기 때문에 "寧省聲"이라고 했다는 것이다.

【096. 爻部】

06-096-1985 (爻)〔사귈/효〕補

'사귀다'이다. ≪周易≫의 六爻의 서로 사귐〔頭交〕[1]을 본뜬 것이다.[2] 爻에 속하는 글자는 모두 爻를 따랐다.

交也.① 象易六爻頭交也.② 凡爻之屬, 皆从爻.

① 爻와 交는 疊韻이다. ≪周易≫〈繫辭傳 下〉에 "爻라는 것은 천하의 움직임을 본받은 것이다."라고 하였다.
疊韻. 毄辭曰, "爻也者, 效天下之動者也."

② 胡와 茅의 반절이다. 제2부에 있다.
胡茅切. 二部.

06-096-1986 (棥)〔울타리/번〕

'울타리'이다. 爻·林을 따랐다. ≪詩經≫〈小雅 青蠅〉에 "앵앵거리는 쉬파리〔青蠅〕가 울타리에 앉아 있도다."라고 하였다.

---

1) 서로 사귐〔頭交〕: ≪說文詁林≫〈徐箋〉의 "箋에 '交는 교차하여 뒤섞이다'는 뜻이다. 六爻는 重體가 되기 때문에 爻를 중첩하여 〈천하의 움직임을〉 본떴다는 뜻이 되니, 頭交는 아마도 '相交(서로 사귀다)'가 되어야 할 듯하다.'라고 하였다.〔箋曰 交者 交錯之義 六爻爲重體 故作重爻象之 頭交 疑當作相交〕"라는 말에 근거하여 '頭交'를 '서로 사귀다'로 풀이하였다.

2) 爻는……것이다 : ≪六書尋源≫에는 "周易 卦의 爻는 겹겹이 서로 사귀어서 〈三畫卦〉 上卦와 下卦의 두 卦體를 이루므로 爻는 겹친 乂를 따라서 서로 사귀는 모양을 본떴다. 또 乂는 바로 五의 古字이다. 대저 天數가 5이고, 地數가 5인데 天地 5의 數는 모두 55로 變化가 이루어지고 鬼神이 행하는 것이다. 그러므로 지금 數를 계산하는 것을 또한 반드시 '數爻'라고 한다.〔易卦之爻重重相交 而成上下二體 故此从重乂而象互交之形也 且乂卽古五字也 大抵天數五 地數五 其二五之數 凡五十有五 而所以成變化行鬼神 故今言計數 亦必曰數爻〕"라고 하여, 爻를 上卦와 下卦의 사귐 등으로 설명하였다.

藩也.① 从爻·林.② 詩曰, "營營青蠅. 止于棥."③

① 艸部에 "藩은 '울타리'이다."라고 하였다. 살펴보건대, ≪詩經≫ 〈齊風 東方未明〉에 "버들가지를 꺾어 채마밭에 울타리〔樊〕를 치도다."라고 하였는데, 毛亨 傳에 "樊은 '울타리'이다."라고 하였다. 樊은 棥의 假借이다. 藩을 지금 사람들은 '籬笆(리파)'라고 한다. 籬는 ≪說文解字≫에 杝(이)로 되어 있는데,[3] ≪通俗文≫에는 "섶〔柴〕으로 담을 두른 것을 '欐(리)'라 하고, 나무로 담을 두른 것을 '柵(책)'이라 한다."라고 하여 글자가 欐로 되어 있다. 六朝 때 사람들은 이를 '援'이라고 하였는데, 謝靈運이 "물을 끌어들이고 나무 심어 울타리를 세우다.〔激流植援〕"[4]가 이것이다.

艸部曰, "藩, 屛也." 按齊風"折柳樊圃." 毛曰, "樊, 藩也." 樊者, 棥之假借. 藩, 今人謂之籬笆. 籬說文作杝, 通俗文曰, "柴垣曰欐, 木垣曰柵." 字作欐. 六朝人謂之援, 謝靈運云, "激流植援." 是也.

② 會意이다. 附와 袁의 반절이다. 제14部에 있다.

會意. 附袁切. 十四部.

③ ≪詩經≫ 〈小雅 青蠅〉의 글이다. "營營"이 ≪說文解字注≫ 言部에서 인용한 글에는 "譻譻"으로 되어 있다. 棥은 지금 ≪毛詩≫에는 '樊'으로 되어 있는데, 毛亨 傳에 "樊은 藩이다."라고 하였다. ≪詩經≫ 〈小雅 青蠅〉의 3章의 毛亨 傳에 "榛은 '울타리를 치는 나무'이다."라고 하였다.

小雅文. "營營"言部引作譻譻. 棥今詩作樊. 毛曰, "樊, 藩也. 三章曰, "榛, 所以爲藩也."

爻部에서 다룬 표제자는 2자이다.

文二.

---

3) 杝(이)로……있는데 : ≪說文解字注≫ 木部 '杝'자의 해설에 "杝는 '울타리'이다.〔杝 落也〕"라고 하였는데, 段玉裁 注에 "玄應의 ≪一切經音義≫에서 '杝·欐·籬 세 글자는 같다.'라고 말하고, ≪風俗通≫에 '섶으로 담을 두른 것을 「杝」라 하고, 나무로 담을 두른 것을 「柵」이라 한다.'라고 한 글을 인용한 것이다.〔玄應書謂杝欐籬三字同 引通俗文 柴垣曰杝 木垣曰柵〕"라고 하였다.

4) 激流植援 : ≪文選≫ 권30에 실린 謝靈運의 詩題인 〈밭 남쪽에 동산을 만들어 물을 끌어들이고 나무 심어 울타리를 세우다〔田南樹園激流植援〕〉의 일부를 인용한 것이다.

【097. 㸚部】

06-097-1987 (㸚)〔두 개의 효/리〕

'두 개의 爻'이다.[1] 㸚에 속하는 글자는 모두 㸚를 따랐다.

二爻也.① 凡㸚之屬, 皆从㸚.

①"二爻"는 사귐이 넓다는 것이다. 자형으로 뜻을 삼았기 때문에 다음에 '二爻를 따랐다'고 말하지 않았다. 珏(각)과 叕(여)[2]는 아마도 모두 이러한 사례인 듯하니, '二玉을 따랐다', '二余를 따랐다'라고 보충할 필요가 없다. ≪玉篇≫ 㸚部 제281에 "力과 爾의 반절이다."라고 하였다. ≪廣韻≫上聲 4紙韻에 "㸚는 力과 紙의 반절이다."라고 하고 "㸚尒는 퍼짐이 명백한 것이며, 象形이다."라고 하였다. 이는 '爾'의 同韻[3]에 부합하는 글자로 㸚의 音을 삼은 것이다. 大徐本에는 "力과 几의 반절이다."라고 하였다.
二爻者, 交之廣也. 以形爲義, 故下不云从二爻. 珏・叕, 疑皆此例, 無庸補从二玉, 从二余也. 玉篇"力爾切." 廣韻"力紙切." 云, "㸚尒, 布明白, 象形也." 此附合爾之同韻爲音. 大徐"力几切."

06-097-1988  (爾)〔화려할/이〕補

'麗爾'이니, '화려하다'와 같다. 冖・㸚를 따랐다. 㸚는 매우 뚜렷한 모양이다. 尒聲을 따랐다.[4] 尒는 爽과 뜻이 같다.

---

1) 㸚는……爻이다 : ≪六書尋源≫에는 "卦爻가 펼쳐 나열되면 모든 事物의 이치가 밝게 드러나지 않음이 없으므로 㸚는 두 개의 爻를 따르고, 의미는 '밝음을 펴는 모양'이다.〔卦爻布列 則凡事物之理 無不明著 故此从二爻 而訓布明皃也〕"라고 하고, 의미까지 제시하였다.

2) 珏(각)과 叕(여) : ≪說文解字注≫ 珏部 '珏'자의 해설에 "珏은 '2개의 옥을 서로 합하여 하나의 珏으로 만든 것'이다.〔二玉相合爲一珏〕"라고 하였고, 八部의 '叕'자 해설에 "叕는 '두 개의 余'이다. 余(여)와 같이 읽는다.〔二余也 讀與余同〕"라고 하였다.

3) 爾의 同韻 : 㸚와 爾는 모두 ≪廣韻≫ 上聲 4紙 韻目에 있다.

麗爾,① 猶靡麗也.② 从冂·㸚.③ 㸚, 其孔㸚㸚.④ 从尒聲.⑤ 此與爽同意.⑥

① 句讀(구두)이다.

逗.

② "麗爾"는 古語이고, "靡麗"는 漢나라 사람의 말이다.[5)] 당시의 말〔今語〕로 古語를 풀이하였기 때문에 "猶"라고 한 것이다. 毛亨 傳[6)]에 "糾糾는 '繚繚(얽혀 있는 모양)'와 같다. 摻摻은 '纖纖(가냘프고 여린 모양)'과 같다."라고 한 것이 이러한 사례이다. 後人은 爾가 汝와 쌍성이기 때문에 爾를 가차하여 '爾汝'의 '너〔汝〕'라는 뜻으로 쓴다. 또한 '이와 같다.〔如此〕'라고 뜻풀이하고 '이〔此〕'라고 뜻풀이할 때는 모두 尒로 써야 하는데, 도리어 모두 爾를 사용한다. 爾가 통용되자 尒가 쓰이지 않게 되었다.

麗爾古語, "靡麗"漢人語. 以今語釋古語, 故云 "猶". 毛傳云, "糾糾猶繚繚也. 摻摻猶纖纖也." 是此例也. 後人以其與汝雙聲, 假爲爾汝字. 又凡訓如此, 訓此者, 皆當作尒, 乃皆用爾. 爾行而尒廢矣.

③ 句讀(구두)이다.

句.

④ ≪古今韻會擧要≫에 의거하여 바로잡았다. 冂은 莫과 狄의 반절이고, '외부를 덮다'는 뜻이다. 㸚㸚은 '뚜렷하다〔歷歷〕'와 같다.

依韻會訂. 冂, 莫狄切, 幎其外也. 㸚㸚猶歷歷也.

⑤ 兒와 氏의 반절이다. 周나라 때에는 제15部에 있었고, 漢나라 때에는 제16부에 있었다.

兒氏切. 周時在十五部, 漢時在十六部.

⑥ 爽이 大를 따른 것은 爾가 冂을 따른 것과 같은데, 爽은 諧聲(形聲)이 되지 못할 뿐이다.[7)]

爽之从大猶爾之从冂, 惟爽不諧聲耳.

---

4) 爾는……따랐다 : ≪六書尋源≫에는 "'爾'자의 小篆은 个를 따르고 八을 따라서 尒와 같다. 그러나 하나의 个를 따르고 㸚를 따름을 더하였다. 㸚는 '밝음을 펼치는 모양'이다. 이 까닭으로 무리에게 대하여 너〔汝〕를 부르는 칭호가 되고, 또한 필연적으로 밝아 자세하다는 말이 되었다.〔此字之篆 从个从八 與尒同 然加从一个从㸚 㸚 布明皃 是以爲對衆呼汝之稱 亦爲必然明審之詞也〕"라고 하여, 會意로 설명하고 ≪說文解字≫의 形聲을 따르지 않았다.

5) 靡麗는……말이다 : ≪漢書≫ 〈司馬相如傳贊〉에 "양웅은 '화려한 부가 백 가지 일을 보고 풍간하는 것이 한결같으니 정나라 위나라 소리로 함부로 내달리다가 곡조가 끝나면 아악을 연주하는 것 같으니 이미 장난스럽지 않은가?'라고 하였다.〔揚雄以爲靡麗之賦 勸百而風一 猶騁鄭衛之聲 曲終而奏雅 不已戲乎〕"라고 하였다.

6) 毛亨 傳 : ≪詩經≫ 〈魏風 葛屨〉의 "엉성하게 얽어맨 칡신은 서리를 밟을 수 있네. 가냘프고 여린 손은 치마를 꿰맬 수 있네.〔糾糾葛屨 可以履霜 摻摻女手 可以縫裳〕"에 대한 毛亨 傳을 가리킨다.

7) 爽은……뿐이다 : '爾'자는 冂을 제외해도 尒가 聲符를 이루는 形聲이지만, '爽'은 大를 제외하면 聲符를 이루는 글자가 없어 형성이 되지 못하고 會意가 된다는 뜻이다.

06-097-1989 𤕜(爽)〔밝을/상〕補【重文 1】

'밝다'이다. 㸚·大을 따랐다.[8] 𤕜(爽)은 爽의 篆文이다.

明也.① 从㸚·大.② 𤕜, 篆文爽.③

① 爽의 본래 뜻은 '밝다'이다. 밝음이 이르면 차이가 생기기 때문에, 인신된 뜻은 '어긋나다〔差〕'이다.[9] 아침에 해가 돋을 때 반은 어둡고 반은 밝기 때문에 '早昧爽'이라고 이른다. ≪說文解字≫ 日部에 "昧爽은 '아침에 해가 돋으면서 밝아오다〔旦明〕'이다."라고 하였는데, '昧'자가 ≪三蒼≫에는 '曶(새벽/홀)'로 되어 있고 "曶爽은 '이른 아침(새벽)'이다."라고 하였다. ≪史記≫ 〈司馬相如傳〉에 "멀리 떨어져 있는 지역은 폐쇄되지 않게 하고, 새벽〔曶爽〕은 광명의 빛을 얻게 한다."라고 하였는데, 지금의 판본에 '暗昧(어둡다)' 두 글자가 더 많은 것[10]은 바로 注釋家의 말을 써서 보탠 것이다.

爽本訓明. 明之至而差生焉, 故引伸訓差也. 朝旦之時, 半昧半明, 故謂之早昧爽. 日部曰, "昧爽, 旦明也." 昧之字, 三蒼作曶, 云, "曶爽, 早朝也." 司馬相如傳云, "疏逖不閉, 曶爽得耀乎光明." 今本多闇昧二字, 乃用注家語益之耳.

② "从㸚·大"는 매우 뚜렷하여 밝음이 드러난 것이 '성대하다'는 뜻이다. 疏와 兩의 반절이다. 제10部에 있다.

其孔㸚㸚, 明之露者, 盛也. 疏兩切. 十部.

③ 이 글자〔𤕜〕는 학식이 얕은 사람이 고쳐서 보충한 것이니, 산삭해야 한다. 爽이 '𤕜'이 되고 奭이 '𡘬'이 된 것은, 모두 隸書를 篆書로 고칠 때 그중에 볼 만한 것을 취한 것이다. 학식이 얕은 사람이 ≪說文解字≫에 보충해 넣고 "이것이 小篆이다."라고 하였다. 㸚를 따른 것이 이미 같은데, 어찌 篆書를 우선하고 古文과 籀文을 뒤로하지 않았는

---

8) 爽은……따랐다 : ≪六書尋源≫에는 "爽은 大를 따랐으니, 大는 본래 '人'자이다. 㸚를 따랐으니 左右 겨드랑이 아래의 깊숙한 곳이다. 곧 양쪽을 소통시켜 어두운 곳을 다시 밝히는 뜻이므로, 이른 아침 살짝 밝을 때를 '昧爽'이라고 한다.〔此从大 大 本人字也 从㸚 在左右腋下 幽闇之處 卽疏通兩傍 而有昏而復明之義 故早旦微明 謂之昧爽〕"라고 하여, 㸚를 左右 겨드랑이 아래의 깊숙한 곳으로 설명하였다.

9) 인신된……어긋나다〔差〕이다 : ≪詩經≫ 〈衛風 氓〉에 "여자가 행동에 어긋남이 없는데, 사내는 행동을 이랬다저랬다 하네〔女也不爽 士貳其行〕"에 대한 毛亨 傳에 "爽은 '어긋나다'이다.〔爽 差也〕"라고 하였다.

10) 暗昧(어둡다)……것 : ≪史記≫ 〈司馬相如傳〉에 "멀리 떨어져 있는 지역은 폐쇄되지 않게 하고, 깊이 막혀 어두운 곳은 광명의 빛을 얻게 한다.〔使疏逖不閉 阻深闇昧得耀乎光明〕"라고 하였는데, "阻深闇昧"에 대한 司馬貞의 ≪史記索隱≫에 "새벽의 어두운 때이다. ≪三蒼≫에 '曶爽은 「새벽」이다. 曶의 音은 昧이다.'라고 하였다.〔曶爽闇昧 三蒼云 曶爽 早朝也 曶音昧〕"라고 하였다.

가. 대체로 이와 같은 경우는 분별하지 않아서는 안 된다.

此字淺人竄補，當刪. 爽之作爽，奭之作奭，皆槑書改篆，取其可觀耳. 淺人補入說文，云，“此爲小篆.” 从㸚旣同，何不先篆後古籒乎. 凡若此等，不可不辨.

㸚部에서 다룬 표제자는 3자이고, 重文은 1자이다.

文三, 重一.①

① 산삭해야 한다.
當刪.

53部이고, 표제자는 637자이다. 重文은 143자이다. 모두 8,684자이다.

五十三部, 文六百三十七.① **重百四十三.**② **凡八千六百八十四字**③

① 宋本에는 '七'자가 없다.
宋本無七.

② 宋本에는 三이 五로 되어 있다.
宋本三作五.

③ 이는 제3편에 있는 모든 글자의 숫자이다.
此弟三篇都數.

第7卷

說文解字注 第4篇 上

【098. 旻部】

07-098-1990 (旻)〔눈짓으로 사람 부릴/혈〕補

'눈짓으로 사람을 부리다'이다. 攴·目을 따랐다. 旻에 속하는 글자는 모두 旻을 따랐다. 颰(혈)과 같이 읽는다.

擧目使人也①. 从攴·目.② 凡旻之屬皆从旻. 讀若颰.③

① "旻"은 言部의 '訹(수)'와 음이 같고 뜻도 또한 서로 비슷하다.[1] ≪史記≫〈項羽本記〉에서 "항량이 항적에게 눈짓하여 말하기를 '실행할 만하다.'라고 하니, 항적이 마침내 검을 뽑아 〈회계 군수를〉 참수하였다."라고 하였다. 그렇다면 眴(현)은 旻과 같다. 目部에 "旬(현)은 '눈이 움직이다'이다."라고 하였는데, 눈의 움직임만 있고 시키지 않는 것을 이른다.

此與言部訹音同, 義亦相似. 項羽本紀 "梁眴籍曰, '可行矣.' 籍遂拔劍斬首頭." 然則眴同旻也. 目部曰, "旬, 目搖也." 謂有目搖而不使者.

② '눈을 움직이다'는 뜻이니, 會意이다

動其目也. 會意.

③ 火와 劣의 반절이다. 제15部에 있다.

火劣切. 十五部.

07-098-1991 (敻)〔겹겹이 포위해 찾을/현〕

'겹겹이 포위하여 찾다'이다. 눈짓으로 사람을 부리는 사람이 동굴에 있는 것을 따랐다. ≪商書≫ 小序에 "高宗이 꿈에 傅說을 얻고는 百官들로 하여금 겹겹이 포위

---

1) 言部의……비슷하다 : ≪說文解字注≫ 言部의 "訹는 '꾀이다'는 뜻이다. 言을 따르고 朮(술)이 소리이다〔訹 誘也 从言朮聲〕"라고 하였는데, 段玉裁 注에 "思와 律의 반절이다. 제15部에 있다.〔思律切 十五部〕"라고 하였다.

하여 그를 찾게 하였는데, 마침내 傳巖에서 그를 얻었다."라고 하였는데, 巖은 동굴이다.

營求也.① 从夏·人在穴.② 商書曰, "高宗夢得說. 使百工營求. 得之傳巖."③ 巖, 穴也.④

① 겹겹이 포위하여 그를 찾는다. 겹겹이 포위하여 찾는 것은 멀리하여 버리지 않는 것이다. 그러므로 引伸하여 '멀다'는 뜻이 되었다. ≪韓詩≫에 "아 멀어짐이여."라고 한 것은 '멀다'를 말한 것이다. 敻이 ≪毛詩≫ 〈邶風 擊鼓〉에는 "洵(순)"으로 되어 있는데, 部가 다른 雙聲으로 假借字이다.[2)]

營求者, 圍帀而求之也. 帀而求之, 則不遐遺矣. 故引伸其義爲遠也. 韓詩 "于嗟敻兮." 云遠也. 毛詩作洵. 異部假借字.

② ≪古今韻會擧要≫에 의거하여 바로잡았다. 눈짓으로 사람을 부리는 사람이 동굴에 임한 것을 이른다. 세 글자를 합한 會意이다. 朽(후)와 正의 반절이다. 살펴보건대, 古音의 제14部에 있는 것은 ≪楚辭≫ 〈招魂〉의 "굽은 옥으로 만든 갈고리에 옷을 걸어놓았다."[3)]라고 하였는데, 瓊은 寒·湲·蘭·筵과 韻을 이루고,[4)] 甏(연)部의 '甏'자는 敻이 소리이고 角部의 '觼(결)은 간혹 鐍(휼)로 되어 있는데서 모두 증명할 수 있다.

依韻會訂. 謂擧目使人之人臨穴也. 合三字會意. 朽正切. 按古音在十四部. 招䰟, "挂曲瓊些." 與寒湲蘭筵韻. 甏字敻聲. 角部觼或作鐍, 皆可證也.

③ ≪書經≫ 〈商書 說命〉 小序의 글이다.

書序文.

④ 이는 ≪商書≫ 小序를 풀이하여 穴을 따르는 뜻으로 설명하였다. 찾아서 동굴에서 찾

---

2) 部가……假借字이다 : ≪六書音均表≫ 〈古十七部諧聲表〉의 敻聲은 제14部에 있고 旬聲은 12部에 속하므로 部가 다른데 假借字로 쓴 것이다.

3) 楚辭……걸어놓았다 : 宋玉의 〈招魂〉에 "천지 사방엔 사람 해치는 간악한 무리들이 많은데, 그대 방에 있는 초상은 조용하고 한가하고 편안하도다. 높다란 집의 깊숙한 방에 난간은 층층이 높고, 층층의 누대와 정자가 서 있도다. 높은 산에 올라 내려다보니, 그물 모양의 창문은 朱丹으로 꾸며져 있고, 네모난 모양이 연속된 圖案이로다. 겨울엔 큰 집에 두 겹 벽의 방이 있고, 여름에는 시원한 방이 있도다. 골짝의 시냇물 정원으로 되돌아 흐르게 하니, 물줄기는 빠르고도 깨끗하도다. 비 그치자 바람 불어 蕙草를 흔들고, 한 떨기 난초를 흔들도다. 대청을 지나 內室로 들어가니, 머리 위엔 주홍색의 天花板이 있도다. 돌을 갈아 만든 방 벽은 비취색의 깃털로 장식되어 있고, 굽은 옥〔曲瓊〕의 갈고리엔 옷이 걸려 있도다.〔天地四方 多賊姦些 像設君室 靜閒安些 高堂邃宇 檻層軒些 層臺累榭 臨高山些 網戶朱綴 刻方連些 冬有突廈 夏室寒些 川谷徑復 流潺湲些 光風轉蕙 氾崇蘭些 經堂入奧 朱塵筵些 砥室翠翹 挂曲瓊些〕"라고 하였다.

4) 瓊은……이루고 : '瓊'자는 〈招魂〉의 구절에 姦·安·軒·山·連·寒·湲·蘭·筵과 함께 韻字로 쓰였다.

은 것이니, 이 글자는 눈짓으로 사람을 부리는 사람이 동굴에 있는 것을 따른 것이다. ≪周易≫ 巽卦 九五에 "3일 전에 먼저 일을 변경한다."라고 한 것을 인용하여, '庸'은 '庚'을 따랐다고 설명한 뜻과 같다. 徐鉉本에는 "營求"를 고쳐서 "敻求"라고 하였는데, 잘못된 것이 심하다. 山部에서 "巖은 '언덕'이다."라고 하였는데, 여기에서 "동굴이다.〔穴也〕"라고 한 것은 厂部 '厂'자의 해설에 "산 바위 가운데 가장자리 언덕으로 사람이 살 만하다."라고 하였기 때문이다.

此引書序釋之, 以說从穴之意. 營求而得諸穴, 此字之所以从夏人在穴也. 與引易"先庚三日," 說庸从庚之意同. 鉉本改營求爲敻求, 誤甚. 山部云 "巖, 岸也." 此云穴也者, 厂部曰 "山石之厓巖, 人可居也."

07-098-1992 (闅)〔눈 내리깔고 볼/문〕

'눈을 내리깔고 보다'이다. 旻(혈)을 따르고 門이 소리이다. 弘農郡 湖縣에 闅鄕이 있다. 汝南郡 西平縣에 闅亭이 있다.

氐目視也①. 从旻, **門聲**.② **弘農湖縣有闅鄕**,③ **汝南西平有闅亭**.

① 氐는 각 판본에 低(저)로 되어 있다. 살펴보건대, 人部에는 '低'자가 없다. 日部 '昏'자의 해설에 "氐는 '내리다'는 뜻이다."라고 하였다.
氐各本低. 按人部無低. 日部曰, 氐者, 下也.

② 無와 分의 반절이다. 제13部에 있다. 민간에서는 閺(문)으로 쓴다.
無分切. 十三部. 俗作閺.

③ ≪後漢書≫ 〈鄭興傳〉에 "鄭興이 손님으로 闅鄕에서 가르쳤다."라고 하였는데, 章懷注에 "闅은 後漢 建安 때에 고쳐서 '聞'으로 썼다."라고 하였다.
後漢書, "鄭興客授闅鄕." 注曰, "闅, 建安中改作聞."

07-098-1993 (夐)〔크게 보는 모양/권〕

'크게 보는 모양'이다. 大와 旻(혈)을 따랐다. 齤(권)과 같이 읽는다.

大視也①. 从大旻. **讀若齤**.②

① 也는 ≪廣韻≫에 "'皃'자로 되어 있다."라고 하였다.
也, 廣韻 "作皃."

② 況과 晩의 반절이다. ≪廣韻≫ 下平聲 二 仙에는 "亘와 負의 반절이다."라고 하였다. 제14部에 있다.
況晩切. 廣韻 "亘負切." 十四部.

夏部에서 다룬 표제자는 4자이다.

文四.

【099. 目部】

07-099-1994 (目)[1] 〔사람의 눈/목〕 補 【重文 1】

‘사람의 눈’이다. 象形이다. 중첩된 획(二)은 ‘눈동자’이다. 目에 속하는 글자는 모두 目을 따랐다. (𡇢)은 目의 古文이다.

人眼也. 象形. 重, 童子也. 凡目之屬皆从目. , 古文目.②

① 象形인데 자형을 총괄하여 말한 것이다. 사람들이 二를 이해하지 못할까 염려했기 때문에 “重은 눈동자이다.”라고 풀이한 것이다. ≪釋名≫ 〈釋形體〉에 “瞳은 눈동자이니, 피부의 막이 서로 눈동자를 싸고 있다. 子는 작은 것을 일컫는데, 주로 눈동자가 빛나는 것을 이른다. 혹은 ‘모자(眸子 : 눈동자)’라고도 한다. 眸는 ‘덮다’는 뜻이니 서로 덮어 싸는 것이다.”라고 하였다.

살펴보건대, 사람의 눈은 흰자로부터 검은자위〔盧〕에 이르고 검은자위〔童〕로부터 눈동자에 이르고 눈동자에서부터 동공에 이르기까지 층층으로 감싸고 있기 때문에 중첩된 획으로 이를 본뜬 것이니, ≪史記≫ 〈項羽本紀〉에 “겹(이중) 눈동자이다.”라고 한 것과는 같지 않다. 目이 引伸하여 ‘指目·條目’의 뜻으로 되었다. 莫과 六의 반절이다 제3部에 있다.

象形, 總言之. 嫌人不解二, 故釋之曰, 重其童子也. 釋名曰, “瞳, 重也. 膚幕相裹重也. 子, 小稱也. 主謂其精明者也. 或曰眸子. 眸, 冒也, 相裹冒也.” 按人目由白而盧, 童而子, 層層包裹, 故重畫以象之, 非如項羽本紀所云 “重瞳子也.” 目之引伸爲指目, 條目之目. 莫六切. 三部.

② 口(위)는 얼굴 모양을 본떴고, 안쪽은 눈썹과 눈을 본뜬 것이다. 江沅[2]은 “밖은 얼굴

---

1) 目 : 目은 다른 글자를 배합하여 편방을 만드는 데에 편리하게 하기 위하여, 가로를 바꾸어 세로로 하여 지금 사용하는 것이 되었다.〔目爲便於配合他字爲偏旁 故易橫爲直 爲今所行者〕(≪正中形音義綜合大字典≫)

2) 江沅 : 1767~1838. 清나라 江蘇 元和 사람이며 자는 子蘭이고 호는 鐵君이다. 江聲의 손자이며 ≪說文解字≫에 가장 뛰어났고, 段玉裁의 弟子가 되어 段氏의 ≪說文解字注≫에 대하여 논의한 곳이 많다. 저서로 ≪說文音均表≫, ≪說文釋例≫가 있다.

을〔匡〕 본뜬 것이고, 안쪽은 속 눈썹〔⿺疌毛〕과 눈을 본뜬 것이다."라고 하였다.
口象面, 中象眉目. 江沅曰, "外象匡, 內象⿺疌毛目."

07-099-1995 (眼)〔눈/안〕

'눈'이다. 目을 따르고 艮(간)이 소리이다.

目也.① **从目, 艮聲.**②

① ≪釋名≫ 〈釋形體〉에 "眼은 한계이니, 눈동자가 튀어나온 것이다."[3]라고 하였다.
釋名, "眼, 限也, 瞳子限限而出也."

② 五와 限의 반절이다. 古音은 제13部에 있다.
五限切. 古音在十三部.

07-099-1996 (⿰目睘)〔신생아 눈 덮힐/현〕

'신생아의 눈이 덮히다'이다. 目을 따르고 睘(경)이 소리이다. '告之謂調'의 調와 같이 읽어야 한다.

兒初生瞥者.① **从目, 睘聲.**② **讀若告之謂調.**③

① "蔽目" 두 글자는 각 판본에 '瞥(별)'로 되어 있는데, 지금 ≪玉篇≫과 ≪廣韻≫에 의거하여 바로잡았다. '蔽目'은 바깥에 가리는 물건이 있는 것을 이르지, 눈동자가 가려진 것은 아니다.
蔽目二字各本作瞥. 今依篇, 韻正. 蔽目謂外有物雍蔽之. 非牟子之翳也.

② 方과 辯의 반절이다. 제14部에 있다.
方辯切. 十四部.

③ "讀若告之謂調"는 말에 잘못 되거나 빠진 글자가 있어 徐鉉은 마침내 이를 산삭하였다.[4]
語有譌奪, 鉉遂删之.

---

3) 눈동자가……것이다 : ≪集韻≫ 混韻에 "眼은 '튀어나온 모양'이다.〔眼 出大皃〕"라고 하였다. ≪周禮≫ 〈考工記 輪人〉에 "수레바퀴를 보는 것은 튀어나왔는가를 살피려는 것이다.〔望其轂 欲其眼也〕"에 대한 鄭玄 注에 "眼은 튀어나온 모양이다.〔眼 出大貌也〕"라고 하였다.

4) 徐鉉은……하였다 : 徐鉉本에는 "신생아의 눈이 덮히다'이다. 目을 따르고 睘(경)이 소리이다.〔兒初生瞥者 从目 睘聲〕"라고 되어 있고 '讀若告之謂調'라는 대목은 없다.

07-099-1997 (眩)〔눈이 아른거릴/**현**〕

'눈에 고정된 물체가 없다'이다. 目을 따르고 玄이 소리이다.[5)]

目無常主也.① **从目, 玄聲.**②

① ≪孟子≫ 〈滕文公 上〉에 ≪書經≫을 인용하였는데 "만약 약이 아찔하게 현기증이 날 정도가 아니라면."이라고 하였는데, ≪方言≫에 "약을 마시어 독이 된 것을 東齊에서는 '瞑眩'이라고 이른다."[6)]라고 하였다. ≪漢書≫에 '眩'자를 假借하여 '幻'자의 뜻으로 썼다. '犛軒나라의 마술사.'라고 한 것이 이 용례이며, '眩'과 '幻' 두 글자의 音義가 모두 서로 비슷하다.
孟子引書"若藥不瞑眩." 方言"凡飮藥而毒. 東齊謂之瞑眩." 漢書借爲幻字. 犛軒眩人是也, 二字音義皆相似.

② 黃과 絢(현)의 반절이다. 제12部에 있다.
黃絢切. 十二部.

07-099-1998 (眥)〔눈 주위/**자**〕

'눈초리'이다. 目을 따르고 此가 소리이다.

目匡也.① **从目, 此聲.**②

① 눈초리를 이른다. 木部의 "櫃(궈)는 '가장자리'이다."라고 하였는데, ≪字林≫에 "눈각〔目厓〕으로 되어 있다."라고 하였다.
謂目之匡當也. 木部曰, "櫃, 匡當也." 字林"作目厓."

② 在와 詣의 반절이다. 제15部와 16部에 있다.
在詣切. 十五十六部.

---

5) 眩은……소리이다 : ≪六書尋源≫에는 "무릇 보는 물건이 天氣의 玄遠함과 같아서 은미하고 얽혀 있으면 미혹되어 어지러워 알기 어려우므로 眩은 '玄'자를 따랐다.〔凡所見之物 如天氣之玄遠 而幽微縈紆 則惑亂難知 故此从玄字〕"라고 하여, 會意로 설명하고 ≪說文解字≫의 形聲을 따르지 않았다.

6) 약을……이른다 : ≪方言≫ 권3에 "대체로 약을 마시면 독을 가지고 약을 돕는데 東齊·海岱의 지역에서는 '瞑'이라고 이르고, 혹은 '眩'이라고 이른다.〔凡飮藥 傅藥而毒 東齊海岱之間謂之瞑 或謂之眩〕"라고 하였다.

07-099-1999 䀹(䀹)〔눈 옆에 난 털/첩〕

'눈 옆에 난 털'이다. 目을 따르고 夾(협)이 소리이다.

目旁毛也.① **从目, 夾聲.**②

① 玄應의 ≪一切經音義≫ 권18 〈成實論〉 5권의 如睫의 해설에 "'睫은 ≪說文解字≫에 䀹으로 되어 있다.'라고 하였는데, ≪釋名≫ 〈釋形體〉에 '㨗(접)으로 되어 있다."라고 하고 "㨗은 '붙이다〔接〕'는 뜻이니, 눈시울에 끼워 붙인다."라고 하였다.

살펴보건대, ≪周禮≫ 〈春官 序官〉 瞽矇의 鄭衆 注에 "눈동자가 없는 것을 '瞽'라고 이르고, 눈동자가 있으나 보이지 않는 것을 '矇'이라고 이른다."라고 하였다. 眹은 간혹 '䀹'으로도 되어 있다. 無䀹・有䀹은 바로 無眹・有眹이다.

玄應曰, "睫, 說文解字作䀹." 釋名"作㨗." 云, "㨗, 接也. 插於目眶而相接也." 按大鄭周禮注云, "無目眹謂之瞽. 有目眹而無見謂之矇." 眹或作䀹. 無䀹有䀹, 即無眹有眹也.

② 子와 葉의 반절이다. 제8部에 있다.

子葉切. 八部.

07-099-2000 矎(矎)〔검은 눈동자/현〕

'검은 눈동자'이다. 目을 따르고 縣(현)이 소리이다.

盧童子也.① **从目, 縣聲.**②

① ≪方言≫ 권2에 "검은 눈동자가 작은 것을 '䏹(현)'이라고 이르는데, 宋・衛・韓・鄭 지역에서는 "鑠(삭)이라고 한다."라고 하였다. 살펴보건대, ≪方言≫의 '䏹(면)'자는 '矎(현)'자가 잘못된 것인데, 郭璞이 '아득히 멀다'는 뜻으로 풀이하고, "윗글의 '顥(면)'과 같다."라고 하였는데 잘못이다. 緜邈은 눈을 말할 수 있으나 눈동자를 말 할 수가 없다. '盧童子'는 ≪方言≫에 이른바 '검은 눈동자'이다. 盧는 '검다'는 뜻이다.[7)]

민간에서는 矑(눈동자/로)로 쓴다. '矑'자가 단독으로 쓰였는데, ≪甘泉賦≫에 "玉女도 그의 맑은 눈동자를 바라볼 수가 없었다."라고 한 것이 이 용례이다. ≪釋名≫ 〈釋

---

7) 盧는……뜻이다 : ≪尙書≫ 〈文侯之命〉에 "검은 활 하나와 검은 화살 1백 개〔盧弓一 盧矢百〕"라고 하였는데, 僞孔傳에 "盧는 '검다'는 뜻이다.〔盧 黑也〕"라고 하였다.

形體〉에 "童은 '겹치다'는 뜻이니, 수정체의 막이 뒤덮어 겹쳐 있는 것이다. 子는 작은 것을 일컫는데, 주로 깨끗하고 맑은 것을 이른다."라고 하였으니, 가장 가운데 있으면서 마치 매달아 놓은 것과 같기 때문에 '矊'이라고 이른다.

方言, "驢童之子謂之矊, 宋衛韓鄭之閒曰, '鑠'." 按方言"矊字當是矊之字誤." 郭釋爲緜邈. 云與上文矈同, 非也. 緜邈可言目而不可言子. 盧童子者, 方言所謂"驢瞳之子"也. 盧, 黑也. 俗作矑. 有單言矑者, 甘泉賦, "玉女無所眺其淸矑," 是也. "童, 重也. 膚幕相裹重也. 子, 小稱也. 主謂其精明者也." 居冣中如縣然, 故謂之矊.

② 胡와 畎의 반절이고, 또 胡와 涓의 반절이다. 제14部에 있다.
胡畎切. 又胡涓切. 十四部.

07-099-2001 (瞦)〔눈동자의 정기가 빛날/희〕

'눈동자의 정기가 빛나다'이다. 目을 따르고 喜가 소리이다. ≪爾雅≫에 禧福의 '禧'와 같이 읽는다.[8)]

目童子精瞦也.① **从目, 喜聲. 讀若爾雅禧福.**②

① "曰瞦也"라고 써야 한다. 精은 눈동자가 빛남을 이른다.[9)] 민간에서는 〈瞦〉를 睛(눈동자/정)으로 쓴다.
當作曰瞦也. 精謂精光也. 俗作睛.

② 禧는 '福'의 뜻이며, ≪爾雅≫ 〈釋詁〉에 보인다. 許와 其의 반절이다. 제1部에 있다.
禧, 福也, 見爾雅釋詁. 許其切. 一部.

07-099-2002 (矈)〔눈 주위가 얇고 치밀할/면〕

'눈 주위가 얇고 치밀하다'이다. 目을 따르고, 𦣝(면)이 소리이다.

目旁薄緻宀宀也.① **从目, 𦣝聲.**②

① 矈과 宀은 疊韻이다. 自部의 𦣝은 "치밀하여 보이지 않는 것이다."라고 하였다. 살펴보건대, 宀宀은 치밀한 모양이다. 눈이 예쁜 사람은 반드시 눈 주위가 두텁고 윤택하니,

---

8) 爾雅에……읽는다 : 大徐本에는 "讀若禧"이라고 하여 "爾雅福"의 세 글자가 없다.

9) 精은……이른다 : ≪释名≫ 〈释兵〉에 "旌精이니, 눈에 정기가 있다.〔旌精也 有精光也〕"라고 하였다.

이에 볼수록 눈이 예뻐 보인다. 矈은 대체로 ≪方言≫의 䫵(면)이다. ≪爾雅≫〈釋言〉에 "矈은 密이다."라고 하였다. 引伸하여 대체로 치밀함을 일컫는 뜻으로 되었다.
矈宀疊韻. 自部曰, 宀宀不見. 按宀宀, 微密之皃. 目好者, 必目旁肉好, 乃益見目好. 矈葢卽方言之䫵. 釋言曰, "矈, 密也." 引伸爲凡密之偁也.

② 形聲으로서 會意를 포함하고 있다. 武와 延의 반절이다. 제14部에 있다.
形聲包會意. 武延切. 十四部.

07-099-2003 (䀰) 〔큰 눈/미〕

'큰 눈이다'이다. 目을 따르고 非가 소리이다.

大目也. 从目, 非聲. ①

① 芳과 微의 반절이다. 제15部에 있다.
芳微切. 十五部.

07-099-2004 (⿰目臤) 〔큰 눈/한〕

'큰 눈'이다. 目을 따르고 臤(간)이 소리이다.

大目也. 从目, 臤聲. ①

① 矦와 簡의 반절이다. 古音은 제12部에 있다.
矦簡切. 古音在十二部.

07-099-2005 (睅) 〔큰 눈/환〕

'큰 눈'이다. 目을 따르고 旱(한)이 소리이다.

大目也. ① **从目, 旱聲.** ②

① ≪春秋左氏傳≫ 宣公 2년 조에 "宋의 城을 쌓은 사람들이 '눈은 툭 튀어 나오고〔睅其目〕'라고 노래하였는데, 杜預 注에 "睅은 툭 튀어나온 눈이다."라고 하였다.
左傳, "宋城者謳曰, '睅其目.'" 杜曰, "睅, 出目."

② 戶와 版의 반절이다. 제14部에 있다. 살펴보건대, 徐鉉本에는 '睆'의 篆字를 보충하고

"睅의 或體이다."[10]라고 하였다.
戶版切. 十四部. 按鉉本補睆篆, 云, "或睅字."

07-099-2006 (暖)〔큰 눈/한〕

'큰 눈'이다. 目을 따르고 爰(원)이 소리이다.

大目也. 从目, 爰聲.①

① 況과 晩의 반절이다. 제14部에 있다.
況晩切. 十四部.

07-099-2007 (瞞)〔평평한 눈/만〕

'평평한 눈'이다. 目을 따르고 㒼(만)이 소리이다.

平目也.① 从目, 㒼聲.②

① 平目은 툭 튀어나온 눈과 움푹 팬 눈을 상대하여 말한 것이 지금 민간에서는 瞞을 假借하여 '欺謾(속이다)'는 '謾'의 뜻으로 쓴다.[11]
平目對出目・深目言之. 今俗借爲欺謾字.
② 母와 官의 반절이다. 제14部에 있다.
母官切. 十四部.

07-099-2008 (睴)〔눈이 크면서 튀어나올/곤〕

'눈이 크면서 튀어나오다'이다. 目을 따르고 軍(군)이 소리이다.

大目出也.① 从目, 軍聲.②

① 눈이 본래 크고 또 눈이 튀어나온 것이다. ≪周禮≫〈冬官 考工記 輪人〉에 "바퀴를 바라보는 것은 眼(튀어나오다)이 되었는가를 살피려는 것이다."라고 하였는데, 鄭玄 注에

---

10) 睆의……或字이다 : 徐鉉本에 "睆은 睅의 或體이며 完을 따랐다.〔睆 睅或 从完〕"라고 하였다.
11) 瞞을……쓴다 : ≪正字通≫ 目部에 "瞞은 세속에 실정을 숨기고 속이는 것을 '瞞'이라고 한다.〔瞞 俗以匿情相欺爲瞞〕"라고 하였다.

"眼은 '튀어나온 모양'이다."라고 하였다. 陸德明은 "魚와 懇(간)의 반절이다."라고 하였다. 살펴보건대, 여기서 '眼'은 '睴(곤)'의 假借가 된다.

目本大而又出其目也. 考工記, "望其轂, 欲其眼也." 注, "眼, 出大皃也." 陸云, "魚懇反." 按此鄭謂 "眼, 爲睴之假借也."

② 古와 鈍의 반절이다. 제13部에 있다.

古鈍切. 十三部.

07-099-2009 䁾(䁾) 〔오랫동안 볼/만〕

'오랫동안 보다'이다. 目을 따르고 䜌(련)이 소리이다.

目䁾䁾也.① **从目, 䜌聲.**②

① ≪廣雅≫ 〈釋詁〉에 "䁾은 '보다'는 뜻이다."라고 하였는데, ≪後漢書≫ 〈馬融傳〉에 "오른쪽으로는 三塗[12]를 보고 왼쪽으로는 嵩嶽을 대충 살펴본다."라고 하였으니, 이것은 모두 ≪廣雅≫의 뜻이다. 班固 ≪荅賓戲≫에 "용과 호랑이 무늬 옷을 입었다."[13]라고 하였는데, 孟康과 蘇林이 모두 말하기를 "䁾은 '입다'는 뜻이다."라고 하였다. 이는 雙聲으로 이루어진 假借이다.

廣雅曰 "䁾, 視也." 馬融傳 "右䁾三塗, 左概嵩嶽." 此廣雅義也. 班固荅賓戲 "䁾龍虎之文." 孟康, 蘇林皆曰 "䁾, 被也." 此雙聲之假借也.

② 武와 版은 반절이다. 제14部에 있다.

武版切. 十四部.

07-099-2010 睔(睔) 〔눈이 클/곤〕

'큰 눈'이다. 目을 따르고 侖(륜)이 소리이다. ≪春秋左氏傳≫ 襄公 2년 조에 '鄭伯睔'이 있다.

目大也. 从目, 侖聲.① **春秋傳有鄭伯睔.**②

---

12) 三塗 : ≪春秋左氏傳≫ 昭公 4년 조에 "四嶽·三塗·陽城·大室·荊山·中南은 九州의 험한 곳이다.〔四嶽三塗陽城大室荊山中南 九州之險也〕"라고 하였다.

13) 용과……입었다 : 班固의 ≪答賓戲≫에 "지금 吾子가 다행히 帝王의 세상을 유람하며 몸에 紱冕의 복을 차고 英華를 누리고 道德을 즐겨서 용과 호랑이 무늬 옷을 입은 것을 본 것이 오래 되었다.〔今吾子幸遊帝王之世 躬帶紱冕之服 浮英華 湛道德 䁾龍虎之文 舊矣〕"라고 하였다.

① 古와 本의 반절이다. 제13部에 있다.
古本切. 十三部.

② ≪春秋左氏傳≫ 襄公 2년 조에 보이는데, 세 傳이 모두 같다.14) ≪漢書≫ 〈古今人表〉에 "鄭 成公15) 鄭綸으로 되어 있다."라고 하였는데, 顏師古는 "工과 頑의 반절이다."라고 하였고, 또 '泠淪'이 있는데, 服虔은 "淪은 音이 鰥(환)이다."라고 하였으니, 모두 音이 변한 것이다.
見襄二年, 三傳皆同. 古今人表 "作鄭成公綸." 顏曰, "工頑反." 又有泠淪, 服虔曰, "淪音鰥." 皆音之轉也.

07-099-2011 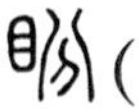(盼) 〔눈의 흰자위와 검은자위가 또렷할/**반**〕

'눈의 흰자위와 검은자위가 또렷하다'이다. ≪詩經≫ 〈衛風 碩人〉에 "아름다운 눈이 흑백이 분명함이여."라고 하였다. 目을 따르고 分이 소리이다.

白黑分也.① 詩曰, "美目盼兮."② 从目, 分聲.③

① 玄應의 ≪一切經音義≫ 글에 인용된 해설도 이와 같다.
玄應書引如此.

② ≪詩經≫ 〈衛風 碩人〉에 보인다.16) 毛亨 傳에서 "盼은 흰자위와 검은자위가 분명한 것이다."라고 하였고, ≪韓詩≫에서는 "검은색이다."17)라고 하며, 馬融은 "눈을 움직이는 모양이다."라고 하였다. 살펴보건대, 허신은 毛亨 傳을 따른 것이다.
見衛風. 毛曰, "盼, 白黑分也." 韓詩云 "黑色也." 馬融曰, "動目皃." 按許从毛.

③ 이는 形聲이면서 會意를 포함하고 있다. 毛亨 傳을 따르면 目·分을 따르고 會意이다. 匹과 莧(현)의 반절이다. 古音은 제13部에 있다. 살펴보건대, '盼·眄·盻' 세 글자는 자형이 비슷하여 서로 잘못 쓰는 경우가 많으니 바로잡지 않을 수 없다.
此形聲包會意. 从毛則以目分會意也. 匹莧切. 古音在十三部. 按盼眄盻三字形近. 多互譌, 不可不正.

---

14) 세 傳이……같다 : ≪春秋左氏傳≫·≪春秋公羊傳≫·≪春秋穀梁傳≫를 가리킨다.

15) 鄭 成公 : ? ~B.C. 571. 춘추시대 鄭나라의 國君이다. 姬姓이고 鄭氏이며 이름은 睔이다. 鄭 襄公의 아들이며 鄭 悼公의 아우이다.

16) 詩經……보인다 : ≪詩經≫ 〈衛風 碩人〉에 "盻"이라고 하였는데, ≪毛詩≫ 〈衛風 碩人〉에는 "盼"로 되어 있다.

17) 韓詩에서는 검은색이다 : ≪經典釋文≫ 〈毛詩音義〉에 보인다.

07-099-2012 (盰)〔눈이 흰 모양/**간**〕

'눈이 흰 모양'이다. 目을 따르고 干(간)이 소리이다.

目白皃.① **从目, 干聲.**②

① ≪玉篇≫에 의하여 바로잡았다.
依玉篇訂.

② 古와 旱의 반절이다. 제14部에 있다.
古旱切. 十四部.

07-099-2013 (眅)〔눈에 흰자위가 많을/**반**〕

'눈에 흰자위가 많다'이다. 目을 따르고 反(반)이 소리이다. ≪春秋左氏傳≫에 "鄭游眅은 字가 子明이다."라고 하였다.

多白眼也.① **从目, 反聲.**② **春秋傳曰,**③ **"鄭游眅字子明."**④

① 多白眼은 ≪周易≫ 〈說卦傳〉에 보인다.
多白眼, 見說封傳.

② 普와 班의 반절이다. 제14部에 있다.
普班切. 十四部.

③ 曰은 衍文이다.
曰, 衍.

④ ≪春秋左氏傳≫ 襄公 22년 조에 보인다. ≪經典釋文≫의 古本[18] · ≪五經文字≫[19] · ≪開成石經≫은 모두 目을 따랐다. 지금 민간본에 日을 따르는 것은 잘못이다. ≪戰國策≫에 "田瞖이다."라고 하였는데, 高誘 注에 "瞖은 鄭游眅의 眅으로 읽는다."라고 하였고, 姚宏[20]은 "瞖은 아마도 眢(반)인 듯하며, 眢은 眅과 같다."라고 하였다.
見左傳襄卄二年. 釋文古本, 五經文字, 開成石經, 皆从目. 今俗本从日, 誤. 戰國策 "田

18) 經典釋文의 古本 : ≪經典釋文彙校≫ 제18 '襄三'의 '游眅'의 해설에 "宋本 · 北宋本에는 眅이 眅으로 되어 있다. 石經에도 같다.〔宋本北宋本 眅作眅 石經同〕"라고 하였다.

19) 五經文字 : ≪五經文字≫ 상권 目部에 "眅은 普와 板의 반절이며, 鄭나라 大夫의 이름이고, ≪春秋左氏傳≫에 보인다.〔眅 普板切 鄭大夫名 見春秋傳〕"라고 하였다.

20) 姚宏 : 1088~1146. 자는 令聲이고 호는 宛委散人이며 剡川사람이다. 저서로 ≪剡川姚氏本戰國策≫이 있다.

瞖." 高注 "瞖, 讀鄭游眅之眅." 姚宏曰, "瞖, 恐是盤, 盤同眅."

07-099-2014 (晛)〔눈 튀어나온 모양/현〕

'눈이 툭 튀어나온 모양'이다. 目을 따르고 見(견)이 소리이다.

目出皃也.① 从目, 見聲.②

① 玄應의 ≪一切經音義≫에 의거하여 바로잡았다.[21] ≪周禮≫ 〈考工記 梓人〉에 "발톱을 감추고 눈은 튀어나왔다.〔出其目〕"[22]라고 하였다. ≪毛詩≫ 〈邶風 凱風〉에는 "아름다운〔晛睆〕 꾀꼬리여!"라고 하였는데, 毛亨 傳에 "晛睆은 '아름다운 모양'이다."라고 하였다. ≪韓詩≫에 "아름다운 꾀꼬리여!〔簡簡黃鳥〕"라는 구절이 있다. 아마도 毛亨 傳에는 '晛晛'으로 되어 있는데, ≪韓詩≫에서 '簡簡'으로 쓴 듯하다.

睆은 ≪說文解字≫에는 없고, ≪毛詩≫와 ≪禮記≫ 〈檀弓 上〉에는 있다. ≪詩經≫의 古本에는 또 '睆(환)'으로 쓰인 것이 많다. ≪毛詩≫ 〈小雅 杕杜〉의 毛亨 傳에 "〈睆은〉 열매를 맺힌 모양이다."[23]라고 하였다. ≪毛詩≫ 〈小雅 大東〉의 毛亨 傳에 "〈睆은〉 별이 밝게 빛나는 모양이다."[24]라고 하였고, ≪禮記≫ 〈檀弓〉의 鄭玄 注에 "〈睆은〉 나무의 옹이를 깎은 것이다."[25]라고 하였다. 또 ≪淮南子≫의 許愼 注에 "睆은 눈 안이 흰 것으로 가려진 것을 이른다."라고 하였다. 大徐(徐鉉)는 '睆'을 '睅(큰 눈/환)'의 或體라고 하였다.

依玄應訂. 考工記曰, "深其爪, 出其目." 邶風 "晛睆黃鳥." 毛曰, "晛睆, 好皃." 韓詩有"簡簡黃鳥." 疑毛作晛晛, 韓作簡簡. 睆, 說文解字無, 詩·禮記有. 詩古本又多作睆. 杕杜傳云, "實皃," 大東傳云 "明星皃," 檀弓注云 "刮節目." 又許注淮南曰, "睆謂目內白翳也." 大

---

21) 玄應의……바로잡았다 : 〈大威德陀羅尼經〉 1권에 "晛睅는 ≪說文解字≫에 '晛은 「눈이 툭 튀어나온 모양」이다. 睅은 크게 튀어나온 눈인데, 사람 눈이 크고 돌출된 것을 「睅」이라고 이른다.'라고 하였다.〔晛睅 說文晛 目出皃也 睅 大出目也 謂人目大而突出曰睅晛睅 說文晛 目出皃也 睅 大出目也 謂人目大而突出曰睅〕"라고 하였다.

22) 周禮……튀어나왔다〔出其目〕 : ≪周禮≫ 〈考工記 梓人爲筍虡章〉에 "움켜 죽이고 물어뜯는 짐승은 반드시 발톱을 감추고 눈은 튀어나오고 비늘은 불거져 나온다.〔周禮考工記 梓人爲筍虡章曰 凡攫閷援簭之類 必深其爪出其目 作其鱗之而〕"라고 하였다.

23) 毛亨 傳……모양이다 : ≪毛詩≫ 〈小雅 杕杜〉의 "그 열매가 맺혔도다.〔有睆其實〕"에 대한 毛亨 傳을 가리킨다.

24) 毛亨 傳……모양이다 : ≪毛詩≫ 〈小雅 大東〉의 "밝게 빛나는 저 견우성〔睆 彼牽牛〕"에 대한 毛亨 傳을 가리킨다.

25) 禮記……것이다 : ≪禮記≫ 〈檀弓 上〉에 "아름답고 곱구나. 대부가 사용하는 돗자리여.〔華而睆 大夫之簀與〕"라고 하였는데, 鄭玄 注에 "설명하는 자가 睆을 나무의 옹이를 깎은 것이라고 하였다.〔說者 以睆爲刮節目〕"라고 하였다.

徐謂睆爲或睅字.

② 胡와 典의 반절이다. 제14部에 있다.

胡典切. 十四部.

07-099-2015 (矔) 〔눈에 정기 많을/관〕

'눈에 정기가 많다'이다. 目을 따르고 雚(관)이 소리이다. 益州의 지역에서는 눈을 부릅뜨는 것을 '矔'이라고 한다.

目多精也.① 从目, 雚聲.② 益州謂瞋目曰矔.③

① 矔이란 말은 '주시하다'는 뜻이다.[26)]

矔之言灌注也.

② 古와 玩의 반절이다. 제14部에 있다. ≪春秋左氏傳≫ 文公 7년 조에 "宋大夫 鱗矔이다."[27)]라고 하였다.

古玩切. 十四部. 左傳 "宋大夫鱗矔."

③ 이는 별도의 다른 뜻이다. ≪方言≫ 권6에 "梁州와 益州 지역에서는 눈을 부릅뜨는 것〔瞋目〕을 '矔'이라고 하고, 눈을 굴려 돌아보는 것〔轉目顧視〕도 '矔'이라고 한다."라고 하였다.

此別一義. 方言曰, "梁益之閒瞋目曰矔, 轉目顧視亦曰矔."

07-099-2016 (瞵) 〔눈빛/린〕

'눈빛'이다. 目을 따르고 粦(린)이 소리이다.

目精也.① 从目, 粦聲.②

① 〈吳都賦〉에 "매처럼 노려보고 독수리처럼 응시한다."라고 하였는데, 〈躲(사)雉賦〉에 "보는 모양은 성난 눈빛으로 옆에서 곁눈질한다."라고 하였는데, 徐爰은 "瞵은 '보는 모양'이다."라고 하였다.

吳都賦 "鷹瞵鶚視." 躲雉賦 "瞵悍目以旁睞." 徐爰曰, "瞵, 視皃."

---

26) 矔이란……뜻이다 : 水部에 "注는 '물을 대다'이다.〔注 灌也〕"라고 하였다.

27) 鱗矔이다 : ≪春秋左氏傳≫ 文公 7년 조에 "鱗矔이 司徒가 되었다.〔鱗矔爲司徒〕"라는 내용이 보인다.

② 力과 珍의 반절이다. 제12部에 있다.
力珍切. 十二部.

07-099-2017 (窅)〔눈 움푹 들어간 모양/요〕

'눈이 움푹 들어간 모양이다'이다. 구멍〔穴〕 속에 있는 눈〔目〕을 따랐다.

深目皃.① 从穴中目.②

① '皃'자는 ≪玉篇≫에 의거하여 바로잡았다.[28] ≪靈樞經≫ 〈水脹 藏府諸脹〉에 "그 배를 살펴보면 움푹 들어가서 올라오지 않는다."라고 하였다. ≪漢書≫ 〈禮樂志〉에 "窅窊(요와)는 '桂華(계수나무꽃)'이다."라고 하였는데, 蘇林[29]은 "窅는 음이 窅胅(요질)의 窅이다."라고 하였다.

살펴보건대, 窅胅은 窅는 바로 지금 坳突(요돌)의 '坳'자이다. 玄應의 ≪一切經音義≫에 "≪倉頡篇≫에는 窅突(요철)로 되어 있다. 窅는 烏와 交의 반절이며 '아래로 오목하게 들어가다'는 뜻이다. 突은 徒와 結의 반절이니, '볼록하게 나오다'는 뜻이다. 葛洪의 ≪字苑≫에는 "窅는 凹로 되어 있으며, '빠지다'는 뜻이고, 突은 凸로 되어 있으며, '일어나다'는 뜻이다."라고 하였다. 窅突·凹凸을 허신은 모두 수록하지 않았다. 그래서 허신은 '窅胅'을 사용한 것이다.[30]

孟康은 "窅는 '나오다'는 뜻이고 窊(와)는 '들어가다'는 뜻이다."라고 하였는데, 대체로 窊를 상대하여 말할 때는 窅를 '나오다'는 뜻으로 풀이하니, 徂(가다)를 '存(남다)'이라고 하고 苦(괴롭다)를 '快(유쾌하다)'라고 하는 것과 같다.

皃字依玉篇正. 靈樞經"按其腹窅而不起." 漢禮樂志"窅窊桂華." 蘇林曰, "窅音窅胅之窅." 按窅胅卽今坳突字. 玄應云"倉頡篇作窅突. 上烏交切, 墊下也. 下徒結切, 突也. 葛洪字苑, '上作凹, 陷也. 下作凸, 起也.'" 窅突·凹凸許皆不收. 然則許用窅胅也. 孟康云"窅出窊入." 葢對窊言之則訓窅爲出, 如徂之爲存, 苦之爲快.

② 烏와 皎는 반절이다. 제2部에 있다.
烏皎切. 二部.

---

28) 皃자는……바로잡았다 : 大徐本·小徐本에도 모두 "눈이 움푹 들어가다.〔深目也〕"로 되어 있다.

29) 蘇林 : ?~?. 대략 後漢 말기에서 魏나라의 초기인 220년 전후의 인물로 자는 孝友이고 陳留 外黃 사람이다. 관직은 散騎常侍에 이르렀고, 경사에 정통하였으며 古字와 今字의 뜻에 두루 통하였다.

30) 窅胅을……것이다 : ≪說文解字注≫ 肉部의 '胅'에 "〈胅은〉 '뼈가 어긋나다'이다.〔骨差也〕"라고 하였다.

07-099-2018 眊(眊)〔눈빛이 흐릴/모〕

'눈빛이 흐리다'이다. 目을 따르고, 毛(모)가 소리이다. ≪虞書≫의 '耄'자는 이를 따랐다.[31]

目少精也.① **从目, 毛聲.**② **虞書耄字从此.**③

① ≪孟子≫ 〈離婁 上〉에 "가슴속이 바르지 못하면 눈동자가 흐릿하다.〔眊〕"라고 하였는데, 趙岐 注에 "眊는 눈이 몽롱하여 눈이 밝지 못한 모양이다."라고 하였다. ≪廣雅≫ 〈釋訓〉에 "眊眊는 '생각하다'이다."라고 하였는데, 생각하느라 지쳐 눈빛이 흐려진 것을 이른다. 간혹 '毣毣(목목)'으로도 쓴다.

孟子 "胷中不正, 則眸子眊焉." 趙曰, "眊者, 蒙蒙目不明之貌." 廣雅 "眊眊, 思也." 謂思勞而目少精也. 或作毣毣.

② 亡과 報의 반절이다. 제2部에 있다.

亡報切. 二部.

③ 살펴보건대, ≪尙書≫ 〈虞書〉에는 '耄'자가 없고, ≪僞古文尙書≫ 〈虞書 大禹謨〉에는 있으니, 허신이 알았던 것이 아니다. ≪尙書≫ 〈商書 微子〉[32]와 ≪尙書≫ 〈周書 呂刑〉[33]에 모두 '耄'자가 있다. ≪尙書≫ 〈周書 呂刑〉의 "耄荒(노쇠하여 보잘것없다)"이 ≪周禮≫ 〈秋官 大司寇〉 注[34]에 인용된 글에는 "秏荒(줄어들어 보잘것없다)"으로 되어 있고, ≪漢書≫ 〈刑法志〉에는 "眊荒(흐리멍텅하다)"으로 되어 있다. ≪漢書≫ 〈武帝紀〉에는 '眊'를 '耄'로 쓴 것이 많은데, 아마 허신이 근거한 책에는 '眊'로 되어 있었던 것이다. 마땅히 "≪尙書≫의 '薹'자는 이와 같다."라고 해야 한다, 耄는 '眊'의 假借이다.

按虞書無耄字, 僞大禹謨有之, 非許所知也. 惟商書微子, 周書吕刑皆有耄. 吕刑"耄荒." 周禮注引作"秏荒." 漢刑法志作"眊荒." 漢書多以眊爲耄. 豈許所據書作眊與. 當云 "尙書薹字如此." 此爲假借.

---

31) 耄자는……따랐다 : 徐鍇는 "古書에 '耄'자는 대부분 이렇게 되어 있다.〔耄 臣鍇曰 古書耄字多作此〕"라고 하였다.

32) 商書 微子 : ≪商書≫ 〈微子〉에 "우리 국가의 노성한 사람들이 황야로 도망하였는데〔吾家耄遜于荒〕"라고 하여, '耄'로 되어 있다.

33) 商書……吕刑 : ≪商書≫ 〈周書 吕刑〉에 "왕이 나라를 누리신 지 백 년이 되어 늙어서 정신이 혼몽하였다.〔王享國百年 耄荒〕"라고 하여, '耄'로 되어 있다.

34) 周禮……注 : ≪周禮≫ 〈秋官 大司寇〉의 "왕을 도와 큰 나라와 작은 나라를 형벌로 제재하고 사방을 다스린다〔以佐王刑邦國 詰四方〕"에 대한 鄭玹 注에 '秏荒'으로 되어 있다.

07-099-2019 (矘)〔정기 없는 눈으로 똑바로 볼/**당**〕

'정기 없는 눈으로 똑바로 보다'이다. 目을 따르고 黨(당)이 소리이다.

目無精直視也.① 从目, 黨聲.②

① ≪後漢書≫ 〈梁冀傳〉에 "사팔뜨기 눈매로 똑바로 바라보다."라고 하였는데, 李賢 注에서는 ≪說文解字≫에 "사팔뜨기로서 눈매로 똑바로 보는 모양이다.〔目睛直視〕"라고 하였다. 살펴보건대, 章懷〔李賢〕는 "사팔뜨기이다."라고 하고 나서 마침내 ≪說文解字≫을 고쳐서 "눈으로 똑바로 보다〔爲目睛直視〕라고 하였다."는 말을 인용한 것은 잘못이다. 洞精은 '눈동자의 시선이 어긋나 있는 것'을 이르고, 矘眄(당면)은 '곁눈질하여 눈길이 분명하지 않은 것'을 이른다. 이것은 진실로 병행하는데 아무런 상관이 없다. ≪楚辭≫ 〈遠游〉에 "그 때에 해와 달이 희미해서 어둡고 몽롱하다.〔旹曖曃其矘莽〕"라고 하였는데, 王逸 注에 "해와 달이 어두워져 빛이 없는 것이다."라고 하였다. 矘㬒은 '曭莽(어둡고 몽롱한 모양)'과 같다.

後漢梁冀傳 "洞精矘眄." 注引"說文'目睛直視'." 按章懷因旣曰 "洞精." 遂改易說文爲"目睛直視", 非也. 洞精者, 謂其目精洞達. 矘眄者, 謂其流眄矘㬒. 此固不妨竝行. 遠游曰, "旹曖曃其曭莽." 王曰, "日月晻黮而無光也." 矘㬒, 猶曭莽.

② 他와 朗의 반절이다. 제10部에 있다.

他朗切. 十部.

07-099-2020 (睒)〔잠시 보는 모양/**섬**〕

'잠시 보는 모양'이다. 目을 따르고 炎(염)이 소리이다. "白蓋(흰 띠로 만든 거적)를 '苫(점)'이라고 한다."라고 할 때의 苫(점)과 대략 같게 읽는다.

暫視皃.① 从目, 炎聲.② 讀若"白蓋謂之苫"相似.③

① ≪大玄經≫ 〈劇〉 次3에 "술은 만들어 마시면 덕을 잃어, 귀신이 그 집을 잠시 바라본다.〔睒〕"라고 하였는데, 부귀가 극에 이른 "부귀가 극에 이른 집은 귀신이 그 교만한 뜻을 싫어해서 해치려고 그 집을 엿본다.〔瞰〕"[35]라고 한 말과 같다. 〈吳都賦〉에 "이리

---

35) 부귀가……엿본다 : 이 말은 ≪漢書≫ 〈揚雄傳 解嘲〉와 ≪文選≫ 〈解嘲〉에 동일한 구절이 있다.

가 그물에 걸려 보는 것을 잊어버렸다."[36]라고 하였는데, 郭璞 〈江賦〉에 "獱獺(빈힐)이 낭떠러지의 동굴을 놀라 바라본다."라고 하였다.

大玄曰 "酒作失德, 鬼睒其室." 此與"高明之家, 鬼瞰其室"語同也. 吳都賦 "(踶)〔狼〕[37]跋乎紭中, 忘其所以睒睗." 江賦"獱獺睒瞲乎厱空."

② 失과 冉의 반절이다. 제8部에 있다.

失冉切. 八部.

③ ≪爾雅≫ 〈釋器〉의 '苫'자의 音과 대략 같게 읽는 것을 이른다.[38]

謂讀與爾雅釋器之苫字音略同也.

07-099-2021 (瞷) 〔눈 부릅뜰, 눈 굴리며 볼/동〕

吳와 楚의 지역에서는 눈을 부릅뜨는 것과 돌아보는 것을 '瞷(동)'이라 한다. 目을 따르고 同(동)이 소리이다.

吳楚謂瞋目, 顧視曰瞷.① 从目, 同聲.②

① ≪方言≫ 권6에 "矔(관)과 瞷은 '눈을 굴리다'의 뜻이다. 梁州와 益州 지역에서는 눈을 부릅뜨는 것을 '矔'이라고 하고, 눈을 굴려 돌아보는 것도 역시 '矔'이라고 하는데, 吳와 楚 지역에서는 '瞷'이라고 한다."라고 하였다. 살펴보건대, 瞋目과 顧視는 다른 일인데, 梁州와 益州 지역에서는 모두 '矔'이라고 하고, 吳와 楚 지역에서 모두 '瞷'이라고 하였다.

方言 "矔・瞷, 轉目也. 梁益之閒, 瞋目曰矔, 轉目顧視亦曰矔. 吳楚曰瞷." 按瞋目・顧視是二事, 梁益皆曰矔, 吳楚皆曰瞷也.

② 徒와 弄의 반절이다. 제9部에 있다.

徒弄切. 九部.

07-099-2022 (眓) 〔똑바로 볼/비〕

'똑바로 보다'이다. 目을 따르고 必(필)이 소리이다. ≪詩經≫ 〈邶風 泉水〉에 "졸졸

---

36) 吳都賦에……잊어버렸다 : 〈吳都賦〉에 "이리가 그물에 걸려 보는 것을 잊어버리고 나가는 것도 잃어버렸다〔狼跋乎紭中 忘其所以睒睗 失其所以去就〕"라고 하였다.

37) (踶)〔狼〕: 저본에는 '踶'로 되어 있으나, 〈吳都賦〉에 의거하여 '狼'으로 바로잡았다.

38) 苫자의……이른다 : ≪爾雅≫ 〈釋器〉에 "白蓋를 '이엉'이라고 한다.〔白蓋謂之苫〕"라고 하고, 邢昺 疏에 "孫炎은 '白蓋는 띠 풀로 만든 이엉이다.〔孫炎曰 白蓋 茅苫也〕"라고 하며, 郭璞은 "띠 풀로 만든 이엉이다.〔白茅苫也〕"라고 하였다.

흐르는 저 샘물도〔泌彼泉水〕"의 泌(비)와 같이 읽는다.

直視也. 从目, 必聲. 讀若詩云, "泌彼泉水."①

① ≪詩經≫ 〈邶風 泉水〉의 글이다. 지금 ≪毛詩≫ 〈邶風 泉水〉에는 〈泌가〉 '毖'로 되어 있는데, 泌는 '䀣'를 假借한 것이다. ≪經典釋文≫에 "≪韓詩≫에는 '祕'로 되어 있고, ≪說文解字≫에는 '䀣'로 되어 있다."라고 하였으니, 陸德明의 이 말은 대체로 잘못된 것이다. 徐鉉本에는 '泌'로 되어 있으니 바로 古本이다. 兵과 媚의 반절이다. 제15部에 있다.
邶風文. 今詩作毖, 泌之假借也. 釋文云, "韓詩作祕, 說文作䀣." 陸氏此語葢誤. 鉉本作泌, 乃古本也. 兵媚切. 十五部.

07-099-2023 (瞴)〔흘겨볼/무〕

瞴婁이니, '흘겨보다'이다. 目을 따르고 無(무)가 소리이다.

瞴婁,① **微視也.**② **从目, 無聲.**③

① 句讀(구두)이다. 瞴와 婁는 疊韻이다.
逗. 疊韻.
② ≪玉篇≫·≪廣韻≫ 上平聲 10 虞韻에 '婁'가 '瞜'로 되어 있다.
篇·韻婁作瞜.
③ 莫과 浮의 반절이다. 古音은 제5部에 있다.
莫浮切. 古音在五部.

07-099-2024 (䀏)〔남이 보는 것을 가릴/휴〕【重文 1】

'남의 시선을 가리다'이다. 目을 따르고 幵(견)이 소리이다. 攜手의 攜(휴)와 같이 읽는다. 일설에는 "'똑바로 보다'는 뜻이다."라고도 한다. (䀏)는 䀏의 或體로 目이 아래에 있다.

蔽人視也.① **从目, 幵聲. 讀若攜手.**② **一曰, "直視也." , 䀏目或在下.**

① 徐鍇는 "사람을 비추어 보는 것이다."라고 하였다.
鍇曰, "映人而視也."
② 苦와 兮의 반절이다. 살펴보건대, ≪廣韻≫ 上平聲 12 齊韻에 "戶와 圭의 반절이다."라

고 하였다. 제16部에 있다.
苦兮切. 按廣韻戸圭切. 十六部.

07-099-2025 (晚)〔눈으로 보는 모양/만〕

晚睯(한)이니, '눈으로 보는 모양'이다. 目을 따르고 免(면)이 소리이다.

晚睯,① 目視皃. 从目, 免聲.②

① 句讀(구두)이다.
逗.

② 武와 限의 반절이다. 제14部에 있다.
武限切. 十四部.

07-099-2026 (眡)〔보는 모양/시〕

'보는 모양'이다. 目을 따르고 氏(씨)가 소리이다.

視皃也.① 从目, 氏聲.②

① 馬融의 〈長笛賦〉에 "숫사슴이 갈기를 흔드는 것이 보이네."라고 하였는데, 李善 注에 "昏은 '보다'이며, 髟는 '갈기를 떨다'이다."라고 하였다. 살펴보건대, '昏'과 '眡'는 동일한 글자이고, '眡(보다/저)'와는 구별된다. 眡는 視의 古文이다. 氐聲은 古音은 제15部에 있다. 眡는 氏聲이며 제16部에 있으니, 宋나라와 元나라 이래로 氏와 氐가 通用될 수 없다는 것을 아는 이가 드물다.
馬融長笛賦 "特麚昏髟." 李曰, "昏, 視也, 髟, 振鬣也." 按昏眡一字也, 與眡別. 眡, 古文視. 氐聲, 在十五部. 眡, 氏聲, 在十六部, 宋元以來尠有知氏氐之不可通用者.

② 承과 旨의 반절이다. 李善은 "昌과 夷의 반절이다."라고 하였다. ≪廣韻≫ 上平聲 5支韻에 "眡眡는 '눈싸움'이다. 是와 支의 반절이다."라고 하였다. 살펴보건대, 古音은 支韻·紙韻에 있다.
承旨切. 李善 "昌夷切." 廣韻 "眡眡, 役目也. 是支切." 按古音在支紙韻.

07-099-2027 (睨)〔곁눈질할/예〕

'곁눈질하다'이다. 目을 따르고 兒(아)가 소리이다.

衺視也.① **从目, 皃聲.**②

① ≪春秋左氏傳≫ 哀公 13년 조에 "나와 비천한 사람들은 곁눈질하기만〔睨〕 할 뿐이다." 라고 하였는데, ≪禮記≫ 〈中庸〉에 "'곁눈질하다〔睨〕'이다."라고 하였다.
左傳 "余與褐之父睨之." 中庸 "睨而視之."

② 硏과 計의 반절이다. 제16部에 있다.
硏計切. 十六部.

07-099-2028 (睸)〔눈을 내리뜨고 볼/**모**〕

'눈을 내리뜨고 보다'이다. 目을 따르고 冒(모)가 소리이다. ≪周書≫에 "무왕의 덕을 천하에 덮이게 하였다."라고 하였다.

氐目視也. 从目, 冒聲.① **周書曰, "武王惟睸."**②

① 亡과 保(보)의 반절이다. 古音은 제3部에 있다.
亡保切. 古音在三部.

② ≪尙書≫ 〈周書 君奭〉의 글이다. 지금 ≪尙書≫ 〈周書 君奭〉에는 '冒'로 되어 있다. 대개 古文에서는 睸를 '冒'로 썼다.
君奭篇文. 今書作冒. 葢古文以睸爲冒也.

07-099-2029 (眓)〔높은 곳을 쳐다보는 모양/**활**〕

'높은 곳을 쳐다보는 모양'이다. 目을 따르고 戉(월)이 소리이다. ≪詩經≫ 〈衛風 碩人〉에 "그물을 치는 소리 활활 하게 들린다.〔施罛濊濊〕"[39)]라고 한 濊(활)과 같이 읽는다.

視高皃.① **从目, 戉聲.**② **讀若詩曰施罛濊濊.**③

① 豁目(시야를 넓히다)의 '豁'자는 '眓'자가 되어야 한다.
豁目字當作此.

---

39) 詩經……들린다〔施罛濊濊〕: 今本 ≪詩經≫ 〈碩人〉에, "그물을 치는 소리 활활하게 들리니, 전어와 상어가 팔딱거리며.〔施罛濊濊 鱣鮪发发〕"라고 하여, 저본에는 "施罛濊濊"로 되어 있는데, ≪詩經≫ 〈碩人〉에 "施罛濊濊"로 되어 있다.

② 呼와 括의 반절이다. 제15部에 있다.
呼括切. 十五部.

③ 許愼은 ≪詩經≫ 〈衛風 碩人〉의 이 구절을 네 번 인용하였다. 그리고 여기에서 '罛'자 해설에 '濊濊'로 되어 있는 것은 잘못되지 않았다. 水部의 '濊(활)'자의 해설에 '濊濊'로 되어 있고, 大部의 '濊'자 해설에 '濊濊'로 되어 있고, 宋刻本에 '泧泧(월)'로 되어 있는 것은 모두 잘못이다. 이에 대한 설명은 水部 '濊'자의 해설에 자세하다.
許四引衛風此句. 而此與罛下作濊濊不誤. 水部作濊濊, 大部作濊濊, 宋刻泧泧皆誤也. 說詳水部濊下.

07-099-2030 眈(眈) 〔가까운 데를 보면서 뜻은 먼 곳에 둘/**탐**〕

'가까운 데를 보면서 뜻은 먼 곳에 두다'이다. 目을 따르고 冘(임)이 소리이다. ≪周易≫ 頤卦 六四爻辭에 "호시탐탐하다"라고 하였다.

視近而志遠.① **从目, 冘聲.**② **易曰, "虎視眈眈."**③

① 그 뜻이 깊고 신중함을 이른다. 馬融은 "호랑이가 아래로 내려다보는 모양이다."라고 하였다.
謂其意深沈也. 馬云 "虎下視皃."

② 丁과 含의 반절이다. 제8部에 있다.
丁含切. 八部.

③ ≪周易≫ 頤卦 六四의 효사이다.
頤六四爻辭.

07-099-2031 ⿺延目(⿺延目) 〔서로 돌아보며 갈/**연**〕

'서로 돌아보며 가다'이다. 目을 따르고 延(천)을 따랐으며, 延이 또한 소리이다.

相顧視而行也. 从目, 从延, 延亦聲.①

① 于와 線의 반절이다. ≪廣韻≫ 下平聲 2 仙韻에 "以와 然의 반절이다."라고 하였다. 제14部에 있다.
于線切. 廣韻"以然切." 十四部.

07-099-2032 (盱)〔눈을 부릅 뜰, 검은 눈동자/우〕

'눈을 부릅 뜨다'이다. 目을 따르고 亐(우)가 소리이다. 일설에는 "朝鮮에서는 검은 눈동자를 '盱'라고 이른다."라고도 한다.

張目也.① 从目, 亐聲.② 一曰, "朝鮮謂盧童子曰盱."③

①〈魏都賦〉'盱衡'에 대한 張載 注에 "눈썹 위를 '衡'이라고 한다. 盱는 '눈썹을 들어 크게 보다'는 뜻이다"라고 하였다. ≪爾雅≫〈釋詁〉에는 "盱는 '근심하다'는 뜻이다."라고 하였는데, 이것은 引伸된 뜻이다. 대체로 憂는 또한 눈을 부릅뜨고 똑바로 보는 것이다. ≪毛詩≫〈國風 卷耳〉에 "盱는 '근심하다'이다."라고 하였는데, ≪詩經≫〈小雅 何人斯〉와 ≪詩經≫〈小雅 都人士〉에는 "모두 毛亨 傳이 없다."라고 하였다. 그렇다면 세 곳의 詩에 모두 '盱'로 되어 있고, '憂'로 풀이하였다. 지금〈國風 卷耳〉에 '吁'로 되어 있는 것은 잘못이다. 鄭玄 箋에 "盱를 '근심하다〔病〕'는 뜻이라고 하였으니, 또 '憂'자의 引伸된 뜻이다.

張載注魏都賦盱衡曰, "眉上曰衡. 盱, 舉眉大視也." 釋詁 "盱, 憂也." 此引伸之義. 凡憂者亦有張目直視者也. 毛詩卷耳曰, "盱, 憂也." 何人斯・都人士皆無傳. 然則三詩皆作盱, 訓憂. 今卷耳作吁, 誤也. 鄭箋盱爲病, 又憂之引伸之義.

② 況과 于의 반절이다. 제5部에 있다.

況于切. 五部.

③ ≪方言≫ 권3에 "검은 눈동자를 燕代[40]・朝鮮 洌水 지역에서는 '盱'라고 한다."라고 하였는데, 혹은 '揚'이라고 이른다.

方言 "驢瞳之子, 燕代朝鮮洌水之閒曰盱." 或謂之揚.

07-099-2033 (睘)〔놀란 눈으로 볼, 외로울/경〕補

'놀란 눈으로 보다'이다. 目을 따르고 袁(원)이 소리이다.[41] ≪詩經≫〈唐風 杕杜〉에 "홀로 가니 외롭고 외롭다."라고 하였다.

---

40) 燕代 : 전국시대 燕나라와 代나라 지역을 아울러 일컫는 말로, 河北의 북서부 지역과 山西의 동북부 지역에 해당한다.

41) 睘은……소리이다 : ≪六書尋源≫에는 "놀라 보는 이는 그 눈이 둥글기 때문에, '睘'자의 小篆이 罒(目)을 따르고 袁을 따랐다.〔驚視者 其目圜 故此字之篆 从罒从袁〕"라고 하여, 會意로 설명하고 ≪說文解字≫의 形聲을 따르지 않았다.

目驚視也.① 从目, 袁聲.② 詩曰, "獨行瞏瞏."

① ≪毛詩≫ 〈唐風 杕杜〉의 毛亨 傳에 "瞏瞏은 '의지할 곳이 없다'는 뜻이다."라고 하였는데, 許愼이 毛亨 傳을 따르지 않은 것은, 허신이 글자를 설명한 것이지 경전을 설명한 것이 아니기 때문이다. 글자를 만든 本義는 이와 같으니, 目을 따른 것에서 알 수 있다.
唐風毛傳曰 "瞏瞏, 無所依也." 許不从毛者, 許說字非說經也. 製字之本義則尒. 於从目知之.

② 渠와 營의 반절이다. 살펴보건대, 袁聲은 제14部에 있어야 하는데, ≪毛詩≫에 青·姓과 함께 韻인데,[42] 이것은 合韻이다.
渠營切. 按袁聲當在十四部, 毛詩與青姓韻, 是合音也.

07-099-2034 瞫(䁴)〔계속해서 볼/전〕

'보기를 멈추지 않다'이다. 目을 따르고 亶(단)이 소리이다.

視而不止也.① 从目, 亶聲.②

① '不'자는 ≪廣韻≫ 上聲 28 獮韻의 '膳'자 계열에 속한 '䁴'자 해설에 의거하여 보충하였다.
不字依廣韻補.

② 旨와 善의 반절이다. 제14部에 있다.
旨善切. 十四部.

07-099-2035 昒(眒)〔실눈 뜨고 멀리 볼, 오래 볼, 아침이 밝아 올/매〕

'눈을 가늘게 뜨고 멀리 보다'이다. 目을 따르고 勿(물)이 소리이다. 일설에는 "'오랫동안 보다〔久視〕'는 뜻이다."라고도 한다. 일설에는 "아침이 밝아 온다.〔旦明〕"라고도 한다.

目冥遠視也.① 从目, 勿聲.② 一曰, "久視也."③ 一曰, "旦明也."④

---

42) 毛詩에……韻인데 : ≪毛詩≫ 〈唐風 杕杜〉에 "그 잎이 푸르고 푸르도다. 홀로 가는데 의지할 곳이 없으니 어찌 타인이 없으리오마는 나의 同姓만 못하니라, 아! 길가는 사람은 어찌 도와주지 않는고. 사람이 형제가 없거늘 어찌 도와주지 않는고.〔有杕之杜 其葉菁菁 獨行瞏瞏 豈無他人 不如我同姓 嗟行之人 胡不比焉 人無兄弟 胡不佽焉〕"라고 하였는데, 瞏이 菁〔青〕·姓과 韻을 이루고 있는 것을 가리킨다.

① 冥은 瞑이 되어야 한다. 눈은 비록 가늘게 떴지만 멀리 볼 수 있다.
冥當作瞑. 目雖合而能遠視也.

② 莫과 佩의 반절이다. ≪廣韻≫ 去聲 16 怪韻에 "莫과 拜의 반절이다."라고 하였다. 제 15部에 있다.
莫佩切. 廣韻"莫拜切." 十五部.

③ ≪廣韻≫에 의거하여 '視'자를 보충하였다.
依廣韻補視.

④ ≪說文解字≫를 인용한 ≪玉篇≫에서는 이 '一日旦睧也' 5자가 없으니, 망령된 사람이 이 보탠 것이다. ≪漢書≫ 〈敘傳 幽通賦〉에 "이른 아침에 잠에서 깨어 돌이켜 생각하니,〔昒昕寤而仰思〕"라고 하였는데, 孟康은 "昒昕(물흔)은 '이른 아침'이다."라고 하였다. 韋昭는 "昒는 音이 '妹'이고 또한 음이 '忽'이다."[43]라고 하였다.

≪史記≫ 〈司馬相如傳〉에 "이른 아침에〔曶爽〕 어두운 곳이 광명의 밝음을 얻게 되었다."라고 하였는데, 司馬貞이 ≪三蒼≫에 "曶爽은 '이른 아침'이다. 曶는 音이 '妹'이다."라고 하였고, ≪字林≫에는 "음이 忽이다."라고 하였다. 그렇다면 昒와 曶(매)는 동일한 글자이고 '昧'자와 같다. 그러므로 ≪說文解字注≫ 日部에서 '昧'자는 있으나 '昒'자는 없는 것은 어떤 사람이 〈幽通賦〉를 轉寫할 때 '昒'로 잘못 쓴 것인데, 잘못 쓴 글자를 그대로 따라 ≪說文解字≫에 5글자(一日旦睧也)를 덧붙여 넣었는지는 모르겠다.
玉篇引說文解字無此五字. 妄人所增也. 漢書敘傳"昒昕寤而仰思." 孟康曰, "昒昕, 早旦也." 韋昭曰, "音妹. 又音忽." 司馬相如傳"曶爽闇昧, 得燿乎光明." 司馬貞引三蒼"曶爽, 早朝也. 音妹." 字林"音忽." 然則昒曶一字也, 與昧同. 故日部有昧無昒, 不知何人寫幽通賦譌作昒, 而仍其誤者於說文增竄五字.

07-099-2036  (眕)〔눈에 한이 맺혔으나 멈출/진〕

'눈에 맺혔으나 멈추다'이다. 目을 따르고 㐱(진)이 소리이다.

目有所恨而止也.① 从目, 㐱聲.②

① ≪春秋左氏傳≫ 隱公 3년 조에 "총애를 받으면서도 교만하지 않고, 교만하면서도 능히 낮추며, 능히 낮추면서도 원한을 갖지 않고, 원한을 갖고 있으면서도 자중하는〔眕〕 자는 드물다."라고 하였다. 許愼의 말은 대개 古文 ≪春秋左氏傳≫의 해설이다. ≪爾雅≫ 〈釋言〉에 "眕은 '자중하다〔重〕'는 뜻이다."라고 하였는데, 重은 또한 '멈추다〔止〕'는 뜻이다.

---

43) 韋昭는……忽이다 : ≪文選≫ 권14 〈幽通賦〉 注에 보인다.

春秋左氏傳曰, "夫寵而不驕, 驕而能降, 降而不憾, 憾而能昣者鮮矣." 許語葢古左傳說. 釋言"昣, 重也." 重亦止意.

② 之와 忍의 반절이다. 제13部에 있다.
之忍切. 十三部.

07-099-2037 (瞟)〔흘겨볼/표〕

'흘겨보다'이다. 目을 따르고, 㢶(표)가 소리이다.

瞭也.① 从目, 㢶聲.②

① 지금 江蘇省의 풍속에 눈으로 몰래 엿보는 것을 '瞟'라고 이른다. 瞟의 音은 瓢(표)의 上聲과 같다.[44]
今江蘇俗謂以目伺察曰瞟. 音如瓢上聲.

② 敷(부)와 沼의 반절이다. 제2部에 있다.
敷沼切. 二部.

07-099-2038 (䁥)〔살필/제〕

'살피다'이다. 目을 따르고 祭(제)가 소리이다.

察也.① 从目, 祭聲.②

① 左思의 〈魏都賦〉에 "吕梁山을 살피다."라고 하였다. 䁥와 察은 疊韻이다.
魏都賦 "有䁥吕梁." 䁥察疊韻.

② 戚과 細의 반절이다. 제15部에 있다.
戚細切. 十五部.

---

44) 瞟의……같다 : '瓢上聲'은 直音을 변형한 표음 방법의 한 가지로, 해당 한자를 '同類音이면서 성조가 다른 한자로 注音하는 방법'이다. 瞟의 音을 瓢에서 聲(ㅍ)만 취하고 그 나머지인 韻은 上聲으로 하라는 것이다. 瓢는 平聲이므로 瞟(上聲)와 韻이 달라 瓢의 聲調를 바꾸어야 瞟의 音을 얻을 수 있는 것이다. 이러한 '瓢上聲'은 平・上・去・入聲 四聲 중의 하나인 上聲을 제시할 뿐이지 上聲 안에서의 특정 韻이 어느 것인지는 불확실하다. 이는 ≪中文大辭典≫에 "瞟音縹 篠 上聲"으로 直音이 표기되어, 音이 '縹'이고 그에 의한 韻이 106韻의 '篠'韻이고, 四聲이 上聲을 나타낸 것만은 못한 것이다.

07-099-2039 (睹)〔볼/도〕【重文 1】

'보다'이다. 目을 따르고 者(자)가 소리이다. (覩)는 古文이며, 見을 따랐다.

見也. 从目, 者聲.① **古文, 从見.**②

① 當과 古의 반절이다. 제5部에 있다.
當古切. 五部.

② 살펴보건대, ≪玉篇≫ · ≪廣韻≫ 上聲 10 姥韻에서 모두 '覩'를 古文이라고 말하지 않았다.
按篇韻皆不言覩爲古文.

07-099-2040 (眔)〔눈으로 뒤따를/답〕補

'눈이 서로 미치다'이다. 目과 隶(이)의 생략형을 따랐다. 隶와 같이 읽는다.

目相及也.① **从目, 隶省.**② **讀若與隶同也.**③

① 隶는 '미치다'이다. 石經 ≪公羊傳≫ 哀公 14년 조에 "조부님이 이르신 곳에서 듣는다."라고 하였는데, 今本에는 '逮'로 되어 있다. ≪禮記≫ 〈中庸〉에 "천한 신분까지 은혜가 미치게 하기 위한 것이다."라고 하였는데, ≪經典釋文≫에는 '遝'으로 되어 있으니, 이것이 眔은 隶의 音義와 모두 같다는 증거이다.
隶, 及也. 石經公羊 "祖之所遝聞." 今本作逮. 中庸"所以逮賤." 釋文"作遝." 此眔與隶音義俱同之證.

② 會意이다.
會意.

③ 眔은 徒와 合의 반절이다. 제15部에 있다. 隶는 제15部에 있다. '同'이라고 말한 것은 合音이기 때문이다.
眔徒合切, 在八部. 隶在十五部. 云同者, 合音也.

07-099-2041 (睽)〔눈이 서로 따르지 않을/규〕補

'눈이 서로 따르지 않다'이다. 目을 따르고 癸(계)가 소리이다.

目不相聽也.① **从目, 癸聲.**②

① 聽은 '따르다〔順〕'와 같다. ≪周易≫ 睽卦 〈彖傳〉에 "두 여자가 함께 거처하지만 그 뜻이 합치되지 않는다."[45]라고 한 것은 두 사람 눈이 같은 것을 보지 못한다는 것과 같다. 그러므로 卦를 '睽'라고 한 것이다. 人部에서 "傒(계)는 바로 '睽'이다."라고 하였다.
聽, 猶順也. "二女志, 不同行." 猶二目不同視也. 故卦曰睽. 人部 "傒卽睽."

② 苦와 圭의 반절이다. 제15部에 있다.
苦圭切. 十五部.

07-099-2042 (眜)〔눈 밝지 않을/**말**〕

'눈이 밝지 않다'이다. 目을 따르고 末(말)이 소리이다.

目不明也.① **从目, 末聲.**②

① 左思의 〈吳都賦〉에 "서로 더불어 죽음을 무릅쓰며 자맥질하고 험한 곳을 가서 怪奇 한 곳을 찾는다."라고 하였는데, 劉逵 注에 "眜은 '무릅쓰다'이다."라고 하였다. 李善 注에 "≪說文解字≫에 眜은 門과 撥의 반절이며, '물에 잠긴 은밀한 동굴'을 이른다."라고 하였다. 撥이 俗本에는 '廢'로 쓰여 있다.
吳都賦 "相與眜潛險, 搜怪奇." 劉曰, "眜, 冒也." 李曰, "說文眜, 門撥切, 謂之潛隱之穴也." 撥, 俗本作廢.

② 莫과 撥의 반절이다. 제15部에 있다.
莫撥切. 十五部.

07-099-2043 (瞂)〔눈을 굴리며 볼/**반**〕

'눈을 굴리며 보다'이다. 目을 따르고 般(반)이 소리이다.

轉目視也.① **从目, 般聲.**②

① 般은 '피하다'이다. '배를 돌리는 것'을 본뜬 것이다. 그러므로 눈알을 굴리는 것을 '轉目'이라고 한다. ≪戰國策≫ 〈齊策〉에 "田瞂이라는 사람이다."[46]라고 하였다.

---

45) 두 여자가……않는다 : ≪周易≫ 睽卦 〈彖傳〉에서는 "두 여자가 함께 거처하지만 그 뜻이 합치되지 않는다.〔二女同居 其志不同行〕"라고 하였다.

46) 戰國策……사람이다 : 田瞂은 田瞀이다. ≪戰國策≫ 〈齊〉에 "田瞀(무)는 續注에 '瞀은 아마도 「瞂」자로 쓰인 듯하다.'〔田瞀 續瞀恐作瞂〕"라고 하였다.

般, 辟也. 象舟之旋. 故般目爲轉目. 戰國策 "有田瞥."

② 薄과 官의 반절이다. 제14部에 있다.
薄官切. 十四部.

07-099-2044 (䀼)〔어린아이가 흰자위로 볼/판〕

'어린아이가 흰자위로 보다'이다. 目을 따르고 辡(변)이 소리이다.

小兒白眼視也.① **从目, 辡聲.**②

① ≪廣韻≫ 去聲 31 襉韻에 의하여 '視'자를 보충하였다.
依廣韻補視字.

② 蒲와 莧의 반절이다. ≪廣韻≫에는 "匹과 莧의 반절이다."라고 하였다. 제12部에 있다.
蒲莧切. 廣韻 "匹莧切." 十四部.

07-099-2045 (脈)〔눈으로 흘겨볼/맥〕

'눈으로 흘겨보다'이다. 目을 따르고 𠂢(파)가 소리이다.

目財視也.① **从目, 𠂢聲.**②

① 財는 ≪廣韻≫에 의거하여 '邪'가 되어야 하고, 邪는 '衺(사)'로 써야 한다. 脈은 𠂢部의 覛(맥)과 音義가 모두 같다. '財視'는 제대로 된 뜻풀이가 아니다. 𠂢部의 𠂢자 해설에 𠂢는 물이 '비스듬히 흘러 갈라진 것'이다. 王逸 ≪楚辭≫ 〈九思 逢尤〉에 "눈으로 흘겨보며 아침까지 깨어 있다."라고 하였는데, 洪興祖의 ≪楚辭補注≫에 "脈脈은 '보는 모양'이다."라고 하였다. ≪古詩十九首≫ 〈迢迢牽牛星〉에는 "서로 바라보면서 말할 수 없네."라고 하였는데, 李善 注에서 ≪爾雅≫를 인용하여 "脈은 '보다'는 뜻이다."라고 하였는데, 郭璞은 "脈脈은 '서로 보는 모양'을 이른다."라고 하였다.

살펴보건대, 지금 ≪爾雅≫ 〈釋詁〉에 郭璞 注가 없다. ≪經典釋文≫ 에 "覛(맥)은 또 '脈'으로 쓰기도 한다."라고 하였는데, ≪五經文字≫ 권상 目部에는 "'脈'자가 있다."라고 하였다. ≪文選≫에서 '脈'은 모두 '脈'자를 잘못 붙인 것이다.
財當依廣韻作邪. 邪當作衺. 此與𠂢部, 覛音義皆同. 財視非其訓也. 𠂢者, 水之衺流, 別也. 九思"目脈脈兮寤終朝." 注曰, "脈脈, 視貌也." 古詩十九首"脈脈不得語." 李引爾雅"脈, 相也." 郭璞曰, "脈脈謂相視貌." 按今釋詁無郭注. 釋文曰, "覛字又作脈." 五經文字"有脈字." 文選脈皆系衇之譌.

② 形聲이면서도 會意를 포함한다. 莫와 獲의 반절이다. 제16部에 있다.
形聲包會意. 莫獲切. 十六部.

07-099-2046 (瞧)〔의욕을 잃은 눈으로 볼/**척**〕

'의욕을 잃은 눈으로 보다'이다. 目을 따르고 條(조)가 소리이다.

失意視也.① **从目, 條聲.**②

① 左思의 〈魏都賦〉에 "吳와 蜀에서 온 두 손님이 의욕을 잃고 멀거니 바라보며 갈 곳을 잃었다."라고 하였는데, 李善 注에 인용한 것은 같다.
魏都賦, "吳蜀二客, 瞧焉失所." 李引同.

② 각 판본에는 脩聲을 따르고, 瞗(척)으로 되어 있다.[47] 살펴보건대, 瞧의 音이 他와 狄의 반절이고, 滌(척)은 亭과 歷의 반절인 것과 같으니, 모두 條(조)에서 소리를 취하였다. 脩의 소리는 他와 狄의 반절이 될 수 없다. 잘못하여 '瞗(척)'이라고 한 것은 바로 '𥄎(추)'자와 같다고 혼동한 것이다. 그리고 ≪玉篇≫[48]・≪廣韻≫[49]에 모두 "敕과 周의 반절이다."라고 하였다. 지금 〈魏都賦〉에 의거하여 바로잡았다. 古音은 제3部에 있다. ≪唐韻≫에 "他와 歷의 반절이다."라고 하였다.
各本从脩聲, 作瞗. 按瞧音他狄反, 猶滌之切亭歷, 皆於條取聲. 脩聲不得切他狄也, 譌爲瞗. 乃溷同𥄎字. 而篇・韻皆曰, "敕周切矣." 今依魏都賦正. 古音在三部. 唐韻"他歷切."

07-099-2047 (𥈝)〔둔한 눈빛/**순**〕

'눈빛이 둔하다'이다. 目을 따르고 臺(순)이 소리이다.

謹鈍目也. 从目, 臺聲.①

47) 瞗(척)으로……있다 : 徐鉉本과 徐鍇本에 모두 "'의욕을 잃은 눈으로 보다'이다. 目을 따르고 脩가 소리이다.〔失意視也 从目脩聲〕"라고 하였다.

48) 玉篇 : ≪玉篇≫ 目部 제48에 "敕과 周의・他와 狄은 2개의 반절이다. 이는 敕周와 같다. 周・鳩는 下平聲 尤韻에 속한다.

49) 廣韻 : ≪廣韻≫ 下平聲 18 尤韻에 "丑과 鳩의 반절이다.〔丑鳩切〕"라고 하였다.

① 之와 閏의 반절이다. 제13部에 있다.
之閏切. 十三部.

07-099-2048 瞤(瞤)〔눈꺼풀이 바르르 떨릴/**윤**〕

'눈꺼풀이 바르르 떨리다'이다. 目을 따르고 閏(윤)이 소리이다.

目動也.① **从目, 閏聲.**②

① ≪黃帝素問≫에 "눈꺼풀이 떨리는 경풍〔瘛〕이다."라고 하였는데, 注에 "〈눈꺼풀이〉 경련을 일으키다."라고 하였다. ≪西京襍記≫ 권3에 "陸賈[50]는 눈꺼풀이 떨리면 술과 음식을 먹는다."[51]라고 하였다.
素問 "肉瞤瘛." 注 "動掣也." 西京襍記 陸賈曰 "目瞤得酒食."

② 如와 匀의 반절이다. 제13部에 있다.
如匀切. 十三部.

07-099-2049 矉(矉)〔한스러워 눈 부라릴/**빈**〕

'한스러워 눈을 부라리다'이다. 目을 따르고 賓(빈)이 소리이다. ≪詩經≫〈大雅 桑柔〉에 "국가의 운명이 위급하다."라고 하였다.

恨張目也. 从目, 賓聲.① **詩曰, "國步斯矉."**②

① 符와 眞의 반절이다. 제12部에 있다.
符眞切. 十二部.

② ≪詩經≫〈大雅 桑柔〉의 글이다. ≪毛詩≫에 '頻'으로 되어 있고, 毛亨 傳에는 "頻은 '급하다'는 뜻이다."라고 하였으며, 鄭玄 箋에서는 "頻은 '빈번하다〔比〕'는 뜻과 같다. 슬프다! 국가의 정치가 여기에 재앙과 해가 빈번히 행해졌다."라고 하였다. '頻'자는 절대로 假借가 아니다. 여기에 '矉'으로 된 것은 아마도 三家詩[52]인듯하다. 허신이 ≪毛詩≫를

---

50) 陸賈 : B.C. 240?~B.C. 170? 漢나라 초기 楚나라 사람이다. 西漢의 思想家이며 政治家이고, 外交家이다. 저서로 ≪新語≫ 등이 있다.

51) 陸賈는……먹는다 : 기쁜 일이 생길 조짐을 이르는 말이다. ≪西京雜記≫ 권3에, "눈이 떨리면 술과 음식을 먹게 되고, 등불이 환해지면 돈이나 재물을 얻게 된다.〔夫目瞤得酒食 燈花華得錢財〕"라고 하였다.

52) 三家詩 : 漢代에 ≪詩經≫을 전승한 三家, 즉 申培가 해설한 ≪魯詩≫, 韓嬰이 해설한

일컬으면서 三家詩도 다룬 것이다. 또 살펴보건대, ≪通俗文≫에 "콧마루를 찡그리는 것을 '矉'이라고 하였다.〔蹙頞曰矉〕"라고 하였는데, 矉은 顰(빈)의 假借이다.

大雅文. 毛詩作頻云 "頻, 急也." 鄭云 "頻猶比也. 哀哉. 國家之政, 行此禍害比比然." 頻字絕非假借. 此作矉者, 葢三家詩. 許偁毛而不廢三家也. 又按通俗文 "蹙頞曰矉." 矉者, 顰之假借.

07-099-2050 䀏(䀏)〔눈 멀/원〕

'눈이 멀다'이다. 目을 따르고 夗(원)이 소리이다. 委와 같이 읽는다.

目無明也.① 从目, 夗聲. 讀若委.②

① ≪春秋左氏傳≫ 宣公 12년 조에 "물이 없는 우물을 가서 보라."[53]고 하였다. 우물에 물이 없으면 눈에 밝음이 없는 것[54]과 같기 때문에 '물이 없는 우물〔䀏井〕'이라고 한다.
左傳 "目於䀏井." 井無水, 若目無明. 故曰䀏井.

② 大徐(徐鉉)는 "一과 丸의 반절이다."라고 하였다. "讀若委" 세 글자를 산삭한 것은 잘못이다. 이것은 ≪毛詩≫ 〈小雅 谷風〉에 '怨'은 '萎(위)'와 같은 읽어야 한다는 것과 동일한 사례이니, 䀏은 怨과 合音이다. ≪經典釋文≫ 〈春秋左氏音義〉에 "烏와 丸의 반절이다."라고 하였고, ≪字林≫을 인용하여 '䀏井은 '물이 없다'는 뜻이며, 一과 皮의 반절이다."라고 하였다. 一과 皮의 반절은 바로 委의 平聲이니, 옛날에 이와 같이 읽었다. ≪集韻≫ 上平聲 5 支韻에 "邕과 危의 반절이니, 바로 一과 皮의 반절이다."라고 하였다. 최근에 ≪繫傳≫[55]을 간행한 사람이 1자를 더해서 "宛委의 委와 같이 읽어야 한다.〔讀若宛委〕"라고 하였는데, "宛와 같이 읽는다〔讀若宛〕"라고 하는 것은 매우 잘못되었다.
大徐 "一丸切." 刪"讀若委"三字, 非也. 此與小雅谷風怨讀如萎一例, 合音也. 左傳音義"烏丸反." 引字林 "䀏井, 無水也. 一皮反." 一皮卽委之平聲, 古讀如此. 集韻五支"邕危切, 卽一皮也." 近刊繫傳者, 益一字云 "讀若宛委." 謂"讀若宛," 誤甚.

≪韓詩≫, 轅固生이 해설한 ≪齊詩≫를 '三家詩'라고 한다. 그러나 이들은 모두 없어지고 지금은 ≪韓詩≫ 가운데 外傳만 남아 있다.

53) 물이……보라 : ≪春秋左氏傳≫ 宣公 12년 조에 "숙전이 묻기를 '麥麴이 있느냐?' '없다.' '그러면 山鞠窮은 있느냐?' '없다.' '두 가지가 다 없으면 河魚腹疾을 어떻게 할 것이냐?' '물이 없는 우물에 가서 보고 건지면 된다.' '만약 茅經을 만들고 기다린다면 곡하면서 우물로 가는 사람이 나일 것이다.'〔叔展曰 有麥麴乎 曰無 有山鞠窮乎 曰無 河魚腹疾 奈何 曰目於䀏井而拯之 若爲茅絰 哭井則已〕"라고 하였다.

54) 우물에……것 : ≪廣韻≫ 上平聲 22 元韻에 "우물에 물이 없는 것을, 일설에 '눈에 눈동자가 없다.'라고도 한다.〔井無水 一日目無睛〕"라고 하였다.

55) 繫傳 : 淸나라 장서가인 王啓淑이 1782년에 간행한 ≪說文解字繫傳≫을 말한다.

07-099-2051 睢(睢)〔우러러볼/휴〕

'우러러보다'이다. 目을 따르고, 隹(추)가 소리이다.

仰目也.① **从目, 隹聲.**②

① ≪漢書≫ 〈五行志〉에 "모든 백성들이 우러러본다.〔萬衆睢睢〕"라고 하였고, ≪莊子≫ 〈寓言〉에 "그대가 거만하고 오만하게 올려다본다.〔而目睢睢〕"라고 하고, 또 ≪莊子≫ 〈大宗師〉에 '恣睢'라고 할 때의 '睢'는 去聲으로 읽으며, '난폭하고 패려하다'는 뜻이다.
五行志 "萬衆睢睢." 莊子 "而目睢睢." 又恣睢, 讀去聲, 暴戾也.

② 許와 惟의 반절이다. 제15部에 있다.
許惟切. 十五部.

07-099-2052 旬(旬)〔눈 깜박일/현〕【重文 1】

'눈을 깜박이다'이다. 目을 따르고, 勻(균)의 생략형이 소리이다. 眴(眴 : 현)은 旬의 或體이며, 目·旬(순)을 따랐다.

目搖也.① **从目, 勻省聲.**② **眴, 旬或从目·旬.**③

① ≪史記≫ 〈項羽本記〉에 "항량이 항적에게 눈짓하여 말하기를 '실행할 만하다.〔可行矣〕' 라고 하였다."라고 하였다.
項羽本紀 "梁眴籍曰 '可行矣.'"

② 黃과 絢의 반절이다. 제12部에 있다.
黃絢切. 十二部.

③ 旬이 소리이다.
旬聲.

07-099-2053 矆(矆)〔눈 부릅뜬 모양/확〕

'눈을 부릅뜬 모양'이다. 目을 따르고, 蒦(획)이 소리이다.

大視皃.① **从目, 蒦聲.**②

① ≪廣韻≫ 入聲 18 藥韻에 의거하여 '皃'로 썼다.[56] 〈魏都賦〉에 "마음으로 놀라서 용모를 잃었다.〔矆焉失容〕"라고 하였는데, 李善 注에는 "今本에는 '矘(확)'으로 되어 있으며, '눈을 크게 떠서 보다'는 뜻이다."라고 하였다.
依廣韻作皃. 魏都賦 "矆焉失容." 李曰 "今本作矘, 大視也."

② 살펴보건대, ≪玉篇≫ 目部 제48과 ≪廣韻≫ 入聲 18 藥韻에서는 모두 '矘(확)'이 正字로 되어 있고, '矆'이 或體로 되어 있다. 許와 縛의 반절이다. 제5部에 있다.
按篇韻皆矘爲正字, 矆爲或字. 許縛切. 五部.

07-099-2054 睦(睦)〔눈길이 순할, 공경하고 화목할/목〕 補【重文 1】

'눈길이 순하다'이다. 目을 따르고, 坴(륙)이 소리이다. 일설에는 "공경하고 화목하다."라고도 한다. 𥈩(𥈩)은 睦의 古文이다.

目順也. 从目, 坴聲.① **一曰, "敬和也."**② **𥈩, 古文睦.**③

① 莫과 卜의 반절이다. ≪廣韻≫ 入聲 1 屋韻에 "莫과 六의 반절이다."라고 하였다. 제3部에 있다.
莫卜切. 廣韻"莫六切." 三部.

② 이 "一曰敬和也" 다섯 글자는 아마 뒤에 추가한 듯하다. 古書에 睦은 穆과 通用하였으니, 예를 들면 ≪孟子≫ 〈梁惠王〉 注에 "君臣이 화목하게 모였다.〔君臣集穆〕"라고 하였고, ≪史記≫ 〈司馬相如傳〉에서는 "화락하고 공경하다.〔旼旼睦睦〕"라고 하였으며, ≪漢書≫ 〈司馬相如傳〉에서는 "화락하고 공경하다.〔旼旼穆穆〕"라고 한 것 이런 사례이다. 穆은 대부분 '공경하다〔敬〕'는 뜻이므로 睦에 대하여 '공경하고 화목하다.〔敬和〕'라고 한 것이다.
五字疑後增. 古書睦穆通用. 如孟子注 "君臣集穆," 史記 "旼旼睦睦." 漢書作"旼旼穆穆" 是也. 穆多訓敬, 故於睦曰敬和.

③ 살펴보건대, 𥈩은 古文의 目을 따랐고, 𠫓(육)이 소리이다. 각 판본에 '𥈩'으로 되어 있는 것은, 囧(경)을 따랐으니 字意가 아니다. 지금 宋나라 戴侗[57]의 ≪六書故≫에 의거하여 바로잡았다. 대체로 𥈩을 따르는 글자는 모두 '𥈩'자로 써야 한다. ○ 江沅[58]은

56) 皃로 썼다 : 徐鍇本에도 '皃'가 '也'로 되어 있다.

57) 戴侗 : ?~?. 자는 仲達이고, 호는 合溪이다. 戴仔의 동생이다. 저서로 ≪易書四書家說≫, ≪六書故≫가 있다.

58) 江沅 : 1767~1838. 江聲의 손자로 江蘇 吳縣 元和 사람이다. 수십 년 간 段玉裁에게 수학하였다. 저서로 ≪說文解字音均表≫, ≪說文解字釋例≫가 있다. 江沅의 說은 ≪說文解

"반드시 따를 필요가 없다."라고 하였다.

按此从古文目，旡聲也. 各本作𥄉，則从囧，非字意也. 今依戴氏六書故正. 凡从𥄉之字，皆當作此. ○江沅曰，"不必依."

07-099-2055 瞻(瞻)〔내려다 볼/첨〕補

'내려다 보다'이다. 目을 따르고 詹(첨)이 소리이다.

臨視也.① **从目，詹聲.**②

①《爾雅》〈釋詁〉와 《毛詩》의 毛亨 傳에 모두 "瞻은 '보다'는 뜻이다."라고 하였고, 허신은 구별하여 "내려다 보다.〔臨視〕"라고 하였는데, 지금 사람들은 우러러보는 것을 '瞻'이라고 하니, 이는 옛날과 지금의 뜻이 같지 않은 것이다.

釋詁，毛傳皆曰"瞻，視也." 許別之云臨視，今人謂仰視曰瞻，此古今義不同也.

② 職과 廉의 반절이다. 제8部에 있다.

職廉切. 八部.

07-099-2056 瞀(瞀)〔눈 내리뜨고 공경히 바라볼/무〕

'눈을 내리뜨고 공경히 바라보다'이다. 目을 따르고 敄(무)가 소리이다.

氐目謹視也.① **从目，敄聲.**②

①'氐'가 각 판본에 '低'로 되어 있는데, 지금은 宋本을 따랐다. 《玉篇》 目部 제48에 "눈이 밝지 않은 모양이다.〔目不明皃〕"라고 하였다. 살펴보건대, 《尙書》〈周書 洪範〉에 "임금의 행실이 몽매하면 항상 바람이 분다.〔霿恒風若〕"라고 하였는데, 霿이 《尙書大傳》에는 "瞀"로 되어 있고, 《史記》〈宋微子世家〉에는 "霧"로 되어 있으며, 《漢書》〈五行志〉에는 "霿"으로 되어 있고, 《宋書》〈志〉 제24 五行·《隨書》〈五行志〉에는 "瞀"로 되어 있다. 班固의 《漢書》〈五行志〉에서 "어둡다.〔區霿〕"이라고 하였는데, 服虔은 '사람이 무지몽매하다.〔人傋瞀〕'[59]라고 하였으며, 荀卿은 《荀子》〈非十二子〉에 "傋는 무지몽매한 속유이다.〔傋猶瞀儒〕"라고 하였다.

字音均表》1 제1部 '祠' 注에 보인다.

59) 服虔은……무지몽매하다〔人傋瞀〕: 《漢書》〈五行志〉의 "霿 恒風若"에 대한 服虔 注에 보인다.

다른 글인 ≪廣韻≫에서는 혹은 "젖먹이처럼 무지 몽매하다.〔嫯(구)瞀〕"라고 하였고, 혹은 "우매하고 무지하다.〔𧮰(구)瞀〕"라고 하였으며, 혹은 "우매하고 무지하다.〔怐愗(무)〕"라고 하였다. ≪說文解字≫ 子部 '㝅'자에 "젖먹이처럼 무지몽매하다.〔㝅(구)瞀〕"라고 하였는데, 모두 '혼란스럽고 밝지 못한 것'을 이른다. 그 글자들은 '霿'가 正字이다. 雨部 '霿'자에 "霿은 '어둡다'이다."라고 하였다.
氐各本作低, 今从宋本. 玉篇云 "目不明皃." 按洪範曰 "雺恒風若." 尙書大傳作"瞀," 宋世家作"霧." 漢書五行志作"霿." 宋書・隨書五行志作"瞀." 班志云 "區霿." 服虔云 "人傋瞀." 荀卿云 "傋猶瞀儒." 他書或云 "嫯瞀." 或云 "𧮰瞀." 或云 "怐愗." 說文解字子部云 "㝅瞀." 皆謂冒亂不明. 其字則霿爲正字. 雨部云 "霿, 晦也."

② 莫와 候의 반절이다. 제3部에 있다.
莫候切. 三部.

07-099-2057 (䁲)〔흘깃 볼/매〕

'흘깃 보다'이다. 目을 따르고 買(매)가 소리이다.

小視也.① 从目, 買聲.②

① 揚子의 ≪太玄經≫ 권3 〈衆〉 次7에 "깃발들이 걸려 있고 干戈가 어지러이 널려 있었다. 군사가 그를 안고 위로하는데 곡하면서 훔쳐보기도 하였다."라고 하였는데, 注에 "䁲는 音이 麻이며, '훔쳐보는 것'을 일컫는다."라고 하였다.
大玄 "旌旗絓羅, 干戈蛾蛾, 師孕唁之, 哭且䁲." 注 "䁲音麻, 竊視之稱."

② 莫와 佳의 반절이다. 제16部에 있다. ≪太玄經≫ 注의 '麻'자는 17部에 있으니, 䁲와 麻는 合韻이다.
莫佳切. 十六部. 大玄與十七合韻.

07-099-2058 (䁠)〔볼/감〕

'보다'이다. 目을 따르고 監(감)이 소리이다.

視也.① 从目, 監聲.②

① ≪爾雅≫ 〈釋詁 下〉에 "監・瞻・臨・涖・頫・相은 '보다'는 뜻이다."라고 하였다. 살펴보건대, ≪經典釋文音義≫에서는 "監字는 또 䁠으로 되어 있다."라고 하였다. 그렇다면

≪毛詩≫ 〈小雅 節南山〉에 "어찌하여 살펴보지 않는가.〔何用不監〕"라고 할 때의 '監'자도 '瞷'이 되어야 하고, '瞷' 역시 '내려다 보다〔臨視〕'는 뜻이 되어야 한다.

釋詁 "監瞻臨涖頫相視也." 按釋文曰 "監字又作瞷." 然則小雅 "何用不監." 亦可作瞷, 瞷亦當爲臨視也.

② 古와 銜의 반절이다. 제8部에 있다.

古銜切. 八部.

07-099-2059 䁈(䁈)〔살펴볼/계〕

'살펴보다'이다. 目을 따르고, 啓의 생략형이 소리이다.

省視也.① **从目, 啓省聲.**②

① 대낮에 맑게 개인 것과 같은 것이다.

如晝姓之明也.

② 苦와 系의 반절이다. 제15部에 있다.

苦系切. 十五部.

07-099-2060 相(相)〔살펴볼/상〕 補

'살펴보다'이다. 目・木을 따랐다. 會意이다. ≪周易≫에 "땅에서 볼 수 있는 것은 나무보다 더 볼만 한 것이 없다."라고 하였고, ≪詩經≫ 〈鄘風 相鼠〉에 "쥐를 보아도 가죽이 있다."[60]라고 하였다.

省視也.① **从目木. 會意.**② **易曰, "地可觀者, 莫可觀於木."**③ **詩曰, "相鼠有皮."**④

① ≪爾雅≫ 〈釋詁〉와 ≪毛詩≫ 〈鄘風 相鼠〉의 毛亨 傳에 모두 "相은 '보다〔視也〕'는 뜻이다."라고 하였다. 이는 구별하여 "살펴보다.〔省視〕"라고 한 것이니, 자세히 보는 것을 이른다.

釋詁・毛傳皆云 "相, 視也." 此別之云 "省視." 謂察視也.

② 會意이다. 息과 良의 반절이다. 제10部에 있다. 살펴보건대, 눈이 사물과 접한 것을

60) 쥐를……있다 : ≪詩經≫ 〈鄘風 相鼠〉에 "쥐를 보아도 가죽이 있는데, 사람으로서 예의가 없단 말인가. 사람으로서 예의가 없다면, 죽지 않고 또 무엇하리오.〔相鼠有皮 人而無儀 人而無儀 不死何爲〕"라는 구절이 있다.

'相'이라고 한다. 그러므로 대체로 이것과 저것이 交接하는 것 모두 '相'이라고 한다. 交接하고 도와주는 것은 '소경을 도와주다〔相瞽〕'라고 할 때의 '相'의 뜻이 된다. 옛날에는 平聲·去聲의 구분이 없었다. ≪毛詩≫ 〈大雅 棫樸〉과 ≪毛詩≫ 〈大雅 桑柔〉에 대한 毛亨 傳에서는 "相은 '바탕'이다.〔質也〕"라고 하였다. 質은 만물의 바탕이며 만물과 서로 만나는 것을 이른다. 이는 또한 引伸된 뜻이다.

會意. 息良切. 十部. 按目接物曰相. 故凡彼此交接皆曰相. 其交接而扶助者, 則爲相瞽之相. 古無平去之別也. 旱麓·桑柔毛傳云 "相, 質也." 質謂物之質與物相接者也. 此亦引伸之義.

③ 여기는 ≪周易≫ 觀卦䷓를 인용하여 "目·木을 따랐다."라는 뜻을 설명하였다. 눈에 보이는 것이 많은데, 木을 따른 것은 땅 위에 볼 만한 것은 나무만한 것이 없기 때문이다. ≪漢書≫ 〈五行志〉에 "說에 '木은 동쪽이다.'라고 하고, ≪周易≫에서는 땅 위에 있는 나무가 觀卦가 된다."라고 하였다. 顔師古는 "坤卦가 아래 있고 巽卦가 위에 있는 것이 觀卦이다. 巽卦는 나무〔木〕가 되기 때문에 '땅 위의 나무'라는 뜻이다.'"라고 하였다. 許愼은 ≪周易≫ 觀卦의 설명을 인용하였는데, 이것이 경전을 인용하여 字形을 설명한 용례이다.

此引易說"从目木"之意也. 目所視多矣, 而从木者, 地上可觀者莫如木也. 五行志曰, "說曰, '木, 東方也.' 於易, 地上之木爲觀." 顔云 "坤下巽上, 觀. 巽爲木, 故云'地上之木.'" 許葢引易觀卦說也. 此引經說字形之例.

④ ≪詩經≫ 〈鄘風 相鼠〉에 나오는 글이다.

鄘風文.

07-099-2061 瞋(瞋)〔눈 부릅뜰/진〕【重文 1】

'눈을 부릅뜨다'이다. 目을 따르고 眞(진)이 소리이다. 眓(眓 휼)은 祕書의 '瞋'자이며, 戌(술)을 따랐다.

張目也.① **从目, 眞聲.**② **眓, 祕書瞋, 从戌.**③

① 瞋은 言部의 謓과 뜻이 대략 같다.

此與言部謓義略同.

② 昌과 眞의 반절이다. 제12部에 있다.

昌眞切. 十二部.

③ 祕書는 '緯書'를 이른다. 易部에 또한 "祕書에서는 '해〔日〕와 달〔月〕을 합친 것을 「易」이라 하니 陰陽을 본뜬 것이다.'라고 설명하였다."라고 하였다. 戌聲·眞聲은 똑같이 제

12부에 있다.

祕書謂緯書. 易部亦云 "祕書說 '日月爲易, 象陰陽也.'" 戉聲眞聲同在十二部.

07-099-2062 (鵰)〔눈여겨 자세히 볼/조〕

'눈여겨 자세히 보다'이다. 目을 따르고 鳥(조)가 소리이다. 雕와 같이 읽는다.

目孰視也.① 从目, 鳥聲. 讀若雕.②

① 孰은 正字이고 熟은 俗字이다.
孰熟正俗字.

② 都와 僚의 반절이다. 제2部에 있다.
都僚切. 二部.

07-099-2063 (睗)〔힐끗 볼/석〕

'힐끗 보다'이다. 目을 따르고 易(역)이 소리이다.

目疾視也.① 从目, 易聲.②

① 徐鍇本에 疾이 孰으로 되어 있는 것은 잘못이다. 옛날에 睒과 睗을 연이어 사용하였으니,[61] 雙聲字이다. 徐鍇本을 ≪古今韻會擧要≫에서 인용하여 "눈으로 급하게 보다.〔目急視〕"라고 하였다. 毛晃[62]이 증보한 ≪增修互注禮部韻略≫과 ≪龍龕手鑑≫에 모두 "急"으로 되어 있다.
鍇本"疾作孰." 非. 古睒睗聯用, 雙聲字也. 韻會引鍇本作"目急視." 毛晃增韻, 龍龕手鑑皆作"急."

② 施와 隻의 반절이다. 제16部에 있다.
施隻切. 十六部.

07-099-2064 (睊)〔보는 모양/견〕

---

61) 睒과……사용하였으니 : 韓愈의 ≪寄崔立之詩≫에 "우레와 번개가 빠르게 친다.〔雷電生睒睗〕"라고 하여, 睒과 睗을 연이어 사용하였다.

62) 毛晃 : ?~?. 字는 明權이고 南宋 衢州江山 사람이다. 文字와 音韻에 뛰어났다. 저서로 ≪禮部韻略≫을 보충한 ≪增修互注禮部韻略≫이 있다.

'보는 모양'이다. 目을 따르고 肙(연)이 소리이다.

視皃也.① 从目, 肙聲.②

① ≪孟子≫ 〈梁惠王 下〉에 ≪晏子春秋≫ 〈問下〉을 인용하여 "눈을 흘기며 서로 헐뜯는다.〔睊睊胥讒〕"라고 하였고, 趙岐 注에서는 "睊睊은 '곁눈질하며 서로 보다〔側目相視〕'는 뜻이다."라고 하였다.
孟子引晏子 "睊睊胥讒." 趙曰, "睊睊, 側目相視."

② 於와 絢의 반절이다. ≪廣韻≫ 去聲 32 霰韻에 "古와 縣의 반절이다."라고 하였다. 제14部에 있다.
於絢切. 廣韻 "古縣切." 十四部.

07-099-2065 (䀹)〔눈이 움푹한 모양/**결**〕

'눈이 움푹한 모양'이다. 目과 窅(요)를 따랐다. ≪周易≫ 夬卦 〈九二〉의 爻辭에 "勿卹"의 卹(휼)[63]과 같이 읽는다.

目窔皃也. 从目窅.① 讀若易曰 "勿卹"之卹.②

① 會意이다. 於와 悅의 반절이다. 제15部에 있다.
會意. 於悅切. 十五部.

② ≪周易≫ 夬卦 九二 爻辭에 보인다.
見夬九二爻辭.

07-099-2066 (䁐)〔맞이하여 볼/**체**〕

'맞이하여 보다'이다. 目을 따르고, 是(시)가 소리이다. 珥瑱의 瑱(전)과 같이 읽는다.

迎視也.① 从目, 是聲.② 讀若珥瑱之瑱.③

---

63) 卹(휼) : ≪爾雅≫ 〈釋詁〉에 "恤은 '근심하다'는 뜻이다."라고 하였다. ≪說文解字注≫에 卹部에 '卹'자에 대한 해설에 "卹은 心部의 恤과 音義가 모두 같다. 古書에 '卹'자를 많이 사용하였는데 後人이 恤로 고친 것이 많다. 比部에 ≪書經≫ 〈周書 大誥〉에 '너무 근심에 수고롭지 말지어다.'라고 글을 인용한 것과 같다.〔釋詁曰 恤 憂也 說文解字注 卹與心部恤音義皆同 古書多用卹字 後人多改爲恤 如比部引周書無毖于卹〕"라고 하였다.

① ≪毛詩≫ 〈小雅 小宛〉에 "저 할미새를 보라."라고 하였는데, 毛亨 傳에 "題는 '보다'는 뜻이다."라고 하였다. 살펴보건대, 題는 '睼'의 假借가 된다.

小雅 "題彼脊令." 毛云 "題, 視也." 按題者, 睼之假借.

② 他와 計의 반절이다. 제16部에 있다.

他計切. 十六部.

③ 睼와 瑱은 合韻이니, 祗와 振이 비슷한 것과 같다. ≪廣韻≫ 去聲 32 霰韻에 "他와 甸의 반절이다."라고 한 것은 "讀若瑱瑱之瑱"에서 근본한 것이다.

此合韻也, 如祗振之比. 廣韻 "他甸切"本此.

07-099-2067 (䁙)〔눈짓으로 서로 희롱할/**인**〕

'눈짓으로 서로 희롱하다'이다. 目을 따르고 晏(안)이 소리이다. ≪詩經≫ 〈邶風 新臺〉에 "눈짓으로 희롱하여 다정한 사람을 구했다."라고 하였다.

目相戲也.[①] **从目, 晏聲.**[②] **詩曰, "䁙婉之求."**[③][64)]

① ≪方言≫ 권6에 "䁙・路(락)은 '보다'는 뜻이다. 東齊지역에서는 '䁙'이라고 하고, 吳・楊 지역에서는 '路'이라 하는데, 대체로 눈짓으로 서로 희롱하는 것을 '䁙'이라고 한다."라고 하였다.

方言 "䁙路視也. 東齊曰䁙, 吳楊曰路, 凡以目相戲曰䁙."

② 於와 殄의 반절이다. 제14部에 있다.

於殄切. 十四部.

③ ≪毛詩≫ 〈邶風 新臺〉의 글이다. 살펴보건대, 今本 ≪詩經≫ 〈邶風 新臺〉에는 "燕婉"으로 되어 있는데, 毛亨 傳에 "燕은 '편안하다'는 뜻이다. 婉은 '순하다'는 뜻이다."라고 하였다. 許愼이 의거한 ≪詩經≫에는 "䁙"으로 되어 있는데, 어찌 毛亨이 䁙은 '晏'의 假借라고 하였으며, 後人이 轉寫하면서 〈䁙을〉 고쳐서 '燕'으로 쓴 것인가. 아니면 三家詩에 '䁙'으로 되어 있는 것이 있는가.

邶風文. 按今詩作"燕婉." 毛曰, "燕, 安也. 婉, 順也." 許所據作"䁙." 豈毛謂䁙爲晏之假借, 後人轉寫改爲燕與, 抑三家詩有作䁙者與.

07-099-2068 (䀠)〔눈 언저리가 짧고 움푹한 모양/**알**〕

64) 䁙婉之求 : 今本 ≪詩經≫ 〈邶風 新臺〉에는 "편안하고 다정한 사람을 구하다.〔燕婉之求〕"라고 되어 있다.

'눈 언저리가 짧고 움푹한 모양'이다. 目을 따르고 叏(알)이 소리이다.

短窔目皃也.① **从目, 叏聲.**②

① 윗글에서 '窅(요)'라고 하고, '瞔(결)'이라고 한 것은 모두 '움푹한 눈을 이른다.'라고 하였다. 여기에서 "短𥈲은 눈 언저리가 짧으면서 눈이 깊고 둥그렇게 움푹하여 눈알을 빼낸 듯이 우묵한 것이다."라고 하였다. 그러므로 叏을 따랐다.
上文曰窅, 曰瞔, 皆謂𥈲目. 此云"短𥈲者, 目匡短而目𥈲窐圓, 睧然如捾目也." 故从叏.

② 形聲이면서 會意를 포함하고 있다. 烏와 括의 반절이다. 제15部에 있다.
形聲包會意. 烏括切. 十五部.

07-099-2069 𥈠 (睠) 〔돌아보다/권〕

'돌아보다'이다. 目을 따르고 类(권)이 소리이다. ≪詩經≫ 〈大雅 皇矣〉에 "이에 睠然히 서쪽 땅을 돌아보시다."라고 하였다.

顧也.① **从目, 类聲.**② **詩曰, "乃睠西顧."**

① ≪毛詩≫ 〈小雅 大東〉에 "그 길을 돌아보며.〔睠言顧之〕"[65]라고 하였는데, 毛亨 傳에 "睠은 '뒤돌아 보다'는 뜻이다."라고 하였다. 睠은 '睠'과 같다. ≪毛詩≫ 〈小雅 小明〉에 "睠睠이 생각하여 돌아보노라."[66]라고 하고, ≪毛詩≫ 〈大雅 皇矣〉에 "이에 睠然히 서쪽 땅을 돌아보다."라고 하였다. 대체로 顧와 睠은 아울러 말한 것인데, 顧는 '머리를 돌려 보다'는 뜻이며, 睠은 '머리를 돌려 봄이 심하다'는 뜻이다. 顧는 측면에 그칠 뿐이고 睠은 반대방향에 이르는 것이므로, 毛亨 傳에 "머리를 돌려 보다.〔反顧〕"라고 한 것이다. 허신이 합하여 말했기 때문에 '顧也'라고 하였다. 인신되어 '睠屬'이라는 뜻으로 쓰인다. ≪史記≫ 〈樊噲傳〉에는 "婘(권)"으로 되어 있다.[67]
大東"睠言顧之." 毛曰"睠, 反顧也." 睠同睠. 小明云"睠睠懷顧." 皇矣云"乃睠西顧." 凡

65) 그……돌아보며〔睠言顧之〕: ≪毛詩≫ 〈小雅 大東〉에 "주나라로 가는 길 숫돌처럼 판판한데 그 곧기가 화살 같도다. 군자가 밟는 바요 소인들이 우러러보는 바이니, 머리를 돌려 그 길을 돌아보며 줄줄 눈물을 흘리노라.〔周道如砥 其直如矢 君子所履 小人所視 睠言顧之 潸焉出涕〕"라는 말이 있다.

66) 睠睠이……돌아보노라 : ≪毛詩≫ 〈小雅 小明〉 "저 공인을 생각하니, 삼가 생각하여 돌아보노라.〔念彼共人 睠睠懷顧〕"라는 구절이 있다.

67) 婘(권)으로……있다 : ≪史記≫ 〈樊噲列傳〉에 "대신들이 呂氏의 종족들과 呂須의 家屬들을 죽이고 이어서 〈번쾌의 아들〉 樊伉도 죽였다.〔大臣誅諸呂 呂須婘屬 因誅伉〕"라고 하였으며, 索隱 注에서 "婘은 음이 須·睠 두 音이다.〔婘 音須 睠二音〕"라고 하였다.

顧眷竝言者, 顧者還視也, 眷者顧之殺也. 顧止於側而已, 眷則至於反, 故毛云 "反顧." 許渾言之故云顧也. 引伸之訓爲眷屬. 史記作"婘."

② 居와 倦의 반절이다. 제14部에 있다.

居倦切. 十四部.

07-099-2070 督(督)〔자세히 살펴볼, 눈의 통증/독〕

'자세히 살펴 보다'이다. 目을 따르고 叔(숙)이 소리이다. 일설에는 "눈에 통증이다."라고도 한다.

察視也.① 从目, 叔聲.② 一曰, "目痛也."③

① '視'자는 顏師古의 ≪漢書≫〈車千秋傳〉注에 의거하여 보충하였다.[68] 대체로 顏師古가 ≪說文解字≫를 인용하면서도, '≪說文解字≫ 曰'이라고 말하지 않은 것이 많다. ≪漢書≫〈車千秋傳〉에 "〈武帝〉가 조서를 내려 丞相·御史에게 2천석을 조사하고 찾아서 잡아 오라."[69]라고 하였고, 또 〈곽광이 차천추에게 나가 말하기를〉 "〈나를〉 가르치고 독촉해야 합니다."[70]라고 하였다.

살펴보건대, 六經에 다만 "董"을 말하였는데, '董'은 곧 '조사하다'는 뜻이다.[71] '督'은 中道로 살펴서 조사하는 것이다. ≪六書故≫ 권10에 "사람 몸의 督脈이 온 몸 안에 있다."[72]라고 하였다. 옷 속의 솔기를 또한 '督縫'이라고 하였다.

---

68) 視자는……보충하였다 : ≪漢書≫〈車千秋傳〉에 "詔丞相禦史督二千石求捕廷尉治"에 대한 顏師古 注에 "督은 '조사하다'는 뜻이다.〔督 察視也〕"라고 하였다.

69) 조서를……잡아오라 : ≪漢書≫〈車千秋傳〉에 "조서를 내려 丞相·御史에게 2천석을 조사하여 잡아 와 廷尉에게 다스리게 했는데, 九卿·廷尉가 국문하였다는 것을 듣지 못하였다.〔詔丞相禦史督二千石求捕廷尉治 未聞九卿廷尉有所鞫也〕"라고 하였다.

70) 나를……합니다 : ≪漢書≫〈車千秋傳〉에 "곽광이 차천추에게 말하기를 '당초 당신과 함께 선제의 유언을 받들었으니, 지금 저는 내정을 처리하고 있습니다, 당신은 외사를 처리하는데, 마땅히 저를 가르치고 살펴서 제가 천하 백성의 〈중요한 부탁을〉 저버리지 않도록 해야 합니다.'라고 하였다.〔光謂千秋曰 始與君侯俱受先帝遺詔 今光治內 君侯治外 宜有以教督 使光毋負天下〕"라고 하였다.

71) 六經에……뜻이다 : ≪書經≫〈大禹謨〉에 "경계하고 깨우쳐서 아름답게 여기며 조사하여 두렵게 하며 권면하되 九歌로 하시어 무너지지 않게 하소서.〔戒之用休 董之用威 勸之以九歌 俾勿壞〕"라고 하였다.

72) 사람……있다 : ≪六書故≫ 권10에 "사람 몸의 맥박이 온 몸 안에 있고 위아래를 관통하기 때문에 옷의 솔기가 등 가운데에 있고 위아래에 도달하는 것을 '감독'이라 이른다.〔人身督脈 當身之中 貫徹上下 故衣縫當背之中 達上下者 亦謂之督〕"라고 하였다.

視字依師古漢書注補. 凡師古引說文, 多有不言說文曰者. 車千秋傳"詔丞相御史督二千石求捕." 又曰, "宜有以教督." 按六經但言"董." 董卽督也. 督者, 以中道察視之. "人身督脈在一身之中." 衣之中縫亦曰督縫.

② 冬과 毒의 반절이다. 제3部에 있다. 隸省(예생)[73]되어 督으로 썼다.
冬毒切. 三部. 䈞省作督.

③ 徐鍇本에 '痛'자가 '病'자로 되어 있는데 잘못이다.
鍇本痛作病, 誤.

07-099-2071 看(看)〔바라볼/간〕【重文 1】

'멀리 바라보다'이다. 手 아래 目을 따랐다. 𥄫(翰)은 看의 或體이며 倝(간)을 따랐다.

睎也. 从手下目.① **𥄫, 看或, 从倝.**②

① 徐鍇는 ≪說文解字繫傳≫에서 "宋玉의 〈高唐賦〉에 이른바 '옷소매를 걷어 올려 해를 가리면 그리워하는 사람을 바라는 것 같다.'라고 하였으니, 이것은 會意이다."[74]라고 하였는데, 苦와 寒의 반절이다. 제14部에 있다.
鍇曰, "宋玉所謂 '揚袂障日而望所思也, 此會意." 苦寒切. 十四部.

② 倝(간)이 소리이다.
倝聲.

07-099-2072 睎(睎)〔바라볼, 흘겨볼/희〕

'바라보다'이다. 目을 따르고 希(희)가 소리이다. 渤海 · 岱山의 지역에서는 '眄(면)'을 '睎'라고 이른다.

望也.① **从目, 希聲.**② **海岱之閒謂眄曰睎.**③

① 班固의 〈西都賦〉에 "秦嶺을 바라본다."라고 하였다. 옛날에는 希를 '睎'의 뜻으로 가차된 것이 많았다. ≪漢書≫ 〈董仲舒傳〉에 "〈公孫弘은〉 세속에 영합하여 대권을 장악하

---

73) 隸省(예생) : 隸變의 一種이다.

74) 徐鍇는……會意이다 : 宋玉의 〈高唐賦〉에 "선명한 자태가 미녀와 같고 소매를 걷어 올려 해를 가리면 그리워하는 사람을 바라는 것 같다.〔晰兮 若姣姬 揚袂障日 而望所思〕"라고 하였다.

였다."[75]라고 한 것과 같고, ≪晉書≫ 〈虞溥傳〉에 "顔淵을 우러러 사모하는 사람이다." 라고 한 것과 같은 사례가 이것이다.

西都賦曰, "晞秦嶺." 古多假希爲晞. 如(公孫弘傳)〔董仲舒傳〕[76] "希世用事." 晉虞溥傳 "希顔之徒." 是也.

② ≪說文解字≫에는 希의 표제자가 없지만 希聲이라고 할 때의 '希'자는 많이 있다. 그래서 '希'라는 표제자가 빠진 것이다. 香과 衣의 반절이다. 제15部에 있다.

說文無希篆, 而希聲字多有. 然則希篆奪也. 香衣切. 十五部.

③ ≪方言≫ 권3에 "睎는 '흘겨보다〔眄〕'이다."라고 하였는데, 東齊・青・徐 지역에서는 '睎'라고 한다.

方言 "睎, 眄也." 東齊青徐之閒曰睎.

07-099-2073 (瞫)〔굽어볼, 엿볼/**심**〕

'굽어 보다'이다. 일설에는 "굽어보다."라고도 한다. 또 '엿보다'는 뜻이다. 目을 따르고 㢠(담)이 소리이다.

深視也.① 一曰, "下視也."② 又竊見也.③ 从目, 㢠聲.④

① 瞫은 深과 疊韻이다. 깊은 곳을 보는 것을 "深視"라고 한다.

瞫深疊韻. 見其底裏曰深視.

② 별도의 다른 뜻이다.

別一義.

③ 또 하나의 뜻이다.

又一義.

④ 式와 荏의 반절이다. 제7部에 있다. ≪春秋左氏傳≫ 文公 2년 조에 "晉나라 사람 狼瞫이다."라고 하였다.

式荏切. 七部. 左傳 "有晉人狼瞫."

---

75) 公孫弘은……장악하였다 : ≪漢書≫ 〈董仲舒傳〉에 "董仲舒는 사람됨이 청렴하고 정직하였다. 이때에 비로소 밖으로 四夷들을 물리쳤으나, 공손홍은 ≪春秋≫를 연구하는 것은 동중서만 못하였다. 공손홍은 세속에 영합하여 대권을 장악하여 公卿의 지위에 이르렀다.〔仲舒爲人廉直 是時方外攘四夷 公孫弘治春秋不如仲舒 而弘希世用事 位至公卿〕"라고 하였다.

76) (公孫弘傳)〔董仲舒傳〕: 저본에는 '公孫弘傳'으로 되어 있으나, ≪漢書≫ 〈董仲舒傳〉에 의거하여 '董仲舒傳'으로 바로잡았다.

07-099-2074 (眝)〔눈 크게 떠서 볼, 눈 부릅뜰/**저**〕

'눈을 크게 부릅떠 보다'이다. 目을 따르고 宁(저)가 소리이다. 일설에는 "눈을 부릅떠 보다."라고도 한다.

長眙也.① **从目, 宁聲.**② **一曰, "張眼."**③

① ≪漢書≫ 〈外戚傳 孝武李夫人傳〉에 "新宮을 장식하고서 오랫동안 기다린다.〔飾新宮以延貯〕"라고 하였는데, 여기서 貯는 바로 '眝'의 잘못이다. 延貯는 '오랫동안 바라보는 것'을 이른다. 대체로 辭章[77]에서 말하는 延佇의 佇(저)는 또한 모두 '眝'로 써야 한다. ≪說文解字≫에는 '佇'자와 '竚(저)'자가 없고 오직 '宁'자만 있다. 宁·佇·竚는 모두 '서다'는 뜻이고, 延眝는 '서다'는 뜻을 이른 것이 아니다.

≪楚辭≫ 〈九章 思美人〉에 "美人을 그리워하다가 눈물 훔치며 우두커니 서 있네."라고 하였는데, 王逸은 "竚眙는 '우두커니 서서 슬퍼하고 있다'는 뜻이다."라고 하였고, ≪文選≫ 〈吳都賦〉의 "남녀가 서서 보다.〔士女佇眙〕"에 대한 劉逵 注에 "佇眙는 '서서 보다'는 뜻이다."라고 하였으니, '서다'는 뜻이다. 그러나 眝眙로 써도 불가한 것이 없다.

外戚傳 "飾新宮以延貯." 此貯正眝之誤. 延貯謂長望也. 凡辭章言延佇者亦皆當作眝. 說文無佇竚字, 惟有宁字. 宁佇竚皆訓立, 延眝非謂立也. 九章 "思美人兮, 擥涕而竚眙." 王逸云 "竚立悲哀." 文選注 "佇眙, 立視也." 此則訓立. 然作眝眙亦無不可.

② 陟과 呂의 반절이다. 제5部에 있다.

陟呂切. 五部.

③ ≪廣韻≫ 上聲 26 産韻에 또한 '眼'으로 되어 있다.

廣韻亦作眼.

07-099-2075 (眙)〔똑바로 볼/**치**〕

'똑바로 보다'이다. 目을 따르고 台(이)가 소리이다.

直視也.① **从目, 台聲.**②

① ≪方言≫ 권7에 "眙는 '머무르다'는 뜻이다. 西秦 지역에서는 '眙(치)'라고 이른다."라고 하였는데, 郭璞 注에 "眙는 '정지하여 보는 것〔住視〕'을 이른다."라고 말하였다. 살펴보건대, 眙·瞪(징)은 古今字이고 敕과 吏의 반절·丈과 證의 반절은 古今音이다.

77) 辭章 : 詩文을 이르는 총칭이다.

≪廣韻≫ 去聲 7 志韻에 "眙"로 되어 있고, ≪廣韻≫ 去聲 47 證韻에 "瞪"으로 되어 있으니, 별도로 두 글자가 된 것이다. 그리고 '瞪'자 해설에 "陸法言本에는 '眙'로 되어 있다."라고 하였는데, 玄應이 인용한 ≪通俗文≫을 살펴보면 "똑바로 보는 것〔直視〕을 '瞪'이라고 한다."라고 하였다. 이는 眙의 音이 1部에서 6部로 轉入되었음을 알고 이로 인하여 '眙'자를 고쳐서 '瞪'으로 쓴 것이다. 陸法言[78]은 본래부터 '眙'·'瞪'자가 같은 글자임을 알았다.

方言 "眙, 逗也. 西秦謂之眙." 郭曰 "眙謂住視也." 按眙瞪古今字, 敕吏·丈證古今音. 廣韻七志作"眙." 四十七證作"瞪." 別爲二字矣. 而瞪下云 "陸本作眙." 攷玄應引通俗文云 "直視曰瞪." 是知眙之音自一部轉入六部, 因改書作瞪. 陸法言固知是一字也.

② 丑과 吏의 반절이다. 제1部에 있다.

丑吏切. 一部.

07-099-2076  (睇) 〔약간의 사시, 곁눈질할/제〕

'약간의 사시'이다. 目을 따르고 弟(제)가 소리이다. 南楚[79] 지역에서는 '곁눈질하다〔眄睇〕'라고 말한다.

小衺視也.① 从目, 弟聲.② 南楚謂眄睇.③

① ≪毛詩≫ 〈小雅 小宛〉의 ≪毛詩正義≫에 의거하였다. '小衺視'라고 말한 것은 '睨'·'眄'자와 구별하여 '衺視也'라고 한 것이다. ≪周易≫ 明夷卦 六二爻辭에 "'왼쪽 다리에 상처를 입었다.〔夷於左股〕"라고 하였다. 夷는 子夏가 睇로 썼는데, 鄭玄·陸績도 같은 자로 썼다. 이르기를 '곁눈질하여 보는 것〔旁視〕'을 '睇'라고 하였고, 京房도 '眱'자로 썼다.

살펴보건대, '眱(이)'자도 또한 '睇'자이다. ≪大戴禮記≫ 〈夏小正〉에 "와서 내린 제비는 눈을 돌려 바라본다. 睇는 '眄'이다."라고 하였다. ≪禮記≫ 〈內則〉에 "감히 곁눈질하여 보지 않는다.〔不敢睇視〕"라고 하였고, 鄭玄 注에 "睇는 '곁눈질하다〔傾視也〕'는 뜻이다."라고 하였다.

依小雅小宛正義 言小衺視者, 別於睨眄爲衺視也. 周易 "'夷於左股.' 夷, 子夏作睇. 鄭, 陸同. 云'旁視曰睇.' 京作眱." 按眱亦睇字也. 夏小正 "來降燕乃睇. 睇者, 眄也." 內則 "不敢睇視." 鄭曰 "睇, 傾視也."

---

78) 陸法言 : 562~? 隋나라 때 학자이다. 그의 저서 ≪切韻≫을 당나라의 孫愐이 간정하여 ≪唐韻≫이라고 이름을 바꾸고, 宋 眞宗 때 重修하여 ≪大宋重修廣韻≫이 되었다.

79) 南楚 : 秦漢 시기에 先秦 楚國의 疆域을 나누어 西楚·東楚·南楚가 되었으며 南楚는 그 중에 하나이다.

② 特과 計의 반절이다. 제15部에 있다.
特計切. 十五部.

③ 眄은 '睇'라고 말하였는데, 眄은 '곁눈질하다〔衺視〕'라고 하고, 睇는 '조금 곁눈질하다〔小衺視〕'라고 한 것은 나누어서 말하였고, "南楚謂眄睇"는 합쳐서 말한 것이다. ≪方言≫ 권2에 "睇는 '곁눈질하다〔眄〕'는 뜻이다. 陳·楚 지역과 南楚 지역 밖에서는 '睇'라고 하였다."라고 하였다.
謂眄曰睇也. 眄爲衺視, 睇爲小衺視者, 析言之, 此渾言之. 方言曰 "睇, 眄也. 陳楚之閒, 南楚之外曰睇."

07-099-2077 (䀰)〔곁눈질할/**락**〕

'곁눈질하다'이다. 目을 따르고 各(각)이 소리이다.

眄也.① **从目, 各聲.**②

① ≪方言≫ 권2에 "䀰은 '곁눈질하다〔眄〕'는 뜻이다. 吳·楊·江水·淮水 지역에서는 혹은 '엿보다〔瞯〕'는 뜻이라고도 하는데, 혹은 '䀰'이라고 한다."라고 하였다.
方言 "䀰, 眄也. 吳楊江淮之閒或曰瞯, 或曰䀰."

② 盧와 各의 반절이다. 제5部에 있다.
盧各切. 五部.

07-099-2078 (盻)〔한 품고 노려볼/**혜**〕

'한스럽게 노려보다'이다. 目을 따르고, 兮(혜)가 소리이다.

恨視也.① **从目, 兮聲.**②

① ≪孟子≫ 〈滕文公〉에 龍子의 말을 인용하여 "백성의 부모가 되어서 백성이 원한을 품고 노려보면서 일 년 내내 부지런히 노동해도 부모를 봉양할 수 없게 하고, 또 빚을 내어 보태어서 세금을 내게 하였다."라는 구절에 대한 趙岐 注에 "盻盻는 '힘써 일하여 쉬지 못하는 모양'이다.〔勤苦不休息之貌〕"라고 하였다. 살펴보건대, 丁公著[80]本에는 "盻盻는 肹肹로 되어 있다. 趙岐 注에 의거하면 '肹(힐)'이 옳은 듯하다. 盻로 되어 있는

80) 丁公著 : 762~826. 字는 平子이고 江蘇 蘇州人이다. 3세에 어머니가 죽고, 어려서부터 힘써 배우고 열심히 책을 읽었다. 21세에 五經으로 及第하여 集賢校書郎에 임명되었다.

글자는 잘못된 글자이다.

孟子引龍子曰 "爲民父母. 使民盻盻然. 將終歲勤動. 不得以養其父母. 又稱貸而益之." 趙云 "盻盻, 勤苦不休息之貌." 按丁公著本"盻盻作肸肸." 據趙注則肸近是. 作盻者, 譌字也.

② 胡와 計의 반절이다. 제16部에 있다. 孫奭[81)]이 ≪說文解字≫을 인용하여 "五와 禮의 반절이다."라고 하였다. ○ 살펴보건대, 眝(저)이하의 각 판본에는 해설이 ≪說文解字≫ 원본의 차례가 잘못되어 지금 바로잡았다.

胡計切. 十六部. 孫奭引說文"五禮切." ○按自眝而下各本失其原次, 今正之.

07-099-2079 𥆧(睡) 〔앉아서 졸/수〕

'앉아서 졸다'이다. 目과 垂(수)를 따랐다.[82)]

坐寐也.① 从目·垂.②

① 앉아서 잔다는 것을 아는 것은 '睡'자가 垂를 따랐기 때문이다. ≪春秋左氏傳≫ 宣公 2년조에 "앉아서 옷을 입은 채로 졸고 있다.〔坐而假寐〕"라고 하였는데, ≪戰國策≫ 〈秦策〉에서는 "책을 읽으려고 하면 졸린다.〔讀書欲睡〕"라고 하였다.

知爲坐寐者, 以其字从垂也. 左傳曰 "坐而假寐." 戰國策 "讀書欲睡."

② 宋本에는 聲字가 없다. 이것은 會意이면서 形聲을 포함하는 것이다. 目垂는 눈꺼풀이 처져서 내려가는 것이니, 앉기만 하면 그렇게 하는 것이다. 是와 僞의 반절이다. 古音은 제17部에 있다.

宋本無聲字. 此以會意包形聲也. 目垂者, 目瞼垂而下, 坐則爾. 是僞切. 古音在十七部.

07-099-2080 𥈆(瞑) 〔눈 감을/명〕

'눈을 감다'이다. 目·冥(명)을 따랐다.

翕目也.① 从目·冥.②

① ≪爾雅≫ 〈釋詁〉, ≪毛詩≫의 毛亨 傳에 모두 "翕은 '합하다'는 뜻이다."라고 하였다.

---

81) 孫奭 : 962~1033. 宋나라 孫宣公을 가리킨다. 시호는 宣이고 公은 존칭이다. 자는 宗古이고, 經學에 조예가 깊었으며, 翰林學士와 太子少傅를 지냈다. 저서로 ≪孟子音義≫, ≪崇祀錄≫, ≪五服制度≫, ≪五經節解≫ 등이 있다.

82) 睡는……따랐다 : ≪六書尋源≫에는 "앉아서 자는 사람은 눈을 감고 머리를 숙이므로 睡는 垂를 따랐다.〔坐寐者 瞑目垂首 故此从垂也〕"라고 하여, 垂를 '머리를 숙이다'로 풀이하였다.

≪莊子≫ 〈知北遊〉에 "낮잠을 자고 있다.〔晝瞑〕"[83]라고 하였고, ≪莊子≫ 〈德充符〉에는 "마른 오동나무 안석에 기대어 눈을 감고 있다."[84]라고 하였다. 인신하여 '현기증이 난다〔瞑眩〕'는 뜻이 되었다.

釋詁, 毛傳皆曰 "翕, 合也." 莊子 "晝瞑." "據槁梧而瞑." 引伸爲瞑眩.

② ≪古今韻會擧要≫에서 小徐(徐鍇)의 글을 인용하여 "會意이다."라고 하였다. 이것은 會意이면서 形聲을 포함하는 것이다. 武와 延의 반절이다. 살펴보건대, 古音은 제11部에 있다. 세속에서는 '眠'으로 썼으니, 잘못이다.

韻會引小徐曰 "會意." 此以會意包形聲也. 武延切. 按古音在十一部. 俗作眠, 非也.

07-099-2081 眚 (眚) 〔안질로 백태가 낄/생〕 補

'눈에 병이 생겨 백태가 끼다'이다. 目을 따르고 生(생)이 소리이다.

目病生翳也.① **从目, 生聲.**②

① 玄應의 ≪一切經音義≫ 권1에 "翳는 ≪韻集≫[85]에 눈에 백태가 끼다〔瞖〕로 되어 있다."라고 하였다. 眚은 인신하여 '잘못이다〔過誤〕'는 뜻이 되었다. ≪尙書≫ 〈舜典〉에 "과오나 불운으로 지은 죄는 용서하여 풀어 주었다."라고 하였고, ≪春秋左氏傳≫ 僖公 33년 조에 "나는 한 번의 過誤로 큰 功德을 掩蔽하지 않는다."라고 한 것이 이런 사례이다. 또 재변이라고 한다. 李奇[86]는 "내부의 요기를 '眚'이라고 하고, 외부의 요기를 '祥'이라고 한다."라고 한 것이, 이런 사례이다. 또 〈眚은〉 減省의 省(생)의 假借字로 쓴다. ≪周禮≫ 〈夏官 大司馬〉에 "강대한 제후국이 약한 나라를 능멸하거나 작은 나라를 침범하면 국토의 일부를 빼앗는다."라고 하였는데, 鄭玄 注에 "眚은 사람의 몸이 수척한 것과 같아 사방에서 그의 땅을 침범하였다."라고 하였다. 살펴보건대, 省瘦(생수)는 또한 '㾪瘦'로 써야 한다. 세속에서는 '瘦省'이라고 하였다.

玄應曰 "翳韻集作瞖." 眚, 引伸爲過誤. 如"眚災肆赦." "不以一眚掩大德" 是也. 又爲災眚.

---

83) 낮잠을……있다〔晝瞑〕: ≪莊子≫ 〈知北遊〉에 "신농이 책상에 기댄 채 문을 닫고 낮잠을 자다가 妸荷甘가 한낮에 문을 열고 들어와서 '老龍吉이 죽었소.'라고 하였다.〔神農隱几 闔戶晝瞑 妸荷甘 日中 奓戶而入 曰老龍死矣〕"라고 하였다.

84) 마른……있다 : ≪莊子≫ 〈德充符〉에 "그대의 정신을 고달프게 해서, 나무에 기대 신음소리나 내고, 말라버린 오동나무로 만든 안석에 기대 졸기나 하고 있소.〔子之精 倚樹而吟 據槁梧而瞑〕"라고 하였다.

85) 韻集 : 西晉 時期에 呂靜이 지은 韻書이다.

86) 李奇 : ?~? ≪漢書≫ 〈漢書敍例〉에 "李奇는 南陽사람이다.〔李奇 南陽人〕"라고 한 구절이 보인다.

李奇曰 “内妖曰眚, 外妖曰祥” 是也. 又假爲減省之省. 周禮 “馮弱犯寡則眚之.” 注 “眚猶人省瘦也. 四面削其地.” 按省瘦亦作瘠瘦. 俗云瘦省.

② 所와 景의 반절이다. 제11部에 있다.
所景切. 十一部.

07-099-2082  (瞥) 〔언뜻 볼, 눈 가릴, 겨우 볼/**별**〕

'스치는 눈길로 힐끗 보다'이다. 또 '눈을 가리다'이다. 目을 따르고 敝(폐)가 소리이다. 일설에는 “겨우 보다.”라고도 한다.

過目也.① **又目翳也.**② **从目, 敝聲.**③ **一曰, “財見也.”**④

① '갑자기'라는 뜻이다. ≪莊子≫ 〈徐无鬼〉에는 “슬쩍 보다.〔覕〕”[87]로 되어 있다.
倏忽之意. 莊子作覕.

② '덮어 가리다'는 뜻이다.
障蔽之意.

③ 普와 滅의 반절이다. 제15部에 있다.
普滅切. 十五部.

④ 財는 지금의 '纔'자이다. 이것은 앞의 뜻을 포괄하기에 충분한 듯하다.
財今之纔字. 此似前義足以包之.

07-099-2083  (眵) 〔눈언저리에 상처 날, 눈곱 낄/**치**〕

'눈언저리에 상처가 나다'이다. 目을 따르고 多(다)가 소리이다, 일설에는 “눈에 눈곱이 많다.”라고도 한다.

目傷眥也.① **从目, 多聲.**② **一曰, “瞢兜也.”**③

① ≪釋名≫ 〈釋疾病〉에 “눈언저리에 병이 나서 붉은 것을 '矒(멸)'이라고 한다. 矒은 '눈언저리'라는 뜻이다. 상처가 눈의 양쪽 끝에 있는 것이다.”라고 하였다. 許愼은 눈언저리에 눈곱이 낀 것을 '眵'라고 하였는데, 劉熙[88]와는 다르다.

---

87) 슬쩍 보다〔覕〕: ≪莊子≫ 〈徐无鬼〉에는 “비유하면 한번 슬쩍 보는 것과 같다.〔譬之猶一覕也〕”라고 하였다.

88) 劉熙 : ?~?. 後漢 말기의 訓詁學者로, 자는 成國이다. 저서로 訓詁의 字書인 ≪釋名≫ 8권

釋名曰 "目眥傷赤曰矆. 矆, 末也. 創在目兩末也." 許謂目傷眥曰眵. 與劉異.

② 叱과 支의 반절이다. 古音은 제17部에 있다.
叱支切. 古音在十七部.

③ 瞢(멸)은 각 판본에 잘못되어 '瞢(맹)'으로 되어 있다. 지금 玄應의 ≪一切經音義≫ 권25에 의거하여 바로잡았다. 瞢兜는 지금 사람들이 '눈곱이다〔眼眵〕'라고 말한 것이 이런 사례이다. 韓愈의 〈短燈檠歌〉에는 "두 눈의 언저리에 병이 나서 눈곱이 끼어 시야가 어둡다.〔兩目眵昏〕"라고 하였다. 이것은 위의 뜻과는 구별된다. 두 병은 항상 서로 원인이 되지만 서로 겸하지 않는다.
瞢各本譌作瞢. 今依玄應正. 瞢兜者, 今人謂之眼眵是也. 韓愈曰 "兩目眵昏." 此與上義別. 二病常相因而有不相兼者.

07-099-2084 瞢(瞢)〔눈곱/멸〕

瞢兜(멸두)이니, '눈곱'이다. 目을 따르고 蔑(멸)의 생략형이 소리이다.

瞢兜,① 目眵也.② 从目, 蔑省聲.③

① 句讀(구두)이다.
逗.

② 각 판본에는 '瞢兜' 두 글자가 없는데, 지금 玄應의 ≪一切經音義≫ 10권과 21권에 의거하여 보충하였다. 앞의 두 번째 뜻[89]을 이어받아 말한 것이다. 宋玉의 〈風賦〉에 "입술〔脣〕에 부스럼이 생긴 것을 '胗(진)'이라 하고, 눈〔目〕에 부스럼이 생긴 것을 '蔑'이라고 한다."라고 하였다. ≪呂氏春秋≫ 〈季春紀 盡數〉에 "기혈이 막힌 것이 눈에 있으면 '矆'이 된다."라고 하였는데, 高誘 注에 "矆은 '눈곱〔眵〕'이다."라고 하였다. 살펴보건대, 蔑은 瞢의 假借이고 矆은 或體이다. 瞢兜의 '兜'가 見部에는 '覴(눈곱/두)'로 되어 있으며 "〈覴는〉 '눈곱'이다."라고 하였다.
各本無瞢兜二字, 今依玄應書卷十・卷卄一補. 蒙上弟二義言之. 宋玉風賦 "中脣爲胗, 得目爲蔑." 吕氏春秋 "氣鬱處目則爲矆." 高注 "矆, 眵也." 按蔑者假借, 矆者或體. 瞢兜, 見部作覴, 云 "目蔽垢."

③ 莫과 結의 반절이다. 제15部에 있다.
莫結切. 十五部.

이 있다.

89) 앞의……뜻 : 바로 앞의 표제자인 '眵(눈곱/치)'자의 해설에 "일설에 '눈곱이다.'라고 한다.〔一曰瞢兜也〕"라고 한 것을 가리킨다.

07-099-2085 (肤)〔흘겨볼/결〕

'흘겨보다'이다. 目을 따르고 夬(결)이 소리이다.

睊也.① **从目, 夬聲.**②

① 살펴보건대, 徐鍇本에 "睊也"로 되어 있고 徐鉉本에 "涓目也"로 되어 있는데, 모두 잘못이다. 가령 '睊'을 뜻풀이한다면 '睊'자와 비슷한 뜻의 글자끼리 배열해야 한다. '眚(생)'자 이하의 글자들은 모두 눈병과 관계있다. ≪廣韻≫ 入聲 16屑韻에 "肤은 '눈병'이다."라고 하였으니, 이로써 〈'肤'자의〉 제대로 된 풀이를 얻을 수 있다. 刀部에서 "剈(연)은 일설에는 '우묵하다〔窐〕'는 뜻이라고 한다."라고 하였다. 여기의 "睊也"도 "剈目"이 되어야 하며, 剈目은 '우묵한 눈〔窐目〕'을 이른다. 窐(와)는 '낮다〔下〕'는 뜻이다.
按鍇作"睊也", 鉉作"涓目也", 皆誤. 假令訓睊, 則當與睊字類廁. 自眚而下皆系目病. 廣韻云, "肤, 目患." 可以得其解矣. 刀部曰, "剈, 一曰窐也." 此"睊也"當作"剈目", 謂窐目也. 窐, 下也.

① 古와 穴의 반절이다. 제15部에 있다.
古穴切. 十五部

07-099-2086 (眼)〔눈병/량〕

'눈병'이다. 目을 따르고 良(량)이 소리이다.

目病也.① **从目, 良聲.**②

① ≪急就篇≫ 23장에 "眵(치)·䁾·眼"이라고 하였는데, 顔師古는 "眼은 눈의 視線이 바르지 않은 것이다."라고 하였다. ≪雷公炮炙論≫ 서문[90]에 "目辟과 眼䁖[91]에 五花를 약으로 쓰면 저절로 바르게 된다."라고 하였는데, 注에 "〈五花는〉 五加皮가 이것이다."라고 하였다.
急就篇 "眵·䁾·眼." 顔曰, "眼, 目視不正也." 雷公炮炙論序云, "目辟·眼䁖, 有五花而

90) 雷公炮炙論 서문 : 이 序文은 ≪急就篇≫의 王應麟補注와 ≪本草綱目≫ 〈序例〉의 '十劑'에 보인다. ≪뇌공포자론≫은 南北朝時代 宋나라의 雷斅가 편찬하고 胡洽이 重訂한 製藥學 책이다.

91) 目辟과 眼䁖 : 目辟은 어떤 증상인지 자세하지 않다. 眼䁖는 '斜視'를 이른다. 䁖의 音은 미상이다.

自正." 注"五加皮是也."

② 力과 讓의 반절이다. 제10部에 있다.
力讓切. 十部.

07-099-2087 (眛) 〔눈 어두울/매〕

'눈이 밝지 못하다'이다. 目을 따르고 未(미)가 소리이다.

目不朙也.① **从目, 未聲.**②

① 今音의 眜(말)은 末韻에 있고 眛(매)는 隊韻에 있다. '末'을 따르는 글자를 살펴보면 ≪春秋公羊傳≫과 ≪春秋穀梁傳≫의 두 傳과 左思의 〈吳都賦〉에 보이고, '未'를 따르는 글자는 보이지 않는다. 〈目部에서〉 眜(말)과 眛의 뜻을 모두 "'눈이 밝지 않다〔目不明〕'이다."라고 하였는데, 어찌 비슷한 글자끼리 배열하지 않고 두 곳으로 나누어 놓은 것인가.

한편 ≪玉篇≫ 目部 제48에서는 䀶(랑)과 瞯(한) 두 글자 사이에서 "眛은 莫과 達의 반절이며, '눈이 밝지 않다'는 뜻이다."라고 하였으니, 대체로 ≪說文解字≫의 옛 차례에 의거한다면 ≪說文解字≫의 原書에 '末(말)'을 따른 眛이 여기에 있어야 한다는 것을 알 수 있다. 그런데 학식이 얕은 사람이 이를 고쳐 '未(미)'를 따른다고 하고, 곧 다시 앞에다 末(말)을 따르는 眜을 보탠 것이다.

今音眜, 在末韻, 眛在隊韻. 攷从末之字, 見於公穀二傳及吳都賦, 从未之字未之見. 其訓皆曰目不明, 何不類居而畫分二処. 且玉篇於䀶瞯二字之閒云, "眛, 莫達切, 目不明." 葢依說文舊次, 則知說文原書从末之眛, 當在此. 淺人改爲从未, 則又增从末之眜於前也.

② 莫과 佩의 반절이다. 제15部에 있다.
莫佩切. 十五部.

07-099-2088 (瞯) 〔눈 치켜뜰/한〕

'눈을 치켜뜨다'이다. 目을 따르고, 閒(한)이 소리이다. 長江과 淮水의 지역에서는 '흘겨보는 것〔眄〕'을 '瞯'이라 한다.

戴目也.① **从目, 閒聲.**② **江淮之閒謂眄曰瞯.**③

① "戴目"은 마치 하늘을 이고 있는 듯이 위쪽을 바라보는 것이니, ≪黃帝內經素問≫에 이

른바 '戴眼'[92]이라는 것이고, 여러 책에 이른바 '望羊'[93]이라는 것이다. 위쪽을 쳐다보면 눈의 흰자가 많기 때문에, ≪廣韻≫ 上平聲 28山韻에 "矙은 사람 눈의 흰자가 많은 것이다."라고 하였고, ≪爾雅≫ 〈釋畜〉에 "한쪽 눈이 흰 것은 '瞯'[94]이다."라고 하였는데, 瞯은 '矙'과 같고, 또한 '驕'으로도 쓴다. 引伸하여 '闚伺(엿보다/규사)'라는 뜻으로 쓰니, 예컨대 ≪孟子≫ 〈離婁 下〉에 "왕이 사람을 시켜 夫子를 엿보게〔矙〕 하였다."라고 한 것이 이 사례이다.

"戴目"者, 上視如戴然, 素問所謂戴眼也, 諸書所謂望羊也. 目上視則多白, 故廣韻云, "矙, 人目多白也." 爾雅釋畜"一目白, 瞯." 瞯同矙, 亦作驕. 引伸爲闚伺之義. 如孟子"王使人矙夫子"是.

② 戶와 閒의 반절이다. 제14部에 있다. 살펴보건대, 이 글자〔矙〕는 여러 책에서 대부분 閑을 따라 '瞯'으로 썼다.

戶閒切. 十四部. 按此字諸書多从閑作瞯.

③ 眄은 각 판본에 '眡(볼/시)'[95]로 되어 있는데, 宋本과 ≪集韻≫에 의거하여 바로잡았다. ≪方言≫ 권2에 "矙은 '곁눈질하다〔眄〕'이다. 吳·楚[96]·長江·淮水의 지역에서는 간혹 '矙'이라 하고, 혹은 '略(략)'이라고도 한다."라고 하였다.

眄各本作眡, 依宋本及集韻正. 方言 "矙, 眄也. 吳·楚·江·淮之閒或曰矙, 或曰略."

07-099-2089 眯(眯)〔티가 눈에 들어갈/미〕

'티가 눈 속으로 들어가다'이다. 目을 따르고 米(미)가 소리이다.

艸入目中也.① 从目, 米聲.②

① ≪莊子≫ 〈天運〉에 "쌀겨를 까부르다가 티가 눈에 들어갔다.〔眯目〕"라고 하였다. ≪字林≫에 "眯는 이물질이 눈에 들어가 병이 된 것이다."라고 하였다. 그렇다면 단지 艸일 뿐만이 아니다.[97]

---

92) 戴眼 : 눈을 치뜬 채 눈동자가 돌아가지 않는 증세를 이른다.

93) 望羊 : 望洋·望佯·望陽·盲洋으로도 쓰며, '우러러보는 모양〔仰視貌〕' 또는 '멀리 보는 모양〔遠視貌〕'이란 뜻이다.

94) 瞯 : 今本 ≪爾雅≫ 〈釋畜〉에는 矙으로 되어 있다.

95) 眡(볼/시) : 徐鍇本에 '眂'로 되어 있다.

96) 楚 : 今本 ≪方言≫에는 '揚'으로 되어 있다.

97) 단지……아니다 : 해설의 "艸入目中也"에서 '艸'는 '풀'이란 뜻 이외에 '여러 가지 이물질'이란 의미가 있다는 뜻이다.

莊子"簸[98]糠眯目." 字林云, "眯, 物入眼爲病." 然則非獨艸也.

② 莫과 禮의 반절이다. 제15部에 있다.

莫禮切. 十五部.

07-099-2090 眺(眺)〔눈의 시선이 바르지 못할/**조**〕

'눈의 시선이 바르지 못하다'이다. 目을 따르고, 兆(조)가 소리이다.

目不正也.① 从目, 兆聲.②

① 살펴보건대, ≪爾雅≫ 〈釋詁〉와 ≪說文解字≫에서는 모두 "覜(조)는 '보다〔視〕'는 뜻이다."라고 하였다. 그렇다면 '멀리 바라보다〔覜望〕'의 '覜'자는 眺가 될 수 없고, ≪禮記≫ 〈月令〉의 "멀리 바라볼 만하다.〔可以遠眺望〕"의 '眺'는 假借에 관계된다. 小徐(徐鍇) 注에 인용된 潘岳[99]의 〈射雉賦〉에 "눈길은 몸을 따라 걷지 않고, 곁눈질〔衺眺〕로 경계하며 사방을 둘러본다."라고 하였는데, 徐爰[100] 注에 "바라보는 시선이 바르지 못하고 항상 겁내고 두려워하는 것이다."라고 하였으니, 이것이 '眺'자의 본래 뜻이다.

按釋詁・說文皆云, "覜, 視也." 然則覜望字不得作眺, 月令 "可以遠眺望." 系假借. 小徐注引射雉賦"目不步體, 衺眺旁剔." 徐爰曰 "視瞻不正, 常驚惕也." 此眺字本義.

② 他와 弔의 반절이다. 제2部에 있다.

他弔切. 二部.

07-099-2091 睞(睞)〔곁눈질할/**래**〕

'〈곁눈질하여〉 눈동자가 바르지 않다'이다. 目을 따르고 來(래)가 소리이다.

目童子不正也.① 从目, 來聲.②

① 눈동자〔目精〕가 다른 사람을 注目하기 때문에 來를 따랐으니, 屈原의 〈少司命〉에 이른

---

98) 簸 : 今本 ≪莊子≫에는 '播'로 되어 있다.

99) 潘岳 : 247~300. 西晉 때의 문인으로 자는 安仁이다. 給事黃門侍郎 등을 지냈고, 文才가 뛰어났으며, 陸機와 함께 '陸潘'으로 병칭되어 西晉의 문학을 대표한다. 주요 작품으로 〈悼亡诗〉, 〈秋興賦〉, 〈閑居賦〉, 〈懷舊賦〉, 〈射雉賦〉 등이 있다.

100) 徐爰 : 394~475. 본명은 瑗이고, 字는 長玉이다. 南朝 劉宋 때의 유명한 大臣・사학가・문학가로 中散大夫 등을 지냈다. 潘岳의 〈射雉賦〉에 注를 달았고, 저서로 ≪禮記音≫, ≪家儀≫, ≪釋問≫, ≪釋疑略≫ 등이 있다.

바 "目成"[101]이라는 것이다. 曹植의 〈洛神賦〉에 "밝은 눈동자는 곁눈질하여 뜻을 잘 전하고〔明眸善睞〕"라고 하였는데, 李善 注에 "睞는 '곁눈질하여 보다'는 뜻이다."라고 하였다.

目精注人, 故从來. 屈賦所謂目成也. 洛神賦 "明眸善睞." 李曰, "睞, 旁視."

② 洛과 代의 반절이다. 제1部에 있다.

洛代切. 一部.

07-099-2092 睩(睩)〔곁눈질하며 삼갈/**록**〕

'곁눈질하며 삼가다'이다. 目을 따르고 彔(록)이 소리이다. 鹿과 같이 읽는다.

目睞謹也.① 从目, 彔聲. 讀若鹿.②

① 娽娽(녹록)은 '삼가는 모양'이란 뜻이기 때문에 '睩'을 눈으로 곁눈질할 때의 삼감〔謹〕이라고 한 것이니, 注視하면서 또 삼가고 두려워하는 것을 말한다. ≪楚辭≫ 〈招魂〉에 "아름다운 눈썹 곁눈질하며 삼가고, 눈에서는 광채를 발하네."라고 하였는데, 王逸 注에 "아름다운 눈이 곱고 광택이 나며, 때때로 곁눈질하듯 삼가며 쳐다보는데, 눈에서 광채를 발하여 사람의 마음을 감동시키는 것이다."라고 하였다.

娽娽, 謹皃也, 故睩爲目睞之謹, 言注視而又謹畏也. 招䰟"娥眉曼睩, 目騰光." 王曰, "好目曼澤, 時睩睩然視, 精光騰馳, 感人心也."

② 盧와 谷의 반절이다. 제3部에 있다.

盧谷切. 三部.

07-099-2093 脩(脩)〔눈 바르지 않을/**추**〕【重文 1】

'눈이 바르지 않다'이다. 目을 따르고, 攸(유)가 소리이다. 䀏(䀏)는 '脩'의 或體이며, 丩(구)를 따랐다.

眣也.① 从目, 攸聲.② 䀏, 脩或, 从丩.

① 唐나라 사람의 小說에 "術士가 裴夫人의 관상을 보고, 눈이 바르지 않으면서〔脩〕 힘이

---

101) 目成 : ≪楚辭≫ 〈九歌 少司命〉에 "堂에 가득한 미녀들이여, 갑자기 유독 나와 目成하게 되었네.〔滿堂兮美人 忽獨與余兮目成〕"라고 하였다. '目成'은 눈짓으로 뜻을 전하여, 서로 친하여 사이가 좋고 정다워지게 된 것을 이른다.

없으면 주로 음란하다."라고 하였는데, 민간에서는 '眘'자를 '脩長'의 '脩(길/수)'자로 잘못 쓰고 있다.

唐人小說 "術士相裴夫人, 目眘而緩, 主淫." 俗誤脩長之脩.

② 敕과 鳩의 반절이다. 제3部에 있다.

敕鳩切. 三部.

07-099-2094 眣(眣)〔눈이 정도를 따르지 않을/질〕

'눈이 正道를 따르지 않다'이다. 目을 따르고 失이 소리이다.

目不從正也.①从目, 失聲.②

① 徐鉉本에 '從'자가 없는 것은 잘못이다. '眺'자로부터 여기〔眣〕까지는 모두 '눈이 바르지 못하다'는 뜻의 글자들을 해설하였으니, 이른바 '가슴속이 바르지 못하다.'[102]는 것이다. 살펴보건대, ≪春秋公羊傳≫ 文公 7년 조에 "晉나라 大夫에게 눈짓으로 지시하여〔眣〕[103] 公과 함께 맹약하게 하였다."라고 하였는데, 何休 注에 "눈짓으로 지시하는 것을 '眣(순)'이라고 한다."라고 하였다. ≪春秋公羊傳≫ 成公 2년 조에 "郤克이 魯와 衛의 사신들에게 눈짓하여〔眣〕, 齊나라 大夫인 國佐의 말로써 國佐를 위해 〈싸움을〉 청하게 하였다."라고 하였는데, ≪經典釋文≫ 〈春秋公羊傳音義〉에서는 글자가 모두 矢를 따랐고 "眣은 音이 舜이다. 어떤 本에는 또 眣로 되어 있는데, 丑과 乙의 반절이고 또 大와 結의 반절이다."라고 하였다.

≪五經文字≫ 卷上 目部에 "眣은 音이 舜이다. ≪春秋傳≫에 보인다."라고 하였고, 〈開成石經〉과 ≪公羊傳≫ 두 곳에 모두 '眣'로 되어 있으니, 아마도 이 글자가 矢를 따른 會意이고 失을 따른 것은 그 譌體인 듯한데, 譌體로 ≪說文解字≫를 고친 것은 학식이 얕은 사람이 식견이 없기 때문이다. 陸德明은 "또 '眣'로 되어 있다.〔又作眣〕"이라고 하였을 뿐 "≪說文解字≫에 '眣'로 되어 있다."라고 말한 적이 없다. 許愼이 말한 "目不从正"은 ≪春秋公羊傳≫에서 '眣'을 두 번 말하였는데 모두 '바름을 따르지 않는다'는 뜻이다.

鉉無從字, 非. 自眺至此, 皆狀目之邪, 所謂匈中不正者也. 按公羊傳文(六)〔七〕[104]年"眣

102) 가슴속이……못하다 : ≪孟子≫ 〈離婁 上〉에 "가슴속이 바르면 눈동자가 또렷하고, 가슴속이 바르지 못하면 눈동자가 흐릿하다.〔胸中正則眸子瞭焉 胸中不正則眸子眊焉〕"라고 한 말을 가리킨다.

103) 眣 : ≪春秋公羊傳註疏≫의 傳文과 何休의 解詁에는 모두 '眣'로 되어 있다.

104) (六)〔七〕: 저본에는 '六'으로 되어 있으나, ≪春秋公羊傳注疏≫에 의거하여 '七'로 바로

晉大夫使與公盟也." 何云, "以目通指曰眣." 成二年. "郤克眣魯衞之使, 使以其辭而爲之請." 釋文字皆从矢, 云, "眣音舜. 本又作眣, 丑乙反, 又大結反." 五經文字曰, "眣音舜. 見春秋傳." 開成石經公羊二皆作眣, 疑此字从矢會意, 从失者其譌體, 以譌體改說文, 淺人無識之故也. 陸云, "又作眣"而已, 未嘗云 "說文作眣也." 許云 "目不从正"者, 公羊兩言眣, 皆不以正也.

② 丑과 栗의 반절이다. 제12部에 있다.
丑栗切. 十二部.

07-099-2095 矇(矇)〔눈이 멀, 어두울/몽〕

'눈이 멀다〔童蒙〕'이다. 目을 따르고 蒙(몽)이 소리이다. 일설에는 "'밝지 않다'는 뜻이다."라고 한다.

童蒙也.① 从目, 蒙聲.② 一曰, "不明也."③

① 이〔童蒙〕는 ≪周易≫의 '童蒙'[105]과 다르니, 눈동자가 〈어떤 물건을〉 덮여진 것과 같음을 이른다. 毛公(毛亨)[106]・劉熙[107]・韋昭[108]는 모두 "눈동자는 있으나 보이는 것이 없는 것을 '矇'이라 한다."라고 하였고, 鄭司農(鄭衆)은 "눈동자〔目眹〕는 있으나 보이는 것이 없는 것을 '矇'이라고 이른다."[109]라고 하였으니, 그 뜻은 대략 같다. 毛公의 說이 으뜸이 되니, 허신이 모형의 說을 위주로 한 것이다. ≪禮記≫ 〈仲尼燕居〉에 "환하여 마치 장님이 눈을 뜬 것과 같다."라고 한 것은 '항아리의 덮개를 열어 주는 것〔發其覆〕'[110]

잡았다.

105) 童蒙 : ≪周易≫ 蒙卦(䷃)의 卦辭・象傳・六五爻辭 등에 보인다. 朱子의 ≪周易本義≫에 "童蒙은 어려서 몽매한 것으로, 六五爻를 이른다.〔童蒙 幼稚而蒙昧 謂五也〕"라고 하였다.

106) 毛公(毛亨) : ≪詩經≫ 〈大雅 靈臺〉의 "矇瞍가 일을 아뢰도다.〔矇瞍奏公〕"에 대한 毛亨 傳에 "눈동자는 있으나 보이는 것이 없는 것을 '矇'이라 하고, 눈동자가 없는 것을 '瞍'라고 한다.〔有眸子而無見曰矇 無眸子曰瞍〕"라고 하였다.

107) 劉熙 : 그의 ≪釋名≫ 〈釋疾病〉에 "矇은 눈동자는 있으나 시력을 잃어버려 어둑하여 분별하는 바가 없는 것이다.〔矇 有眸子而失明 蒙蒙無所別也〕"라고 하였다.

108) 韋昭 : ≪國語≫ 〈周語 上〉의 "矇이 외운다.〔矇誦〕"에 대한 韋昭 注에 "눈동자는 있으나 보이는 것이 없는 것을 '矇'이라 한다.〔有眸子而無見曰矇〕"라고 하였다.

109) 눈동자〔目眹〕는……이른다 : ≪周禮≫ 〈春官 序官〉의 "瞽矇"에 대한 鄭玄 注에 인용된 鄭衆 注의 글이다. 鄭衆 注에는 '眹'이 '眣'으로 되어 있다.

110) 항아리의……것〔發其覆〕 : ≪莊子≫ 〈田子方〉에 "나는 道에 대해서 마치 항아리 속의 초파리와 같았구나. 夫子께서 그 항아리의 덮개를 열어 주지 않았더라면, 나는 천지의

과 같음을 이른다.

此與周易童蒙異, 謂目童子如冡覆也. 毛公·劉熙·韋昭皆云, "有眸子而無見曰矇." 鄭司農云, "有目眹而無見謂之矇." 其意略同. 毛說爲長, 許主毛說也. 禮記"昭然若發矇." 謂如發其覆.

② 莫과 中의 반절이다. 제9部에 있다.

莫中切. 九部.

③ 이는 '눈이 밝지 못함'을 개괄적으로 서술한 것이니, 별도의 다른 뜻이다.

此泛言目不明, 爲別一義.

07-099-2096 眇(眇)〔작은 눈/묘〕

'작은 눈'이다. 目·少를 따랐다.

小目也.① 从目·少.②

① 각 판본에 "'한쪽 눈이 작다〔一目小也〕'이다."로 되어 있는 것은 잘못이다. 지금 ≪經典釋文≫ 〈周易音義〉에 의거하여 바로잡았다. ≪周易≫ 履卦 六三爻辭에 "작은 눈도 볼 수 있다.〔眇能視〕"라고 하였는데, 이에 대해 虞翻은 "'눈〔離目〕[111]이 바르지 않다'는 뜻이고, 兌는 '작다〔小〕'는 뜻이 되므로,[112] 작은 눈인데도 보는 것이다."[113]라고 하였다. ≪方言≫ 권13에 "眇는 '작다〔小〕'는 뜻이다."라고 하였다. ≪淮南子≫ 〈說山訓〉에 "작은 말〔小馬〕이 눈이 크다고 하여 큰 말〔大馬〕이라고 말할 수 없지만, 큰 말이 눈이 작으면 이를 눈이 작은 말이라고 말한다. 사물에는 그럴 것 같은데도 그렇지 않은 것이 있다."라고 하였다.

살펴보건대, '眇'의 뜻은 '작은 눈'인데, 인신하여 '평범하고 신분이 낮다〔凡小〕'는 말로 쓰이고, 또 引伸하여 '微妙하다'는 뜻으로 쓰기도 한다. ≪說文解字≫에는 '妙'자가 없는데, 眇가 바로 '妙'자이다. ≪史記≫ 〈貨殖列傳〉에 "오묘한 논의를 집집마다 설명해 주더라도〔戶說以眇論〕"라고 할 때의 '眇論'이 바로 '妙論'이다. ≪周易≫ 〈說卦傳〉에 "만

위대한 참된 모습을 몰랐을 것이다.〔丘之於道也 其猶醯雞與 微夫子之發吾覆也 吾不知天地之大全也〕"라고 한 데서 온 말이다.

111) 눈〔離目〕: 離는 '離卦(☲)'를 가리키며, '눈〔目〕'은 8괘 중에 離卦에 속하므로, '눈〔目〕'을 '離目'이라고 한 것이다. ≪周易≫ 〈說卦傳〉에 "離는 눈이 된다.〔離爲目〕"라고 하였다.

112) 兌는……되므로 : ≪周易≫ 〈說卦傳〉에 "兌는 세 번째로 구하여 女를 얻었으므로 少女라고 이른다.〔兌 三索而得女 故謂之少女〕"라 하고, 또 "兌는 못이 되고 少女가 된다.〔兌爲澤爲少女〕"라고 하였기 때문에, 兌를 '작다'는 뜻이 된다고 한 것이다.

113) 눈〔離目〕이……것이다 : 虞翻의 ≪周易集解≫ 권3 '履卦' 六三에 보인다.

물에 묘하게 작용하는 것〔眇萬物〕을 말한다."[114]라고 할 때의 '眇'와 陸機의 ≪文賦≫에 "많은 생각을 묘하게 하는 것〔眇衆慮〕을 말한다."라고 할 때의 '眇'는 모두 지금의 '妙'자이다.

各本作一目小也, 誤. 今依易釋文正. 履六三"眇能視." 虞翻曰, "離目不正, 兌爲小, 故眇而視." 方言曰 "眇, 小也." 淮南說山訓 "小馬大目不可謂大馬, 大馬之目眇謂之眇馬. 物有似然而似不然者." 按眇訓小目, 引伸爲凡小之偁, 又引伸爲微妙之義. 說文無妙字, 眇卽妙也. 史記"戶說以眇論." 卽妙論也. 周易"眇萬物而爲言." 陸機賦"眇衆慮而爲言." 皆今之妙字也.

② 徐鍇는 "會意이다."라고 하였다. 살펴보건대, 사물이 적으면 小라고 하기 때문에 少를 따른 것이다. 少는 또한 소리이기도 하다. 亡과 沼의 반절이다. 제2部에 있다.

鍇曰, "會意." 按物少則小, 故从少. 少亦聲. 亡沼切. 二部.

07-099-2097 𥄎(眄)〔눈이 전부 멀, 곁눈질할/**면**〕

'눈이 전부 멀다'이다. 目을 따르고 丏(면)이 소리이다. 일설에 "〈眄은〉 '곁눈질하다'는 뜻이다."라고 하니, 秦나라의 말이다.

目徧合也.① 从目, 丏聲.② 一曰, "衺視也", 秦語.③

① 徧이 각 판본에 '偏'으로 되어 있는 것[115]은 잘못이다. 지금 ≪古今韻會擧要≫에 의거하여 바로잡았다. 徧은 '두루〔帀〕'의 뜻이고 帀은 周의 뜻이다. 周는 '촘촘하다〔密〕'는 뜻이다. 瞑(눈감을/명)은 '눕다〔臥〕'는 뜻이고,[116] 眄은 '눈병〔目病〕'이라는 뜻이다. 사람 중에 〈눈병으로〉 눈언저리가 전부 닫혀 近視가 된 자가 있는데, 지금 '眄'자는 이 뜻으로 쓰지 않는다.

徧, 各本作偏, 誤. 今依韻會正. 徧, 帀也. 帀, 周也. 周, 密也. 瞑爲臥, 眄为目病. 人有目眥全合而短視者, 今眄字此義廢矣.

② 莫과 甸의 반절이다. 古音은 제12部에 있어야 한다. 泯(민)과 같이 읽는다.

莫甸切. 古音當在十二部. 讀如泯.

③ ≪方言≫에 "瞯(간)·睇(제)·睎(희)·略(략)은 '곁눈질하다〔眄〕'는 뜻이다. 함곡관 서쪽 秦·晉 지역에서는 '眄'이라고 한다."라고 하였다. 薛綜[117]은 "流眄은 '눈알을 굴려 움

114) 만물에……말한다 : ≪周易≫ 〈說卦傳〉에 "神이란 만물에 묘하게 작용하는 것을 말한다.〔神也者 妙萬物而爲言者也〕"라고 하였다.

115) 각 판본에……것 : 徐鉉本과 徐鍇本에 모두 "한쪽 눈이 멀다.〔目偏合也〕"로 되어 있다.

116) 瞑(눈감을/명)을……뜻이고 : ≪楚辭≫ 〈招魂〉의 "그런 뒤에 누울 수 있네.〔然後得瞑些〕"에 대한 王逸 注에 "瞑은 '눕다'는 뜻이다.〔瞑 臥也〕"라고 하였다.

직이는 모습'이다."[118]라고 하였다.

方言"矙・睇・睎・路, 眄也. 自關而西秦・晉之閒曰眄." 薛綜曰, "流眄, 轉眼貌也."

07-099-2098 盲(盲) 〔눈에 눈동자가 없을/**맹**〕

'눈에 눈동자가 없다'이다. 目을 따르고 亾(망)이 소리이다.[119]

目無牟子也.① **从目, 亾聲.**②

① '牟'는 민간에서 '眸'로 쓴다. ≪孟子≫ 〈離婁 上〉의 趙岐 注[120]에 "眸子는 눈동자이다."라고 하였고, ≪釋名≫ 〈釋形體〉에 "眸는 '덮다〔冒〕'이니, '서로 싸서 덮다'는 뜻이다."라고 하였다. 毛亨 傳[121]에 "눈동자가 없는 것을 '瞍(瞍)'라고 한다."라고 하였다. 鄭司農(鄭衆)과 韋昭[122]는 모두 "눈은 있으나 눈동자가 없는 것을 '瞍'라고 이른다."라고 하였고, 許愼은 "눈에 눈동자가 없는 것〔無牟子〕을 '盲'이라고 이른다."라고 하였으니, ≪說文解字≫는 毛亨 傳 및 鄭司農의 해설과 다르다. "無牟子"는 '흰자와 검은자가 구분되지 않는다'는 말이 이것이다. 지금 민간에서는 '청맹과니'라고 한다.

牟, 俗作眸. 趙注孟子曰, "眸子, 目瞳子[123]也." 釋名曰, "眸, 冒也, 相裹冒也." 毛傳曰, "無眸子曰瞍." 鄭司農・韋昭皆云, "有目無眸子謂之瞍." 許云, "目無牟子謂之盲." 說與毛・鄭異. "無牟子"者, 白黑不分是也, 今俗謂青盲.

② 武와 庚의 반절이다. 古音은 제10部에 있다.

武庚切. 古音在十部.

---

117) 薛綜 : 176~243. 삼국시대 吳나라의 大儒이자 名臣으로, 字는 敬文이며 太子少傅 등을 역임하였다. 저서로 ≪五宗圖述≫ 등과 張衡의 ≪二京賦≫를 풀이한 ≪二京解≫가 있다.

118) 눈알을……모습이다 : 張衡의 〈西京賦〉에 "쳐다보는 눈매 아름답고 눈알 굴려 움직이는 모습〔眳藐流眄〕"에 대한 薛綜 注이다.

119) 目을……소리이다 : ≪六書尋源≫에는 "눈에 눈동자가 없는 이는 어두워서 보이는 것이 없으므로 盲은 亾을 따랐다.〔目無眸子者 昏昧無所見 故此从亾〕라고 하여, 亾을 聲符로 보지 않고 義符로 보아 會意로 설명하였다.

120) 趙岐 注 : ≪孟子≫ 〈離婁 上〉의 "눈동자보다 진실한 것이 없다.〔莫良於眸子〕"에 대한 趙岐 注를 가리킨다.

121) 毛亨 傳 : ≪詩經≫ 〈大雅 靈臺〉의 "矇瞍가 일을 아뢰도다.〔矇瞍奏公〕"에 대한 毛亨 傳을 가리킨다.

122) 鄭司農(鄭衆)과 韋昭 : ≪周禮≫ 〈春官 序官〉의 '瞽矇'에 대한 鄭玄 注에 인용된 鄭衆 注와, ≪國語≫ 〈周語 上〉의 '矇誦'에 대한 韋昭 注를 가리킨다.

123) 目瞳子 : 今本 ≪孟子注疏≫에는 '目瞳子'가 '瞳子'로 되어 있다.

07-099-2099 䀹(瞰)〔눈이 움푹 들어갈/흠〕

'눈이 움푹 들어가다'이다. 目을 따르고, 咸(함)이 소리이다.

目陷也.① **从目, 咸聲.**②

① ≪廣雅≫ 〈釋詁〉에 "瞰은 '움푹하다'는 뜻이다."라고 하였다. 引伸하여 대체로 '움푹하다'는 말로 쓰인다.
廣雅"瞰, 陷也." 引伸爲凡陷之偁.

② 苦와 夾의 반절이다. 古音은 제7部에 있다.
苦夾切. 古音在七部.

07-099-2100 瞽(瞽)〔눈에 이음매만 있는 소경/고〕補

'눈에 이음매만 있는 것이다'이다. 目을 따르고, 鼓(고)가 소리이다.

目但有眹也.① **从目, 鼓聲.**②

① 眹(진)을 민간에서 眹으로 쓰는 것은 잘못이다. 眹은 舟를 따르며, '배의 이음매'란 뜻이다. 引伸하여 대체로 '이음매'를 모두 '眹'이라고 한다. "但有眹"은 '겨우 이음매만 있을 뿐'이라는 뜻이다. ≪釋名≫ 〈釋疾病〉에 "瞽는 '북〔鼓〕'이란 뜻이니, 어둡고 희미한 듯 눈이 평평하게 합쳐진 것이 북에 씌운 가죽과 같은 것이다."라고 하였다. 眄은 눈이 닫혔지만 물체가 보이는 것이고, 瞽는 눈이 닫혀 물체가 보이지 않는 것이다.

살펴보건대, 鄭司農(鄭衆)은 "눈동자가 없는 것을 '瞽'라고 한다."[124]라고 하였고, 韋昭는 "눈이 없는 것을 '瞽'라고 한다."[125]라고 하였으니, 모두 許愼의 해설과 다르다.
眹, 俗作眹, 誤. 眹从舟, 舟之縫理也. 引伸之凡縫皆曰眹. "但有眹"者, 才有縫而已. 釋名曰, "瞽, 鼓也. 瞑瞑然目平合如鼓皮也." 眄者目合而有見. 瞽者目合而無見. 按鄭司農云, "無目眹謂之瞽." 韋昭云, "無目曰瞽." 皆與許異.

② 公과 戶의 반절이다. 제5部에 있다.
公戶切. 五部.

---

124) 눈동자가……한다 : ≪周禮≫ 〈春官 序官〉의 '瞽矇'에 대한 鄭玄 注에 보인다.
125) 눈이……한다 : ≪國語≫ 〈周語 上〉의 '瞽獻曲'에 대한 韋昭 注에 보인다.

07-099-2101 (瞍)〔눈동자 없는 소경/수〕

'눈동자가 없는 것이다'이다. 目을 따르고, 叜(叟 : 수)가 소리이다.

無目也.① **从目, 叜聲.**②

① '無目'은 '無牟子(눈동자가 없는 것)'와 구별된다. '無牟子'는 검은자와 흰자가 구분되지 않는 것이고, '無目'은 눈 속이 텅 비어 눈알〔物〕이 없는 것이다. 그러므로 ≪字林≫에 "瞍(瞜)는 눈에 이음매〔眹〕가 있으나 눈알〔珠子〕이 없는 것이다."라고 한 것이다. 瞽는 겨우 이음매가 있고 눈에 눈동자가 있는 것이고, 瞍는 겨우 이음매만 있고 눈에 눈동자가 없는 것이니, 이는 다시 瞽와 瞍를 구별한 것이다.

대체로 이와 같은 글자들은 모두 對文[126]일 때는 구별하고 散文[127]일 때는 통용한다. 예컨대 ≪詩經≫의 鄭玄 箋[128]에 "瞽는 '矇(눈이 멀/몽)'이다."라고 하고, ≪史記≫ 〈五帝本紀〉에 "瞽叟는 '盲(눈동자가 없을/맹)'이다."라고 하는 것과 같이 모두 散文일 때는 통용한다. 사람들이 일컬어 瞽叟라고 하는데 실제로는 '눈이 먼〔盲〕 자'이며, 대체로 '瞽瞍'로 쓰는 것은 글자가 잘못된 것이다. ≪國語≫ 〈周語 上〉에 "瞽는 曲을 바치고, 瞍는 賦를 바치고, 矇은 箴言을 외운다."라고 하였는데, 이렇게 對文일 때는 구별한다.

無目與無牟子別. 無牟子者, 黑白不分. 無目者, 其中空洞無物. 故字林云. "瞍, 目有眹無珠子也." 瞽者才有眹而中有珠子. 瞍者才有眹而中無珠子, 此又瞽與瞍之別. 凡若此等, 皆對文則別, 散文則通. 如詩箋云, "瞽, 矇也." 史記云, "瞽叟, 盲." 皆是散文則通也. 人偁爲瞽叟, 其實則盲者也, 凡作瞽瞍者, 字誤也. 國語"瞽獻曲, 瞍獻賦, 矇誦." 此對文則別也.

② 穌와 后의 반절이다. 古音은 제3部에 있다.

穌后切. 古音在三部.

---

126) 對文 : 훈고학 용어로, '사물이나 내용을 분석해서 말하는 글'을 이르며, '의미가 상반되거나 혹은 관련된 문장이 상대적으로 이루어진 글'이란 의미도 포함하고 있다. '對文으로 말하면〔對文言之〕'·'대문일 때는〔對文則〕'·'분석해서 말하면〔對則〕'과 같은 경우에 쓰이며, '析言'과 같은 말이다.

127) 散文 : 훈고학 용어로, '통틀어 말하는 글'을 이른다. '散文으로 말하면〔散文言之〕'·'산문일 때는〔散文則〕'·'통틀어 말하면〔通而言之〕'과 같은 경우에 쓰이며, '渾言'·'統言'이란 말과 같다.

128) 鄭玄 箋 : ≪詩經≫ 〈周頌 有瞽〉의 "장님 악사여, 장님 악사여.〔有瞽有瞽〕"에 대한 鄭玄 箋을 가리킨다.

07-099-2102 (䁝)〔미혹할/형〕

'미혹하다'이다. 目을 따르고 熒(형)의 생략형이 소리이다.

䁝惑也.① 从目, 熒省聲.②

① 䁝과 惑은 雙聲字이다. 각 판본에서는 잘못하여 '䁝'자를 산삭하였는데,[129] 지금 ≪廣韻≫ 下平聲 15青韻에 의거하여 보충하였다. ≪淮南子≫와 ≪漢書≫에서는 모두 營을 가차하여 䁝의 뜻으로 썼다. ≪淮南子≫의 高誘 注에서 매양 "營은 '미혹하다〔惑〕'는 뜻이다."라고 한 것은 잘못이 아니다. 그렇지만 ≪漢書≫의 小顏(顏師古) 注에서 대부분 '營'자의 본래 뜻에 구애되어 '둘러싸다〔回繞〕'는 뜻으로 풀이한 것은 잘못이다. 營이 통용되자 '䁝'은 쓰이지 않게 되었다.

䁝惑雙聲字. 各本誤刪䁝, 今依廣韻補. 淮南鴻烈・漢書皆假營爲䁝. 高誘注每云, "營, 惑也." 不誤. 小顏多拘牽營字本義, 訓爲回繞, 非也. 營行而䁝廢.

② 熒이 각 판본에 '榮'으로 되어 있어, 지금 바로잡았다. '營'・'塋'・'謍'・'鎣'・'褮'・'禜'・'榮'자는 모두 熒의 생략형이 소리이다. 그러나 이 글자〔䁝〕는 특히 熒을 따르는 會意가 마땅하다. 熒은 불빛이 안정되지 않은 모양이다. 火星을 '熒惑'이라고 일컫는다. 戶와 扃의 반절이다. 제11部에 있다.

熒, 各本作榮, 今正. 凡營・塋・謍・鎣・褮・禜・榮字, 皆曰熒省聲, 而此字尤當从熒會意. 熒者, 火光不定之皃. 火星偁熒惑. 戶扃切. 十一部.

07-099-2103 (睉)〔작은 눈/좌〕

'작은 눈'이다. 目을 따르고, 堊(坐)가 소리이다.

小目也. 从目, 堊聲.①

① 睉는 昨과 禾의 반절이다. 제17部에 있다. 徐鉉 등은 "≪尙書≫ 〈益稷〉에 '임금이 자질구레하게 굴면〔元首叢睉哉〕'이라고 하였는데, 지금 '睉'자가 肉을 따른 것은 옳지 않다."라고 하였다.

살펴보건대, 脞는 馬融과 鄭玄이 모두 '작다〔小〕'는 뜻으로 풀이하고, 許書(≪說文解字≫)에 '脞'자가 없으므로 이로 인하여 〈脞를 고쳐〉 睉로 썼다. 이는 아마도 억측으로 결단하여 제멋대로 바꾼 글자인 듯하다. 玄應의 ≪一切經音義≫ 권1을 살펴보면, 睉자

---

129) 각……산삭하였는데 : '䁝惑也'가 徐鉉本과 徐鍇本에 모두 '惑也'로 되어 있어, '䁝'자가 삭제되었다는 뜻이다.

에 대해 "≪字林≫에 나온다."라고 하고 "≪說文解字≫에 나온다."라고 하지 않았으니, 許書의 '脞'자는 아마도 뒤에 보탠 듯하다.

昨禾切. 十七部. 鉉等曰, "尙書'元首叢脞哉.' 今脞从肉, 非是." 按脞, 馬・鄭, 皆以小釋之, 許書無脞, 因改爲脞. 此恐肊決專輒. 攷玄應書卷一, 於脞字云, "出字林." 不云, "出說文." 許書脞疑後增.

07-099-2104 (𥄉)〔눈 후벼팔/**알**〕

'눈을 후벼파다'이다. 目・叉(조)를 따랐다.

捾目也.① **从目・叉.**②

① 捾(알)은 '꺼내다'는 뜻이다. ≪國語≫ 〈吳語〉와 ≪史記≫ 〈吳太伯世家〉에 모두 "子胥가 손으로 눈을 파내어〔子胥以手抉目〕"[130]라고 한 것이 이 용례이다.

捾, 掐也. 吳語・吳世家皆云, "子胥以手抉目." 是也.

② '目叉'는 눈이 손에 의해 후벼파여지는 것이니, 會意이다. 烏와 括의 반절이다. 제15部에 있다.

目叉者, 目爲叉捾也, 會意. 烏括切. 十五部.

07-099-2105 (瞚)〔눈 깜빡일/**순**〕

'눈을 자주 깜빡이다'이다. 目을 따르고, 寅(인)이 소리이다.

開闔目數搖也.① **从目, 寅聲.**②

① "開闔目"은 玄應의 ≪一切經音義≫에 "目開閉"로 되어 있다. 闔은 일설에 '닫다〔閉〕'는 뜻이라고 한다.[131] ≪春秋左氏傳≫ 文公 12년 조에 "臾駢이 '使臣이 目動하면서 말이 방자한 것은 우리를 두려워하기 때문이다.'라고 하였다."라고 하였는데, "目動"은 눈을 자주 깜빡이는 것이다. ≪呂氏春秋≫ 권10 〈安死〉에 "죽은 자는 萬歲 보기를 눈을 한

---

130) 子胥以手抉目 : 今本 ≪史記≫ 〈吳太伯世家〉에는 "내 눈을 파내어 吳나라 東門에 걸어두어라.〔抉吾眼 置之吳東門〕"으로 되어 있고, 今本 ≪國語≫ 〈吳語〉에는 "내 눈을 동문에 매달아 두어라.〔以懸吾目於東門〕"로 되어 있다.

131) 닫다〔閉〕는……한다 : ≪說文解字注≫ 門部 '闔'자의 해설에 "闔은 '문짝'이다. 門을 따르고 盍(합)이 소리이다. 일설에는 '닫다'는 뜻이라고도 한다.〔門扉也 从門 盍聲 一曰閉也〕"라고 하였다.

번 깜빡이는〔一瞚〕 것과 같이 여긴다."라고 하였고, ≪莊子≫ 〈庚桑楚〉에 "아이가 종일토록 보면서도 눈을 깜빡이지 않는다.〔目不瞚〕"라고 하였는데, 이는 모두 '瞚'자의 본래 뜻이니, 대체로 ≪春秋公羊傳≫의 '眣'[132]과 같다고 말하는 것은 잘못이다. 旬(현)은 '눈을 깜빡이다'는 뜻이고, 瞚은 '눈을 자주 깜빡이다'는 뜻이니, 모두 반드시 눈짓으로 사람을 부리는 것이 아니다. 오직 '眣(순)'자만이 주로 눈짓으로 지시하는 것이다.

"開闔目", 玄應本作"目開閉". 闔, 一曰閉也. 左傳 "臾騈曰, '使者目動而言肆. 懼我也.'" "目動"者, 開閉數搖也. 吕覽曰, "夫死, 其視萬歲猶一瞚也." 莊子 "兒子終日視而目不瞚." 此皆瞚字本義, 凡謂與公羊眣同者, 非也. 旬爲"目搖", 瞚爲"目數搖", 皆不必以目使人. 惟眣主以目通指.

② 舒와 閏의 반절이다. 살펴보건대, 寅聲은 제12部에 있어야 한다. ≪經典釋文≫ 〈莊子音義〉에서는 이로 인하여 〈'瞚'자를〉 혹은 '瞬'으로도 쓴다고 하였다.[133] 〈瞚·瞬의〉 공통적인 音은 舜이다.

舒閏切. 按寅聲當在十二部. 莊釋文因或作瞬. 统音舜耳.

07-099-2106 䀟(䀟)〔눈 어두울/비〕

'눈이 밝지 않다'이다. 目을 따르고, 弗(불)이 소리이다.

目不明也. 从目, 弗聲.①

① 普와 未의 반절이다. 제15部에 있다. 살펴보건대, 䀟는 바로 䀛(눈을 가늘에 뜨고 멀리 볼/매)의 或體인 듯하다.

普未切. 十五部. 按此疑卽䀛之或字.

目部에서 다룬 표제자는 113자이고, 重文은 1자이다.

文百十三, 重九.①

① 宋本에는 〈'九'가〉 '八'로 되어 있다.

宋本作八.

---

132) 春秋公羊傳의 眣 : ≪春秋公羊傳≫ 文公 7년 조에 "晉나라 大夫에게 눈짓으로 지시하여〔眣晉大夫〕"라고 할 때의 '眣(눈짓할/순)'자를 가리킨다. 앞에 나온 표제자 '眣(眣 : 질)'자의 해설에 대한 段玉裁 注에 보인다.

133) 瞚자를……하였다 : ≪經典釋文≫ 〈莊子音義〉에 "瞚은 글자를 또한 '瞬'으로 쓰기도 하는데, 같은 글자이며, 音은 舜이다.〔瞚 字又作瞬 同 音舜〕"라고 하였다.

【100. 䀠部】

07-100-2107 (䀠) 〔두리번거릴/구〕 補

'좌우로 살펴보다'이다. 두 개의 目을 따랐다.[1] 䀠에 속하는 글자는 모두 䀠를 따랐다. 拘와 같이 읽고, 또 "어진 선비가 禮義를 돌아본다.〔良士瞿瞿〕"[2]라고 할 때의 瞿와 같이 읽는다.

ナ又視也.① 从二目.② 凡䀠之屬, 皆从䀠. 讀若拘, 又若良士瞿瞿.③

①"ナ又"가 각 판본에 '左右'로 되어 있는 것은 잘못이므로, 지금 바로잡았다. ≪詩經≫의 〈齊風〉[3]·〈唐風〉,[4] ≪禮記≫의 〈檀弓〉[5]·〈曾子問〉[6]·〈雜記〉[7]·〈玉藻〉[8]에서 간혹 '瞿'라고도 하고 혹은 '瞿瞿'라고도 하였는데, 대체로 모두 䀠의 假借이다. 瞿가 통용되자 䀠는 쓰이지 않게 되었다. '瞿'자 해설에 "〈瞿는〉 '매와 새매가 무엇을 보다'이다."라고 하였다. ≪詩經≫ 〈齊風 東方未明〉의 毛亨 傳에서는 "瞿瞿는 '지키지 못하는 모양'이

---

1) 두 개의……따랐다 : ≪六書尋源≫에는 "좌우로 살펴보거나 놀라 살펴보는 이는 그 두 눈의 주위가 마치 두 개의 굽은 갈고리가 서로 견주고 있는 모양과 같으므로 䀠은 두 개의 目이 서로 견주고 있는 것을 따랐다.〔左右視及驚視者 其兩目之周圍 殆若兩曲鉤之相比様 故此从二目相比〕"라고 하였다.

2) 良士瞿瞿 : ≪詩經≫ 〈唐風 蟋蟀〉에 있는 구절이다.

3) 齊風 : ≪詩經≫ 〈齊風 東方未明〉에 "광부가 지킴이 없다.〔狂夫瞿瞿〕"라고 하였고, 이에 대한 毛亨 傳에 "瞿瞿는 '지키지 못하는 모양'이다.〔瞿瞿 無守之貌〕"라고 하였다.

4) 唐風 : ≪詩經≫ 〈唐風 蟋蟀〉에 "어진 선비가 禮義를 돌아본다.〔良士瞿瞿〕"라고 하였다.

5) 檀弓 : ≪禮記≫ 〈檀弓 上〉에 "증자가 이 말을 듣고, 놀란 낯빛으로 '다시 크게 말해 보아라!'라고 하였다.〔曾子聞之 瞿然曰呼〕"라고 하였다.

6) 曾子問 : ≪禮記≫ 〈曾子問〉에는 '瞿'자가 보이지 않는다. 착오가 있는 듯하다.

7) 雜記 : ≪禮記≫ 〈雜記 下〉에 "선친과 닮은 사람만 보아도 눈이 놀라고, 선친과 같은 이름만 들어도 마음이 놀란다.〔見似目瞿 聞名心瞿〕"라고 하였다.

8) 玉藻 : ≪禮記≫ 〈玉藻〉에 "보는 모양은 놀라서 다급하고 분명치 못하다.〔視容瞿瞿梅梅〕"라는 구절에 대한 孔穎達 疏에 "瞿瞿는 '놀라서 다급한 모양'이다.〔瞿瞿 驚遽之貌〕"라고 하였다.

다."라고 하였고, ≪詩經≫ 〈唐風〉에서는 "조심스레〔瞿瞿然〕 禮義를 돌아본다."라고 하였듯이 각각 문장에 따라 뜻을 취하였지만, 그 뜻이 '놀라서 다급한 모양'으로 여긴 것은 동일하다.[9)]

"𠂇又", 各本作"左右", 非也, 今正. 凡詩齊風・唐風, 禮記檀弓・曾子問・雜記・玉藻或言瞿, 或言瞿瞿, 葢皆䀠之假借. 瞿行而䀠廢矣. 瞿下曰, "鷹隼之視也." 若毛傳於齊曰, "瞿瞿, 無守之皃." 於唐曰, "瞿瞿然顧禮義也." 各依文立義, 而爲驚遽之狀則一.

② 會意이다

會意.

③ 九와 遇의 반절이다. 제5部에 있다.

九遇切. 五部.

07-100-2108 䀠(䀠)〔눈언저리/권〕 補

'눈가'이다. 䀠・𠂆(厂 : 예)를 따랐다. '書卷'의 卷과 같이 읽는다. 古文에서는 䀠을 가차하여 '靦(전)'의 뜻으로 썼다.

目圍也.① 从䀠・𠂆.② 讀若書卷之卷.③ 古文㠯爲靦字.④

① 圍는 回가 되어야 하며, '돌다'는 뜻이다.

圍, 當作回, 回轉也.

② 會意이다. 厂部의 '𠂆(厂)'자 해설에 "厂는 '옆으로 끌어당기다'는 뜻이고, '밝다〔朙〕'는 뜻이다."[10)]라고 하였다.

會意. 厂下曰, "抴也, 朙也."

③ 䀠은 '睠顧'의 睠과 뜻이 서로 가깝기 때문에 '書卷'의 卷과 같이 읽는 것이다. 居와 倦의 반절이다. 제17部에 있다.

䀠與睠顧義相近, 故讀同書卷. 居倦切. 十七部.

④ 靦(전)이 徐鉉本에 '醜'로 되어 있는 것은 잘못이다. 醜(제3部)는 䀠(제17部)・卷(제14部)과 部가 멀리 떨어져 있다. 靦은 '부끄러워하는 모양〔姡〕'[11)]이라는 뜻이고, 面部에

9) 놀라서……동일하다 : 바로 앞 注에 보이는 "瞿瞿 驚遽之貌"를 가리킨다.

10) 밝다〔朙〕는 뜻이다 : ≪說文解字注≫ '厂(예)'자 해설의 "朙也(明也)"에 대해 段玉裁는 "〈明也의〉 뜻은 아직 듣지 못하였다.〔此義未聞〕"라고 하였고, 또 "明也는 衍文이 되어야 한다.〔明也當爲衍文〕"라고 하였다.

11) 부끄러워하는 모양〔姡〕 : ≪說文解字注≫ 女部의 '姡(활)'자 해설에 "姡 面靦也"라고 하였는데, 段玉裁 注에 "面靦은 ≪詩經≫ 〈小雅 何人斯〉에 '부끄러운 면목을 가지고 있다.'라

"靦은 '부끄러워하다〔面見人〕'[12]이다. 面・見을 따랐다."라고 하였다. 〈靦의〉 古文이 䀠으로 되어 있는 것은 대체로 또한 다만 두 눈으로 사람을 볼 뿐임을 말한 것이다. 〈䀠과 靦의〉 古音은 똑같이 제14部에 있기 때문에, 서로 假借할 수 있다.

靦, 鉉本作醜, 誤. 醜與䀠・卷, 部分遠隔也. 靦者, 姡也. 面部曰, "面見人也. 从面・見." 古文作䀠, 葢亦謂徒有二目見人而已. 古音同在十四部, 故得相假借.

07-100-2109 奭(䀠)〔눈 흘길/구〕

'눈을 흘기다'이다. 䀠를 따르고 大를 따랐다. 大人이다.

目衺也. 从䀠, 从大. 大人也.①

①'大人也' 세 글자는 옳지 않은 듯하다. 䀠는 爽・奭과 뜻이 같은데, '爽'자가 '밝음이 크고〔大〕', '奭'자가 '성대함이 크고〔大〕', 䀠자가 '눈을 흘기고 눈알을 굴려 흘겨봄이 큰〔大〕' 것이다. 그러므로 모두 大를 따른 會意 글자이다. 擧와 朱의 반절이며, 斞(뜰/구) 자도 이 반절을 따른다. ≪詩經≫ 〈小雅 賓之初筵〉에 "손님이 손으로 술을 뜨거늘〔賓載手仇〕"이라고 할 때의 仇는 斞로 읽어 뜻을 구한다. 古音은 제3部・4部에 있다.[13]

大人也三字, 疑非是. 䀠, 與爽・奭同意. 爽之明大, 奭之盛大, 䀠之目衺淫視者大. 故皆从大會意. 擧朱切, 斞字从此. 以小雅仇, 讀爲斞求之. 古音在三・四部.

䀠部에서 다룬 표제자는 3자이다.

文三.

고 한 것이 이 용례이다.〔面靦者 詩云有靦面目是也〕"라고 하였다.

12) 부끄러워하다〔面見人〕: 面部 '靦'자의 해설에 "면견인이다.〔面見人也〕"라고 하였는데, 段玉裁 注에 "面見人은 '서로 마주하기만 해도 스스로에게 미워하는 마음이 생기는 것'을 이른다.〔面見人 謂但有面相對自覺可憎也〕"라고 하였다. 또한 女部의 '姡(활)'자 해설에 대한 段玉裁 注에 "面部 '靦'자의 해설에 '靦은 面見人이다. 面見人은 지금 사람들이 「볼 면목이 없다」고 말하는 것과 같다.'라고 하였다.〔面部 靦下曰 面見人也 面見人 如今人言無面目相見〕"라고 하였다. 그러므로 이들 내용에 근거하여 '面見人'을 '부끄러워하다'로 풀이하였다.

13) 古音은……있다 : '䀠'자는 ≪廣韻≫의 上平 10虞 韻目의 '拘'자에 속해 있는데, '拘'자의 古音은 제4부에 있다. 그리고 "仇는 斞로 읽어 뜻을 구한다.〔讀爲斞求之〕"라고 할 때의 '斞'자와 '仇'자는 모두 古音이 제3部에 있다. 그러므로 '䀠'자의 古音이 제3部와 4部에 있다고 한 것이다.

【101. 眉部】

07-101-2110  (眉)〔눈썹/미〕補

'눈 위에 난 털'이다. 目을 따르고, 눈썹 모양을 본떴다. 윗부분은 이마의 주름을 본떴다. 眉에 속하는 글자는 모두 眉를 따랐다.

目上毛也.① 从目, 象眉之形.② 上象額理也.③ 凡眉之屬, 皆从眉.

① 사람이 늙으면 긴 눈썹이 있다. 〈豳風 七月〉과 〈小雅 南山有臺〉에 모두 '眉壽'라고 하였는데, 毛亨은 〈豳風 七月〉의 眉壽에 대하여는 "豪眉(긴 눈썹)이다."라고 하였고, 〈小雅 南山有臺〉의 眉壽에 대하여는 "秀眉(긴 눈썹)이다."라고 하였다. ≪方言≫ 권1에 "眉·黎·耋·鮐는 '늙었다'는 뜻이다. 東齊 지역에서는 '眉'라고 한다."라고 하였다. ≪儀禮≫ 〈士冠禮〉에는 眉의 古文이 麋로 되어 있고,[1] ≪儀禮≫ 〈少牢饋食禮〉에는 眉의 古文이 微로 되어 있고,[2] 麋와 微는[3] 모두 眉의 假借字이다.
人老則有長眉. 豳風, 小雅皆言眉壽. 毛曰, "豪眉也", 又曰, "秀眉也." 方言"眉黎耋鮐, 老也. 東齊曰眉." 士冠禮古文作麋, 少牢饋食禮古文作微, 皆假借字也.

② 〈'눈썹 모양을 본떴다'는 것은〉 ⺁를 이른다.
謂⺁

③ 〈이마의 주름은〉 '仌'이 양쪽 눈썹 위에 있는 것을 이른다. 두 눈썹을 옆으로 나란히 하면 이마의 주름은 눈썹 사이의 위에 있는 것이다. 武와 悲의 반절이다. 제15部에 있다.
謂仌在兩眉上也. 竝二眉則額理在眉閒之上. 武悲切. 十五部.

---

1) 眉의……있고 : ≪儀禮≫ 〈士冠禮〉의 "만년토록 장수한다〔眉壽萬年〕"라는 구절에 대한 鄭玄 注에 "眉의 古文은 麋로 되어 있다.〔古文眉作麋〕"라고 하였다.

2) 眉의……있고 : ≪儀禮≫ 〈少牢饋食禮〉의 "만년토록 장수한다〔眉壽萬年〕"라는 구절에 대한 鄭玄 注에 "眉의 古文은 微로 되어 있다.〔古文眉作微〕"라고 하였다.

3) 麋와 微는 : 麋와 微는 모두 제15部에 있다.

07-101-2111 省 (省) 〔살필/성〕【重文 1】

‘살피다’이다. 𥄕의 생략형을 따르고 屮(철)을 따랐다. 𡮱(𡮱)은 省의 古文이며 少·囧을 따랐다.

視也.① 从𥄕省, 从屮.② 𡮱, 古文省, 从少·囧.③

① 省은 ‘살피다〔察〕’는 뜻이고 察은 ‘실상을 조사하다’는 뜻이다. 漢나라 때 禁中을 ‘省中’이라고 하였다. 顔師古는 “禁中으로 들어간 자를 모두 살펴서 함부로 하지 못하게 함을 말한 것이다.”라고 하였다. ≪爾雅≫ 〈釋詁〉에서는 “省은 ‘잘하다’는 뜻이다.”[4]라고 하였는데 이것은 引伸된 뜻이다. ≪禮記≫ 〈大傳〉에 “大夫가 큰 공로가 있으면 임금에게 살피게 한다.”라고 하였는데, 임금이 살펴서 큰 선을 얻게 됨을 이르는 것이다.

省者, 察也. 察者, 覈也. 漢禁中謂之省中. 師古曰, “言入此中者, 皆當察視, 不可妄也.” 釋詁曰, “省, 善也.” 此引伸之義. 大傳曰, “大夫有大事, 省於其君.” 謂君察之而得其大善也.

② 屮은 音이 徹이다. 나무가 막 자라 나오는 것이니, 겨우 보이는 것이다. 眉를 따른 것은 눈에 아직 형체가 나타나지 않은 것이다. 屮을 따른 것은 미세한 것을 살피는 것이다. 대체로 살필 때는 반드시 미세한 것을 살핀다. 그러므로 引伸되어 減省의 ‘省(생)’이 되었다. ≪說文解字≫에 渻과 媘 두 글자가 있으나 經傳에는 대부분 ‘省’으로 되어 있다. 所와 景의 반절이며 또한 息과 井의 반절이다. 제11部에 있다.

屮音徹. 木初生也, 財見也. 从眉者, 未形於目也. 从屮者, 察之於微也. 凡省必於微. 故引伸爲減省字. 說文有渻媘二字, 然經傳多作省. 所景切. 亦息井切. 十一部.

③ 살펴보건대 囧(囧)(경)은 잘못이다. 古文 目은 ◎으로 되어 있다. 𡮱(𡮱)은 〈睦의 고문인〉 𥈠과 더불어 모두 囧을 따랐다. 少·目을 따른 것은 조금 시력을 사용하여 살피는 것이니, 시력을 사용함이 매우 작은 것이다.

按囧, 非也. 古文目作◎. 此與𥈠皆从之. 从少目者, 少用其目省之, 用甚微也.

眉部에서 다룬 표제자는 2자이고, 重文은 1자이다.

文二, 重一.

---

4) 省은……뜻이다 : ≪爾雅≫ 〈釋詁 上〉에 “省은 ‘잘하다〔善〕’이다.〔省 善也〕”라는 구절에 대한 郭璞 注에 “省은 뜻이 ‘자세하지 않다.’라고 하였다.〔省 未詳其義〕”라고 하였는데, 〈郝懿行義疏〉에는 “省은 ‘잘 살피는 것’이다. 밝게 살피고 자세히 보기 때문에 ‘잘하다〔善〕’는 뜻이다.〔省者 察之善也 明察審視 故又訓善〕”라고 하였다.

【102. 盾部】

07-102-2112 盾 (盾) 〔방패/순〕 [補]

'방패'이다. 방패로 몸을 막고 눈을 가리는 것이다. 目을 따르고 나머지 부분이 象形이다. 盾에 속하는 글자는 모두 盾을 따랐다.

瞂也.① 所㠯扞身蔽目.② 从目,③ 象形.④ 凡盾之屬, 皆从盾.

① 經典에서는 盾을 '干'이라고 하였다.[1] 戈部에는 戰(한)으로 되어 있다.
經典謂之干. 戈部作戰.

② 몸을 막는데 사용하므로 '干'이라고 한다. 毛亨 傳에 "干은 '막다'는 뜻이다."[2]라고 하였다. 눈을 가리는데 사용하므로 글자가 目을 따랐다.
用扞身, 故謂之干. 毛傳曰, "干, 扞也." 用蔽目, 故字从目.

③ 각 판본에는 '从目' 두 글자가 없다. 지금 玄應의 ≪一切經音義≫에 의거하여 보충하였다.
各本少二字. 今依玄應補.

④ 徐鍇는 "厈은 방패의 모양을 본뜬 것이다."라고 하였다. 살펴보건대, 지금의 徐鍇本에는 어떤 이가 '厂聲' 두 글자를 함부로 더하였다. 食과 閏의 반절이다. 제13部에 있다. ≪廣韻≫ 上聲 17 準韻의 '盾'자에 "食과 尹의 반절이다."라고 하였다.
鍇曰, "厈象盾形." 按今鍇本或妄增厂聲二字. 食閏切. 十三部. 廣韻"食尹切."

07-102-2113 瞂 (瞂) 〔방패/벌〕

'방패'이다. 盾을 따르고 犮(발)이 소리이다.

---

1) 干이라고 하였다 : 〈大雅 公劉〉에 "방패・창・도끼・깃털 장식.〔干戈戚羽〕"이라 하고, 鄭箋에 "干은 '방패'이다.〔干 盾也〕"라고 하였다.

2) 干은……뜻이다 : ≪詩經≫ 〈周南 兔罝〉의 "공후의 간성이다.〔公侯干城〕"에 대한 毛亨 傳에 "干은 '막다'이다.〔干 扞也〕"라고 하였다

盾也.① 从盾, 犮聲.②

① ≪詩經≫ 〈秦風 小戎〉에 "여러 가지 깃털을 그린 방패가 빛난다."[3]라고 하였는데, 毛亨이 "伐은 중간 크기의 방패〔中干〕이다."라고 하였다. ≪周禮≫ 〈司兵〉에 "五盾을 관장한다."라고 하였는데, 鄭玄은 "五盾은 干과 櫓 따위이다. 그 이름을 다 들어보지 못했다."라고 하였다.

살펴보건대, 木部[4]와 韋昭는 "大楯을 '櫓'라고 한다."[5]라고 하였다. 그렇다면 中干은 櫓의 다음이다. 방패의 大小는 대략 ≪釋名≫ 〈釋兵〉에 보인다. 毛亨이 "中干"이라고 이른 것은 구분해서 말한 것이고, ≪方言≫ 9권과 許愼은 구분 없이 말한 것이다. ≪方言≫ 9권에는 "盾은 함곡관 동쪽 지역에서는 '瞂'이라고 이르고, 혹은 '干'이라고 이른다. 함곡관 서쪽 지역에서는 '盾'이라고 이른다."라고 하였다. 瞂로 쓴 것은 或體이다. 伐로 쓴 것은 假借字이다. ≪史記≫ 〈蘇秦傳〉에는 '吷'로 되어 있다.[6]

秦風"蒙伐有苑." 毛曰, "伐, 中干也." 周禮司兵"掌五盾." 鄭曰, "五盾, 干櫓之屬. 其名未盡聞也." 按木部及韋昭曰, "大楯曰櫓." 則中干次之. 盾之大小, 略見於釋名. 毛云 "中干," 析言之, 方言及許統言之. 方言曰, "盾, 自關而東謂之瞂. 或謂之干. 關西謂之盾." 作瞂者, 或體也. 作伐者, 假借字. 蘇秦傳作吷.

② 扶와 發의 반절이다. 제15部에 있다.

扶發切. 十五部.

07-102-2114 䀗(䀗)〔방패 손잡이/규〕

'방패를 잡는 곳'이다.

盾握也.①

① 사람이 방패를 잡는 곳이다. 방패의 등이 높은 곳을 '瓦'라고 한다. ≪春秋左氏傳≫ 召公 26년 조에 보인다.[7] 盾을 따르고 圭(규)가 소리이다. 苦와 圭의 반절이다. 제16部

---

3) 詩經……빛난다 : 〈秦風 小戎〉에 "여러 가지 깃털을 그린 방패가 빛나거늘 虎皮 활집이며 강철로 만든 가슴걸이로다.〔蒙伐有苑 虎韔鏤膺〕"라고 한 구절서 온 말이다.

4) 木部 : ≪說文解字注≫ 木部의 "櫓는 큰 방패이다.〔櫓 大盾也〕"라고 하였다.

5) 韋昭는……한다 : ≪文選≫ 〈過秦論秦〉, 〈流血漂櫓過〉 注에 보인다.

6) 史記……있다 : ≪史記≫ 〈蘇秦傳〉에 "활시위 깍지와 방패와 방패를 얽어매는 끈을 모두 갖추지 않은 것이 없었다.〔革抉吷芮 無不畢具〕"라는 구절에 대한 司馬貞索隱에 "吷은 瞂과 같으니 '방패'를 이른다.〔吷與瞂同 謂楯也〕"라고 하였다.

7) 春秋左氏傳……보인다 : ≪春秋左氏傳≫ 召公 26년 조에, "활을 쏘아 방패의 등에 명중

에 있다.

人所握処也. 其背脊隆処曰瓦. 見左傳. 从盾, 圭聲. 苦圭切. 十六部.

盾部에서 다룬 표제자는 3자이다.

文三.

하였다.〔射之 中楯瓦〕"라는 구절에 대한 杜預 注에 "瓦는 '방패의 등'이다.〔瓦 楯背〕"라고 하였다.

【103. 自部】

07-103-2115 (自)〔코/자〕 補 【重文 1】

'코'이다. 코의 모양을 본떴다.[1] 自에 속하는 것은 모두 自를 따랐다. 𦣹(𦣹)는 自의 古文이다.

鼻也. 象鼻形.① 凡自之屬, 皆从自. 𦣹, 古文自.

① 이는 코〔鼻〕로 自를 풀이하고 또 "鼻의 모양을 본떴다."라고 한 것이다. 王部 '皇'자의 해설에 "自는 鼻와 같이 읽는다. 지금 세속에서 '처음 태어난 아이〔始生子〕'를 '맏아들〔鼻子〕'라고 한 것이 이런 예이다."[2]라고 하였다. 그렇다면 許愼은 自는 鼻와 뜻이 같고 음이 같다고 여긴 것이다. 그러나 '自'자를 '코'의 의미로 삼은 경우는 매우 적다.
　대체로 '自'를 따른 글자는 예를 들면 尸部의 '眉(해)'자 인데 "누워서 쉬는 것이다."라고 하였고, 言部의 '詯(회)'자 인데 "膽의 기운이 가득하여 소리가 사람 위에 있다."라고 한 것과 같다. 또한 모두 '코로 숨을 쉬다〔鼻息〕'가 되니 會意이다. 지금의 뜻은 '부터〔從〕', '자기〔己〕', '저절로〔自然〕'로 사용되는데 모두 引伸된 뜻이다. 疾과 二의 반절이다. 제15部에 있다.
此以鼻訓自, 而又曰 "象鼻形." 王部曰, "自讀若鼻. 今俗以作始生子爲鼻子, 是." 然則許謂自與鼻義同音同. 而用自爲鼻者絕少也. 凡从自之字, 如尸部眉"臥息也." 言部詯"膽气滿, 聲在人上也." 亦皆於鼻息會意. 今義, 從也, 己也, 自然也, 皆引伸之義. 疾二切. 十五部.

---

1) 自……본떴다 : ≪六書尋源≫에는 "살펴보면 ≪說文解字≫의 '自'자 다음에 '白'자가 있는데 풀이를 역시 '自'자라고 하였다. 코〔鼻〕는 입〔口〕의 위에 있는데 그 모양이 '人'자와 비슷하고, 또 코로 들이쉬는 숨은 입으로 들어오므로 口의 위를 따르고 入을 따랐다.〔按說文此字下 又有白字 而訓此亦自字也 蓋鼻者在於口上 而其形如人字 又鼻吸之氣 入於口 故从口上从入也〕"라고 하여, 자형을 자세하게 설명하였다.

2) 지금……예이다 : 王應麟의 ≪漢制考≫ 〈說文〉에 "지금 풍속에 처음 태어난 아이를 '鼻子'라고 한다.〔今俗以始生子爲鼻子〕"라고 하였다.

07-103-2116 (臱)〔깊숙하여 보이지 않을/**변**〕

'깊숙하여 보이지 않다'이다. 설명을 비워둔다〔闕〕.[3)]

宀宀不見也.① **闕.**②

① 臱(면)은 宀(면)과 疊韻이다. 宀은 지붕을 교차하여 덮은 깊숙한 집이다. 宀宀은 촘촘한 모양이다. ≪毛詩≫에 "緜緜"[4)]이라고 하였고, ≪韓詩≫에 "民民"이라고 하였는데 사실은 동일한 뜻이다.
臱宀疊韻. 宀, 交覆深屋也. 宀宀, 密緻皃. 毛詩曰 "緜緜", 韓詩曰 "民民", 其實一也.

② 위는 自(코/자)를 따랐고 아래는 무슨 의미인지 모르기 때문에 '闕'이라고 하였는데, 그 자형의 설명을 비워둔다는 것이다. 武와 延의 반절이다. 古音은 民과 같으며 제12部에 있다.
上从自, 下不知其何意, 故云闕, 謂闕其形也. 武延切. 古音如民, 十二部.

自部에서 다룬 표제자는 2자이고, 重文은 1자이다.

文二, 重一.

---

3) 비워 둔다〔闕〕: '臱'자에 대한 설명을 알지 못해 보류한다는 의미이다. 자형, 자음, 자의에 대하여 정확하게 해설할 수 없을 경우 '闕'이라고 하였으며, 〈說文解字敍〉에 "모르는 것에는 설명을 비워둔다.〔於其所不知 蓋闕如也〕"라고 하였다.

4) 毛詩에 緜緜 : 〈大雅 常武〉에 "안정되어 있고 경건하다〔緜緜翼翼〕"라고 하였다. 毛傳에는 "緜緜은 '安靜하다'는 뜻이다. 翼翼은 '경건하다'는 뜻이다.〔緜緜 靚也 翼翼 敬也〕"라고 하였다. ≪經典釋文≫ 〈毛詩音義〉에 "본래 음대로 읽으며 '安靜하다'는 뜻이다. ≪韓詩≫에는 民民으로 되어 있고 음의가 같다.〔如字 靚也 韓詩作民民 同〕"라고 하였다. 今本 ≪詩經≫에는 緜緜이 '綿綿'으로 되어 있다.

【104. 白部】

07-104-2117 (白)[1]〔코/자〕

이 글자 또한 '自(코/자)'자이다. 自의 자형을 생략한 것이다. 말할 때의 기운이 코로 나와 입과 함께 서로 돕는 것이다. 白에 속하는 글자는 모두 白를 따랐다.

此亦自字也. 省自者. 詈言之气, 从鼻出, 與口相助.① 凡白之屬, 皆从白.

① 詈는 뜻은 안에 있고 말은 밖으로 나오는 것이다. 말〔言〕은 입에서 나오고 기운은 코에서 나와 입과 함께 서로 돕는다. 그러므로 '白'자는 위는 自의 생략형을 따르고 아래는 口를 따르고 自와 같이 읽는다. 疾과 二의 반절이다. 제15部에 있다.
詈者, 意内而言外也. 言从口出, 而气从鼻出, 與口相助. 故其字上从自省, 下从口, 而讀同自. 疾二切. 十五部.

07-104-2118 (皆)〔모두/개〕[補]

'모두라는 말'이다. 比를 따르고 白(자)를 따랐다.

俱詈也.① 从比, 从白.②

① ≪說文解字注≫ 司部에 "詈는 생각은 안에 있어서 말을 통해 밖으로 드러난다.〔意内而言外〕"라고 하였다. 그 생각을 '俱'라고 하고, 그 말을 '皆'라고 한다. 말로 뜻을 나타내니 이것이 '意内言外'라고 한다. 人部 '俱'자의 해설에 "모두이다〔皆也〕"라고 하였는데, 이는 轉注를 이르는 것이다. 또 '偕'자의 해설에 "일설에는 '俱'이다."라고 하였으니, 皆는 偕[2]와 音義가 모두 같다.
司部曰, "詈者, 意内而言外也." 其意爲俱. 其言爲皆. 以言表意, 是謂意内言外. 人部俱下

---

1) 白 : 白(코/자)의 篆書는 이고, 白(흰/백)의 篆書는 으로, 篆書가 서로 다르다.
2) 偕 : 제15部에 있다.

曰 "皆也", 是謂轉注. 又偕下曰 "一曰俱也." 則音義皆同.

② 比를 따르고 會意이다. 古와 諧의 반절이다. 제15部에 있다.
从比, 會意. 古諧切. 十五部.

07-104-2119 魯 (魯) 〔노둔할/로〕 補

'노둔하다'는 말이다. 白(자)를 따르고 魚(어)가 소리이다. ≪論語≫에 "曾參은 노둔하다."라고 하였다.

鈍詞也.① 从白, 魚聲.② 論語曰, "參也魯."③

① ≪論語≫ 〈先進〉의 孔安國 注에 "魯는 '노둔하다.'는 뜻이다."라고 하였다. ≪春秋左氏傳≫ 文公 15년 조에 "魯人은 〈宋나라 華耦를〉 敏捷하다고 여겼다."라고 하였는데, 여기의 魯人은 노둔한 사람을 말한다. ≪釋名≫ 〈釋州國〉에 "魯는 '노둔하다'는 뜻이다. 나라에 산과 물이 많고 백성의 성품이 질박하고 노둔하다."라고 하였다. 살펴보건대, '椎魯'의 魯와 '鹵莽'의 鹵는 모두 '노둔하다'는 뜻이다.
孔注論語曰, "魯, 鈍也." 春秋左氏傳 "魯人以爲敏." 謂鈍人也. 釋名曰, "魯, 魯鈍也. 國多山水. 民性樸鈍." 按椎魯, 鹵莽皆卽此.

② 각 판본에 "鮺省聲"이라고 하였다.[3] 살펴보건대, 鮺(자)[4]는 〈魚를 따르고〉 差의 생략형(㢑)이 소리이며. 古音은 제17部에 있고 지금 歌韻·麻韻이다. '魯'자는 古今音이 모두 제5部에 있으며, 蓾와 櫓[5]에 쓰여 諧聲(形聲)이 된다. 古文에서는 旅를 魯로 여겼다.[6] 그렇다면 鮺는 식견이 낮은 사람이 제멋대로 고친 것이 되므로, 지금 바로잡았다. 郞과 古의 반절이다. 제5部에 있다.
各本作"鮺省聲." 按鮺从差省聲, 在古音十七部, 今之歌麻韻. 魯字古今音皆在五部, 蓾櫓字用爲諧聲. 古文以旅爲魯. 則鮺爲淺人妄改也, 今正. 郞古切. 五部.

③ ≪論語≫ 〈先進〉의 글이다.
先進篇文.

---

3) 각 판본에……있다 : 각 판본은 大徐本과 小徐本을 이르는데, 모두 "鮺省聲"으로 되어 있다.

4) 鮺(자) : ≪說文解字注≫ 魚部에 "魚를 따르고 差의 생략형(㢑)이 소리이다.〔从魚 差省聲〕"라고 하였다.

5) 蓾와 櫓에 : 蓾와 '櫓'자는 모두 魯가 들어가 있다. 두 글자의 반절은 모두 魯와 마찬가지로 郞과 古의 반절이며 모두 제5部에 있다.

6) 古文에서는……여겼다 : ≪說文解字注≫ 㫃部 '旅'자의 해설에 "㫏(려)는 旅의 古文이다. 고문에서는 이를 魯衛의 魯로 사용한다.〔㫏 古文旅 古文以爲魯衛之魯〕"라고 하였다. 旅가 '군대/려, 나라/로'의 2가지 音義로 쓰임을 알 수 있다. 旅는 魯와 함께 제5部에 있다.

07-104-2120 (者) 〔지시대명사/자〕 [補] 【重文 1】

'별사사(別事詞)'[7]이다. 白(자)를 따르고 𣥠(𣥠/려)가 소리이다. 𣥠는 旅의 古文이다.

別事詈也.① **从白, 𣥠聲. 𣥠古文旅.**②

① 言은 일을 구별하는 것을 주로하고, '者'를 말하여서 구별한다. ≪儀禮≫ 〈喪服〉의 經文에 "솔기를 하지 않은 삼베 상의와 치마를 입고, 苴絰을 두르며, 喪杖을 짚고, 삼베띠〔絞帶〕를 띠며, 삼끈으로 만든 갓끈을 두르고, 골풀로 만든 신〔菅屨〕을 신는 것〔者〕이다."라고 하였고, 鄭玄 注에 "'者'는 아랫글에서 〈상복에 해당하는 사람이 나오는 것을〉 밝힌 것이다."라고 하였는데, 이것이 일을 구별하는 사례이다. 대체로 俗語에서 '이것〔者箇〕', '이와 같이〔者般〕', '이번회〔者回〕'라고 말하는 것은 모두 일을 구별하는 뜻을 취한 것이다. 어느 때에 迎這의 這가 者를 대신했는지[8] 모르겠다. 這는 魚와 戰의 반절이다.

言主於別事. 則言者以別之. 喪服經 "斬衰裳, 苴絰, 杖, 絞帶, 冠繩纓, 菅屨者." 注曰, "者者, 明爲下出也." 此別事之例. 凡俗語云, 者箇, 者般, 者回, 皆取別事之意. 不知何時以迎這之這代之. 這, 魚戰切.

② 㫃部 '旅'자의 해설에 "𣥠는 旅의 古文이다."라고 하였다. 者의 偏旁이 전혀 같지 않은 것은 轉寫하면서 잘못된 것이다. 之와 也의 반절이다. 古音은 제5部에 있다. 煑와 같이 읽어야 한다.

㫃部曰, "𣥠古文旅." 者之偏旁乃全不類, 轉寫之過也. 之也切. 古音在五部. 讀如煑.

07-104-2121 (疇) 〔누구/주〕

'누구라는 말'이다. 白(자)를 따르고 𠷎(수)가 소리이다. 𠷎는 疇와 같다. ≪虞書≫에 "帝堯가 '누구에게 물어야 하겠는가.'라고 하였다."라고 하였다.

詈也.① **从白. 𠷎聲. 𠷎與疇同.**② **虞書曰,**③ **"帝曰疇咨."**

① 대체로 毛亨 傳의 사례에서 '어조사〔辭〕'라고 하는 것은 〈周南 芣苢〉의 '薄', 〈周南 漢廣〉의 '思', 〈召南 草蟲〉의 '止', 〈鄘風 載馳〉의 '載', 〈鄭風 大叔于田〉의 '忌', 〈鄭風 山有

---

7) 別事詞 : 사람, 사물, 사건, 시간 등을 가리키는 대명사를 이른다.

8) 這가……대신했는지 : '者箇, 者般, 者回'가 '這箇, 這般, 這回'로 사용되는 것을 이른다.

扶蘇〉의 '且'와 같은 것이 모두 이런 예이다.

≪說文解字≫의 규례에 '某䛐'라고 하는 것은 自部 이외에[9] 欠部의 欥(율)을 '詮䛐'라고 하고, 矢部의 矣를 '語已䛐'라고 하고, 矢部의 矤을 '況䛐'라고 하고, 曰部의 曶(물)을 '出气䛐'라고 하고, 口部의 各을 '異䛐'라고 하고, 兮部에 𦏧(순)을 '驚䛐'라고 하고, 八(나눌/팔)部에 '尒는 말이 반드시 그러하다.〔尒 䛐之必然也〕'라고 하고, 八部에 '曾은 말이 퍼져 나오다〔曾 䛐之舒也〕'라고 한 것이 모두 이런 예이다. 그렇다면 "䛐也" 두 글자는 규례가 잘못되었다. 〈䛐也는〉 '誰䛐也' 세 자가 되어야 한다.

≪書經≫ 〈虞書 堯典〉에 '疇若予'라는 말이 두 번 나오는데[10] 모두 疇를 '誰'로 풀이하였다. 그렇다면 '疇咨若'라는 말이 두 번 나오는 것도[11] 疇를 '誰'의 의미로 풀이한 것이 반드시 같을 것이다. 疇咨는 咨를 앞에 놓고 疇가 뒤에 있어야 하는데〔咨疇〕, 말이 급하므로 그렇게 된 것이다. 벽 속의 古文字[12]에는 '𠷎'로 되어 있는데 古字이다. ≪爾雅≫ 〈釋詁〉에 "疇와 孰은 '누구'라는 뜻이다.〔疇 孰 誰也〕"라고 하였다. 글자가 疇로 되어 있는 것은 今字(隸書를 말함)이다. 許愼은 疇를 𠷎의 假借字라고 하였고 𠷎를 正字로 하였다. 그러므로 口部에서 "𠷎는 '누구'이다."[13]라고 하였다. 그렇다면 또 𠷎와 疇는 古今字가 된다.

≪說文解字≫의 규례에는 篆文을 표제어로 서술하고 古文과 籒文을 함께 배열하였다. 𠷎는 古文이고 小篆이 아닌데 어찌하여 여기에 배열한 것인가. 대체로 ≪尙書≫와 ≪禮記≫에 있는 古文은 때때로 部居[14]에 의거하여 기록하였는데 반드시 모두 小篆을

---

9) 自部 이외에 : 白(코/자)部 '皆'자의 해설에 "皆는 '모두라는 말'이다.〔皆 俱䛐〕"라고 한 것을 말한다.

10) 疇若予라는……나오는데 : "누가 나의 百工의 뜻을 따라서 다스리겠는가〔疇若予工〕"라고 하였고, 또 "누가 나의 山澤의 초목과 禽獸의 뜻을 따라서 다스리겠는가〔疇若予上下草木禽獸〕"라고 하였다. '疇若予'가 두 번 나온다. 今本 ≪書經≫에는 〈舜典〉에 들어있다.

11) 疇咨若라는……것도 : ≪書經≫ 〈虞書 堯典〉에 "누구에게 물어서 이 시대를 따를 사람을 등용해야 하겠는가〔疇咨若時登庸〕"라고 하였고, 또 "누구에게 물어서 나의 일을 따르도록 하겠는가〔疇咨若予采〕"라고 하였다. '疇咨若'이 두 번 나온다.

12) 벽……古文字 : 孔子의 집을 헐 때 나온 서책에 쓰여진 古文字를 말한다. 漢 景帝 때 魯恭王이 궁실을 확장하는 공사를 하기 위해 孔子의 옛집을 헐다가 벽 속에서 ≪尙書≫, ≪禮記≫, ≪論語≫, ≪孝經≫ 등 수십 편의 서책을 얻었는데, 古文으로 되어 있었다고 한다. 古文이 어떤 書體인가는 아직도 학자들의 설이 분분하여 통일되지 않았다. 넓게 말하면 小篆 이전의 書體 즉 大篆과 籒文을 포함한 서체를 '古文'이라고 한다.

13) 口部에서……누구이다 : ≪說文解字注≫ 口部에는 𠷎가 𠷎로 되어 있으며, "'누구'이다. 口·𠷎를 따르고 又가 소리이다. 𠷎(𠷎)는 疇의 고문이다.〔誰也 从口𠷎 又聲 𠷎古文疇〕"라고 하였다.

14) 部居 : 내용에 따라 분류하여 모으다는 뜻으로, 일반적으로 도서를 經部類, 史部類, 子部類, 集部類의 4부로 분류하여 배열한다.

앞에 쓰고 古文을 뒤에 쓴 것은 아니고, 또한 반드시 上部의 사례[15)]와 같지도 않다. 古文을 앞에 쓰고 반드시 小篆를 붙인 것은 經을 높였기 때문이다. ≪尙書≫에 疇로 되어 있고 𠷎로 되어 있지 않은 것은, 대개 孔安國이 今文字(隷書)로 읽었기 때문이다. 孔安國이 '疇'로 바꾼 것은 ≪爾雅≫와 같다.

凡毛傳之例云辭也，如芣苢之薄，漢廣之思，草蟲之止，載馳之載，大叔于田之忌，山有扶蘇之且皆是. 說文解字之例云某詈，自部外，吹爲詮詈，矣爲語已詈，矤爲況詈，曶爲出气詈，各爲異詈，㽕爲驚詈，介詈之必然也，曾詈之舒也皆是. 然則"詈也"二字，非例. 當作誰詈也三字. 堯典言"疇若予"者二，皆訓誰. 則言"疇咨若"者二，亦必同. 疇咨當先咨後疇，語急故介. 壁中古文字作𠷎，古字也. 爾雅 "疇，孰，誰也." 字作疇，今字也. 許以疇爲假借字，𠷎爲正字. 故口部曰 "𠷎，誰也." 則又𠷎疇爲古今字. 說文之例，敘篆文，合以古籒. 𠷎者古文，非小篆也，何以廁此也. 凡書禮古文，往往依其部居錄之，不必皆先小篆後古文，亦不必如上部之例. 先古文必系以小篆，所以尊經也. 尙書作疇不作𠷎者，葢孔安國以今文字讀之. 易之同爾雅也.

② 直과 由의 반절이다. 제3部에 있다.
直由切. 三部.

③ 〈虞書〉는 〈唐書〉가 되어야 한다.[16)] 曰은 지금 보충하였다.
虞書當作唐書. 曰字今補.

07-104-2122 𥏼(𥏼) 〔알/지〕 補 【重文 1】

'알다'는 말이다. 白・亏・知를 따랐다.[17)] 𥏼는 智의 古文이다.[18)]

識詈也.① **从白・亏・知.**② **𥏼古文智.**③

① 𥏼는 矢部의 知와 音義가 모두 같다. 그러므로 두 글자가 대부분 통용되었다.
此與矢部知音義皆同. 故二字多通用.

② 徐鍇는 "亏 또한 气이다."라고 하였다. 살펴보건대, 知를 따르는 會意이지만 知 또한

---

15) 上部의 사례 : '上(01-002-0006)'자는 표제어를 篆書로 하지 않고, 古文으로 한 것을 말한다.

16) 虞書는……한다 : 상고시대 堯임금이 세운 나라가 唐이므로 '唐書'가 되어야 함을 말한다. 今本 ≪書經≫에서 〈唐書〉가 없다.

17) 白……따랐다 : 大徐本에는 "白을 따르고, 亏를 따르고, 知를 따랐다.〔从白从亏从知〕"라고 하였다.

18) 智의 古文이다 : 大徐本에는 '𥏼'로 되어 있다.

소리이다. 知와 義의 반절이다. 제16部에 있다.

鍇曰, "亏亦气也." 按从知會意, 知亦聲. 知義切. 十六部.

③ 𥏼는 徐鍇本에 의거한 것이다. 叵는 口이고 矢는 知이다. 白을 생략하였다.

此依鍇本. 叵卽口, 矢卽知也. 省白.

07-104-2123 百(百)〔일백/**백**〕補【重文 1】

'십의 열 배'가 되는 수이다. 一·白을 따랐다. 數이니, 십의 열 배를 '일백'이라고 하며, 百은 白(아뢸/백)이다. 十百을 '一貫'이라고 하며 貫은 '드러내어 밝힌다'는 뜻이다. 𦣻은 百의 古文이다.

十十也, 从一·白.① 數,② 十十爲一百, 百, 白也.③ 十百爲一貫, 貫, 章也.④ 𦣻古文百.⑤

① 博과 陌의 반절이다. 제5部에 있다.

博陌切. 五部.

② 句讀(구두)이다.

句.

③ 白은 告白의 '白'이다. 이것은 白을 따른 뜻을 설명하였다. 數는 百에서 자라므로[19] 말로 사람에게 알리는 것이다. 각 판본에 이 '十十爲一百 百 白也' 8자가 빠졌는데[20] ≪古今韻會擧要≫에 의거하여 보충하였다.

白, 告白也. 此說从白之意. 數長於百. 可以詈言白人也. 各本脫此八字. 依韻會補.

④ 이는 비슷한 종류로 거론한 것이다. 百은 白과 疊韻이다. 貫은 章과 雙聲이다.[21] 章은 '밝다'는 뜻이다. 數가 千에서 커져 一貫에 가득 차면 드러나 밝아지는 것이다. 각 판본의 해설에 貫을 잘못하여 '相'이라고 하였는데[22] ≪古今韻會擧要≫에 의거하여 바로 잡았다.

此類擧之. 百白疊韻. 貫章雙聲. 章, 明也. 數大於千, 盈貫章明也. 各本下貫譌相. 依韻會正.

---

19) 數는……자라므로 : ≪漢書≫ 〈律歷志〉에 "一에서 시작하여 十에서 어우러지고, 百에서 커지며 萬에서 퍼져나간다.〔紀於一 協於十 長於百 大於千 衍於萬〕"라고 하였다.

20) 각 판본에……빠졌는데 : 大徐本과 小徐本에는 '十十爲一百 百 白也' 8자가 없다.

21) 貫은……雙聲이다 : 貫은 14部에 있고, 章은 10部에 있다. 雙聲과 疊韻은 보통 同部에 있는데 雙聲이 되는 이유는 분명하지 않다. 百은 白과 疊韻인데 모두 5部에 있다.

22) 각 판본의……하였는데 : 大徐本과 小徐本에 모두 '相章也'로 되어 있다.

⑤ 自(코/자)는 白(코/자)와 같다.
自白同.

白部에서 다룬 표제자는 7자이고, 重文은 3자이다.

文七, 重二.[23)]

23) 重二 : 重三이 되어야 한다.

【105. 鼻部】

07-105-2124  (鼻)〔코/비〕補

‘기운을 끌었다가 직접 내보는 것’이다. 自·畀를 따랐다. 鼻에 속하는 글자는 모두 鼻를 따랐다.

所目引气自畀也.① 从自·畀.② 凡鼻之屬, 皆从鼻.

① ‘所目’ 두 글자는 지금 보충하였다.[1] 口部 ‘口’자의 해설에 “입은 말하고 먹는 것이다.”라고 하였다. 舌部 ‘舌’자의 해설에 “혀는 말하고 맛을 분별하는 것이다.”라고 하였는데, 이것이 그러한 예이다. ≪老子≫ 注에 “하늘은 五氣를 사람에게 먹이는데 코로 들어가고, 땅은 五味를 사람에게 먹이는데 입으로 들어간다.”라고 하였다. ≪白虎通≫ 〈情性〉에서 ≪元命苞≫[2]을 인용하여 “코는 허파의 使臣이다.”라고 하였다.

살펴보건대, 코는 한번 숨을 내쉬고 한번 숨을 들이마셔 서로 번갈아 나갔다 들어왔다 하면서 기운을 끝없이 끌어당긴다. ‘自’는 요즈음 사람이 ‘自家(自己)’라 말할 때의 ‘自’와 같이 읽는다. 自(코/자)의 본래 뜻은 ‘鼻’인데 引伸되어 ‘自家’의 뜻이 되었다.

所以二字今補. 口下曰, “所以言食也.” 舌下曰, “所以言別味也.”是其例. 老子注曰, “天食人以五氣, 从鼻入. 地食人以五味, 从口入.” 白虎通引元命苞曰, “鼻者肺之使.” 按鼻一呼一吸相乘除, 而引氣於無窮. 自讀如今人言自家之自. 自本訓鼻, 引伸爲自家.

② 뜻으로 모양을 삼았다. 父와 二의 반절이다. 제15部에 있다.

以義爲形也. 父二切. 十五部.

07-105-2125 (齅)〔코로 냄새를 맡을/후〕

‘코로 냄새를 맡다’이다. 鼻·臭을 따랐다. 臭는 또한 소리이기도 하다. 畟姓의 畟

1) 所目……보충하였다 : 徐鉉本과 徐鍇本에는 ‘所目’ 두 글자가 실려 있지 않다.

2) 元命苞 : 漢나라 때의 緯書인 ≪春秋元命苞≫이다. 지금은 대부분 사라졌고, 淸의 馬國翰이 편찬한 ≪玉函山房輯佚書≫에 일부 수록되어 있다.

과 같이 읽는다.

臼鼻就臭也.① 从鼻·臭. 臭亦聲. 讀若畜牲之畜.②

① ≪玉篇≫에서 ≪論語≫ 〈鄕黨〉의 "세 번 냄새를 맡고는 자리에서 일어났다.〔三齅而作〕"[3] 를 인용하였다.
玉篇引論語"三齅而作."

② 각 판본에 畜이 畜으로 되어 있는데[4] 잘못이다. 許와 救의 반절이다. 제3部에 있다.
各本畜作畜, 非. 許救切. 三部.

06-105-2126 鼾(鼾)〔코 골/한〕

'누워 자면서 쉬는 숨'이다. 鼻를 따르고 干(간)이 소리이다.[5] 汗과 같이 읽는다.

臥息也.① 从鼻, 干聲. 讀若汗.②

① 息은 '자면서 내는 코 고는 소리'이다. ≪廣韻≫ 上平 25 寒韻 '鼾'자에 "자면서 숨쉬는 소리가 세찬 것이다."라고 하였다. 許와 干의 반절이다.
息, 鼻息也. 廣韻曰, "臥氣激聲." 許干切.

② 矦와 幹의 반절이다.[6] 제14部에 있다. 살펴보건대, 옛날에는 平聲으로 읽었다.
矦幹切. 十四部. 按古讀平聲.

07-105-2127 鼽(鼽)〔감기로 코 막힐/구〕

'감기로 코가 막히다'이다. 鼻를 따르고 九(구)가 소리이다.

病寒鼻窒也.① 从鼻, 九聲.②

---

3) 세 번……일어났다〔三齅而作〕: ≪論語≫ 〈鄕黨〉에 "子路가 꿩을 잡아 공자에게 바치자 세 번 냄새를 맡고는 자리에서 일어났다.〔子路共之 三嗅而作〕"라고 하였다.

4) 각 판본에……있는데 : 大徐本과 小徐本에는 모두 '畜牲'으로 되어 있다.

5) 鼻를……소리이다 : ≪六書尋源≫에는 "무릇 사람이 앉으면 콧숨의 기운이 아래로 나오고, 누우면 콧숨의 기운이 위로 나온다. 그러므로 鼾은 干을 따라서 위로 저촉하는 뜻을 취하였다.〔凡人坐則鼻息之氣下出 而臥則鼻息之氣上出 故此从干 而取上干之義也〕"라고 하여, 干을 聲符로 보지 않고 義符로 보아 會意로 설명하였다.

6) 矦와……반절이다 : 去聲이라는 뜻이다. 許와 干의 반절로 읽으면 平聲이다.

① ≪禮記≫ 〈月令〉에 "백성들이 대부분 코가 막히고 재채기를 하였다."라고 하였는데, 窒은 '막히다〔寱(색)〕'는 뜻이다.
月令 "民多鼽嚏." 窒, 寱也.
② 巨와 鳩의 반절이다. 제3部에 있다.
巨鳩切. 三部.

07-105-2128 𪖐(齂)〔누워서 숨 쉴/해〕

'누워 자면서 숨을 쉬다'이다. 鼻를 따르고 隶(이)가 소리이다. 虺(훼)와 같이 읽는다.

臥息也.① **从鼻, 隶聲.**② **讀若虺.**

① 齂는 尸部 '眉(해)'자와 音義가 모두 같다. ≪玉篇≫ 鼻部 '齂'자와 ≪廣韻≫ 去聲 6 至韻 '齂'자에는 모두 단지 "'코를 골다〔鼻息〕'이다."라고 하였다. ≪爾雅≫ 〈釋詁〉에 "齂는 '숨쉬다'는 뜻이다."라고 하였다.
此與尸部眉音義竝同. 篇韻皆衹云 "鼻息." 釋詁云, "齂, 息也."
② 許와 介의 반절이다. 제15部에 있다.
許介切. 十五部.

鼻部에서 다룬 표제자는 5자이다.

文五.

【106. 皕部】

07-106-2129 (皕)〔이백/벽〕

'이백'이다. 皕에 속하는 글자는 모두 皕을 따랐다. 逼과 같이 읽는다.

二百也.① 凡皕之屬, 皆从皕. 讀若逼.②

① 字形에 근거하여 뜻을 삼았으므로, 二百을 따랐다고 말하지 않았다.
即形爲義, 不言从二百.

② 逼은 각 판본에 祕로 되어 있다.[1] 살펴보건대, 張參의 ≪五經文字≫에 "皕은 音이 逼이다."라고 하였고, ≪廣韻≫ 入聲 24 職韻 '逼'자에 "彼와 側의 반절이다."라고 하였고, 去聲 6 至韻에는 수록되어 있지 않다. 李仁甫[2]의 ≪說文解字五音韻譜≫ 目錄에는 "逼과 같이 읽는다."라고 하였다. 本注[3]에는 "皕은 彼와 力의 반절이다."라고 하였는데 모두 舊音을 따른 것이다. 衋[4]과 奭은 皕을 소리로 하였다. 제5部에 있다. 逼과 音이 서로 가깝다.
逼各本作祕. 按五經文字"皕音逼", 廣韻"彼側切", 至韻不收. 李仁甫五音韻譜目錄云, "讀若逼." 本注云, "彼力切." 皆由舊也. 衋奭字以爲聲. 在弟五部. 逼音相近也.

07-106-2130 (奭)〔성대할/석〕【重文 1】

'성대하다'이다. 大를 따르고 皕을 따랐다. 皕은 또한 소리이다.[5] 奭은 燕 召公의

---

1) 각 판본에……있다 : 大徐本에는 '祕' 小徐本에는 '秘'로 되어 있다.

2) 李仁甫 : '仁甫'는 宋나라 학자 李燾(1115~1184)의 字이다. 저서로 ≪說文解字五音韻譜≫가 있다.

3) 本注 : 段玉裁의 저서인 ≪汲古閣說文訂≫을 말한다.

4) 衋 : 血部 '衋'자에 "血을 따르고 皕이 소리이다.〔从血 皕聲〕"라고 하였다.

5) 성대하다이다……소리이다 : ≪六書尋源≫에는 "무릇 크게 노하게 되면 반드시 웃통 벗고 팔을 휘두르기 때문에 奭은 大를 따랐고, 그 좌우 팔과 겨드랑이 아래에는 각각 百을 따

이름이고 郝(석)과 같이 읽으며 ≪史篇≫[6]에 이름을 '醜'라고 하였다. □(奭)은 奭의 古文이다.

盛也.① 从大, 从皕.② 皕亦聲.③ 此燕召公名, 讀若郝,④ 史篇名醜.⑤ □古文奭.⑥

① ≪爾雅≫ 〈釋詁〉에 "赫赫·躍躍이다."[7]라고 하였고, 赫赫은 舍人本에는 '奭奭'으로 되어 있다. ≪詩經≫ 〈大雅 常武〉[8]의 赫赫에 대한 毛亨 傳에 "빛나고 빛나며 성대하다."라고 하였다.

살펴보건대 奭이 正字이고, 赫은 奭의 假借字이다.[9] 〈小雅 采芑〉에 "路車는 붉은색 빛을 띠고 있다〔路車有奭〕"라고 하였고, 〈小雅 瞻彼洛矣〉에 "붉게 칠한 가죽 슬갑이 붉은색 빛을 띠고 있다.〔韎韐有奭〕"라고 하였는데, 毛亨 傳에 "奭은 '붉은 모양'이다."라고 하였다. 두 곳의 奭은 '赫'이 되어야 한다. 赤部에 "赫은 '불이 붉은 모양'이다."[10]라고 하였다. 奭은 赫의 假借字이다.

釋(詁)〔訓〕[11]"赫赫, 躍躍." 赫赫, 舍人本作"奭奭." 常武毛傳云 "赫赫然盛也." 按奭是正字, 赫是假借字. 小雅 "路車有奭", "韎韐有奭" 毛曰, "奭, 赤皃." 此當作赫. 赤部云, "赫, 火赤皃." 奭是假借字.

② 皕은 大와 함께 모두 '성하다'는 뜻이다.

皕與大, 皆盛意也.

③ 詩와 亦의 반절이다. 古音은 郝과 같이 읽는다. 제5部에 있다. 皕이 隸書에는 '奭'으로 되어 있다.

詩亦切. 古音讀若郝. 在五部. 隸作奭.

라서 明白한 뜻을 취하였다. 겨드랑이 아래는 본래 어두운데, 지금 明白하게 드러난 것은 맨몸으로 팔을 휘두르기 때문이다. 그러므로 풀이를 '성대하다〔盛〕', '노하다〔怒也〕', '赤色이다'라고 한 것이다.〔凡人盛怒 則必袒裼而奮臂 故此从大 而其左右臂腋之下 各从百 取其明白之義 蓋腋下本暗黑 而今乃明白露見者 以其赤軆而奮臂也 是以訓盛也 怒也 赤色也〕"라고 하여, 자형을 자세하게 설명하였다.

6) 史篇 : ≪史籒篇≫이라고도 한다. ≪漢書≫ 〈藝文志〉에는 ≪史籒≫ 15편이 수록되어 있는데, 周 宣王 때에 太史인 籒가 지은 아동용 교육서이다.

7) 爾雅……躍躍이다 : ≪爾雅≫ 〈釋訓〉에 "赫赫과 躍躍은 '빠르다'는 뜻이다.〔赫赫 躍躍 迅也〕"라고 하였다.

8) 大雅 常武 : ≪詩經≫ 〈大雅 常武〉에 "빛나고 빛나며 밝고도 밝다.〔赫赫明明〕"라고 하였다.

9) 赫은……假借字이다 : 赫과 奭은 모두 제5部에 있다. 假借의 원칙 중 하나가 同部에 있는 것으로 '同部假借'라고 한다.

10) 赫은……모양이다 : ≪說文解字注≫ 赤部 '赫'자의 해설에 "≪說文解字≫에는 '火赤皃'라고 하였는데, 段玉裁는 '大赤皃'라고 하였다."라고 하였다.

11) (詁)〔訓〕: 저본에는 '詁'로 되어 있으나, 문맥을 살펴 '訓'으로 바로잡았다.

④ '讀若郝' 3자는 '皕亦聲'의 아래에 있어야 한다.
三字當在皕亦聲之下.

⑤ 이것은 召公이란 이름 때문에 古說을 증명한 것이다. 召公의 이름을 '奭'이라고 한 것은 ≪尙書≫ 〈君奭〉, ≪史記≫ 〈燕召公世家〉에 보인다. 그런데 ≪史篇≫에서는 이름이 醜라고 하였다. ≪史篇≫이 지어진 시기가 周나라 초와 거리가 멀지 않은데 어찌하여 차이가 나는지 모르겠다. ≪說文解字≫ 15편 상의 〈說文解字敘目〉에 "周 宣王 때의 大史(太史)인 籒가 ≪大篆≫ 15篇을 지었다."라고 하였고, ≪漢書≫ 〈藝文志〉에 "≪史籒≫ 15篇을 周 宣王 때의 大史가 지었다."라고 하였고, 또 "≪史籒篇≫은 周나라 때 史官이 學童을 교육하던 책이다."라고 하였다.

살펴보건대, ≪史籒篇≫을 줄여서 ≪史篇≫이라고 한다. ≪漢書≫ 〈王莽傳〉에 "天下에서 ≪史篇≫의 文字에 정통한 사람을 불렀다."라고 하였는데, 孟康은 "≪史篇≫은 史籒(태사인 籒)가 지은 것으로 15편이다."라고 하였다. 許愼은 ≪史篇≫을 세 차례 일컬었으니, 女部 '姚'자에 대한 해설에 "≪史篇≫으로 아이들을 엄격하게 가르쳤다."라고 하였고, 缶部 '匋'자에 대한 해설에 "≪史篇≫에 匋를 缶와 같이 읽어야 한다."라고 하였고, 여기에서 "史篇名醜"라고 하였다. ≪史籒篇≫을 잘 헤아려 보면 반드시 四言으로 글을 이루어서 學童을 가르치고 암송하도록 하였다. 李斯가 지은≪倉頡篇≫, 趙高가 지은 ≪爰曆篇≫, 胡母敬이 지은 ≪博學篇≫은 실제로 ≪史籒篇≫의 체제를 본뜬 것이다.
此爲召公名徵古說也. 召公名奭, 見尙書, 史記. 而史篇云名醜. 史篇之作, 去周初未遠, 未審何以乖異. 敘目云, "及宣王大史籒箸大篆十五篇." 漢志"史籒十五篇, 周宣王大史作." 又云, "史籒篇者, 周時史官教學童書也." 按省言之曰史篇. 王莽傳"徵天下史篇文字." 孟康曰, "史籒所作十五篇也." 許三偁史篇, 姚下云, "史篇以爲姚易也", 匋下云, "史篇讀與缶同", 此云, "史篇名醜." 計度其書, 必四言成文, 教學童誦之. 倉頡, 爰歷, 博學, 實仿其體.

⑥ 百의 古文은 𦣻이니 皕의 古文은 𦣻𦣻이 됨을 알 수 있다.
古文百作𦣻, 則知皕作𦣻𦣻.

皕部에서 다룬 표제자는 2자이고 重文은 1자이다.

文二, 重一.

【107. 習部】

07-107-2131 (習) 〔익힐/습〕 補

'자주 날다'이다. 羽를 따르고 白(백)이 소리이다.[1)] 習에 속하는 글자는 모두 習을 따랐다.

數飛也.① 从羽, 白聲.② 凡習之屬, 皆从習.

① 數(삭)은 所와 角의 반절이다. ≪禮記≫ 〈月令〉에 "매가 나는 것을 배운다."라고 하였다. 引伸되어 '익숙하다'는 뜻이 되었다.
數所角切. 月令"鷹乃學習." 引伸之義爲習孰.

② 살펴보건대, 習은 白과 合韻이다. 又部 '彗'자는 古文이 '習'으로 되어 있고,[2)] 또한 習聲을 따르므로 合韻이다. 似와 入의 반절이다. 제7부에 있다.
按此合韻也. 又部彗, 古文作習, 亦是从習聲合韻. 似入切. 七部.

07-107-2132 (翫) 〔익숙할/완〕

'익숙하고 만족스러워하다'이다. 習을 따르고 元(원)이 소리이다. ≪春秋左氏傳≫에 "한 해를 그럭저럭 지내고 날을 허투루 보낸다."라고 하였다.

習猒也.① 从習, 元聲.② 春秋傳曰, "翫歲而愒日."③

---

1) 羽를……소리이다 : ≪六書尋源≫에는 "새 새끼가 처음 날기를 배우는 놈은 반드시 그 둥지 어구에서 나와 날개를 펼쳐 숨을 헐떡인다. 그 입의 기운이 마치 들이쉬는 것과 같으므로 習은 白을 따랐다.〔鳥雛之始學飛者 必出其巢窠之口 而張羽喘息 其口氣殆若吸入 故此从白〕"라고 하여, 白을 聲符로 보지 않고 義符로 보아 會意로 설명하였다.

2) 彗자는……있고 : ≪說文解字注≫ 又部 '彗'자의 해설에 "(䈬)은 彗의 古文이다. 竹·習을 따랐다. 대개 7部와 15部는 合韻이다.〔(䈬)古文彗 从竹習 葢七部十五部合韻〕"라고 하였다. 習은 제7부에 彗는 제15部에 있다.

① 甘部의 猒은 '만족하다'는 뜻이다. 翫은 心部의 忨과 音이 같고 뜻은 가깝다.
猒, 飽也. 此與心部忨音同義近.

② 五와 換의 반절이다. 제14部에 있다.
五換切. 十四部.

③ ≪春秋左氏傳≫ 昭公 원년 조의 글이다. 살펴보건대, 心部 '忨'자의 해설에 ≪春秋傳≫ 昭公 원년 조의 "한 해를 그럭저럭 지내고 날을 허투루 보낸다.〔忨歲而漖日〕"는 글을 인용하였는데, ≪春秋≫는 ≪國語≫가 되어야 한다. 지금 ≪國語≫ 〈晉語〉에는 "날을 허투루 보내고 한 해를 그럭저럭 지낸다.〔忨日而漖歲〕"로 되어 있다.
春秋左氏傳昭元年文. 按心部忨下引春秋傳"忨歲而漖日." 當作春秋國語. 今晉語作"忨日而漖歲."

習部에서 다룬 표제자는 2자이다.

文二.

出土文獻 補註

凡 例

1. 본 字源 解說은 ≪說文解字注≫의 표제자 중 출토자료에서 찾을 수 있는 字形을 제시하고 주석과 解說을 부가한 것이다. ≪설문해자주≫ 본문의 표제자 중, 자원 해설이 추가된 표제자는 별도로 '補'로 표시하여 참고하는 데 편의를 제공하였다.
2. ≪說文解字注≫ 본문 비교의 편의를 위하여 표제자 뒤에 번역본의 일련번호를 표기하였다. 단 ≪설문해자주≫에는 실려 있지 않지만 徐鉉本 ≪說文解字≫에 新附字로 수록된 한자의 경우 일련번호 대신 '徐鉉本 新附字'로 표기하였다.
3. ≪說文解字≫ 小篆이 등장하기까지의 고문자를 商代文字, 西周春秋文字, 戰國文字, 秦文字로 분류하여 각각 그 字形을 표를 통해 제시하였다. 이때 '秦文字'는 戰國時代 秦의 문자를 포함한다. 전국시대 秦文字가 小篆으로 이어지기 때문에 따로 항목을 설정하였다.
4. 출토자료의 명칭은 학계에서 일반적으로 사용하는 약칭을 사용하였으며, '참고문헌 및 약칭일람'에 정식명칭을 명시하였다. 그 예는 다음과 같다.

약칭	정 식 명 칭
合7241	≪甲骨文合集≫(中國社會科學院歷史研究所, 1982)의 '7241'번 갑골탁본
郭店 老子甲 4	≪郭店楚墓竹簡≫(荊門市博物館 編, 文物出版社, 1998)의 ≪老子≫ 甲本 4호간

5. 기타 서술원칙 및 부호는 ≪說文解字注≫ 번역본을 따랐다.

참고문헌 및 약칭일람

분류	약칭	저록 문헌
甲骨	合(合集)	中國社會科學院歷史研究所, ≪甲骨文合集≫, 1982
	屯	中國社會科學院考古研究所, ≪小屯南地甲骨≫, 1980~1983
	英	李學勤/齊文心/艾蘭 編, ≪英國所藏甲骨集≫, 1985
	花東	中國社會科學院考古研究所, ≪殷墟花園莊東地甲骨≫, 雲南人民出版社, 2003
	村中南	中國社會科學院考古研究所, ≪殷墟小屯村中村南地甲骨≫, 雲南人民出版社, 2012
	懷	許進雄, ≪懷特氏等收藏甲骨文集≫, 加拿大安大略博物館, 1979
金文	集成	中國社會科學院考古研究所, ≪殷周金文集成≫ 전18책, 1984~1994
	近出	劉雨/盧岩 編, ≪近出殷周金文集錄≫ 전4책, 中華書局, 2002
戰國竹簡	郭店	荊門市博物館, ≪郭店楚墓竹簡≫, 文物出版社, 1998
	上博	馬承源 主編, ≪上海博物館藏戰國楚竹書≫ 1~9권, 上海古籍出版社, 2001~2012
	清華簡	清華大學出土文獻研究與保護中心, 李學勤 主編, ≪清華大學藏戰國竹簡≫ 1~11권, 中西書局, 2010~2021
	包山	湖北省荊沙鉄路考古隊, ≪包山楚簡≫, 文物出版社, 1991
	新蔡	河南省文物考古研究所, ≪新蔡葛陵楚墓≫, 大象出版社, 2003
	九店	湖北省文物考古研究所 北京大學中文系 編, ≪九店楚簡≫, 中華書局, 2000
	信陽	河南省文物研究所, ≪信陽楚墓≫, 文物出版社, 1986
	秦家嘴	滕任生, ≪楚係簡帛文字編(增訂本)≫, 湖北教育出版社, 2008
秦簡	嶽麓	朱漢民・陳松長 主編, ≪嶽麓書院藏秦簡≫ 1~6권, 上海辭書出版社, 2010~2020
	里耶	湖南省文物考古研究所, ≪里耶秦簡≫ 1권, 文物出版社, 2012
	睡虎地	睡虎地秦墓竹簡整理小組, ≪睡虎地秦墓竹簡≫, 文物出版社, 1990
기타	貨系	汪慶正, ≪中國歷代貨幣大系≫(一), 上海人民出版社, 1988
	璽彙	故宮博物院, ≪古璽彙編≫, 文物出版社, 1981
	陶錄	王恩田, ≪陶文圖錄≫, 齊魯書社, 2006

又(06-076-1804)

商代文字	又方彝	合19876	合36429	
西周春秋文字	大盂鼎	禽簋	史頌鼎	侯馬盟書 1：14
戰國文字	郭店 語叢一 16	上博 容成氏 5		
秦文字	睡虎地 日書甲 36			

許愼은 ' '를 손을 본뜬 象形字로 해석하였다. 실제 甲骨文을 봐도 손을 본뜬 글자이며, 구체적으로는 으로 서사하여 오른손을 본뜬 글자라고 해석할 수 있다. 이 글자에서 '右'·'有' 등의 글자가 파생되었다. 甲骨文 형태는 小篆을 거쳐 漢 隸書까지 지속적으로 계승된다. 西周 青銅器 ≪逆鐘≫ ' '(集成 62), 春秋 青銅器 ≪秦公鐘≫ ' ' (集成 262), 戰國時代 上博楚簡 ≪容成氏≫ 5호간 ' ' 등이 그 예이다.

右(06-076-1805)

西周春秋文字	右作彝爵	史墻盤	庚壺	
戰國文字	上博 周易 11	清華簡 皇門 5	璽匯 0021	
秦文字	珍秦 8			

' '는 '又'와 '口'로 구성된 字形이다. 이와 동일한 구조의 古文字는 西周 시기부터 출현하였다. ≪史墻盤≫ ' '(集成 10175), ≪頌鼎≫ ' '(集成 2827) 등이 小篆과 동일하다. 春秋 이후에도 이 구조는 지속적으로 계승된다. 春秋 青銅器 ≪庚壺≫ ' ' (集成 9733), 上博楚簡 ≪周易≫ 11호간 ' ', 燕 璽印 ' '(≪璽彙≫ 21) 등이 그 예이다.

厷(06-076-1806)

商代文字	 亞厷方鼎	 合21565	 合1772正	
西周春秋文字	 毛公鼎	 番生簋蓋		
戰國文字	 上博 民之父母 9	 上博 周易 51		
秦文字	 ≪說文≫ 小篆			

許愼은 ''을 '又'와 '宮'의 생략형이 聲符인 자형이라고 설명하였다. '厷'의 古文字는 甲骨文부터 출현한다. 손을 본뜬 '又'에 指事符號로서 팔뚝 위치에 작은 圓形을 더하여 로 서사한다. 즉 팔뚝을 나타내는 글자로 '肱'자의 초문이다. 西周시대 역시 ≪毛公鼎≫ ''(集成 2841)와 같이 '又'와 圓形으로 구성되었다. 이 圓形은 '公'의 聲符와 일치한다. 戰國時代 上博楚簡 ≪民之父母≫ 9호간 ''도 같은 구조이다. 上博楚簡 ≪周易≫ 51호간 ''는 '厷'과 形符 '手'로 구성된 '厷'의 異體字이다.

叉(06-076-1808)

商代文字	 合6450	 英2562正		
西周春秋文字	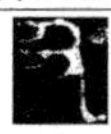 師克盨	 師克盨蓋		
戰國文字	 貨係 128			
秦文字	 秦駰玉版			

''는 '厷'자와 마찬가지로 '又'에 指事符號로서 손톱을 나타내는 점을 찍어 만든 指事字이다. 甲骨文부터 출현하며 로 서사한다. 許愼도 '손발톱'으로 해석하였다. 西

周 시대에는 ≪師克盨≫ ''(集成 4467), ≪師克盨蓋≫ ''(集成 4468)와 같이 손끝에 반원형의 표시를 더하여 손톱을 강조하였다. 戰國時代 이후로는 손톱 강조 표시가 簡化되어 ≪秦駰玉版≫ '', 晉 貨幣 ''(≪貨系≫ 128)처럼 古文字 '又'에 점을 찍는 구조로 변화하였다.

父(06-076-1809)

商代文字	作冊盤甗	合2255	合2321正	
西周春秋文字	耒作父己簋	伯家父鬲	右戲仲夏父鬲	
戰國文字	包山 135	清華簡 祭公 9	上博 競建內之 4	
秦文字	睡虎地 日書乙 174			

許愼은 ''는 손에 막대기를 들고 있는 모습을 본뜬 자형이라고 설명하였다. 甲骨文부터 출현하는데, 손으로 어떤 도구를 들고 있는 모습을 본뜬 글자로 볼 수 있다. 商代 金文인 로 보면 아래가 뭉툭하고 위가 뾰족한 도구임을 알 수 있으나, 정확히 어떤 물체인지는 아직 확정하기 어렵다. 돌도끼를 들고 있다는 주장도 있는데, 이러한 주장은 '斧'자와 잘 연결이 되어 설득력이 있기는 하다. 西周 이후부터 손과 막대의 굵기가 일정해지면서 형태도 손의 일부처럼 변화하였다. ≪伯先父鬲≫ ''(集成 649), ≪南宮乎鐘≫ ''(集成 181)가 그 예이다. 春秋 이후도 이 구조는 그대로 유지된다. 侯馬盟書 96 : 8 '', ≪魯伯愈父鬲≫ ''(集成 692) 등과 같이 西周 시기와 일치한다. 戰國時代는 막대기 부분이 더욱 더 간화되어 삐침의 형태로도 변화하였다. 淸華簡 ≪厚父≫ 7호간 ''와 같이 가운데 부분에 삐침을 더하는 방식으로 막대기 부분을 표시하기도 하였으며 包山楚簡 135호간 ''는 막대기 부분이 지나치게 생략되어 '又'와 유사하다. 上博楚簡 ≪競建內之≫ 4호간 ''와 같이 '父' 좌측에 形符 '人'이 추가된 이체자가 출현하기도 하였다.

叜(叟)(06-076-1810)

商代文字	 合2670反	 屯1024		
西周春秋文字	 ▣叟父鼎			
秦文字	 睡虎地 爲吏之道 21			

'叜'은 '又'와 '灾'로 구성되었다. 甲骨文을 보면 집 안에서 손으로 횃불을 들고 무언가를 찾는 모양을 본뜬 모습으로서 로 서사한다. 즉 이 글자는 搜索을 뜻하는 '搜'의 初文이며, '늙은이'라는 의미는 假借된 용법이라고 할 수 있다. 西周 이후로 '叜'의 古文字 용례는 극히 드물다. 현재까지 발견된 용례는 西周 青銅器 ≪▣叟父鼎≫ ''(集成 2205)와 睡虎地秦簡 ≪爲吏之道≫ 21호간 '' 두 가지 뿐이다.

燮(06-076-1811)

商代文字	 合18178	 屯1024		
西周春秋文字	 盄和鐘			
戰國文字	 曾侯𦣓鐘			
秦文字	 陝西 884			

''은 '言'과 '又'와 '炎'으로 구성된 자형이다. '燮'의 古文字는 小篆과 차이가 있다. 甲骨文을 보면 손으로 어떤 도구를 들고 있고, 그 주위에 '火'가 세 개 또는 네 개가 붙어 있는 형상을 하여 으로 서사한다. 정확한 本義는 아직 알기 어렵다. 아마도 센 불과 관련이 있는 의미를 나타낸 듯하다. 春秋 青銅器 ≪盄和鐘≫ ''(集成 270)는 甲骨文과 달리 중간 부분이 '言'으로 訛變되면서 小篆과 동일한 구조를 갖추게 되었다. 戰國時代 秦 璽印 ''(陝西 884)도 字形 구조가 동일하다. 楚 青銅器 ≪曾侯𦣓

鐘≫ ''(江漢考古 2014.4)는 甲骨文의 '▽'가 'ㅜ'로 변화한 것을 볼 수 있다.

曼(06-076-1812)

商代文字	 曼鼎	 乇2026	 合4805	
西周春秋文字	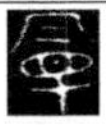 師爲曼仲簋	 曼龏父盨		
戰國文字	 郭店 老子乙 12			
秦文字	 里耶 8-1523			

''은 '又'와 聲符 '冒'로 구성된 자형이다. '曼'의 古文字는 甲骨文부터 출현하며, 위 아래에서 두 손으로 눈을 벌리는 모습을 본뜬 글자로 으로 서사한다. 西周시기 이후는 ≪曼龏父盨≫ ''(集成 4432)으로 '冒'의 初期 字形 '冃'와 '𥄎'으로 구성된 字形이 출현한다. ≪曼父辛卣≫ ''(集成 4984)은 '冃'가 생략된 異體字이다. 戰國時代 이후로 '目' 윗부분에 위치한 '爪'가 생략되거나 '冃'와 '爪'가 결합하여 訛變되면서 '尹'과 비슷한 형태로 변화하였다. 里耶秦簡 8-1523호간 ''은 '爪'가 생략되었으며 郭店楚簡 ≪老子乙≫ 12호간 ''은 윗부분이 '尹'과 유사하게 변화하였다.

夬(06-076-1814)

商代文字	 合21367			
戰國文字	 郭店 老子乙 14	 上博 采風曲目 3	 上博 凡物流形乙 5	
秦文字	 睡虎地 日書乙 200			

''는 '又'와 활시위를 당기는 깍지를 본뜬 ''로 구성된 자형이다. 甲骨文을 봐도 로 서사하여 그러한 모습을 확인할 수 있다. 西周시기와 春秋시기에 쓰인 '夬'의 古

文字는 아직 발견된 용례가 없다. '夬'의 戰國文字는 睡虎地秦簡 ≪日書乙≫ 200호간 '', 郭店楚簡 ≪老子乙≫ 14호간 ''과 같이 깍지를 본뜬 형상이 '又'와 맞물려 있다. 특히 秦文字는 ''과 같이 납작한 모양으로 깍지를 표시하였으며 이후 'コ'와 같은 형태로 변화하였다.

尹(06-076-1815)

商代文字	 尹舟簋	 合3480正	 合9790正	
西周春秋文字	 作冊夨令簋	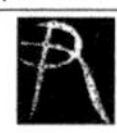 執卣	 宰獸簋	
戰國文字	 包山 234	 璽彙 1300	 清華簡 良臣 2	
秦文字	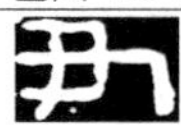 珍展 125			

''은 '又'와 '丿'로 구성된 자형이다. 商代文字인 甲骨文과 金文부터 출현하며, 손으로 무언가를 들고 있는 형상인 으로 서사한다. 들고 있는 물체가 '지팡이'라는 설도 있고, 의료 행위를 할 수 있는 '침'이라는 설도 있으며, '붓'이라는 주장도 있다. 각기 나름대로 '尹'이 가지고 있는 '官吏'·'다스리다〔治事〕' 등의 의미와 연결할 수 있어서, 모두 일리가 있는 주장이나 아직 어떤 물건을 들고 있는 것인지 확정하기는 어렵다. 西周 青銅器에 쓰인 古文字도 기본적으로 甲骨文의 구조를 계승하였다. ≪執卣≫ 과 같이 손으로 막대기를 잡은 구조이다. 春秋시기부터 막대기 부분이 팔을 본뜬 부분과 대칭을 이루기 시작한다. 손의 모습이 사라지고 둥글게 변화하는데 ≪天尹鐘≫ ''(集成 5)처럼 좌우 대칭을 이룬다. 戰國時代는 甲骨文 구조와 좌우 대칭 구조가 모두 출현한다. 秦文字는 秦 璽印 ''(珍展 125)처럼 막대기를 잡은 구조를 계승하였다. 다른 지역은 여러 가지 구조가 혼재하여 출현한다. 包山楚簡 234호간 ''도 秦文字와 동일한 구조이다. 楚 璽印 ''(≪璽彙≫ 1300)는 좌우 대칭 구조이다. 또한 清華簡 ≪良臣≫ 2호간 '', 晉 璽印 ''(≪璽彙≫ 2761)과 같이 形符 '肉'이 추가된 異體字도 새로 출현하였다.

䖒(06-076-1816)

商代文字	 合7011	 合36530		
西周春秋文字	 大盂鼎	 大保簋	 王孫誥鐘	
戰國文字	 郭店 老子丙 12	 清華簡 繫年 15	 璽彙 1302	
秦文字	 ≪說文≫ 小篆			

''는 '又'와 聲符 '虘'로 구성된 자형이다. 甲骨文부터 출현하며, 形符인 '又'와 聲符 '虘'로 구성된 形聲字로서 ''로 서사한다. 西周 이후 출현한 古文字 역시 구성 요소는 동일하다. 손의 위치는 ≪大盂鼎≫ ''(集成 2837)와 같이 주로 왼쪽이었으나 春秋시기부터 아래쪽으로 이동하기 시작한다. ≪王孫誥鐘≫ ''(新收 443)가 그 예이다. 戰國時代 역시 손의 위치는 아래쪽이나 '且'가 '目'으로 訛變된 異體字도 출현하였다. 郭店楚簡 ≪老子丙≫ 12호간 '', 清華簡 ≪繫年≫ 15호간 ''의 중간 부분이 모두 '目'으로 구성된 것을 볼 수 있다.

𠭯(06-076-1817)

商代文字	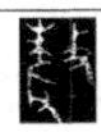 毓祖丁卣	 合26899	 合28862	
西周春秋文字	 輔師𠭯簋	 師𠭯簋		
秦文字	 ≪說文≫ 小篆			

''는 '又'와 聲符 '𠩺'로 구성된 자형이다. 商代文字인 甲骨文과 金文부터 출현한다. 사람이 등에 보리를 업고, 다른 사람이 손으로 보리를 쳐서 곡물을 취하는 모습을 형상화하여 ''로 서사한다. 보리를 뜻하는 글자는 '來'인데, 아마도 聲符 역할

도 동시에 하는 것으로 생각된다. 西周 青銅器 역시 이와 동일한 구조로 계승된다. ≪輔師嫠簋≫ ''(集成 4286), ≪師嫠簋≫ ''(集成 4324)가 그 예이다. 西周 이후로는 더 이상 관련 古文字가 출현하지 않았다.

及(06-076-1819)

商代文字	及爵	合13980		
西周春秋文字	保卣	曶鼎	子犯鐘	侯馬盟書 1 : 9
戰國文字	上博 孔子詩論 15	上博 容成氏 19	清華簡 尹至 4	
秦文字	睡虎地 日書乙 46			

''은 '又'와 '人'으로 구성된 자형이다. 商代文字인 甲骨文과 金文부터 출현한다. 뒤에서 사람을 쫓아가 손으로 붙잡는 모습을 ''으로 형상화하였다. 이 구조는 西周 시기까지 이어진다. 西周 青銅器 ≪保卣≫ ''(集成 5415)은 甲骨文과 구성 요소가 동일하다. 한편 ≪曶鼎≫ ''과 같이 形符 '彳'이 추가된 異體字도 출현한다. 春秋 이후로 '又'와 '人'으로 구성된 字形과 더불어 形符 '彳', '辵'이 추가된 異體字도 사용하였다. ≪公典盤≫ ''(新收 1043)은 形符 '辵'을 추가한 異體字이다. 이 자형은 ≪說文解字≫에 수록된 古文 ''과 일치한다. ≪公典盤≫ ''(商圖 17946)은 '彳'을 추가한 異體字이다. 戰國時代는 '及'의 기본 자형(睡虎地秦簡 ≪日書乙≫ 46호간 '')과 春秋 이후로 출현한 異體字(清華簡 ≪尹至≫ 4호간 '') 외에도 形符 '止'로 구성된 異體字도 출현한다. 上博楚簡 ≪容成氏≫ 19호간 ''이 그 예이다.

秉(06-076-1820)

商代文字	秉盾戊觶	合17444		

西周春秋文字	天秉尊	曶鼎	作冊封鬲	
戰國文字	郭店 緇衣 9	清華簡 耆夜 9		
秦文字	睡虎地 日書甲 36反			

‘’은 ‘又’와 ‘禾’로 구성된 자형이다. 商代文字인 甲骨文과 金文부터 출현한다. 손으로 볏단을 잡고 있는 모습을 본떠 으로 서사한다. 본래 한 손으로 볏단을 잡은 모습이었으나 西周 이후로 두 손으로 움켜잡은 자형도 출현한다. ≪曶鼎≫ ‘’은 양쪽으로 움켜잡은 모습을 본뜬 자형이다. 春秋 이후로 다시 ≪秦公簋≫ ‘’(集成 4315)과 같이 한 손으로만 구성된 자형이 주로 출현하였으며 戰國時代도 이 구조는 큰 변화 없이 계승된다. 清華簡 ≪耆夜≫ 9호간 ‘’, 上博楚簡 ≪用曰≫ 2호간 ‘’이 그 예이다. 秦文字는 다른 지역과 달리 睡虎地秦簡 ≪日書甲≫ 36호간 뒷면의 ‘’과 같이 손목 부분이 아래로 늘어지지 않고 가로획으로 변화한다. 이 형태가 楷書로 계승되어 ‘秉’과 같이 쓰이고 있다.

反(06-076-1821)

商代文字	戍鬲鼎	合36537		
西周春秋文字	過伯簋	頌鼎		
戰國文字	包山 99	郭店 成之聞之 12	清華簡 三壽 11	先秦編 212
秦文字	睡虎地 日書乙 199			

許愼은 ‘’을 ‘又’와 ‘厂’를 뒤집은 자형으로 구성하였다고 분석했다. 商代文字인 甲骨文부터 출현한다. 손으로 암벽을 등반하는 모습을 본떠 으로 서사한다. ‘反’은 ‘扳’의 初文이고, ‘登攀’을 뜻하는 ‘攀’은 그것의 異體字이다. 즉, ‘反’의 본래 의미는

'손으로 잡고 오르다'이며, '反覆'의 의미는 그것의 引申義로 추정된다. 西周시기 이후로 西周 靑銅器 ≪過伯簋≫ ''(集成 3907)과 같이 甲骨文 구조와 동일하다. 戰國時代 또한 지속적으로 계승되면서 동시에 점이나 선이 추가되기도 하였다. 郭店楚簡 ≪成之聞之≫ 12호간 ''은 위쪽에 선이 추가된 異體字이다. 선의 위치가 차이가 있으나 ≪說文解字≫에 수록된 '反'의 고문 ''과 구성 요소가 동일하다. 淸華簡 ≪殷高宗問於三壽≫ 11호간 ''은 손 아래 점이 추가된 것을 볼 수 있다.

𠬝(06-076-1822)

商代文字	 合22047	 合708	 合746	
西周春秋文字	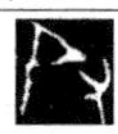 㝬鐘			
戰國文字	 陶錄 3.231.4			
秦文字	 ≪說文≫ 小篆			

''은 '又'와 '卪'로 구성된 자형이다. 실제로 이 자형은 商代文字인 甲骨文부터 출현한다. 손으로 무릎을 꿇은 포로를 위에서 누르는 형상을 본떠 ''으로 서사한다. 본래 의미는 '順服'이며 '服'의 初文이다. 西周 이후로 ≪㝬鐘≫ ''(集成 260)과 같이 사람을 본뜬 부분이 간략하게 변화하기 시작한다. 春秋시기 이후로 '𠬝'의 古文字 용례는 극히 드물다. 戰國時代 齊 陶文 ''(≪陶錄≫ 3.231.4) 외에 아직 발견된 용례는 없다.

𣪠(06-076-1824)

商代文字	 合22697	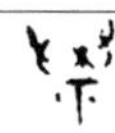 合30537	 合27640	
西周春秋文字	 我方鼎	 𢦏簋		
秦文字	 ≪說文≫ 小篆			

'는 '又'와 '祟'로 구성된 자형이다. 古文字 용례는 甲骨文부터 출현한다. 손으로 나무를 들고 神主〔示〕 앞에 놓는 모양을 본떠 ''로 서사한다. 구성 요소를 분석하면 '柰'와 '又'로 구성된 글자인데, '柰'가 변형되어 '祟'가 된 것이다. 본래 의미는 귀신이 주신 복에 보답하는 제사 이름이고, '吉凶을 묻는 의미'는 아마도 假借된 것으로 추정된다. 西周 이후로도 甲骨文과 동일한 구조를 유지하였다. ≪㦰簋≫ ''(集成 4322)도 손과 나무와 神主로 구성된 것을 볼 수 있다. '木' 대신 '朿'으로 구성된 異體字도 출현한다. ≪我方鼎≫ ''(集成 2763)의 왼쪽 상단이 '朿'의 古文字이다. 西周 이후로 관련 古文字 용례는 아직 발견하지 못했다.

叔(06-076-1825)

商代文字	 合29185	 屯2064		
西周春秋文字	 叔鼎	 叔簋		
秦文字	 珍秦 185	 睡虎地 秦律 43		

''은 '又'와 聲符 '尗'으로 구성된 자형이다. '叔'의 甲骨文부터 살펴보면, 손으로 말뚝을 잡고 땅에 박는 모양을 본떠 ''으로 서사한다. 즉, 본래 의미는 '나무를 땅에 심다'이며 '줍다', '수확하다' 등은 引申義로 추정된다. 西周 이후로 자형 구조에 '弋'이 포함된다. ≪叔鼎≫ ''(集成 2052)과 같이 '弋' 아래 세 점이 있으며 우측으로 '又'를 배치하였다. 春秋 이후로 秦文字 외로는 용례를 찾아볼 수 없다. 詛楚文 ''은 '弋'과 아래 점의 일부가 생략되어 '尗'과 유사한 형태로 변화하기 시작한다. 周家臺秦簡 329호간 '', 睡虎地秦簡 ≪秦律十八種≫ 43호간 '' 등이 그 예이다.

取(06-076-1827)

商代文字	 取父癸卣	 合5647正	 合1297	

西周春秋文字	柞伯簋	楚簋	取它人鼎	
戰國文字	郭店 語叢一 72	上博 顏淵問於孔子 11	清華簡 繫年 5	
秦文字	里耶 8-1221			

''는 '又'와 '耳'로 구성된 자형이다. 商代文字인 甲骨文과 金文부터 출현한다. 손을 본뜬 '又'와 귀를 본뜬 '耳'로 구성되어 손으로 적군의 귀를 취한 모습을 하여 로 서사한다. 본래 의미는 죽인 적군의 왼쪽 귀를 잘라내어 '奪取'·'獲取'의 뜻을 나타낸 것이다. 西周시기는 손과 귀의 위치가 두 가지 유형으로 나타난다. ≪格伯簋≫ ''(集成 4263)와 같이 좌우로 배치된 자형과 ≪楚簋≫ ''(集成 4249)처럼 상하로 배치된 자형이 있다. 春秋 이후로 대다수의 '取'의 古文字는 좌우 구조로 출현한다. ≪取它人鼎≫ ''(集成 2227)이 그 예이다. 戰國時代도 동일한 구조로 사용되는데 ≪顏淵問於孔子≫ 11호간 ''와 같이 '又' 대신 '攴'으로 구성된 異體字가 출현하기도 한다. 또한 귀 대신 '自'로 구성된 異體字도 볼 수 있다. 清華簡 ≪繫年≫ 5호간 ''가 그 예이다.

彗(06-076-1828)

商代文字	合7056	合33717	合5452	合32920
戰國文字	曾乙9			
秦文字	≪說文≫ 小篆			

'彗'는 '又'와 '甡'으로 구성된 자형이다. 商代文字인 甲骨文부터 출현하는데, 본래 빗자루를 손으로 잡고 있는 모습을 본떠 로 서사하거나, 빗자루를 본뜬 글자 두 개를 겹쳐 로 서사하기도 한다. '彗'의 본래 의미는 '빗자루'이며, '彗星'의 의미를 지니게 된 것은 '彗星'의 모양이 빗자루와 유사하기 때문에 그렇게 이름 붙여진 것이

다. 西周 이후로 관련 古文字 용례가 출현한 사례는 없다. 다만 戰國時代 楚簡인 曾侯乙簡 9호간에 '彗'의 이체자 ''가 있다. 形符 '竹'과 '彗'로 구성된 이 字形은 ≪說文解字≫에 수록된 古文 ''와 일치한다.

叚(06-076-1829)

西周春秋文字	 禹鼎	 師寰簋	 晉姜鼎	
戰國文字	 清華簡 繫年 58	 清華簡 周公之琴舞 4	 清華簡 皇門 13	
秦文字	 睡虎地 秦律 104			

許愼은 ''의 字形 구조를 분석하지 못하였다. 현재까지도 이 字形은 기원이 정확하게 밝혀지지 않았다. 林義光은 아래, 위 두 손이 돌〔石〕을 주고 받는 모습을 본떴으며 '빌리다'의 뜻을 표현한 것이라고 해석하였다. 朱芳圃는 산 절벽 아래에서 돌을 줍는 모습이며 '瑕'의 本字라고 설명하였다. '叚'의 古文字 용례는 西周시기부터 출현한다. ≪師寰簋≫ ''(集成 4313), ≪禹鼎≫ ''(集成 2833)와 같이 두 손의 형태는 명확하지만 나머지 구성 요소는 형태가 불명확하다. 春秋시기에도 ≪戎生鐘≫ ''(新收 1615)와 같이 기본 구조는 변함이 없었으나 戰國時代부터 訛變이 발생하였다. 清華簡 ≪繫年≫ 58호간 ''는 두 손이 사라지고 '口'와 '刀'를 포함한 異體字이다. 清華簡 ≪周公之琴舞≫ 4호간 ''는 '刃'을 포함한 異體字이다. 清華簡 ≪皇門≫ 13호간 ''는 손 하나와 더불어 '口', '刃'가 추가된 異體字이다. 睡虎地秦簡 ≪秦律十八種≫ 104호간 '', 里耶秦簡 8-135호간 '' 는 손을 본뜬 부분 하나가 생략되고 '刀'만 추가하였다. 특히 秦文字 구조가 小篆과 楷書에 영향을 미쳤다. 좌측 부분은 ''으로 변화하고 '刀'와 '又'로 결합된 우측 부분은 ''로 변화하였다.

友(06-076-1830)

商代文字	 友牧父癸爵	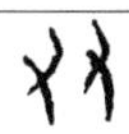 合20689	 合6063反	

西周春秋文字	 麥方鼎	 叔友父簋蓋	 史墻盤	
戰國文字	 新蔡 零-472	 上博 天子建州乙 10	 郭店 語叢三 6	 陶錄 3.273.4
秦文字	 嶽麓一 爲吏之道 85			

‘’는 ‘又’ 두 개로 구성된 字形이다. 商代文字인 甲骨文과 金文에 모두 출현한다. 손을 본뜬 ‘又’ 두 개로 구성되었는데, 두 손이 같은 방향을 하고 있어 ‘협력하는 손’이라는 의미 또는 ‘같은 뜻을 가진 손’ 등 여러 측면에서 字源을 생각해볼 수 있을 것이다. 구체적인 造字本義를 알 수는 없으나, 아마도 두 사람의 손을 통하여 ‘朋友’의 의미를 나타낸 듯하다. 西周시기 ‘友’도 甲骨文 구조와 일치한다. ≪麥方鼎≫ ‘’(集成 2706), ≪叔友父簋蓋≫ ‘’(集成 3725)가 그 예이다. ≪史墻盤≫ ‘’(集成 10175)와 같이 아래 ‘曰’을 추가하기도 하였다. 이 구조는 ≪說文解字≫에 수록된 古文 ‘’의 초기 형태로 볼 수 있다. 春秋시기 역시 이 두 가지 유형 모두 출현한다. ≪嘉賓鐘≫ ‘’(集成 51), ≪鼄友夫鬲≫ ‘’(集成 717)와 같이 이전 시기의 형태를 그대로 계승하였다. 戰國時代는 또 다른 異體字가 출현한다. 지속적으로 계승된 자형 외에도 新蔡葛陵楚簡 零-472호간 ‘’는 ‘又’가 ‘尤’로 와변된 자형이다. 上博楚簡 ≪天子建州≫乙 10호간 ‘’는 ‘曰’을 추가하였다. 郭店楚簡 ≪語叢三≫ 6호간 ‘’는 손에 점이 찍혀 있고 아래 ‘曰’이 ‘白’으로 訛變되었다. 이 점이 선으로 訛變된 齊 陶文 ‘’(≪陶錄≫ 3.273.4)도 출현하였다. 이 字形의 윗부분은 ≪說文解字≫에 수록된 ‘友’의 또 다른 古文 ‘’와 일치한다.

度(06-076-1831)

商代文字	 屯4178	 屯4178		
戰國文字	 璽彙 1525	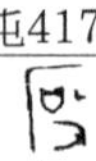 璽彙 3211		

秦文字	 睡虎地 效律 30			

許愼은 ''를 '又'와 '庶' 생략형이 聲符인 字形으로 분석하였다. 商代文字인 甲骨文부터 출현하며, 손〔又〕으로 돌〔石〕을 들고 있는 모양을 본떠 로 서사한다. 본래는 손으로 돌을 들고 그 무게를 헤아리는 모양으로 '측량하다'는 의미를 나타낸 것이다. '石'과 '度'는 上古音이 매우 유사하였으므로 '石'은 聲符이기도 하여 '度'자는 會意兼形聲字라고 할 수 있다. 西周와 春秋시기는 古文字 용례를 찾아볼 수 없다. 戰國時代 秦文字와 晉文字에 용례를 찾아볼 수 있다. 睡虎地秦簡 ≪效律≫ 30호간 ''와 里耶秦簡 8-463호간 '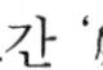'는 '石'이 변형되어 지금의 楷書와 유사하게 변화하였다. 한편 晉璽印 ''(≪璽彙≫ 3211)는 '石'과 '攴'으로 구성된 異體字이다.

𠂇(06-077-1832)

商代文字	 左牧鼎	 合34995		
西周春秋文字	 史墻盤	 元年師兌簋		
戰國文字	 貨係 3160	 聚珍 082・6	 珍秦 129	
秦文字	 ≪說文≫ 小篆			

許愼은 ''를 왼손을 본뜬 자형으로 해석하였다. 商代文字인 甲骨文과 金文부터 출현한다. 왼쪽 손을 본떠 로 서사하며, 후대로 가면서 '工'이 구별부호로 추가되어 '左'자가 만들어진 것이다. 즉, '𠂇'는 '左'의 初文이다. 西周 이후로도 甲骨文과 같이 '又'와 반대 방향으로 손을 묘사하였다. 단독 용례로 출현한 경우는 극히 드물다. 西周 青銅器 ≪史墻盤≫ ''(集成 10175), 戰國時代 晉 璽印 ''(≪珍秦≫ 129), 晉 貨幣 '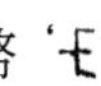'(≪貨系≫ 53), 燕 貨幣 ''(≪貨系≫ 3160) 등이 있다.

卑(06-077-1833)

商代文字	 合19233			
西周春秋文字	 農卣	 與兵壺	 侯馬盟書 35：7	 侯馬盟書 200：5
戰國文字	 郭店 緇衣 23			
秦文字	 陶錄 6·56·1			

‘’는 ‘𠂇’와 ‘甲’으로 구성된 자형이다. 商代文字인 甲骨文부터 출현하며, 손〔又〕으로 어떤 물건을 들고 있는 형상을 취하여 로 서사한다. 들고 있는 물건에 대해서는 武器라는 주장도 있고, 술통이라는 주장도 있으며, 대바구니라는 주장도 있으며, 부채라는 주장도 있다. 여러 가지 학설 모두 확실한 근거가 없어서 어떤 물건인지 정확히는 알 수 없으나, 아마도 신분이 낮은 사람이 시중을 들기 위하여 도구를 들고 있다는 의미를 나타낸 듯하다. 손으로 들고 있는 물건의 형상이 후대로 가면서 ‘甲’의 형태로 변형된 것이다. 西周 이후로 손잡이 부위에 가로선이 추가되면서 ‘攴’과 유사하게 변화한다. ≪史墻盤≫ ‘’(集成 5424)와 같이 중간 부분에 가로선이 추가된 것을 볼 수 있다. 春秋시기도 ≪史墻盤≫과 동일한 ≪與兵壺≫ ‘’(近出 878)를 볼 수 있다. 또한 侯馬盟書 35：7 ‘’와 같이 기본 구조가 생략된 자형들이 출현한다. 侯馬盟書 200：5 ‘’는 ‘田’과 ‘又’로 簡化된 異體字이다. 侯馬盟書 1：37 ‘’는 ‘田’ 아래 ‘𠂇’와 손잡이가 생략되어 사선으로 簡化된 부분을 포함한다. 戰國時代 ‘卑’는 春秋시기까지 계승된 다양한 異體字가 共存한다. 그리고 郭店楚簡 ≪緇衣≫ 23호간 ‘’와 같이 윗부분에 점을 찍은 異體字도 출현하였다.

史(06-078-1834)

商代文字	 史鼎	 合20088		

西周春秋文字	 史農觶	 史墻盤	 此簋	 侯馬盟書 156 : 20
戰國文字	 郭店 老子甲 2	 清華簡 良臣 1	 璽考 139	
秦文字	 璽彙 5569	 北大・隱書		

‘’는 ‘又’와 ‘中’으로 구성된 자형이다. 商代文字인 甲骨文과 金文부터 출현한다. ≪설문해자주≫ 1권 ‘吏’자에서 설명한 것처럼, 史・事・吏 세 글자는 모두 한 글자에서 파생된 것이다. 손으로 사냥도구를 들고 있는 형상을 취하여 로 서사한다. 西周 이후로 일정하지 않았던 손의 방향이 오른손으로 고정되기 시작하였다. 또한 손으로 잡은 도구는 ‘中’과 유사하게 변화하였다. ≪史昔鼎≫ ‘’(集成 2189)가 그 예이며, ≪此簋≫ ‘’(集成 4307)와 같이 簡化되어 ‘屮’과 유사하게 변화한 용례도 있다. 春秋시기는 윗부분이 ‘古’로 訛變된 異體字도 출현하였다. 侯馬盟書 156 : 20 ‘’, 156 : 5 ‘’ 등이 그 예이다. 戰國時代는 지역별로 제각기 다른 유형의 異體字를 사용하였다. 秦文字는 西周 古文字를 그대로 계승하여 秦 璽印 ‘’(≪璽彙≫ 5569)와 같이 ‘中’과 ‘又’가 결합한 구조를 갖추었다. 楚文字는 郭店楚簡 ≪老子甲≫ 2호간 ‘’와 같이 변화하였다. 여기에 점이 추가된 異體字도 사용하였다. 包山楚簡 54호간 ‘’는 점이 하나 추가된 異體字이며 清華簡 ≪繫年≫ 87호간 ‘’는 점을 양 옆으로 두 개 찍은 異體字이다. 郭店楚簡 ≪語叢四≫ 17호간 ‘’와 같이 중간 위치에 점을 찍은 異體字도 있다. 晉文字는 윗부분이 ‘白’과 같이 訛變된 경우가 많다. 晉 璽印 ‘’(≪璽彙≫ 301)가 그 예이다.

事(06-078-1835)

商代文字	 合20088			
西周春秋文字	 麥方鼎	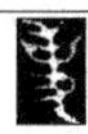 追簋	 師寰簋	 侯馬盟書 35 : 11

戰國文字	 包山 200	 上博 緇衣 4	 璽彙 4167	 璽彙 1432
秦文字	 里耶 8-1442背			

許愼은 ‘’가 ‘史’로 구성되고 聲符는 ‘之’의 생략형이라고 분석하였다. 商代文字인 甲骨文부터 출현한다. 史·事·吏 세 글자는 모두 한 글자에서 파생된 것이다. 손으로 사냥도구를 들고 있는 형상을 취하여 로 서사한다. ‘史’로부터 분화한 ‘事’는 西周, 春秋시기를 거치며 윗부분에 ‘V’형을 추가하거나 또 다른 형태로 변화하였다. 西周 青銅器 ≪麥方鼎≫ ‘’(集成 2706), ≪元年師事簋≫ ‘’(集成 4279), ≪伯矩鼎≫ ‘’(集成 2456) 등과 春秋 青銅器 ≪秦公簋≫ ‘’(集成 4315), 侯馬盟書 35:11 ‘’가 그 예이다. 戰國文字 ‘事’는 상당히 복잡하게 변화하였다. 관련 異體字를 네 가지로 구분할 수 있다. 첫 번째로 기본 구조는 일치하나 簡化된 異體字이다. 晉 璽印 ‘’(≪璽彙≫ 3333)와 같다. 두 번째로 ≪說文解字≫에 수록된 ‘事’의 古文 ‘’와 일치하는 異體字이다. 上博楚簡 ≪緇衣≫ 4호간 ‘’가 그 예이다. 세 번째로 아래 ‘又’가 다른 자형으로 변화한 異體字이다. 楚 璽印 ‘’(≪璽彙≫ 1432)가 그 예이다. 네 번째로 윗부분의 ‘’에 점이나 선을 추가한 異體字이다. 郭店楚簡 ≪老子甲≫ 8호간 ‘’, 齊 璽印 ‘’(≪璽彙≫ 290)이 그 예이다. 다양한 異體字 유형 중에서 里耶秦簡 8-1442호간 ‘’와 같은 秦文字가 小篆과 楷書에 영향을 미쳤다.

支(06-079-1836)

秦文字	 官印 61	 睡虎地 答問 208	 里耶 8-682	

許愼은 ‘’를 한 손으로 반쪽 대나무를 잡은 모습이라고 분석하였다. 현재까지 발견된 ‘支’의 古文字 용례는 戰國時代부터 출현한다. 특히 秦文字에서만 해당 용례를 찾아볼 수 있다. 秦 璽印 ‘’(官印 61), 睡虎地秦簡 ≪法律答問≫ 208호간 ‘’, 里耶秦簡 8-682호간 ‘’와 같이 小篆과 동일한 字形을 확인할 수 있다.

隸(06-080-1839)

商代文字	 隸作父乙簋	 合27397	 合27987	 合22758
西周春秋文字	 大盂鼎	 何尊		
秦文字	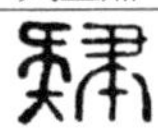 璽彙 5120	 陶錄 6.305.4		

'隸'는 '隶'과 聲符 '柰'로 구성되었다. 商代文字인 甲骨文에 출현한다. 손으로 동물의 털을 닦아내는 모양을 본떠 로 서사한다. 西周 青銅器에 출현한 '隸'는 '又'가 변화하거나 形符가 추가되기도 하였다. ≪大盂鼎≫ ''(集成 2837)는 손에 물건을 잡은 모습을 본뜬 자형으로 구성되었다. ≪毛公旅方鼎≫ ''(集成 2724)는 손〔又〕 아래 수건〔巾〕을 추가한 자형이다. ≪何尊≫ ''(集成 6014)는 形符 '巾' 대신 '市'을 추가하였다. '巾'과 '市'는 모두 직물에 속하므로 의미상 通用 가능한 形符이다. 戰國時代 이후로 秦의 出土文獻에서 용례를 볼 수 있다. 陶文 ''(≪陶錄≫6.305.4)가 그 예이다. 秦 璽印 '隸'(≪璽彙≫ 5120)은 앞의 陶文 용례와 다르게 동물 부분이 '矣'로 바뀐 것을 볼 수 있다.

肅(06-080-1840)

西周春秋文字	 禹鼎	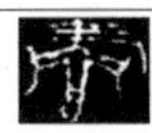 王孫誥鐘	 蔡侯盤	
戰國文字	 包山 174	 上博 孔子詩論 5		
秦文字	 秦風 114			

'肅'은 '聿'과 '㳄'으로 구성되었다. '肅'의 古文字 용례는 西周 이후부터 출현하였다. ≪禹鼎≫ ''(集成 2833)도 小篆과 마찬가지로 '聿'과 '㳄'으로 구성되었다. 春秋시기는 ≪侯古堆鎛≫ ''(新收 276)과 같이 '㳄' 대신 '戚'으로 구성된 異體字도 등장한다. 또

한 形符 '言'이 추가된 ≪蔡侯盤≫ ''(集成 10171)도 출현한다. 戰國時代는 包山楚簡 174호간 ''과 같이 '㣇'이 簡化된 자형으로 변화하였다. 한편 秦 璽印 ''(秦風 114)는 양쪽으로 대칭을 이루는 구조로 변화하기도 하였다.

聿(06-081-1841)

商代文字	 聿觶	 合32791		
西周春秋文字	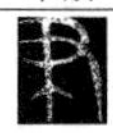 執卣	 聿爵		
戰國文字	 上博 周易 7			
秦文字	 里耶 8-200			

許愼은 ''을 '聿'과 聲符 '一'로 구성된 字形으로 해석하였다. 商代文字인 甲骨文과 金文에 출현한다. 손으로 붓을 들고 있는 모양을 본떠 로 서사한다. 甲骨文 구조는 春秋시기까지 그대로 계승되었다. ≪聿爵≫ ''(集成 7444)과 같이 甲骨文과 유사한 용례도 있고 ≪聿造鬲≫ ''(集成 604)과 같이 붓을 간단하게 묘사한 용례도 있다. 春秋 青銅器 ≪楚王領鐘≫ ''(集成 53)의 구조도 동일한 것을 볼 수 있다. 戰國文字는 飾筆을 추가한 용례가 출현하였다. 里耶秦簡 8-200호간 뒷면 '', 上博楚簡 ≪周易≫ 7호간 ''과 같이 아래 점 또는 '∧'를 추가한 것을 볼 수 있다. 小篆도 가로선을 추가한 용례이다.

筆(06-081-1842)

秦文字	 睡虎地 日書甲 46			

''은 '聿'과 '竹'으로 구성되었다. '筆'은 形符이자 聲符인 '聿'과 形符 '竹'으로 구성된 字形이다. '竹'은 붓을 만들 때 사용하는 재료이므로 形符로 추가한 것으로 보인다. 최초 용례는 戰國時代 睡虎地秦簡 ≪日書甲≫ 46호간 ''이다.

書(06-081-1844)

西周春秋文字	 師旂鼎	 頌簋	 侯馬盟書 16：3	
戰國文字	 書也缶	 璽彙 2541	 二十年距末	
秦文字	 北大·算甲			

''는 '聿'과 聲符 '者'로 구성되었다. '書'의 최초 용례는 西周 靑銅器에서 볼 수 있다. ≪頌簋≫ ''(集成 4332)는 小篆과 마찬가지로 '聿'과 聲符 '者'로 구성되었다. 春秋시기도 侯馬盟書 16：3 ''와 같이 小篆과 동일한 구조로 계승된다. 전국시대 이후로 '者'가 다양하게 변화하면서 여러 가지 異體字가 출현하였다. ≪書也缶≫ ''(集成 10008)와 같이 '聿'과 '者' 모두 訛變되어 기본 자형과 완전히 달라지기도 하였다. 또한, '者'의 윗부분이 그대로 계승되지 않고 晉 璽印 ''(≪璽彙≫ 2541)과 같이 簡化되거나 燕 靑銅器 ≪二十年距末≫ ''(集成 1916)와 같이 '聿'의 아랫부분과 '者'의 윗부분이 결합된 구조도 출현하였다. 北大秦簡 ≪算書≫甲의 ''도 '聿'과 '者'가 결합한 구조이다. '者'의 윗부분이 거의 소멸되어 '曰'만 남았으며 楷書와 유사하게 변화한 것을 볼 수 있다.

晝(06-082-1845)

商代文字	 子晝簋	 花東416	 合6209	
西周春秋文字	 王臣簋	 吳方彝蓋	 十三年瘐壺	
戰國文字	 曾乙 1	 璽彙 0725		
秦文字	 睡虎地 爲吏之道 1			

許愼은 '畵'를 '聿'로 구성되었으며 밭〔田〕의 경계를 사방으로 표시한 것이라고 설명하였다. 商代文字인 甲骨文과 金文부터 출현하며, 손으로 붓 또는 새길 수 있는 도구를 들고 콤파스 형식으로 그려내는 모양을 본떠 로 서사한다. 西周 이후로 아랫부분이 '周'와 유사하게 訛變되었다. ≪五年師事簋≫ ''(集成 4216)의 아랫부분이 '周'와 유사한 것을 볼 수 있다. 또한 ≪伯農鼎≫ ''(集成 2816)와 같이 사각형으로 簡化되기도 하였으며 ≪十三年㾓壺≫ ''(集成 9723)와 같이 '目'와 유사하게 訛變된 용례도 있다. 戰國時代는 '田'으로 구성된 字形이 주류를 차지하였다. 睡虎地秦簡 ≪爲吏之道≫ 1호간 '', 晉 璽印 ''(≪璽彙≫ 725)가 그 예이다.

書(06-082-1846)

商代文字	 合22942	 屯2392		
西周春秋文字	 默簋			
戰國文字	 楚帛書	 上博 曹沫之陣 10		
秦文字	 睡虎地 日書乙 157			

許愼은 '書'를 '日'과 '畵'의 생략형으로 구성되었다고 설명하였다. 商代文字인 甲骨文부터 출현하며, 聲符인 '聿'과 形符인 '日'로 구성된 形聲字로 분석할 수 있다. 西周시기도 甲骨文과 마찬가지로 ≪默簋≫ ''(集成 4317)와 같이 '聿'과 '日'로 구성되었다. 이 구조는 ≪說文解字≫에 수록된 籒文 ''와 일치한다. 戰國時代 이후에도 이 구조는 기본적으로 유지된다. 楚帛書 '', 上博楚簡 ≪曹沫之陣≫ 10호간 ''가 그 예이다. '書'의 秦文字는 아랫부분에 가로선을 더한 형태이다. 睡虎地秦簡 ≪日書乙≫ 157호간 ''와 같이 '日' 아래 가로선을 추가한 것을 볼 수 있다.

隶(06-083-1847)

西周春秋文字	邵鐘			
戰國文字	郭店 尊德義 31	郭店 性自命出 36	布權	
秦文字	≪說文≫ 小篆			

許愼은 '隶'를 '又'와 '尾'의 생략형으로 구성된 자형이라고 설명하였다. '隶'는 春秋시기부터 출현하였다. ≪邵鐘≫ ''(集成 226)와 같이 '又'와 소 꼬리를 본뜬 ''로 구성되었다. 손으로 소 꼬리를 잡는 모습에서 '따라잡다', '붙잡다'의 의미를 표기하였다. 戰國時代도 이전 시기와 동일한 구조로 계승되었다. 郭店楚簡 ≪尊德義≫ 31호간 ''도 春秋시기와 동일한 것을 볼 수 있다. 晉 璽印 ''(珍戰 66)와 같이 꼬리 부분이 簡化되기도 하였다.

臤(06-084-1850)

商代文字	臤父癸觶	合8461	合18143	
西周春秋文字	中子觥	姬奐母豆		
戰國文字	郭店 語叢三 52	郭店 五行 35	上博 彭祖 8	包山 182
秦文字	≪說文≫ 小篆			

''은 '又'와 聲符 '臣'으로 구성되었다. 商代文字인 甲骨文과 金文에 출현하며, '又'와 聲符 '臣'으로 구성되어 으로 서사한다. 甲骨文 구조는 戰國時代까지 계승된다. 西周 靑銅器 ≪中子觥≫ ''(集成 9298), 春秋 靑銅器 ≪姬奐母豆≫ ''(集成 4693), 戰國時代 郭店楚簡 ≪語叢三≫ 52호간 '' 등도 '又'와 '臣'으로 구성된 용례

이다. 戰國時代 이후로 눈과 손이 점차 분리되기 시작하면서 다양한 異體字가 등장하였다. 郭店楚簡 ≪五行≫ 35호간 '', 上博楚簡 ≪彭祖≫ 8호간 ''은 손 위에 다른 구성 요소가 추가된 용례이다. 上博楚簡 ≪緇衣≫ 10호간 ''은 '又'가 와변된 異體字이다. 또한, 形符 '力'을 추가한 異體字도 출현하는데 包山楚簡 182호간 ''이 그 예이다.

臣(06-085-1854)

商代文字	 小臣缶方鼎	 合20354	 合5527反	
西周春秋文字	 臣卿簋	 追簋	 侯馬盟書 77：11	
戰國文字	 清華簡 皇門 3	 郭店 老子丙 3	 璽彙 2399	 陶錄 3.285.3
秦文字	 睡虎地 日書乙 251			

許愼은 '臣'을 굴복하는 모양을 본뜬 것이라고 하였다. 商代文字 甲骨文과 金文부터 출현하는데, 사실 이 글자는 눈을 본뜬 '目'자를 90도로 회전시켜 아래를 향하게 하여 으로 서사한다. 郭沫若의 주장에 따르면 사람이 몸을 굽히면 눈을 아래로 향하게 되기 때문에 이런 형상을 취하여 글자를 만들었다고 한다. 본래 의미는 '굴복한 사람'이고 그 의미가 引伸되어 임금을 섬기는 '臣下'의 의미가 나온 것이다. 西周시기는 눈의 윤곽과 안구 형태를 유지하는 용례와 더불어 ≪梁其鐘≫ ''(集成 188), ≪追簋≫ ''(集成 4221)과 같이 直線化된 구조로 변화하기 시작한 용례도 출현하였다. 戰國時代는 象形性이 완전히 소멸되면서 直線化와 더불어 書寫의 편의를 도모하기 위해 筆劃 구조가 변화하였다. 睡虎地秦簡 ≪日書乙≫ 251호간 '', 清華簡 ≪皇門≫ 3호간 '', 晉 璽印 ''(≪璽彙≫ 2399), 齊 陶文 ''(≪陶錄≫ 3.285.3) 등의 용례들은 모두 중간의 세로선이 본래 안구를 본뜬 부분을 관통하고 있다. 小篆과 楷書 '臣'은 戰國文字와 비교하였을 때 이전 시기의 자형 구조를 유지한 것을 볼 수 있다.

臧(06-085-1856)

商代文字	 合6404反	 合3297反		
西周春秋文字	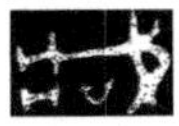 甚諆臧鼎	 臧孫鐘		
戰國文字	 包山 121	 上博 曹沫之陣 53	 郭店 老子甲 35	 包山 205
秦文字	 睡虎地 效律 42	 嶽麓叄 166		

'臧'은 '臣'과 聲符 '戕'으로 구성되었다. 商代文字 甲骨文에 출현한다. '臣'과 '戈'로 구성되어 으로 서사한다. 글자의 조합이 창〔戈〕으로 굴복한 사람의 눈〔臣〕을 찌르고 있어서 노예를 포획하여 '좋다'는 의미를 나타낸 듯하다. 나중에 聲符로서 '爿(牀)'자가 추가되어 지금의 '臧'자가 되었다. 西周시기 '臧'은 ≪甚諆臧鼎≫ ''(集成 2410)과 같이 '口'와 聲符 '戕'으로 구성되었다. 춘추시기 '臧'은 기본적으로 西周시기와 구조가 동일하지만 '口'를 생략하여 ≪臧孫鐘≫ ''(集成 96)과 같이 쓰기도 하였다. 또한 形符 '心'을 추가한 ≪曾侯與鐘≫ ''(江考 2014.4)도 출현하였다. 戰國時代는 西周시기 古文字와 동일한 包山楚簡 121호간 '', 上博楚簡 ≪曹沫之陣≫ 53호간 '', 齊 璽印 ''(≪璽彙≫ 3934) 등과 더불어 다양한 異體字가 출현하였다. '口'와 聲符 '戕'으로 구성된 字形에 각종 形符를 추가하였다. 郭店楚簡 ≪老子甲≫ 35호간 ''은 形符 '土'가 추가된 異體字이다. ≪說文解字≫에 수록된 籒文 ''은 아래 '上'으로 구성된 자형이다. 戰國文字 異體字 중 '土'로 구성된 異體字 중 일부가 訛變되었을 가능성이 있다. 包山楚簡 205호간 ''는 '立'을 추가하였다. 또한 甲骨文의 구성 요소인 '臣'이 '爿'과 결합한 ≪右冢子鼎≫ ''(文物 2004.9)도 있다. 秦文字는 '口' 대신 '臣'으로 구성된 자형이 출현하였다. 睡虎地秦簡 ≪效律≫ 42호간 '', 嶽麓秦簡 166호간 ''은 '臣'과 '臣' 아래 飾筆이 추가된 것을 볼 수 있다. 이 구조가 小篆과 가장 유사하다.

殳(06-086-1857)

商代文字	合21868	合6		
西周春秋文字	相侯簋	十五年趞曹鼎	柞伯鼎	
戰國文字	曾侯越殳	清華簡 祝辭 2		
秦文字	睡虎地 爲吏之道 23			

許愼은 ‘’를 ‘창의 자루로 사람을 멀리 떼어 놓다’라고 해석하였다. 商代文字인 甲骨文부터 출현하며, 손으로 공격할 수 있는 끝이 뭉툭한 몽둥이를 들고 있는 모습을 본떠 로 서사한다. ‘殳’는 주로 다른 글자와 결합하여 ‘손과 관련된 행위’ 또는 ‘打擊’ 관련 의미를 나타내는 역할을 한다. 西周 이후부터 몽둥이를 본뜬 부분은 간략하게 변화하였다. ≪柞伯鼎≫ ‘’(近出 327)와 같이 뭉툭한 부분을 굵게 표시하고 손잡이는 가는 선으로 변화하였다. 春秋 이후부터 몽둥이 부분은 더 이상 형태를 가늠할 수 없게 변형되었다. 또한 ‘殳’가 단독으로 출현하기보다는 合體字의 구성 요소로 출현하였다. 극히 드물지만 단독으로 출현한 용례는 睡虎地秦簡 ≪爲吏之道≫ 23호간 ‘’가 있다. 또한 形符 ‘土’가 추가된 異體字인 清華簡 ≪祝辭≫ 2호간 ‘’도 있다.

㱉(06-086-1861)

商代文字	合367正	合270正	合734正	
秦文字	≪說文≫ 小篆			

‘㱉’은 ‘殳’와 聲符 ‘青’으로 구성된 자형이다. 商代文字 甲骨文에 출현하며, 손으로 스틱을 들고 악기를 치는 모습을 본떠 으로 서사한다. 甲骨文에서는 점을 치는 사람, 즉 貞人 가운데 한 사람의 이름을 나타낸다.

毆(06-086-1866)

秦文字	 嶽麓叄 52			

''는 '殳'와 聲符 '區'로 구성된 자형이다. 小篆과 동일한 구조를 갖춘 古文字 용례 중에서 가장 빠른 시기의 용례는 戰國時代 秦文字이다. 嶽麓秦簡 3권에 수록된 52호간 ''가 그 예이다.

殿(06-086-1868)

秦文字	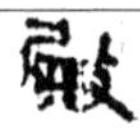 里耶 8-1516	 睡虎地 秦律雜抄 20		

''은 '殳'와 聲符 '屍'로 구성된 자형이다. 小篆과 동일한 구조를 갖춘 古文字 용례 중에서 가장 빠른 시기의 용례는 戰國時代 秦文字이다. 里耶秦簡 8-1516 '', 睡虎地秦簡 ≪秦律雜抄≫ 20호간 ''이 그 예이다.

殹(06-086-1869)

西周春秋文字	 倗生簋	 曾伯陭鉞		
戰國文字	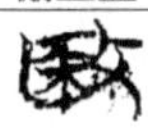 包山 105	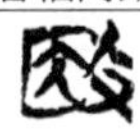 清華簡 耆夜 5	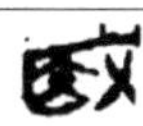 上博 魯邦大旱 3	
秦文字	 里耶 8-2088			

''는 '殳'와 聲符 '医'로 구성된 자형이다. 이와 동일한 구조의 古文字 용례는 西周시기부터 출현한다. ≪格伯簋≫ ''(集成 4263)도 '殳'와 聲符 '医'로 구성된 것을 볼 수 있다. 春秋 이후로도 지속적으로 같은 구조의 古文字를 볼 수 있다. 春秋 青銅器 ≪曾伯陭鉞≫ ''(新收 1203), 里耶秦簡 8-2088호간 ''이 그 예이다. 또한 戰國文字 중에서 '殳' 대신 비슷한 의미를 표시한 '攴'이나 '戈'로 구성된 異體字도 볼

수 있다. 包山楚簡 105호간 ''은 '攴'과 聲符 '医'로 구성되었으며 上博楚簡 ≪魯邦大旱≫ 3호간 ''는 '戈'와 聲符 '医'로 구성된 異體字이다.

段(06-086-1870)

西周春秋文字	 段金歸簋	 段簋		
戰國文字	 元年相邦鈹	 八年相邦鈹	 璽彙 2945	
秦文字	 陶錄 6.16.2			

許愼은 ''을 '殳'와 '耑'의 생략형이 聲符인 자형으로 설명하였다. '段'은 鍛鍊을 뜻하는 '鍛'의 初文이다. 손으로 도구를 들고 鑛石을 두드리는 모습을 본뜬 글자이다. 왼쪽 은 '石'자의 생략형으로, 두 개의 점은 장식성 필획이다. '段'의 古文字 중 가장 오래된 용례는 西周 靑銅器에서 볼 수 있다. ≪段簋≫ ''(集成 4208)와 같은데 '殳'와 '厂'으로 구성되었다. 산기슭 절벽에서 몽둥이로 벽을 깎아내는 모습이며, '厂' 아래 점은 떨어지는 돌을 본뜬 구성 요소이다. 戰國文字는 秦 陶文 ''(≪陶錄≫ 6.16.2)와 같이 '厂' 위에 飾筆이 추가되기도 하였으며 '殳' 대신 '寸'으로 구성된 ≪八年相邦鈹≫ ''(集成 11680)도 출현하였다.

毅(06-086-1873)

西周春秋文字	 伯吉父鼎	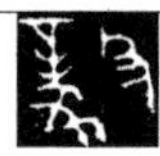 伯吉父鼎		
秦文字	 ≪說文≫ 小篆			

''는 '殳'와 聲符 '豙'로 구성된 자형이다. '毅'의 古文字 용례는 西周 靑銅器에서만 볼 수 있다. ≪伯吉父簋≫ ''(集成 4035)는 '(辛)', '(豕)', '殳'로 구성된 자형이다. 小篆은 '辛'의 아랫선과 '豕'의 윗선을 하나로 사용하여 ''로 변화하였다.

𣪘(06-086-1874)

商代文字	合24956	合25971		
西周春秋文字	作用簋	應侯簋	內公簋蓋	
戰國文字	璽彙 0038			
秦文字	不其蓋			

''는 '殳'와 '皀'로 구성된 자형이다. 商代文字인 甲骨文부터 출현하며, '殳'와 '皀'으로 구성되어 로 서사한다. 西周 이후로 '𣪘'는 두 가지 유형으로 출현한다. 첫 번째로 甲骨文 구조가 계승된 유형이다. ≪作用簋≫ ''(集成 3295), ≪應侯簋≫ ''(集成 4045)이 그 예이다. 두 번째로 솥 위에 또 다른 자형이 추가된 유형이다. ≪內公簋蓋≫ ''(集成 4004)와 같이 솥을 본뜬 부분 위에 ''를 추가한 것을 볼 수 있다. 戰國時代도 두 가지 유형이 모두 출현하였다. 秦 青銅器 ≪不其蓋≫ ''(集成 4328)는 첫 번째 유형에 속하며 ≪秦公蓋≫ ''(首金 137)는 두 번째 유형에 속한다.

役(06-086-1875)

商代文字	合20283	合8138正		
戰國文字	郭店 五行 45	清華簡 湯在啻門 12		
秦文字	里耶 8-1099			

''은 '殳'와 '彳'으로 구성된 자형이다. 商代文字인 甲骨文은 '人'과 '殳'로 구성되어 사람을 부리는 의미를 나타낸 글자로 으로 서사한다. 甲骨文에서는 假借되어 '疫病'을 뜻하는 '疫'으로 사용되었다. 甲骨文 이후로 '役'은 西周, 春秋시기 出土文獻에

서 현재까지 발견된 용례는 없다. 戰國時代 다시 출현하기 시작하였다. 里耶秦簡 8-1099호간 '役'은 小篆과 동일하다. 楚文字는 '彳' 대신 '辶'으로 구성된 '⿺辶殳'이 주로 쓰였다. 郭店楚簡 ≪五行≫ 45호간 '⿺辶殳'이 그 예이다.

殺(06-087-1877)

西周春秋文字	 𤔲攸比鼎	 曾伯陭鉞	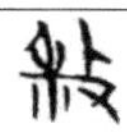 侯馬盟書 3 : 26	
戰國文字	 包山 121	 璽彙 2901	 廿年距末	
秦文字	 睡虎地 法律答問 66			

許愼은 '殺'을 '殳'와 聲符 '杀'로 구성된 자형으로 설명하였다. 이 글자는 西周시기부터 출현하며 산발을 한 사람을 참수하는 모습을 본떠 '殺'으로 서사한다. 西周 青銅器 ≪殺作父戊鼎≫ '殺'과 같이 산발을 본뜬 윗부분 아래 '人'을 추가한 자형으로 참수한 머리와 '人'을 결합한 자형이다. 살육의 뜻을 더 강조한 자형이다. 春秋 青銅器 ≪庚壺≫'殺'(集成 9733)는 西周시기 자형에 '殳'를 추가한 것이다. 공격, 타격의 의미를 강조하기 위해서인데 ≪說文解字≫에 수록된 古文 '殺'과 구조상 일치한다. 侯馬盟書 3 : 26 '殺'은 '殳' 대신 '攴'으로 구성된 異體字이다. 戰國文字 또한 睡虎地秦簡 ≪法律答問≫ 66호간 '殺'과 같이 '殳'로 구성된 자형과 더불어 '攴'으로 구성된 包山楚簡 121호간 '殺'도 볼 수 있다. ≪說文解字≫에 수록된 古文 '杀'와 동일한 郭店楚簡 ≪語叢三≫ 40호간 '杀'도 볼 수 있다. 한편 晉 璽印 '杀'(≪璽彙≫ 2901)과 같이 '杀'로 隸定하는 異體字도 있으며 '戈'로 구성된 燕 青銅器 ≪廿年距末≫ '殺'(集成 11916)도 출현하였다.

㱿(06-088-1881)

商代文字	 合14161正	 合14161正		

西周春秋文字	 再簋			
戰國文字	 包山 183	 望山 2·13	 璽印 30	
秦文字	 ≪說文≫ 小篆			

''는 '鳥'와 聲符 '几'로 구성된 자형이다. 商代文字인 甲骨文에 출현하며 로 서사한다. 形符인 '隹'와 聲符 '勹(伏)'으로 구성된 形聲字이다. 西周시기는 甲骨文 구조를 그대로 계승하였다. ≪再簋≫ ''(集成 3913)도 '隹'와 '伏'의 初文으로 구성하였다. 戰國時代는 이전 字形 아래에 '土'를 추가한 異體字가 출현하였다. 包山楚簡 183호간 '', 晉 璽印 ''(璽印 30)가 그 예이다.

寸(06-089-1882)

秦文字	 睡虎地 封診式 10	 里耶 8-537		

''은 '又'와 '一'로 구성된 자형이다. '又' 아래 '一'은 指事 부호로 손 아래 한 치 떨어진 곳, 즉 맥을 짚는 곳을 지칭하는 한자이다. '寸'의 古文字 용례가 단독으로 출현한 경우는 戰國時代 이후이다. 秦文字에서만 출현하였으며 睡虎地秦簡 ≪封診式≫ 10호간 '', 里耶秦簡 8-537호간 ''과 같이 小篆과 구조가 동일하다.

寺(06-089-1883)

西周春秋文字	 五祀衛鼎	 寺季姑公簋	 共典盤	 侯馬盟書 92：11
戰國文字	 郭店 緇衣 3			
秦文字	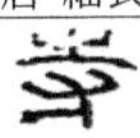 珍秦 6			

''는 '寸'과 聲符 '之'로 구성된 자형이다. 본래 의미는 '持'이고 '사찰'은 假借된 의미이다. 西周 이후로 출현하기 시작하였으며 西周 青銅器에 쓰인 '寺'는 '又'로 구성되었다. ≪寺季姑公簋≫ ''(集成 3817), ≪五祀衛鼎≫ ''(集成 2832)와 같이 아래 '又'로 구성된 것을 볼 수 있다. 春秋 이후로 '又'와 더불어 '寸'도 形符로 추가하기 시작하였다. ≪共典盤≫ ''(新收 1043)는 '又'로 구성되었으며 侯馬盟書 92 : 11 ''는 손 아래 점이 찍혀 있는 '寸'으로 구성되었다. 戰國時代 또한 이 두 가지 유형이 그대로 계승되었다. 秦 璽印 ''(珍秦 6)는 '寸'으로 구성되었으며 郭店楚簡 ≪緇衣≫ 3호간 ''는 '又'로 구성되었다.

專(06-089-1886)

商代文字	 專鏡	 懷1630	 合16218	
西周春秋文字	 專車季鼎			
戰國文字	 璽彙 1840	 璽彙 1837		
秦文字	 ≪說文≫ 小篆			

''은 '寸'과 聲符 '叀'으로 구성된 자형이다. 실을 감는 紡錘를 손으로 잡고 있는 모양을 본떠 甲骨文과 商代金文에서 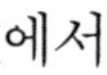으로 서사한다. '紡甎'을 뜻하는 '甎'의 初文이며, 아마도 의미가 引伸되어 '轉'자가 파생되었을 것이다. 西周 이후로 손의 위치가 고정되기 시작하였다. 春秋 青銅器 ≪專車季鼎≫ ''과 같이 손이 아래에 고정적으로 배치되었다. 이 구조가 小篆에 반영되었으며 현재까지도 유지되어 왔다.

叀(06-089-1887)

西周春秋文字	 毛公鼎	 叔專父盨	 叔夷鎛	

戰國文字	郭店 五行 37	郭店 語叢一 82	貨係 2469	
秦文字	璽彙 3597			

‘’는 ‘寸’과 聲符 ‘甫’로 구성된 자형이다. 西周 이후로 青銅器에 출현하기 시작하였다. ≪叔專父盨≫ ‘’(集成 4456), ≪毛公鼎≫ ‘’(集成 2841)과 같이 아래 ‘又’로 구성된 것을 볼 수 있다. 春秋 青銅器 ≪叔夷鎛≫ ‘’(集成 285)과 같이 춘추 이후에도 西周시기 구조가 계승된다. 한편 ≪秦景公石磬≫ ‘’(通鑑 19789)과 같이 小篆처럼 ‘又’ 대신 ‘寸’으로 구성되기 시작하였다. 戰國時代 이후에도 ‘又’와 ‘寸’으로 구성된 ‘専’가 계속 출현하였다. 또한 구성 요소 일부가 변화하기도 하였다. 아래 손 부분이 郭店楚簡 ≪五行≫ 37호간 ‘’와 같이 변화하거나 윗부분 ‘’가 변형되어 ‘父’와 같이 변화한다. 郭店楚簡 ≪語叢一≫ 82호간 ‘’와 같이 윗부분의 끝이 꺾여 있는 것을 볼 수 있는데 바로 ‘父’이다. ‘父’와 ‘甫’는 발음이 유사하다. 자형 구성 요소 일부를 변형시켜 발음을 표기하는 현상을 聲化라고 한다.

皮(06-090-1889)

西周春秋文字	九年衛鼎	者減鐘		
戰國文字	郭店 緇衣 18	上博 緇衣 10	貨係 2188	
秦文字	龍崗 85			

許愼은 ‘’를 ‘又’와 ‘爲’를 생략한 부분을 聲符로 분석하였다. ‘皮’는 본래 짐승의 가죽을 벗기는 모습을 본뜬 象形字이다. 西周 이후부터 출현하였는데 ≪九年衛鼎≫ ‘’(集成 2831)와 같이 ‘’는 머리와 몸을 본뜬 부분이며 ‘’는 몸에서 벗겨낸 가죽이다. 아래 손이 이 가죽을 잡아당기면서 벗겨내고 있는 장면을 묘사한 것이다. 春秋시기도 石鼓文 ‘’와 같이 象形 구조를 그대로 계승하였다. ≪說文解字≫에 수록된 籒文 ‘’가 이 구조로부터 유래된 字形이다. 머리, 몸, 벗겨내는 가죽을 구분하기

가 어렵다. 戰國時代는 머리 부분이 분리되어 다양하게 변화하였고 가죽과 몸통 부분은 '', '' 등과 같이 변형되었다. 龍崗秦簡 85호간 '', 郭店楚簡 ≪緇衣≫ 18호간 '', 上博楚簡 ≪緇衣≫ 10호간 '' 등이 그 예이다.

攴(06-092-1894)

商代文字	 英1330			
西周春秋文字	 吳王壽夢之子劍			
戰國文字	 陶錄 3.506			
秦文字	 北大 九策			

許愼은 ''을 '又'와 聲符 '卜'으로 구성된 자형으로 분석하였다. 商代文字인 甲骨文에 출현하며, 손으로 막대를 들고 있는 모습을 본떠 으로 서사한다. 주로 다른 글자와 결합하여 '손과 관련된 동작'의 의미를 나타낸다. 西周 이후로 '攴'은 단독 용례로 출현한 경우가 많지 않다. 春秋 青銅器 ≪吳王壽夢之子劍≫ ''(近出 1301), 戰國時代 北大秦簡 ≪九策≫ '', 齊 陶文 ''(≪陶彙≫ 3.507) 등이 그 예이다.

啟(06-092-1895)

商代文字	 子啟尊	 合20957	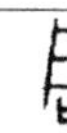 合9339	
西周春秋文字	 逐啓諆鼎	 攸簋	 番生簋蓋	
戰國文字	 清華簡 金縢 10	 趙君壺	 璽彙 0188	
秦文字	 秦風 135			

'啓'는 '攴'과 聲符 '启'로 구성된 자형이다. 商代文字인 甲骨文과 金文에 출현한다. 손으로 문을 여는 모양을 본떠 로 서사하기도 하고, '口'와 결합되어 로 서사하기도 한다. '口'는 아마도 문을 열면서 입으로 부르는 의미를 나타냈을 것이다. 西周 이후로 飾筆 '口'가 기본 구성 요소로 추가되기 시작하였다. ≪番生簋蓋≫ ' '(集成 4326), ≪士父鐘≫ ' '(集成 147)와 같은 구조가 春秋戰國時代에도 지속적으로 계승된다. 戰國時代에 甲骨文과 같이 '口'가 생략된 異體字가 등장한다. 清華簡 ≪金縢≫ 10호간 ' '는 '戶'와 '攴'으로 구성되었으며 晉 青銅器 ≪趙君壺≫ ' '는 '戶'와 '殳'로 구성된 異體字이다. '攴'과 '殳'는 甲骨文 구성 요소인 '又'와 의미상 통한다. 燕 璽印 ' '(≪璽彙≫ 188)는 '門'과 '攴'으로 구성된 자형이다. '門'과 '戶' 모두 출입할 수 있는 공간이므로 의미상 通用이 가능하다.

徹(06-092-1896)

商代文字	 合8073	 蛤8076		
西周春秋文字	 史墻盤			
戰國文字	 厲羌鐘	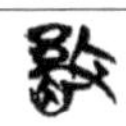 清華簡 繫年 3	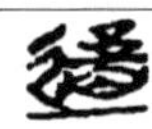 上博 周易 32	
秦文字	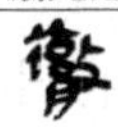 睡虎地 日書乙 50			

'徹'은 '彳'과 '攴', '育'으로 구성된 자형이다. 商代文字인 甲骨文부터 출현한다. 본래 손으로 솥을 치우는 모습을 본떠 로 서사한다. 손을 나타내는 偏旁이 '丑'으로 되어 있는 것은 聲符 역할도 동시에 할 수 있기 때문이다. 西周시기에 출현한 '徹'도 갑골문과 구조가 동일하다. ≪史墻盤≫ ' '(集成 10175)도 '鬲'과 '又'로 구성된 것을 볼 수 있다. 戰國時代 이후로 '鬲'이 訛變되어 여러 가지 이체자가 출현한다. 小篆에 '育'으로 구성된 것도 訛變의 결과이다. ≪厲羌鐘≫ ' '(集成 157)은 西周시기 구조를 그대로 계승하면서 '又' 대신 '攴'으로 구성하였다. 清華簡 ≪繫年≫ 3호간 ' '은 '鬲'으로부터 변화한 異體字로 '鬲'이 '吕'와 '西'으로 변화하였다. 秦文字는 '育'으로 구

성된 동시에 形符 '彳'이 추가되면서 지금의 '徹'과 같은 구조가 확정되었다. 睡虎地秦簡 ≪日書乙≫ 50호간 '', 里耶秦簡 8-1579 ''은 小篆과 동일하다.

敏(06-092-1897)

商代文字	 合532			
西周春秋文字	 大盂鼎	 師嫠簋	 叔夷鎛	
戰國文字	 上博 彭祖 8	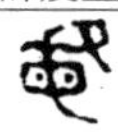 璽彙 0534		
秦文字	 十七年寺工鈹			

''은 '攴'과 聲符 '每'으로 구성된 자형이다. 商代文字인 甲骨文부터 출현한다. 본래 '又'와 '每'로 구성되어 ''으로 서사한다. 西周시기도 甲骨文 구조가 그대로 계승되었다. ≪大盂鼎≫ ''(集成 2837)는 '每'와 '又'로 구성되었다. ≪師嫠簋≫ ''(集成 4234)는 '每'와 '又'의 위치가 ≪大盂鼎≫과 정반대이다. 春秋 青銅器 ≪叔夷鎛≫ ''(集成 285) 역시 동일한 구조를 계승하였다. 戰國時代는 ≪七年侖氏戈≫ ''(集成 11322)과 같은 기본 구조와 더불어 이전 시기와 다른 異體字가 등장하였다. 楚文字는 上博楚簡 ≪彭祖≫ 8호간 ''는 '力'으로 구성된 異體字이다. 秦文字는 ≪十七年寺工鈹≫ ''(商周 17981)와 같이 '又' 대신 '攴'으로 구성된 자형을 사용하였다. 이 중에서 秦文字 구조가 현재 해서체까지 계승되었다.

敃(06-092-1898)

西周春秋文字	 梁其鐘	 大克鼎	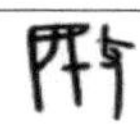 三兒簋	
戰國文字	 璽彙 3216			

秦文字	 睡虎地 日書甲 54			

‘’은 ‘攴’과 聲符 ‘民’으로 구성된 자형이다. 이 자형은 西周 青銅器에서 가장 初期 字形을 볼 수 있다. 두 가지 유형으로 구분하는데 첫 번째로 小篆과 마찬가지로 ‘攴’과 聲符 ‘民’으로 구성된 字形이다. ≪梁其鐘≫ ‘’(集成 187), ≪大克鼎≫ ‘’(集成 2836)과 같다. 두 번째로 ‘又’와 聲符 ‘民’으로 구성된 字形이다. ≪師望鼎≫ ‘’(集成 2812)이 그 예이다. 현재까지 발견된 春秋時代 出土文獻에서는 ≪三兒簋≫ ‘’(集成 4245)과 같이 ‘攴’으로 구성된 자형만 확인되었으나 이와 같은 양상은 戰國時代도 지속적으로 이어진다. 戰國時代 秦文字는 睡虎地秦簡 ≪日書甲≫ 54호간 ‘’과 같이 ‘攴’으로 구성되었으며 晉文字는 晉 璽印 ‘’(≪璽彙≫ 3216)과 같이 ‘又’로 구성된 것을 볼 수 있다.

敄(06-092-1899)

商代文字	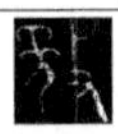 作冊般甗			
西周春秋文字	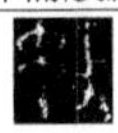 無敄簋	 毛公鼎		
戰國文字	 上博 三德 15			
秦文字	 里耶 8-1435			

‘’는 ‘攴’과 聲符 ‘矛’로 구성된 字形이다. ‘矛’는 본래 ≪鳳娀㕡觶≫ ‘’(新收 160)와 같이 긴 자루 끝에 날카로운 무기가 달린 모습을 본뜬 字形이다. 商代 青銅器에 쓰인 ‘敄’는 ≪作冊般甗≫ ‘’(集成 944)과 같다. ‘矛’의 아랫부분이 ‘人’과 유사해지면서 사람이 창을 들고 있는 모습으로 변화하였다. 戰國時代는 秦文字 里耶秦簡 8-1435호간 ‘’과 같이 ‘矛’의 원형이 그대로 반영된 반면, 上博楚簡 ≪三德≫ 15호간 ‘’는 ‘矛’와 ‘人’이 결합한 ‘柔’으로 구성된 異體字이다.

效(06-092-1902)

西周春秋文字	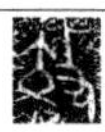 效父簋	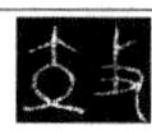 效作祖辛尊		
戰國文字	 璽彙 5293			
秦文字	 睡虎地 效律 20			

''는 '攴'과 聲符 '交'로 구성된 자형이다. 西周시기 '效'는 ≪效父簋≫ ''(集成 3822), ≪毛公鼎≫ ''(集成 2841)와 같이 甲骨文 구조와 동일하다. 戰國時代 秦文字 睡虎地秦簡 ≪效律≫ 20호간 '', 晉 璽彙 ''(≪璽彙≫ 5293) 또한 이전 시기의 구조를 그대로 계승한 것을 볼 수 있다.

故(06-092-1903)

西周春秋文字	 班簋			
戰國文字	 上博 容成氏 48	 中山王方壺		
秦文字	 睡虎地 效律 20			

''는 '攴'과 聲符 '古'로 구성된 자형이다. '故'는 西周시기부터 출현하였다. 본래 ≪大盂鼎≫ ''(集成 2837)와 같이 '古'로 '故'의 의미를 표기하였다. '古'에 形符 '攴'을 추가하면서 ≪班簋≫ ''(集成 4341)와 같은 자형이 출현하기 시작하였다. 春秋시기를 거쳐 戰國時代에도 지속적으로 출현한다. 睡虎地秦簡 ≪效律≫ 20호간 '', 上博楚簡 ≪容成氏≫ 48호간 ''가 그 예이다. 또한 形符 '㫃'으로 구성된 이체자도 출현하는데 晉 青銅器 ≪中山王方壺≫ ''(集成 9735), 燕 璽印 ''(≪璽彙≫ 3477) 등이 그 예이다.

政(06-092-1904)

西周春秋文字	 五祀衛鼎	 毛公鼎	 侯馬盟書 156 : 23	
戰國文字	 包山 81			
秦文字	 睡虎地 日書乙 237			

''은 '攴'과 聲符 '正'으로 구성된 자형이다. 西周시기 '政'은 ≪五祀衛鼎≫ ''(集成 2832)과 같이 '正'의 윗부분이 원형이었으나 ≪兮甲盤≫ ''(集成 10174)은 선으로 변화하였다. 春秋시기는 모두 선으로 구성된 '政'만 출현하였다. 字形은 ≪秦景公石磬≫ ''(通鑑 19786)과 같으며 侯馬盟書 156 : 23 ''과 같이 飾筆이 추가되기도 하였다. 形符 '止'가 추가된 ≪吳侯政壺≫ ''(集成 9696)이 출현하기도 하였다. 戰國時代도 春秋시기와 字形 구조가 동일하다. 包山楚簡 81호간 ''은 飾筆이 추가된 경우이며 睡虎地秦簡 ≪日書乙≫ 237호간 ''은 小篆과 동일한 경우이다.

䵹(06-092-1913)

西周春秋文字	 大鼎			
戰國文字	 上博 子羔 12	 楚帛書	 上博 中弓 20	
秦文字	 ≪說文≫ 小篆			

''은 '攴'과 聲符 '旱'으로 구성되었다. 小篆과 관련된 자형은 西周시기에 처음 출현하였다. ≪大鼎≫ ''(集成 2807)과 같이 '干'과 '攴'으로 구성된 것을 볼 수 있다. 戰國時代 역시 西周시기 자형을 그대로 계승하였다. 上博楚簡 ≪子羔≫ 12호간 '', 楚帛書 ''이 그 예이다. '攴' 대신 '戈'로 구성된 字形도 출현하였다. 上博楚簡 ≪中弓≫ 20호간 ''이 그 예이다. '䵹'의 古文字는 '日'이 없다. 小篆 이후부터 추가된 것으로 추정한다.

改(06-092-1917)

商代文字	 合36423	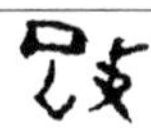 合39468		
西周春秋文字	 改盨	 楚太師登鐘		
戰國文字	 郭店 六德 19	 上博 孔子詩論 11		
秦文字	 ≪說文≫ 小篆			

''는 '攴'과 '己'로 구성되었다. 商代文字인 甲骨文부터 출현한다. '攴'과 聲符 '巳'로 구성되어 로 서사한다. 西周시기 '改'도 '巳'와 '攴'으로 구성되었다. ≪改盨≫ ''(集成 4414)가 그 예이다. 春秋시기 이후로도 계속 이 구조가 계승된다. 春秋 青銅器 ≪楚太師登鐘≫ ''(商圖 15512), 郭店楚簡 ≪六德≫ 19호간 ''와 같다. 上博楚簡 ≪孔子詩論≫ 11호간 ''는 '攴' 대신 '又'로 구성된 '改'의 異體字이다.

更(06-092-1919)

商代文字	 合10951			
西周春秋文字	 曶鼎	 呂服余盤	 盠方彝	
戰國文字	 新蔡 390			
秦文字	 年上郡守戈			

''은 '攴'과 聲符 '丙'으로 구성되었다. 商代文字인 甲骨文부터 출현한다. '攴'과 聲符 '丙'으로 구성되어 으로 서사한다. 西周 이후로 聲符 '丙'을 중첩시킨 字形이 출현하였다. ≪曶鼎≫ ''(集成 2838)과 같이 위쪽에 '丙'을 하나 더 추가한 것을 볼 수 있다. ≪呂服余盤≫ ''(集成 10169)은 聲符와 形符를 좌우로 배치시킨 字形이다.

≪盠方彝≫ ''(集成 9899)는 形符 '辵'으로 구성된 異體字이다. 戰國時代 이후로는 甲骨文과 마찬가지로 '攴'과 聲符 '丙'으로 구성된 字形이 다시 출현하였다. 秦 青銅器 ≪年上郡守戈≫ '', 新蔡葛陵楚簡 零 390호간 '' 등이 그 예이다.

敕(06-092-1920)

西周春秋文字	 盄和鐘			
戰國文字	 陳純釜			
秦文字	 秦公簋			

''은 '攴'과 聲符 '束'으로 구성되었다. 小篆과 동일한 구조는 戰國時代에 처음 출현하였으나 이와 관련된 古文字는 春秋시기에 처음 출현하였다. ≪盄和鐘≫ ''(集成 270)은 小篆과 동일하다. 또한, ≪秦公簋≫ ''(集成 4315)은 '柬'으로 구성된 자형이다. 吳大澂은 이 자형이 '敕'의 古文字라고 하였다. 戰國時代 이후로는 齊 青銅器 ≪陳純釜≫ ''(集成 10371)과 같이 '攴'과 聲符 '束'로 구성된 古文字만 계승되었다.

敢(06-092-1921)

西周春秋文字	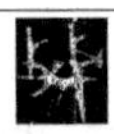 沈子它簋蓋			
秦文字	 ≪說文≫ 小篆			

許愼은 '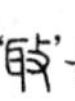'을 '攴'과 '耴'의 생략형이 聲符인 字形으로 설명하였다. 실제 古文字 용례를 보면 '耳'는 생략형이 아니라 원래부터 '耳'로 구성되었다. ≪沈子它簋蓋≫ ''(集成 4330)은 '耳'와 '攴'으로 구성된 字形이다. 春秋戰國時代는 이와 관련된 古文字는 아직 발견되지 않았다.

斂(06-092-1922)

戰國文字	 包山 149			
秦文字	 睡虎地 爲吏之道 7			

'斂'은 '攴'과 聲符 '僉'으로 구성되었다. 小篆과 동일한 字形 구조는 戰國時代부터 출현하기 시작하였다. 睡虎地秦簡 ≪爲吏之道≫ 7호간 '斂'은 小篆과 동일하다. 이 밖에도 包山楚簡 149호간 '斂'은 '僉' 아래 '日'이 추가된 異體字가 출현하기도 하였으나 현재는 소멸되었다.

敶(06-092-1926)

西周春秋文字	 敶侯簋	 𩁹侯之孫敶鼎	 敶医作孟姜𡡉鼎	
戰國文字	 郭店 性自命出 7	 清華簡 祭公 4		
秦文字	 ≪說文≫ 小篆			

'敶'은 '攴'과 聲符 '陳'으로 구성된 자형이다. '敶'의 古文字는 西周시기부터 출현하였다. ≪敶侯簋≫ '敶'(集成 3815)와 같이 小篆 구조와 동일하다. 春秋시기에 西周시기 구조가 계승되는 동시에 異體字가 등장하기 시작하였다. ≪𩁹侯之孫敶鼎≫ '敶'(集成 2287)는 아래 '土'가 추가된 異體字이며 ≪敶医作孟姜𡡉鼎≫ '敶'(集成 4607)는 '阝'가 생략된 異體字이다. 戰國時代는 이전 字形과 다른 異體字가 출현한다. 郭店楚簡 ≪性自命出≫ 7호간 '敶', 清華簡 ≪祭公≫ 4호간 '敶'은 '申'과 '戈'로 구성된 이체자가 주로 출현하였다.

敵(06-092-1927)

西周春秋文字	 𢦚簋	 叔夷鐘		
戰國文字	 清華簡 祭公 12	 中山王鼎		
秦文字	 ≪說文≫ 小篆			

‘’은 ‘攴’과 聲符 ‘啻’로 구성된 자형이다. 小篆과 동일하지 않지만 ‘敵’ 관련 古文字 중 가장 이른 용례는 ≪𢦚簋≫ ‘’(集成 4322)이다. ‘啻’로 ‘敵’을 표기하였다. 春秋시기는 ‘口’가 생략된 ‘帝’와 ‘攴’으로 구성된 字形이 출현하였다. ≪叔夷鐘≫ ‘’(集成 274)이 그 예이다. 清華簡 ≪祭公≫ 12호간 ‘’은 ‘攴’ 대신 ‘戈’로 구성되었다. ≪中山王鼎≫ ‘’(集成 2840)은 ‘攴’ 대신 ‘人’으로 구성된 異體字이다.

救(06-092-1928)

西周春秋文字	 周窐匜	 競之定豆		
戰國文字	 包山 226			
秦文字	 里耶 8-2259			

‘’는 ‘攴’과 聲符 ‘求’로 구성되었다. 西周시기 이후로 출현하기 시작하였다. 현재까지 발견된 ‘救’의 가장 오래된 용례는 ≪周窐匜≫ ‘’이다. 春秋 이후로도 이 구조는 지속적으로 계승되었다. 春秋 青銅器 ≪競之定豆≫ ‘’(商圖 6150), 戰國時代 里耶秦簡 8-2259호간 ‘’가 小篆과 일치하는 字形이다. 또한, 包山楚簡 226호간 ‘’는 ‘攴’ 대신 ‘戈’로 구성된 字形이다.

斁(06-092-1930)

西周春秋文字	 欒書缶			
戰國文字	 新蔡 甲三 303	 璽彙 1159	 郭店 窮達以時 7	
秦文字	 ≪說文≫ 小篆			

‘’은 ‘攴’과 聲符 ‘睪’으로 구성되었다. 小篆과 동일한 구조는 春秋시기부터 출현하였다. ≪欒書缶≫ ‘’(集成 10008)이 그 예이다. 戰國時代 또한 新蔡葛陵楚簡 甲三 303호간 ‘’, 晉 璽印 ‘’(≪璽彙≫ 1159)과 같이 ‘攴’과 聲符 ‘睪’으로 구성된 字形을 볼 수 있다. 한편 郭店楚簡 ≪窮達以時≫ 7호간 ‘’은 訛變된 異體字이다.

赦(06-092-1931)

西周春秋文字	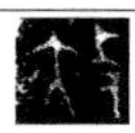 賸匜			
秦文字	 睡虎地 爲吏之道 1			

‘’는 ‘攴’과 聲符 ‘赤’으로 구성된 자형이다. 西周 青銅器에서 初期 字形을 볼 수 있다. ≪賸匜≫ ‘’(集成 10285)는 ‘攴’과 聲符 ‘亦’으로 구성되었다. ≪說文解字≫에 수록된 或體 ‘’와 동일하다. 戰國時代 또한 같은 구조가 계승되었다. 睡虎地秦簡 ≪爲吏之道≫ 1호간 ‘’ 또한 ‘亦’으로 구성된 자형이다.

攸(06-092-1932)

商代文字	 合20593	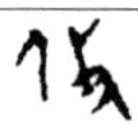 合36826		
西周春秋文字	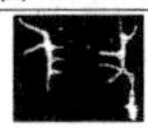 攸作旅鼎	 師酉簋	 盠方彝	

戰國文字	 上博 柬大王泊旱 13	 璽彙 4496	 清華簡 周公之琴舞 4	 包山 1
秦文字	 ≪說文≫ 小篆			

許愼은 ''를 '攴'과 '人', 그리고 '水'의 생략형으로 구성된 字形으로 설명하였다. 商代文字인 甲骨文부터 출현한다. 손으로 막대를 들고 사람을 치는 형상을 본떠 로 서사한다. 本義는 '打擊'이다. 西周 이후로 '攸'는 세 가지 유형으로 출현한다. 첫 번째로 ≪師酉簋≫ ''(集成 4288)와 같이 '人'과 '攴' 사이에 선을 추가한 경우이다. 두 번째로 ≪盠方彝≫ ''(集成 9899)와 같이 점선을 추가한 경우이다. 세 번째로 ≪攸作旅鼎≫ ''(集成 1971)와 같이 '人' 옆에 세 점이 붙은 경우이다. 戰國時代는 모든 지역에서 '人'과 '攴' 사이에 두 개의 사선을 추가한 자형이 출현하였다. 上博楚簡 ≪柬大王泊旱≫ 13호간 '', 晉 璽印 ''(≪璽彙≫ 4496) 등이 그 예이다. 또한 形符 '土'를 추가한 清華簡 ≪周公之琴舞≫ 4호간 '', '攴'이 생략된 包山牘 1호간 ''와 같은 異體字도 출현하였다.

敦(06-092-1937)

戰國文字	 清華簡 封許之命 3	 裔窅敦年戟		
秦文字	 ≪說文≫ 小篆			

''은 '攴'과 聲符 '享'으로 구성되었다. 이와 동일한 구조는 戰國時代부터 출현하기 시작한다. 里耶秦簡 8-522호간 '', 清華簡 ≪封許之命≫ 3호간 '', 齊 青銅器 ≪裔窅敦年戟≫ '' 등은 小篆과 구조가 동일하다.

敗(06-092-1939)

商代文字	 合17318	 合2274正		

西周春秋文字	 五年師事簋			
戰國文字	 包山 15	 包山 22	 清華簡 繫年 121	 上博 武王踐阼 15
秦文字	 里耶 8-645			

‘ ’는 ‘攴’과 ‘貝’로 구성되었다. 商代文字인 甲骨文부터 출현하며 손으로 막대를 들고 솥 또는 조개를 쳐서 훼손시키는 모양을 본떠 로 서사한다. 西周시기는 ‘鼎’의 생략형 ‘貝’ 두 개를 포함한 字形이 출현하기 시작한다. ≪五年師事簋≫ ‘ ’(集成 4216)과 같이 ‘貝’를 위아래로 구성하였는데 ≪說文解字≫에 수록된 籒文 ‘ ’와 동일하다. 春秋 青銅器 ≪吳王餘昧劍≫ ‘ ’(文物 2015.9)도 같은 구조이다. 戰國時代 이후로 다양한 異體字가 출현하였다. ‘貝’와 ‘攴’으로 구성된 里耶秦簡 8-645호간 ‘ ’, 西周시기 구조를 계승한 包山楚簡 15호간 ‘ ’, 西周시기 구조를 계승하였으나 ‘攴’ 대신 ‘又’로 구성한 包山楚簡 22호간 ‘ ’, ‘貝’와 ‘戈’로 구성된 清華簡 ≪繫年≫ 121호간 ‘ ’, ‘貝’ 두 개와 ‘戈’로 구성된 上博楚簡 ≪武王踐祚≫ 15호간 ‘ ’ 등이 그 예이다.

寇(06-092-1941)

商代文字	 合9815	 合542		
西周春秋文字	 曶鼎	 侯馬盟書 195 : 2		
戰國文字	 璽彙 0065	 七年邦司寇矛	 陶錄 4.28.1	
秦文字	 睡虎地 日書乙 189			

‘ ’는 ‘攴’과 ‘完’으로 구성된 자형이다. ‘寇’는 商代文字인 甲骨文부터 출현하였다. 집 안에서 사람이 막대기를 들고 때리는 형상을 취하여 로 서사한다. 西周시대의

≪曶鼎≫ ''(集成 2838)는 小篆과 동일한 구조로 고정되었다. 春秋시기 이후에도 侯馬盟書 195 : 2 ''와 같이 동일한 구조를 유지하였다. 이 구조는 戰國時代 秦文字에서만 계승한다. 睡虎地秦簡 ≪日書乙≫ 189호간 ''가 그 예이다. 그 밖에 다른 지역은 '攴' 대신 '戈'로 구성한 '寇'가 출현하였다. 楚 璽印 ''(≪璽彙≫ 65), 晉 青銅器 ≪七年邦司寇矛≫ ''(集成 11545), 燕 陶文 ''(≪陶錄≫ 4.28.1) 등이 그 예이다.

鼓(06-092-1947)

商代文字	 合20075	 合891正		
西周春秋文字	 瘐鐘	 洹子孟姜壺	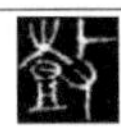 王孫誥鐘	
戰國文字	 包山 95	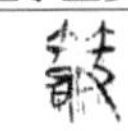 上博 君人者何必安哉 甲 3		
秦文字	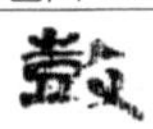 睡虎地 爲吏之道 22			

''는 '壴'와 '攴'로 구성되었다. 商代文字인 甲骨文부터 출현한다. 손으로 막대를 들고 북을 치는 형상을 본떠 로 서사한다. 西周 青銅器에 쓰인 '鼓'는 '攴'로 구성한 字形이 출현하였다. ≪瘐鐘≫ ''(集成 248)와 같이 甲骨文과 구성 방식이 다르다. 春秋시기는 甲骨文 중의 한 유형이었던 '攴'으로 구성한 字形이 출현하였다. ≪王孫誥鐘≫ ''(新收 437)이 그 예이며 이 구조에 '口'를 추가한 ≪沇兒鎛≫ ''(集成 203)도 출현하였다. 戰國時代 睡虎地秦簡 ≪爲吏之道≫ 22호간 '', 包山楚簡 95호간 ''등도 '攴'으로 구성한 字形이다. 그리고 上博楚簡 ≪君人者何必安哉≫甲 3호간 ''은 形符 '竹'을 추가하고 '攴' 대신 '又'로 구성한 異體字도 출현하였다.

嫠(06-092-1954)

商代文字	 合29683	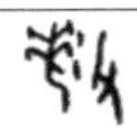 合31177		

西周春秋文字	 𣄰公盨	 師寰簋		
秦文字	 《說文》 小篆			

''는 '攴'과 '厂', 聲符 '未'로 구성되었다. 商代文字인 甲骨文부터 출현하며, 다른 사람이 보리〔麥〕를 짊어지고 있는데 손으로 막대를 들고 그것을 쳐서 알곡을 취하는 모습을 본떠 로 서사한다. 西周 이후로 작물을 본뜬 부분을 '未'로 표시하였다. 《𣄰公盨》 ''(近出 458), 《師寰簋》 ''(集成 4313)가 그 예이다. '人'은 이후에 '厂'으로 訛變되었다. 西周 이후로는 ''가 단독으로 출현하지 않고 合體字의 구성 요소로 출현하였다.

敔(06-092-1957)

西周春秋文字	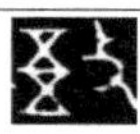 敔簋	 曾仲子敔簋		
戰國文字	 包山 143	 上博 三德 17	 包山 34	
秦文字	 《說文》 小篆			

''는 '攴'과 聲符 '吾'로 구성되었다. 西周시기 '敔'는 小篆과 달리 '吾'가 아닌 '五'가 위아래로 결합된 聲符를 포함하였다. 《敔簋》 ''(集成 3827)와 같다. 春秋시기도 《曾仲子敔簋》 ''(集成 2564)처럼 '口'를 포함하지 않은 字形이 출현하였다. 이와 동시에 石鼓文 ''와 같이 '口'를 포함한 字形도 출현하였다. 戰國時代는 '五'가 하나로 생략된 자형들이 출현하기 시작하였다. 包山楚簡 143호간 ''는 小篆과 구조가 동일하다. 上博楚簡 《三德》 17호간 ''는 '口'를 생략하였다. 包山楚簡 34호간 ''는 '攴' 대신 '戈'로 구성한 異體字이다. 이 구조 역시 '五'가 하나로 생략된 것을 볼 수 있다.

畋(06-092-1961)

商代文字	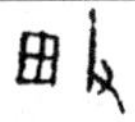 合22464			
戰國文字	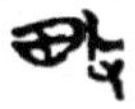 上博 周易 8	 璽彙 1488	 璽彙 5644	 曾侯乙簡 65
秦文字	 ≪說文≫ 小篆			

''은 '攴'과 '田'으로 구성되었다. 甲骨文부터 출현하며, 손으로 막대를 든 '攴'과 사냥 대상이 되는 지역을 나타내는 田獵 구역인 '田'으로 구성되어 으로 서사한다. 이 자형의 西周, 春秋 시기 용례는 아직 발견되지 못했다. 戰國時代는 甲骨文 구조와 더불어 異體字도 출현하였다. 上博楚簡 ≪周易≫ 8호간 '', 晉 璽印 ''(≪璽彙≫ 1488)과 더불어 齊 璽印 ''(≪璽彙≫ 5644)은 '攴' 아래 점을 추가한 異體字와 '甸'으로 구성한 曾侯乙簡 65호간 ''도 출현하였다. 또한 '攴' 대신 '犬'으로 구성한 ≪好畓壺≫ ''(集成 9734)도 볼 수 있다.

攺(06-092-1962)

''는 '攴'과 聲符 '巳'로 구성되었다. 위 '改(06-092-1917)'와 동일한 字源을 가지는 同源字이다. '改(06-092-1917)'의 해설을 참조하라.

敘(06-092-1963)

商代文字	 合8362			
戰國文字	 二十八年陽邑戈	 上博 從政甲 5	 郭店 尊德義 3	
秦文字	 ≪說文≫ 小篆			

''는 '攴'과 聲符 '余'로 구성되었다. 甲骨文에 출현하며, 손을 본뜬 '又'와 聲符 '余'로 구성되어 로 서사한다. 戰國時代 이후로 '又'를 포함한 기본 구조와 '攴'으로 대체

한 異體字가 함께 출현하였다. 晉 青銅器 ≪二十八年陽邑戈≫ ''는 '又'로 구성하였다. 上博楚簡 ≪從政甲≫ 5호간 ''는 '攴'으로 구성하였다. 이 구조가 小篆과 일치한다. 郭店楚簡 ≪尊德義≫ 3호간 ''와 같이 '余' 아래 '口'를 추가한 異體字도 출현하였다.

牧(06-092-1966)

商代文字	 亞牧鬲	 牧父丁罍	 合148	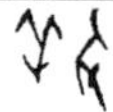 合5842
西周春秋文字	 小臣謎簋	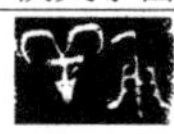 又牧父己簋	 鄧公牧簋	
戰國文字	 上博 吳命 5			
秦文字	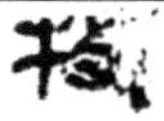 里耶秦簡 8-490			

''은 '攴'과 '牛'로 구성된 字形이다. 商代의 甲骨文과 金文부터 출현하며, '攴'과 '牛' 또는 '攴'과 '羊'으로 구성되어 '가축을 牧養하다'는 의미를 나타냈다. 의미를 더욱 강조하기 위해 '彳'를 추가하여 으로 서사하기도 한다. 西周시기는 두 가지 유형으로 출현하였다. 첫 번째로 ≪小臣謎簋≫ ''(集成 4238)과 같이 '攴'과 '牛'로 구성된 字形이다. 이 유형은 小篆과 일치한다. 두 번째로 ≪又牧父己簋≫ ''과 같이 '羊'과 '攴'으로 구성된 字形이다. 春秋시기 이후로 '羊'으로 구성된 字形은 사라지고 ≪鄧公牧簋≫ ''과 같이 '牛'로 구성된 字形만 남았다. 戰國時代 또한 '牛'로 구성된 字形이 출현하였다. 里耶秦簡 8-490호간 '', 上博楚簡 ≪吳命≫ 5호간 '' 등이 그 예이다.

教(06-093-1970)

商代文字	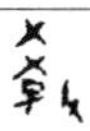 合10	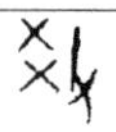 合28008		
西周春秋文字	 散氏盤	 與兵壺		

戰國文字	 郭店 緇衣 18	 上博 從政甲 3	 清華簡 皇門 7	 郭店 語叢一 43
秦文字	 睡虎地 爲吏之道 24			

''는 '攴'과 '孝'로 구성된 字形이다. 商代文字인 甲骨文부터 출현한다. 聲符인 '爻'와 形符인 '子'·'攴'로 구성되어 로 서사한다. 의미적으로 '子'는 교육의 대상을 의미하고, '攴'은 가르치는 행위를 뜻한다. 甲骨文의 다양한 유형에 비해서 현재까지 발견된 西周시기의 '教'는 ≪散氏盤≫ ''(集成 10176) 뿐이다. 이 구조는 ≪說文解字≫에 수록된 古文 ''과 일치한다. 春秋시기는 小篆과 동일한 ≪秦景公石磬≫ ''(通鑑 19789)와 '攴'을 생략한 ≪與兵壺≫ ''(近出 878) 등이 출현한다. 戰國時代는 睡虎地秦簡 ≪爲吏之道≫ 24호간 ''와 같이 '攴'과 '孝'로 구성한 자형 외에 다양한 이체자가 등장하였다. ≪說文解字≫에 수록된 또 다른 古文 ''는 '言'으로 구성하였다. 戰國時代 異體字도 '言'을 포함한 이체자가 출현하였다. 郭店楚簡 ≪緇衣≫ 18호간 ''는 '爻'와 '言'으로 구성한 자형이며 上博楚簡 ≪從政甲≫ 3호간 ''는 '爻'와 '口', '言'으로 구성하였다. 淸華簡 ≪皇門≫ 7호간 ''는 ''에 形符 '力'을 추가한 자형이다. 또한 古文 ''와 동일한 郭店楚簡 ≪唐虞之道≫ 5호간 ''도 볼 수 있다. 또한 形符 '攴' 대신 '殳'로 구성한 郭店楚簡 ≪語叢一≫ 43호간 ''와 古文 ''에 '口'를 추가한 ≪八年陽城令戈≫ ''(古文字硏究 26)도 있다.

斆(06-093-1971)

商代文字	 花東487	 合30827	 合27712	
西周春秋文字	 大盂鼎	 伯農鼎		
戰國文字	 上博 中弓 23	 宜安戈		
秦文字	 睡虎地 日書乙 14			

許愼은 ''을 '教'와 '冂'으로 구성하고 聲符 '臼'를 추가한 字形으로 설명하였다. '學'·'教'·'斅' 이 세 글자는 같은 글자에서 분화된 것이다. 甲骨文부터 출현하며, '學'에 '爻'가 들어가 있는 것은 '教'와 마찬가지로 소리 역할을 하는 聲符에 해당한다. 집을 의미하는 '宀'은 가르치는 장소를 의미하며, 두 손을 의미하는 '臼'는 가르치는 행위를 의미한다. 西周시기는 세 가지 유형으로 출현하였다. 첫 번째로 '爻'와 '宀'으로 구성한 字形이다. ≪伯農鼎≫ ''(集成 2816)이 그 예이다. 두 번째로 지금의 楷書와 동일한 '學'이다. ≪大盂鼎≫ ''(集成 2837), ≪靜簋≫ ''(集成 4273) 등이 그 예이다. 이 구조는 ≪說文解字≫에 수록된 篆文 ''과 일치한다. 세 번째로 ≪沈子它簋蓋≫ ''과 같이 小篆과 구조가 같은 字形이다. 春秋시기는 현재까지 발견된 字形은 ≪羅兒匜≫ ''(新收 1266) 뿐이다. 戰國時代는 '攴'을 생략한 '學'이 주로 출현하였다. 睡虎地秦簡 ≪日書乙≫ 14호간 ''이 그 예이며 여기에 '爻'도 생략한 上博楚簡 ≪中弓≫ 23호간 ''도 출현하였다.

卜(06-094-1972)

商代文字	 合24241	 合23143		
西周春秋文字	 曶鼎	 卜淦□高戈		
戰國文字	 郭店 緇衣 46			
秦文字	 北大 九策			

許愼은 '卜'을 '거북 껍질 굽는 모습'을 본떴다고 설명하였다. 商代文字인 甲骨文부터 출현하며, 거북 껍질 또는 소 어깨뼈를 사용하여 점을 치기 위해 균열을 낸 모습을 본떠 卜으로 서사한다. 西周시기도 기본적으로 甲骨文과 같은 구조이나 ≪曶鼎≫ ''(集成 2838)과 같이 가로선이 구부러진 字形도 출현하였다. ≪說文解字≫에 수록된 古文 ''과 마찬가지로 직선이 아닌 굽은 선으로 구성된 것이다. 春秋 이후로 古文 ''과 완전히 동일한 구조가 출현하였다. ≪卜淦□高戈≫ ''이 그 예이다. 戰國

時代는 기본적으로 '卜'의 형태이었으나 가로선의 모양에 따라서 다양하게 변형되었다. 郭店楚簡 ≪緇衣≫ 46호간 '', 北大秦簡 ≪九策≫ '' 등이 그 예이다.

貞(06-094-1975)

商代文字	合20547	合22231	合9951	花東446
西周春秋文字	散氏盤	中斿父鼎		
戰國文字	中山王鼎	包山 254	上博 周易 22	郭店 老子乙 16
秦文字	睡虎地 秦律 125			

許愼은 '貞'은 '卜'과 '貝'로 구성된 자형이며 일설에 의하면 '貝'가 '鼎'의 생략형이라고도 언급하였다. 商代文字인 甲骨文부터 출현한다. 본래 '鼎'자를 가지고 假借하여 '貞'을 표기하여 으로 서사하였다. 占卜의 의미를 강조하기 위하여 '卜'을 추가하여 으로 서사하였고, 나중에 '鼎'이 '貝'로 訛變되면서 지금의 '貞'이 된 것이다. 西周시기 古文字도 甲骨文 구조와 동일하다. ≪中斿父鼎≫ ''(集成 2373), ≪伯氏鼎≫ ''(集成 2443)은 甲骨文보다 더 섬세하게 솥의 외형을 묘사하였다. 春秋시기 용례는 두 가지 유형으로 구분할 수 있다. 첫 번째로 이전 시기와 동일한 字形이다. ≪杞伯每亡鼎≫ ''(集成 2495)는 솥의 형상이 그대로 묘사되어 있다. 두 번째로 솥의 형상이 생략되어 '貝'와 유사하게 변화된 字形이다. ≪曾公子棄疾鼎≫ ''(江考 2012.3)이 그 예이다. 戰國時代는 더욱 더 다양한 異體字가 출현하였다. '卜'과 '鼎'으로 구성된 ≪中山王鼎≫ ''(集成 2840)은 이전 字形과 같은 구조이다. 包山楚簡 254호간 ''는 ≪中山王鼎≫의 '貞'과 같은 구조이나 더 간단하게 생략된 字形이다. 燕 璽印 ''(≪璽彙 363≫)은 小篆과 일치하는 구조이며 ≪二十三年襄城令矛≫ ''(集成 11565), 上博楚簡 ≪周易≫ 22호간 ''는 '鼎'의 생략형 '貝' 중에서 아래 두 사선이 더 생략된 字形이다. 郭店楚簡 ≪老子乙≫ 16호간 ''는 솥의 몸통 부분이 '田'으로 訛變되었다. 한편 形符 '皿'을 추가한 ≪甹游子壺≫ ''(集成 9516)도 '貞'의 異體字이다.

占(06-094-1977)

商代文字	 合137反	 合454正	 合37832	
戰國文字	 清華簡 程寤 3	 陶錄 2·81·3		
秦文字	 睡虎地 秦律雜抄 32			

''은 '卜'과 '口'로 구성된 字形이다. 甲骨文부터 출현하는데, 본래는 점을 치기 위해 사용하는 소 어깨뼈를 본뜬 에, 균열이 난 모양인 '卜', 그리고 점을 치는데 입으로 말을 하므로 '口'를 추가하여 으로 서사한다. 후대로 가면서 소의 어깨뼈를 본뜬 이 생략되고 '占'만 남게 되었다. 西周시기와 春秋시기는 관련 古文字가 아직 발견되지 않았다. 戰國時代는 지역과 관계없이 小篆과 구조가 동일하다. 睡虎地秦簡 ≪秦律雜抄≫ 32호간 '', 清華簡 ≪程寤≫ 3호간 '', 齊 陶文 ''(≪陶錄≫ 2.81.3) 등 모두 小篆과 동일한 것을 볼 수 있다.

⿰召卜(06-094-1978)

西周春秋文字	 H11：6	 H11：43		
秦文字	 ≪說文≫ 小篆			

'⿰召卜'는 '卜'와 聲符 '召'로 구성되었다. 현재까지 발견된 '⿰召卜'의 古文字는 ≪周原甲骨文≫ 용례 뿐이다. '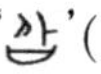'(H11：6), ''(H11：43)가 그 예이며 小篆과 동일한 것을 볼 수 있다.

𠧩(06-094-1979)

商代文字	 合16478	 合122	 合補4627	 合33273

西周春秋文字	明公簋			
戰國文字	上博 天子建州 甲 11	新蔡 零 100		
秦文字	睡虎地 日書乙 157			

'𠧞'는 '卜'과 '兆'로 구성되었다. 商代 甲骨文부터 출현한다. 점을 치기 위해 사용하는 소 어깨뼈를 본뜬 에, 균열이 난 모양인 '卜'을 추가하여 로 서사한다. 나중에 '兆'자를 가지고 假借하여 '징조'의 의미를 나타냈다. 西周시기는 ≪明公簋≫ ''(集成 4029)와 같은 구조였다. 戰國時代 이후로 小篆과 동일한 上博楚簡 ≪天子建州≫甲 11호간 '', 新蔡葛陵楚簡 零100호간 '' 등이 있다. 秦文字는 睡虎地秦簡 ≪日書≫乙 157호간 ''와 같이 '卜'을 생략하였는데 ≪說文解字≫에 수록된 古文 '𠘧'와 일치한다.

用(06-095-1980)

商代文字	合19762	合19954	合924正	合補10303
西周春秋文字	德鼎	梁其壺		
戰國文字	上博 用曰 11	清華簡 繫年 58		
秦文字	睡虎地 爲吏之道 21			

'用'은 '卜'과 '中'으로 구성되었다. 商代文字인 甲骨文부터 출현한다. 본래 어떤 사물을 담을 수 있는 손잡이 달린 통을 본떠 으로 서사한다. '桶'의 初文이다. 西周시기는 다양했던 자형 구조가 小篆의 구조로 정리되기 시작하였다. ≪遣鬲≫ ''(集成 631)과 같이 세로선 3개에 두 개의 긴 가로선과 하나의 짧은 가로선으로 구성하였다. 春秋시기도 기본적으로 이 구조를 계승하였다. 戰國時代는 上博楚簡 ≪用曰≫ 11호간 ''과 같이 짧은 가로선이 사선으로 변화하기도 하였다. 그리고 清華簡 ≪繫

年≫ 58호간 ''과 같이 아래 飾筆을 추가한 자형도 출현하였다.

甫(06-095-1981)

商代文字	 合20042	 合13643	 合846	
西周春秋文字	 匡卣	 降叔豆	 黃子盉	
戰國文字	 曾侯乙簡 171	 上博 天子建州 乙 5		
秦文字	 ≪說文≫ 小篆			

''는 '用'과 '父'로 구성되었다. 商代文字인 甲骨文부터 출현한다. '圃'의 初文으로 밭에 채소가 있는 모양을 본떠 로 서사한다. 西周 이후로 본래 밭을 본떴던 '田'이 '用'으로 변화하였고 풀, 채소를 본뜬 부분은 '父'로 변화하였다. ≪匡卣≫ ''(集成 5423), ≪虢季豆≫ ''(近出 541) 등과 같이 위쪽은 '父', 아래 '用'으로 구성되었다. 이 구조는 春秋 이후로도 지속적으로 계승되었다. ≪黃子盉≫ ''(集成 9445)는 西周 青銅器에 쓰인 字形과 일치한다. 戰國時代는 曾侯乙簡 171호간 ''처럼 이전 시기의 구조를 계승한 동시에, 上博楚簡 ≪天子建州乙≫ 5호간 ''와 같이 경우에 따라 '用' 아랫부분에 사선을 추가하였다.

庸(06-095-1982)

商代文字	 合12839	 合24376	 合27137	
西周春秋文字	 訇簋	 逆鐘		
戰國文字	 中山王鼎			
秦文字	 睡虎地 封診式 18			

''은 '用'과 '庚'으로 구성되었다. 商代文字인 甲骨文부터 출현한다. 본래 악기를 본뜬 '庚'에 의미와 소리를 동시에 강조하는 '同' 또는 '用'을 추가하여  또는 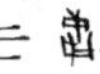으로 서사한다. 西周 이후로도 ≪訇簋≫ ''(集成 4321), ≪天亡簋≫ ''(集成 4261)과 같이 甲骨文과 구조가 동일하였다. 戰國時代 또한 小篆과 구조가 동일하다. '庸'의 古文字는 기본적으로 대칭 구조였으나 秦文字는 睡虎地秦簡 ≪封診式≫ 18호간 ''과 같이 비대칭 구조로 변화하였다. 小篆 구조는 古文字 구조를 계승했다면 楷書 '庸'은 秦文字 구조를 계승하였다.

葡(06-095-1983)

商代文字	 葡鼎	 合3755	 英560	
西周春秋文字	 𣪕簋	 毛公鼎		
戰國文字	 郭店 語叢三 39			
秦文字	 ≪說文≫ 小篆			

許愼은 ''를 '用'과 '苟'의 생략형으로 구성된 字形이라고 설명하였다. 商代文字인 甲骨文과 金文에 출현한다. 화살을 통에 담은 형상을 본떠 로 서사한다. 西周시기는 자형이 전체적으로 訛變되기 시작한다. 활꼬리 부분은 ''로 변화하고 화살 머리 부분과 몸통 부분은 '用'과 유사하게 변화하였다. ≪𣪕簋≫ ''(集成 4243), ≪毛公鼎≫ ''(集成 2841)와 같이 아랫부분이 '用'과 유사한 것을 볼 수 있다. 戰國時代는 전혀 다른 구조로 변화하였다. 郭店楚簡 ≪語叢三≫ 39호간 ''와 같이 이전 시기와 연관성이 적어보이는 구조로 변화하였다. 小篆은 西周시기 구조를 계승한 字形으로 볼 수 있다.

交(06-096-1985)

商代文字	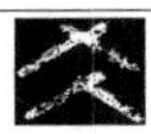 交鼎	 合13705		

西周春秋文字	 爻父丁簋	 爻父乙簋		
戰國文字	 璽考 67	 十七年蓋弓冒		
秦文字	 ≪說文≫ 小篆			

許愼은 '爻'를 六爻의 머리가 교차하는 것을 본뜬 字形이라고 하였다. 商代文字인 甲骨文과 金文에 출현한다. 본래 추상적인 필획을 교차하여 만든 글자이다. '爻'에서 '交'가 분화되어 나왔다. 西周시기도 甲骨文 구조가 그대로 계승되는데 ≪爻父丁簋≫ '㸚'(集成 3181)와 같이 'X'형이 두 개인 경우와 ≪爻父乙簋≫ '㸚'(集成 3164)와 같이 세 개가 중첩된 경우도 있다. 戰國時代는 기본적으로 두 개가 중첩된 구조로 계승하였다. 그리고 위 아래로 결합하여 마치 '井'처럼 보이기도 한다. 齊 璽印 '爻'(≪璽考≫ 67), 晉 靑銅器 ≪十七年蓋弓冒≫ '爻'(集成 12032)이 그 예이다.

爾(06-097-1988)

商代文字	 亞爾觚	 合3297正		
西周春秋文字	 何尊	 史墻盤		
戰國文字	 郭店 老子甲 30			
秦文字	 ≪說文≫ 小篆			

許愼은 '爾'를 '冂'과 '㸚'로 구성되었으며 聲符는 '尒'라고 설명하였다. 商代文字인 甲骨文과 金文에 출현한다. 본래 줄기에 돋은 가시가 두루두루 가득한 모양을 본떠 爾로 서사한다. 따라서 '濔'·'彌' 등의 글자에 '두루'·'가득하다'·'넘치다' 등의 의미가 있는 것이다. 西周시기 '爾'는 위의 뾰족한 부분 아래 점을 찍었다. 이 부분이 나

중에 '尒'로 변화하였다. ≪何尊≫ ''(集成 6014), ≪史墻盤≫ ''(集成 10175)와 같이 윗부분에 점 두 개가 찍혀 있는 것을 볼 수 있다. 春秋시기도 ≪晉公盆≫ ''(集成 10342)와 같이 西周시기 자형을 그대로 계승하였다. 戰國時代는 윗부분이 '尒'로 분리되기 시작한다. 郭店楚簡 ≪老子甲≫ 30호간 ''가 그 예이다.

爽(06-097-1989)

商代文字	 合33654	 英1937	 合27503	 合36234
西周春秋文字	 散氏盤	 矢令方彝		
戰國文字	 集粹			
秦文字	 里耶 8-429			

''은 '㸚'과 '大'로 구성되었다. 甲骨文에 출현하며, 사람이 양손에 어떤 기물을 들고 있는 모습을 본떠 으로 서사하며, '서로 짝을 이루다'는 의미를 나타냈다. 西周시기는 '火'가 다양하게 訛變되기 시작하였다. ≪散氏盤≫ ''(集成 10176)은 ''으로 구성하였다. ≪矢令方彝≫ ''(集成 9901)은 ''로 구성하였다. 戰國時代는 秦文字에서만 '爽'이 출현하였다. 里耶秦簡 8-429호간 '', 璽印 ''(集粹)이 그 예인데 ≪說文解字≫에 수록된 篆文 ''과 일치한다.

旻(07-098-1990)

商代文字	 合16981			
西周春秋文字	 癸旻爵	 旻父丁卣		
秦文字	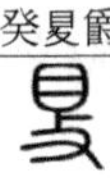 ≪說文≫ 小篆			

'旻'은 '攴'과 '目'으로 구성되었다. 商代文字인 甲骨文부터 출현한다. '攴'과 '目'으로 구성되어 로 서사한다. 글자의 造字原理는 아직 알기 어렵다. 西周 이후에도 갑골문 구조가 그대로 계승되었다. ≪癸旻爵≫ ''(集成 9034)은 갑골문과 구성 요소가 동일하다. ≪瞏父丁卣≫ ''(近出 580)과 같이 '目' 두 개로 구성된 異體字도 출현하였다. '旻'은 西周 이후로는 출현하지 않았다.

目(07-099-1994)

商代文字	 合6946正	 合6194		
西周春秋文字	 目爵	 楚屈子赤目簠		
戰國文字	 郭店 唐虞之道 26	 郭店 五行 45	 璽彙 0378	 陶錄 2・463・4
秦文字	 秦風 135	 里耶秦簡 8-112		

'目'은 사람의 눈을 본뜬 상형자이다. 商代文字인 甲骨文부터 출현하며, 사람의 눈을 본떠 으로 서사한다. 西周시기 또한 눈의 형상이 그대로 반영된 字形 구조를 유지하는데 ≪目爵≫ ''(集成 7493)과 같다. 春秋시기부터 ≪楚屈子赤目簠≫ ''(集成 4612)과 같이 눈을 본뜬 象形 요소가 사라지고 지금의 '目'과 비슷한 구조로 변화하기 시작하였다. 戰國時代는 수많은 異體字가 등장하였다. 秦文字는 기본적으로 직사각형 구조에 가로선 두 개를 추가한 형태이다. 璽印 ''(秦風 135), 里耶秦簡 8-112호간 ''과 같다. 楚文字는 秦文字와 동일한 字形뿐만 아니라 郭店楚簡 ≪唐虞之道≫ 26호간 ''은 안쪽에 화살표로 구성하였다. 郭店楚簡 ≪五行≫ 45호간 ''은 위쪽에 또 다른 구성 요소를 추가하였다. 晉文字는 璽印 ''(≪璽彙≫ 378)처럼 안쪽 가로선의 방향이 세로이다. 齊 陶文 ''(≪陶錄≫ 2.463.4)은 세로선 사이에 점을 찍기도 하였다. 이처럼 다양한 異體字가 존재하였는데 ≪說文解字≫에 수록된 古文 ''도 이와 같은 시기에 출현하였을 것으로 추측한다.

睘(07-099-2033)

西周春秋文字	 伯睘卣	 作冊睘卣		
戰國文字	 璽彙 1904	 春成侯盉	 上博 孔子詩論 26	
秦文字	 睡虎地 日書甲 30			

‘’은 ‘目’과 聲符 ‘袁’으로 구성되었다. ‘睘’이 처음으로 출현한 시기는 西周이다. 西周 青銅器 ≪作冊睘卣≫ ‘’(集成 5407)과 같이 ‘目’과 아래 ‘袁’으로 구성하였다. 戰國時代는 字形 중심에 위치한 원형의 생략 여부에 따라 두 가지로 구분한다. 첫 번째로 睡虎地秦簡 ≪日書甲≫ 30호간 ‘’, 晉 璽印 ‘’(≪璽彙≫ 1904)과 같이 이전 字形을 유지하는 경우이다. 두 번째로 晉 青銅器 ≪春成侯盉≫ ‘’(新收 1484), 上博楚簡 ≪孔子詩論≫ 26호간 ‘’과 같이 중심부에 원형이 생략된 경우이다.

眔(07-099-2040)

商代文字	 合20399	 合24417		
西周春秋文字	 毛公旅方鼎	 免簠		
戰國文字	 清華簡 說命下 5			
秦文字	 ≪說文≫ 小篆			

‘’은 ‘目’과 ‘隶’의 생략형으로 구성되었다. 商代文字인 甲骨文부터 출현한다. 눈에서 눈물이 흐르는 모습을 본떠 으로 서사한다. ‘涕’의 初文인데, 假借하여 ‘及’을 뜻하게 되었다.

西周시기는 눈 아래 점이 일정하게 모양을 형성하기 시작한다. ≪免簠≫ ‘’(集成

4626)과 같이 중간을 기준으로 좌우 대칭으로 배열하였다. ≪毛公旅方鼎≫ ''(集成 2724)과 같이 중간 부분이 선으로 변화하기도 하였다. 春秋시기도 중심 부분을 기준으로 대칭 구조를 보이는데 ≪叔夷鎛≫ ''(集成 285)과 같다. 戰國時代는 가로선을 추가하면서 아랫부분이 마치 '米'와 같이 변화하였다. 清華簡 ≪說命下≫ 5호간 ''의 아랫부분을 보면 확인할 수 있다.

睽(07-099-2041)

西周春秋文字	 大簋蓋	 睽士父鬲		
戰國文字	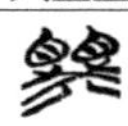 清華簡 楚居 10			
秦文字	 ≪說文≫ 小篆			

''는 '目'과 聲符 '癸'로 구성되었다. '睽'는 西周시기부터 출현하였다. 小篆과 달리 西周시기는 '目'이 두 개였다. ≪大簋蓋≫ ''(集成 4298)과 같이 두 눈이 '癸' 위로 구성된 것을 볼 수 있다. 春秋 青銅器 ≪睽士父鬲≫ ''(集成 716)는 눈과 '癸'의 윗부분 곡선 부분을 공유하기도 하였다. 戰國時代는 눈의 圖畫적 특징이 사라지고 楷書 '目'과 유사해지기 시작하였다. 清華簡 ≪楚居≫ 10호간 ''와 같이 자형 구조는 이전 시기와 같지만 눈의 모양이 변화한 것을 볼 수 있다. 小篆은 전국시대까지 계승된 字形의 생략형이며 동시에 상하 구조에서 좌우 구조로 변화한 字形이다.

睦(07-099-2054)

西周春秋文字	 賸匜			
秦文字	 湖南 96			

''은 '目'과 聲符 '坴'으로 구성되었다. 이와 관련된 古文字는 西周 青銅器에서 처

음 볼 수 있다. 하지만 小篆과 일치하지 않으며 ≪媵匜≫ '□'(集成 10285.1)과 같이 '坴'과 '見'으로 구성하였다. '目'과 '見'은 의미상 通用되는 形符이므로 관련이 깊다. 戰國時代는 秦 璽印 '□'(湖南 96)과 같이 '目'으로 구성하였다. 小篆처럼 '目'으로 구성한 것은 戰國時代 이후부터이다.

瞻(07-099-2055)

西周春秋文字	 侯馬盟書 185 : 2			
戰國文字	 郭店 緇衣 16			
秦文字	 秦印			

'瞻'은 '目'과 聲符 '詹'으로 구성되었다. 春秋시기 侯馬盟書 185 : 2 '□'은 '詹'과 '見'으로 구성한 字形이다. '目'과 '見'은 의미상 通用되는 形符이므로 '覘'은 '瞻'의 異體字로 봐도 무방하다. 戰國時代 이체자도 '瞻'과 비교하였을 때 일부 구성 요소가 없거나 의미상 通用하는 形符를 추가하였다. 예를 들면, 郭店楚簡 ≪緇衣≫ 16호간 '□'은 '見'으로 구성하였으며 '詹' 중에서도 '产'가 생략하였다. 秦 璽印 '□'(秦印)은 小篆과 일치한다.

相(07-099-2060)

商代文字	 相父乙卣	 合18410		
西周春秋文字	 相侯簋			
戰國文字	 郭店 六德 49	 包山 149	 上博 天子建州乙 5	 璽彙 0164
秦文字	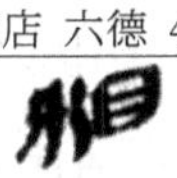 睡虎地 法律答問 12			

‘’은 ‘目’과 ‘木’으로 구성되었다. 商代文字인 甲骨文과 金文부터 출현한다. ‘目’과 ‘木’으로 구성되어 으로 서사하며, ‘눈으로 나무를 관찰한다’는 의미를 나타냈다. 西周시기는 ‘目’과 ‘木’이 서로 병렬되기 시작하였다. ≪相侯簋≫ ‘’(集成 4136)과 같이 ‘木’과 ‘目’을 좌우로 배치한 것을 볼 수 있다. 이 구조는 戰國時代 이후까지 지속적으로 계승된다. 다만 飾筆이나 관련 구성 요소를 추가한 異體字가 등장하기도 하였다. 郭店楚簡 ≪六德≫ 49호간 ‘’과 같이 아래 ‘=’를 추가하거나 包山楚簡 149호간 ‘’과 같이 아래 ‘又’를 추가하기도 하였다. 上博楚簡 ≪天子建州≫乙 5호간 ‘’는 ‘止’를 추가하였으며 楚 璽印 ‘’(≪璽彙≫ 164)는 ‘相’ 위에 발음이 동일한 ‘桑’을 추가하였다. 다른 지역에 비해서 秦文字는 睡虎地秦簡 ≪法律答問≫ 12호간 ‘’과 같이 ‘木’과 ‘目’이 좌우로 배열된 자형만 출현하였으며 다른 異體字는 출현하지 않았다.

眚/省(07-099-2081)

商代文字	戍𠁩鼎	合5112正	合5980	
西周春秋文字	豆閉簋	揚簋	侯馬盟書 92 : 39	
戰國文字	郭店 語叢二 8	上博 緇衣 7	清華簡 筮法 22	璽彙 0721
秦文字	睡虎地 雜抄 22			

商代文字인 甲骨文과 金文부터 출현한다. 聲符인 ‘生’과 形符인 ‘目’으로 구성되어 으로 서사한다. ‘眚’과 ‘省’ 두 글자는 본래 한 글자에서 분화된 글자이다. ‘目’자 위의 ‘生’자 아래 필획이 후대로 가면서 비스듬하게 되어 ‘省’자가 만들어진 것이다. ‘省’은 본래 의미인 ‘〈질병을〉 살피다’는 뜻을 나타내고, ‘眚’자는 引伸된 의미인 ‘질병’ 또는 ‘재앙’을 뜻한다. 西周시기는 ‘生’에 점을 찍은 구조로 변화한다. 戰國時代 이후로 점이 선으로 변화하였다. 선은 郭店楚簡 ≪語叢二≫ 8호간 ‘’과 같이 가로선 하나만 있거나 上博楚簡 ≪緇衣≫ 7호간 ‘’과 같이 두 개로 구성한 경우도 있다. 清華簡 ≪筮法≫ 22호간 ‘’처럼 이전 字形 구조를 유지하는 용례도 있다. ‘生’에 가로선을 추가하는

과정에서 가로선이 斜線으로 추가한 경우 '少'로 訛變된 것이 '省'이다. 睡虎地秦簡 ≪秦律雜抄≫ 22호간 '省'이 訛變하는 과정 중에 출현한 용례일 것으로 추정한다.

瞽(07-099-2100)

商代文字	合16040	合16013	合13404	
秦文字	≪說文≫ 小篆			

'瞽'는 '目'과 聲符 '鼓'로 이루어진 글자이다. 商代文字인 甲骨文에 출현하는데, 본래는 앞을 보지 못하는 소경이 지팡이를 짚고 있는 모습을 본떠 로 서사한다. 자세히 보면 사람 위에 눈을 나타내는 부분이 으로 되어 있는데, 이는 '目'자의 아래 필획을 생략하여 눈에 문제가 있음을 나타낸 것이다. 후대에 形聲字로 대체되어 '瞽'자를 쓰게 된 것이다. 西周시기부터 戰國시기까지 古文字는 출현하지 않는다.

䀠(07-100-2107)

商代文字	䀠子弓葡卣			
西周春秋文字	䀠爵	䀠疑鼎		
戰國文字	璽彙 3261			
秦文字	≪說文≫ 小篆			

'䀠'는 두 개의 '目'으로 구성되었다. 商代文字인 金文부터 출현하며, 두 눈을 본떠 로 서사한다. '좌우를 보다'는 의미를 나타낸다. 西周시기 또한 두 눈을 본뜬 字形이 출현하였다. ≪䀠亞且癸鼎≫ ''(集成 1816), ≪䀠疑鼎≫ ''(集成 2177)는 두 눈을 본뜬 구조이다. 戰國時代는 西周시기와 달리 상하 구조로 구조가 일정해졌다. 晉璽印 ''(≪璽彙≫ 3261)와 같다.

⿸厂䀠(07-100-2108)

商代文字	 合21427			
秦文字	 ≪說文≫ 小篆			

''은 '䀠'과 '厂'으로 구성되었다고 하였다. 商代文字인 甲骨文에 출현하는데, 눈 주위를 指事符號로 둘러싸서 으로 서사한다. 西周시기부터 戰國시기까지 古文字는 출현하지 않는다.

眉(07-101-2110)

商代文字	 合3421	 合19165		
西周春秋文字	 小臣謎簋	 九年衛鼎		
秦文字	 睡虎地 日書甲 60反			

許愼은 ''를 '目'으로 구성되었으며 윗부분은 이마의 주름을 본뜬 것이라고 설명하였다. 商代文字인 甲骨文부터 출현한다. 눈 위에 눈썹을 강조한 모양을 본떠 로 서사한다. 西周시기 '眉'는 ≪小臣謎簋≫ ''(集成 4239)와 같이 눈 위의 눈썹 형태에 주목하였다. 西周 이후로 '目' 위의 형상은 더 이상 출현하지 않았다. 戰國時代 睡虎地秦簡 ≪日書甲≫ 60호간 ''는 '目' 위에 '須'를 추가한 자형으로 '眉'의 異體字이다.

盾(07-102-2112)

商代文字	 秉盾鬼	 合20220	 合6975	 合10514
西周春秋文字	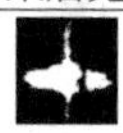 逆鐘	 豖簋	 五年師事簋	

戰國文字	 包山 277			
秦文字	 睡虎地 效律 5			

許愼은 ''을 방패로 몸을 막고 눈을 가린 字形이라고 설명하였다. 商代文字인 甲骨文과 金文부터 출현하며, 방패의 모양을 본떠 으로 서사한다. 西周시기는 甲骨文 구조와 동일한 字形도 있으며 다른 구성 요소가 추가되기도 하였다. ≪小臣宅簋≫ ''(集成 4201)은 중간이 메워져 있으며 ≪㫃爵≫ ''(集成 4201)는 테두리만 표시하였는데 甲骨文과 유사하다. 한편 방패의 형태가 마치 '自'와 유사하게 변화하면서 '人'과 결합한 구조도 출현하였다. ≪五年師事簋≫ ''(集成 4216)이 그 예이다. 戰國時代는 '人'과 방패 모양이 변형된 요소가 결합하여 睡虎地秦簡 ≪效律≫ 5호간 '', 里耶秦簡 8-1600호간 ''과 같이 변화하였다. 許愼이 설명한 눈은 방패의 형태로부터 변형된 것임을 알 수 있다.

自(07-103-2115)

商代文字	 宰甫卣	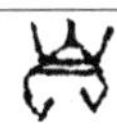 合12	 合27383	
西周春秋文字	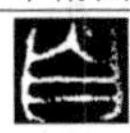 德方鼎	 楚公逆鐘	 伯家父簋蓋	 侯馬盟書 96 : 7
戰國文字	 郭店 老子甲 32	 珍戰 202		
秦文字	 里耶 8-1471背			

''는 코를 본뜬 상형자이다. 商代文字인 甲骨文과 金文부터 출현하며, 사람의 코의 모양을 본떠 로 서사한다. '鼻'의 初文이며, '스스로', '~서부터' 등의 의미는 假借된 것이다. 西周시기도 ≪曾伯公父穆鬲≫ ''(集成 699), ≪德方鼎≫ ''(集成 2661)와 같다. 안에 두 가로선으로 구성된 것이 대부분인데 ≪伯家父簋蓋≫ ''(集成 4156)와 같이 가로선이 하나인 경우도 있다. 春秋시기도 侯馬盟書 96 : 7 ''와

같이 ‘白’과 유사한 字形이 출현하였다. 戰國時代는 小篆과 같이 두 가로선으로 구성한 字形이 쓰였다. 郭店楚簡 ≪老子甲≫ 32호간 ‘’, 里耶秦簡 8-1471호간 ‘’와 같다.

皆(07-104-2118)

商代文字	 合27445			
西周春秋文字	 皆作尊壺	 溫縣盟書 WT14K6 : 211		
戰國文字	 上博 子羔 9	 郭店 唐虞之道 27		
秦文字	 睡虎地 日書乙 236			

‘’는 ‘比’와 ‘㿝’로 구성되었다. 商代文字인 甲骨文부터 출현한다. ‘口’와 ‘’로 이뤄진 글자인데 ‘口’는 구별부호, ‘’는 의미부호 또는 소리부호로 쓰였을 것으로 추정된다. ‘’자 아랫부분이 ‘几(안석 궤)’자로 분석하여 이것을 소리부호로 보는 견해가 있는데, 현재로서는 이 주장이 가장 설득력이 있다. 金文에서는 를 두 사람이 앞뒤로 따르는 모양인 ‘从’으로 교체하였고, ‘口’에 장식성 필획을 더하여 ‘甘’자가 되었다. 아마도 두 사람이 함께 한다는 의미에서 ‘从’자를 의미부호로 교체하였고, 이를 통하여 ‘모두’라는 범위부사를 표현하도록 자형을 변형시켰을 것이다. 나중에 ‘从’은 ‘比’로, ‘甘’은 ‘白’으로 변형되어 지금의 ‘皆’자가 되었다. 西周시기는 ≪皆作尊壺≫ ‘’(集成 9535)와 같이 ‘从’과 ‘日’로 구성한 것을 볼 수 있다. 春秋시기부터 ‘虍’를 다시 추가하기 시작하였다. 溫縣盟書 WT14K6 : 211 ‘’는 ‘虍’와 ‘君’, ‘日’로 구성되었다. 戰國時代도 西周시기 구조와 ‘虍’를 추가한 異體字가 출현하였다. 睡虎地秦簡 ≪日書乙≫ 236호간 ‘’는 西周시기와 동일한 구조이다. 上博楚簡 ≪子羔≫ 9호간 ‘’는 ‘虍’와 ‘皆’로 구성하였다. 郭店楚簡 ≪唐虞之道≫ 27호간 ‘’는 ‘虍’와 ‘君’으로 구성하였다. 小篆이나 楷書는 古文字와 달리 ‘白’으로 구성한 구조이다.

魯(07-104-2119)

商代文字	 合22102	 合10132正		
西周春秋文字	 伯姜鼎	 史墻盤	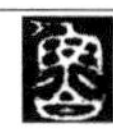 頌鼎	
戰國文字	 上博 魯邦大旱 1	 璽彙 2392		
秦文字	 北大 算甲			

許愼은 ''를 '㠯'로 구성하고 '鮺'의 생략형이 聲符인 字形이라고 설명하였다. 商代文字인 甲骨文부터 출현한다. 본래 '魚'에서 분화된 글자로 구별부호 '口'를 더하면서 '魯'가 되었다. 본래 의미는 '물고기'인데 假借하여 地名으로 사용된 것이다. 西周시기도 ≪伯姜鼎≫ ''(集成 2791)와 같이 '口'로 구성하였다. 또한 아래 '口'가 '白'이나 '曰'로 訛變되었다. ≪頌鼎≫ ''(集成 2829)는 '白'으로 구성하였다. 春秋시기 뿐만 아니라 戰國時代도 '曰'로 구성된 字形이 출현하였다. 上博楚簡 ≪魯邦大旱≫ 1호간 ''도 '曰'로 구성한 자형이다.

者(07-104-2120)

商代文字	 者𤔲簋			
西周春秋文字	 免簋	 伯公父簠	 侯馬盟書 200 : 40	
戰國文字	 上博 中弓 21	 九店 A43	 郭店 老子甲 33	 郭店 語叢一 45
秦文字	 詛楚文			

許愼은 ''를 '㠯'와 聲符 '𣥠'로 구성한 字形으로 설명하였다. 商代文字인 金文부터 출현하며, 으로 서사한다. 아직 어떤 것을 본뜬 글자인지 모른다. 西周시기도 이어

져 ≪免簋≫ ‘’(集成 4240), ≪伯公父簠≫ ‘’(集成 4628)와 같이 서사한다. 春秋시기 이후로 윗부분은 나무를 본뜬 형상은 대부분 사라지고 아래 ‘口’도 ‘曰’, ‘甘’ 등으로 訛變되었다. ≪庚壺≫ ‘’(集成 9733), 侯馬盟書 200 : 40 ‘’, ≪子璋鐘≫ ‘’(集成 116) 등과 같이 다양한 형태로 訛變되었다. 戰國時代는 秦文字의 경우 詛楚文 ‘’와 같이 이전 字形을 계승하였다. 그 밖에 다른 지역은 유형별로 정리하기 어려울 정도로 상당히 다양한 異體字로 변화하였다. 上博楚簡 ≪中弓≫ 21호간 ‘’, 九店楚簡 A43호간 ‘’, 郭店楚簡 ≪老子甲≫ 33호간 ‘’, 上博楚簡 ≪孔子詩論≫ 3호간 ‘’, 郭店楚簡 ≪語叢一≫ 45호간 ‘’, 溫縣盟書 T1K1 : 3780 ‘’ 등이 그 예이다.

𥏼(07-104-2122)

商代文字	 合26994	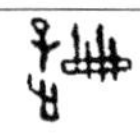 合30692	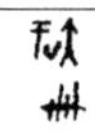 合38289	
西周春秋文字	 逆鐘	 毛公鼎	 智君子鑒	
戰國文字	 上博 孔子詩論 28	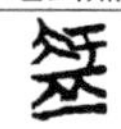 上博 緇衣 19	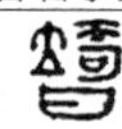 璽考 243	 璽彙 3315
秦文字	 里耶 8-190正			

許愼은 ‘’는 ‘白’·‘亏’·‘知’로 구성하였다고 설명하였다. 商代文字인 甲骨文부터 출현한다. 본래 ‘大’·‘口’·‘于’로 구성되거나 ‘冊’이나 ‘子’가 구성 요소로 들어가 ‘’ 또는 ‘’로 서사한다. 甲骨文에서의 글자 구성과 이 글자의 의미 관계, 즉 造字原理에 대해서는 구체적으로 아직 알기 어렵다. 암도 ‘知識’과 관련하여 의미적 결합을 한 것으로 추정할 뿐이다. 西周시기 이후로 ‘’을 추가한 字形이 출현하였다. ≪逆鐘≫ ‘’(集成 62), ≪毛公鼎≫ ‘’(集成 2841)과 같이 아래 ‘’을 추가한 것을 볼 수 있다. 戰國時代부터 字形 구성 요소에 변화가 발생하였다. 上博楚簡 ≪孔子詩論≫ 28호간 ‘’는 ‘矢’, ‘口’가 합쳐저 ‘谷’과 유사하게 변하기도 하였다. 上博楚簡 ≪緇衣≫ 19호간 ‘’와 같이 ‘口’를 생략하고 아래 부분이 ‘皿’으로 변하였다. 包山楚簡 137호간 ‘’는 ‘矢’가 ‘夫’와 같이 訛變하였다. 郭店楚簡 ≪忠信之道≫ 1호간 ‘’는 아래 ‘’이 ‘白’과 유사하게 변하

였다. 小篆도 '白'으로 구성하였는데 본래 '𠙵'로부터 訛變된 자형으로 볼 수 있다.

百(07-104-2123)

商代文字	 合302	 合5760正	 合33374正	
西周春秋文字	 寧簋蓋	 禽簋	 晉侯穌鐘	 侯馬盟書 303：1
戰國文字	 郭店 緇衣 5	 璽彙 4743	 珍戰 200	 貨系 4743
秦文字	 睡虎地 日書乙 116			

'百'은 '一'과 '自'으로 구성하였다. 商代文字인 甲骨文부터 출현하며, 이 글자는 '白'에서 분화된 글자이다. 본래 '白'자를 가지고 假借하여 숫자 '100'을 표기하였는데, 구별하기 위해 필획을 더하여 百으로 서사한 것이다. 西周시기부터 '一' 아래 형태가 기본적으로 '白'과 유사한 형태로 고정되었다. ≪賢簋≫ '百'(集成 4104), ≪梁其鼎≫ '百'(集成 2768)과 같이 小篆과 상당히 유사하다. 春秋시기 역시 西周시기와 동일한 구조가 출현하였으나 侯馬盟書 303：1 '百'과 같은 특이한 異體字가 일부 출현하기도 하였다. 戰國時代 다양한 異體字가 출현하였다. 秦文字는 '一' 아랫부분이 楷書 '白'과 같은 형태로 변화하였다. 里耶秦簡 8-2202호간 '百'은 楷書 '百'과 상당히 유사하다. 楚文字는 郭店楚簡 ≪緇衣≫ 5호간 '百'과 같이 아랫부분이 '自'의 본래 형태인 '自'로 구성하였다. 晉文字는 楷書 '里'와 유사하게 訛變되었다. 璽印 '百'(≪璽彙≫ 4743)이 그 예이다. 또한 璽印 '全'(≪珍戰≫ 200)과 같이 楷書 '全'과 유사한 異體字도 출현하였다. 이와 같은 유형은 齊文字에서도 볼 수 있다. 貨幣 '全'(≪貨系≫ 4743)과 같다.

鼻(07-105-2124)

商代文字	 合8189			

戰國文字	 璽彙 2555	 璽彙 3689	 陶文 2.292.1	
秦文字	 睡虎地 日書甲 72			

''는 '自'와 '畀'로 구성되었다. '鼻'는 '코'를 표기하는 '自'로부터 발음을 강조하기 위해 '畀'를 추가한 字形이다. 甲骨文부터 출현하는데, 위는 코를 상형한 '自'이고 아래는 소리를 나타내는 '畀'로 되어 로 서사한다. 戰國時代부터 지역별로 형태가 다양하였다. 秦文字는 睡虎地秦簡 ≪日書甲≫ 72호간 ''와 같이 小篆과 동일한 구조로 출현하였다. 楚文字도 秦文字와 동일하나 ''(≪璽彙≫ 2555)와 같이 左右로 구성되기도 하였다. 齊문자는 '鼻'와 더불어 形符 '肉'을 추가한 ''(≪璽彙≫ 3689)나 '코'를 표기한 원시 자형 '自'와 形符 '肉'을 결합한 陶文 ''(≪陶文≫ 2.292.1)도 있다.

𦐇(07-107-2131)

商代文字	 合31669	 懷1393		
戰國文字	 郭店 語叢三 13	 璽彙 2425		
秦文字	 睡虎地 爲吏之道 40			

''은 '羽'와 '白'으로 구성하였다. 商代文字인 甲骨文부터 출현한다. 본래는 의미를 나타내는 形符 '日'과 소리를 나타내는 聲符 '彗'로 구성된 形聲字로 으로 서사한다. 본래 의미는 '暴乾'이며, 다른 의미들은 모두 假借된 것이다. 西周와 春秋는 '𦐇' 관련 고문자가 출현하지 않았다. 戰國時代 용례는 '羽'는 모두 포함하지만 아래 구성요소가 달랐다. 睡虎地秦簡 ≪爲吏之道≫ 40호간 ''은 '日'으로 구성하였으며 郭店楚簡 ≪語叢三≫ 13호간 ''은 '自'로 구성하였다. 晉 璽印 ''(≪璽彙≫ 2425)는 '日'로 구성하였다. '白'으로 구성한 小篆도 이와 같은 현상 속에서 발생한 字形이다.

附錄

〔附錄〕

1. 目次 標題字 音順索引

【076. 又部】 - 【107. 習部】

【ㄱ】

【ㄴ】

【ㄷ】

【ㄹ】

【ㅁ】

【ㅂ】

2. 參考書目

◇ 底本

- ≪說文解字注≫(段注本), 上海古籍出版社, 上海, 1995. 7次印刷.

◇ 주요 참고자료

- ≪說文解字詁林正補合編≫(12冊), 鼎文書局, 臺北市, 民國72年. 2版.
- ≪字典彙編≫(30冊), 于玉安・孫豫仁, 國際文化出版公司, 北京, 1993. 1版.
- ≪六書尋源≫(30冊), 權丙勳・崔奎東, 中東學校, 京城府, 昭和 15年.
- ≪說文解字翼徵≫, 朴瑄壽(鮮), 光文社, 1912.
- ≪段注說文聲符辭典≫, 금하연・오채금 엮음. 일월산방. 2009.
- ≪訓讀說文解字注≫(金), 尾崎雄二郎編, 東海大學出版會, 東京, 1985. 3刷.
- ≪訓讀說文解字注≫(石), 尾崎雄二郎編, 東海大學出版會, 東京, 1989. 2刷.
- ≪訓讀說文解字注≫(絲), 尾崎雄二郎編, 東海大學出版會, 東京, 1989. 1刷.
- ≪訓讀說文解字注≫(竹), 尾崎 雄二郎編, 東海大學出版會, 東京, 1991. 1刷.
- ≪訓讀說文解字注≫(匏), 尾崎 雄二郎編, 東海大學出版會, 東京, 1993. 1刷.

◇ 字典 및 辭典

- ≪康熙字典≫, 文化圖書公司, 臺北市, 民國 67年. 再版.
- ≪正中形音義綜合大字典≫, 高樹藩, 正中書局, 臺北市, 民國18年, 增訂3版.
- ≪中華大字典≫(2冊), 中華書局, 北京, 1995. 第7次印刷.
- ≪漢韓大辭典≫(16冊), 檀國大學校東洋學研究所, 檀國大學校出版部, 서울, 2008. 初版.
- ≪中文大辭典≫(10冊), 中文大辭典編纂委員會, 中國文化學院華岡出版有限公司, 臺北市, 民國68年. 4版.
- ≪中華字海≫(1冊), 冷玉龍 等, 中國友誼出版公司, 北京. 1994.
- ≪漢語大辭典≫(13冊), 漢語大辭典編輯委員會漢語大辭典編纂處, 漢語大辭典出版社, 上海, 1993. 1版.
- ≪漢語大字典≫(9冊), 漢語大字典編輯委員會, 湖北辭書出版社・四川辭書出版社, 湖北省・四川省, 1990. 1版.
- ≪大漢和辭典≫(13冊), 諸橋轍次, 大修館書店, 東京, 昭和 43年. 縮寫版第2刷.
- ≪佩文韻府≫(6冊), 上海書店上海發行所, 1983.
- ≪全韻玉篇≫, 庚戌 中秋, 重刊.

- ≪字典釋要≫, 池錫永, 亞細亞文化社, 1976.
- ≪新字典≫, 朝鮮光文會, 新文館, 1915.
- ≪新字海≫, 民衆書林, 1993. 19刷.
- ≪漢韓大字典≫, 民衆書林, 1997.
- ≪言語學辭典≫, 陳新雄 等 編著, 三民書局股份有限公司, 臺北市, 民國87年. 4版.
- ≪言語文字詞典≫, 何立, 學苑出版社, 北京市, 1999.
- ≪中國文字訓詁學辭典≫, 全廣鎭編譯, 東文選, 1993.
- ≪訓蒙字會≫, 崔世珍, 단대출판부, 1983.
- ≪新增類合≫, 단국대학교출판부, 1984.

◇ 文字學

- ≪文字學初步≫, 徐敬修, 五洲出版社, 臺北市, 民國60年.
- ≪今字解剖≫, 王有宗, 臺灣商務印書館股份有限公司, 臺北市, 民國61年, 2版.
- ≪文字蒙求≫, 王筠, 藝文印書館, 臺北市, 民國 63年, 4版.
- ≪文字學≫, 衛聚賢, 黎明文化事業公司, 臺北市, 民國68年, 初版.
- ≪文字學綱目≫, 杜學知, 臺灣商務印書館股份有限公司,臺北市, 民國73年, 4版.
- ≪文字學論叢≫, 杜學知, 正中書局, 臺北市, 民國 63年, 2版.
- ≪辭典部首淺說≫, 蔡信發, 漢光文化事業股份有限公司, 臺北市, 民國76年. 3版.
- ≪說文解字研究法≫, 馬叙倫, 太平書局, 香港, 1976. 重印.
- ≪中國文字學史≫(2冊), 胡樸安, 臺灣商務印書館股份有限公司, 臺北市, 民國 68年. 8版.
- ≪中國文字學通論≫, 謝雲飛, 學生書局, 臺北市, 民國69年. 7版.
- ≪中國文字學通論≫, 謝雲飛, 學生書局, 臺北市, 民國69年, 7版.
- ≪六書今議≫, 杜學知, 正中書局, 臺北市, 民國70年, 2版.
- ≪六書辨正≫, 弓英德, 臺灣商務印書館股份有限公司, 臺北市, 民國75年, 8版.
- ≪字辨≫, 陳兆桓, 文光圖書有限公司, 臺北市, 民國66年.
- ≪中國文字學≫, 潘重規, 東大圖書有限公司, 臺北市, 民國 66年. 初版.
- ≪中國文字學概說≫, 權宅龍, 螢雪出版社, 서울, 1991. 2刷.
- ≪中國文字學概要文字形義學≫, 楊樹達, 上海古籍出版社, 上海, 1988. 1版.
- ≪中國文字學史≫(2冊), 胡樸安, 臺灣商務印書館股份有限公司, 臺北市, 民國68年. 8版.
- ≪漢字部首字典≫, 王延林, 上海書畵出版社, 上海, 1990. 1版.
- ≪漢字學≫, 王鳳陽, 吉林文化出版社, 長春市, 1989. 1版.
- ≪說文解字通論≫, 金槿 譯, 계명대학교출판부, 대구. 1986.
- ≪漢字學總論≫, 李敦柱, 博英社, 서울, 1992. 全訂增補版.
- ≪簡明實用漢字學≫ , 李大遂, 北京大學出版社, 北京, 1993. 1版.

- ≪漢字部首解說≫, 李忠九, 傳統文化硏究會, 1998.
- ≪千字文字解≫, 李忠九 등 편역. 도서출판 다운샘, 2012.
- ≪중학교900한자해설≫, 이충구 등 편역. 도서출판 다운샘, 2016.

◇ 音韻學

- ≪中國聲韻學通論≫, 林尹, 黎明文化事業公司, 臺北市, 民國77年, 7版.
- ≪漢語音韻學通論≫, 崔羲秀・李義活, 中文出版社, 대구, 1990.
- ≪聲韻學大綱≫, 葉光球, 正中書局, 臺北市, 民國68年. 4版.
- ≪漢語音韻≫, 吳世畯, 中文出版社, 대구, 1993. 초판.
- ≪漢語音韻學通論≫, 崔羲秀・李義活, 中文出版社, 대구, 1990.

◇ 訓詁學

- ≪訓詁學≫, 徐善同, 臺灣商務印書館股份有限公司, 臺北市, 民國75年, 3版.
- ≪訓詁學槪論≫, 齊佩瑢, 漢京文化事業有限公司, 臺北縣, 民國74年. 初版.
- ≪古漢語通論≫, 王力, 中外出版社, 香港, 1976.
- ≪古漢語綱要≫, 周秉鈞, 湖南人民出版社, 1978.
- ≪爾雅注疏≫(6책), 이충구・임재완・김병헌・성당제 번역, 소명출판, 2004.
- ≪訓詁學大綱≫, 胡楚生, 蘭臺書局有限公司, 臺北市, 民國74年, 4版.
- ≪中國訓詁學≫, 馮浩菲, 山東大學出版社, 1997.
- ≪簡明訓詁學≫, 白兆麟, 學生書局, 臺北市, 民國85年.
- ≪훈고학의 이해≫, 정명수・장동우 옮김. 동과서, 1997.

◇ 논문

- ≪說文解字注에 나타난 段玉裁의 古今字觀 硏究≫, 문수정, 서울대학교대학원 박사논문, 2014.
- ≪說文解字 篆文 硏究≫, 徐權, 제주대학교대학원 박사논문, 2010.
- ≪說文解字翼徵 硏究≫, 金玲敬, 華東師範大學博士論文, 2004.
- ≪說文解字翼徵解說者 譯解≫, 文準彗, 서울대학교대학원 박사논문, 2008.
- ≪說文解字注 部首字 譯解≫, 廉丁三, 서울대학교대학원 박사논문, 2003.
- ≪六書尋源 硏究≫, 羅賢美, 부산대학교대학원 박사논문, 2005.
- ≪惺臺 權丙勳의 六書尋源 硏究≫, 河水用, 부산대학교대학원 박사논문, 2005.
- ≪朝鮮 後期 文字訓詁 學究≫, 楊沅錫, 고려대학교대학원 박사논문, 2006.
- ≪說文解字에 나타난 漢字字源 硏究≫, 李忠九, ≪漢字漢文敎育≫제 17집, 2006.
- ≪中國字書史の硏究≫, 福田襄之介, 明治書院, 昭和 57年, 3版.

3. ≪說文解字≫ 학술회의 자료

1) 영상

• QR코드를 스캔하면 2021년 전통문화연구회 국제학술대회 - 出土文獻 硏究의 回顧와 跳躍 : ≪說文解字注≫ 연구번역에 즈음하여- 영상을 볼 수 있습니다.

2) 자료집

• QR코드를 스캔하면 2021년 전통문화연구회 국제학술대회 - 出土文獻 硏究의 回顧와 跳躍 : ≪說文解字注≫ 연구번역에 즈음하여- 자료집을 볼 수 있습니다.

4. 영문 소개

≪*Annotated Translation of Shuowenjiezizhu*(說文解字注)≫

- with the Supplementary Notes of Unearthed Texts -

This book is an annotated translation of "*Shuowenjiezizhu*(說文解字注) or Annotated *Shuowenjiezi*(說文解字)", written by Duan Yucai(段玉裁, 1735~1815) of the Qing Dynasty in which he made extensive annotations to *Shuowenjiezi*, writtten by Xu Shen(許愼, ?~?) of the Later Han Dynasty. Prior to this, it had only been partially translated in China and Japan, and even it that case, they translated only Xu Shen's *Shuowenjiezi*, made notes to *Shuowenjiezizhu*, or read Chinese characters in Japanese way. This is why it is not an exaggeration to state that *Annotated Translation of Shuowenjiezizhu* published at this time is the first copy of full translation with notes of all time in the world.

As a result of the discovery of the oracle bone inscriptions(甲骨文) in Yinxu (殷墟) in 1899, a number of errors were discovered in the *Shuowenjiezi*, which had been based on Qin Script(小篆). Even so, it is undeniable fact that *Shuowenjiezi* is still very valuable in studying graphonomy, phonology, and exegetical studies. Almost all of the limitations of the times have been corrected with the supplementary notes of unearthed text in this edition of *Annotated Translation of Shuowenjiezizhu*.

Based on the graphotactic basision that they have investigated, planned and researched over the past four years until the publication of this book, Dr. Lee Chung-gu(李忠九), Dr. Kim Gyu-seon(金奎璇), Seong-jeongje(成嘒濟), and Lim Jae-wan(林在完), Dr. Seong-deok Cho(趙成德), all of whom are professional translator, devoted themselves to the translation of this book.

The professors Won Yong-jun, Kim Jeong-nam, Kim Hyuk, and Park Jae-bok, all of whom specialize in Chinese paleography, formed a collaborative research & translation team with the translators as research committee members, and underwent detailed verification to review the excavated materials and translated manuscripts every week. Through these efforts, the characters used in each era were included in the Supplementary Notes of Unearthed Texts by classifying them into Letter in Shang period(商代文字), Letter in West Zhou & Spring Autumn period(西周春秋文字), Letter in Warring States period(戰國文字), and Letter in Qin Dynasty(秦文字).

Nearly 2,000 years have passed since Xu Shen(許愼) completed *Shuowenjiezi*, and more than 200 years have already passed since Duan Yucai(段玉裁), the person who wrote *Shuowenjiezizhu*, passed away. There has been a large volume of materials published about *Shuowenjiezi*, but by this time no research has compiled so many materials as *Annotated Translation of Shuowenjiezizhu* published at this time. So it can be claimed to be the most faithful research material over the past 2000 years. From now on, it is planned to be published annually and completed early in a total of 20 books by 2030.

March 2022

Park Hong-sik(朴洪植), chairman of the Institute of Traditional Culture

Song Jae-so(宋載卲), head of the Institute for Translation of the Oriental Classic

협동번역 연구팀 약력

責任飜譯

李忠九

秀松 梁大淵, 龍田 金喆熙 先生 師事
中央大學校 教育學科(國語國文學科 副專攻)
成均館大學校 大學院 國語國文學科 碩士, 博士
民族文化推進會 國譯硏修院
檀國大學校 韓中關係研究所 研究員(現)
傳統文化研究會 講師(現)

論著 〈經書諺解 研究〉, 〈說文解字에 나타난 漢字字源 研究〉 등
譯書 ≪東山先生奏議≫, ≪선비 安濂 日誌≫, ≪小學集註≫, ≪註釋 千字文≫ 등
共譯 ≪國譯 治平要覽≫, ≪增補四禮便覽 譯註本≫, ≪譯註 國語≫, ≪譯註 貞觀政要集論≫, ≪爾雅註疏≫, ≪譯註 說文解字注 1~5≫ 등

共同飜譯

林在完

東亞大學校 哲學科 學士
成均館大學校 漢文學科 碩士, 博士
翰林大學校 泰東古典研究所 修了
三星美術館 리움 首席研究員
翰林大學校 泰東古典研究所 研究教授
國史編纂委員會 講師

譯書 ≪세 분 선생님의 편지글≫, ≪조선시대 문인들의 초서 편지글≫, ≪정조대왕의 편지글≫, ≪초서로 쓴 구양수・소동파・황산곡・원굉도의 편지글≫, ≪白沙 李恒福 遺墨帖과 北遷日錄≫, ≪國譯 燕行錄 鈔≫, ≪大覺登階集≫ 등
共譯 ≪國譯 三經淺見錄≫, ≪爾雅註疏≫, ≪朝鮮時代 名賢 簡札帖≫, ≪省齋集≫, ≪剛齋集≫, ≪思齋集≫, ≪明谷集≫, ≪譯註 說文解字注 1~4≫등

成瑭濟

成均館大學校 漢文學科 學士, 碩士, 博士
韓國古典飜譯院 國譯硏修院 修了
成均館大學校 漢文學科 講士
서울大學校 奎章閣 韓國學硏究院 責任硏究員
傳統文化硏究會 講士

論著〈藥泉 南九萬 文學硏究〉
譯書《譯註 景宗春宮日記》등
共譯《爾雅註疏》,《譯註 昭顯分朝日記》,《國譯 思齋集》,《國譯 村家救急方》,《譯註 說文解字注 1~5》등

趙成德

大邱韓醫大學校 漢文學科 學士
成均館大學校 漢文學科 碩士, 博士
金熙鎭 先生 師事
民族文化推進會 古典情報센터
韓國古典飜譯院 朝鮮王朝實錄硏究팀 專任硏究員
成均館大學校 漢文學科 招聘敎授
檀國大學校 漢文敎育硏究所 先任硏究員
경성대학교 한국한자연구소 HK연구교수(現)

論著〈韓國 文集 所在 異體字 硏究〉
譯書《武陵雜稿》등
共譯《愚潭全集》,《譯註 說文解字注 1~5》등

黃鳳德

全州大學校 漢文敎育科 卒業
成均館大學校 大學院 漢文學科 碩士, 博士

論著〈李德懋《士小節》硏究〉
共譯《譯註 貞觀政要集論 1~4》,《國譯 通鑑節要增損校註Ⅰ》,《文苑叢寶》,《千字文字解說》등

責任研究

元勇準

成均館大學校 東洋哲學科 學士, 碩士
東京大學 人文社會系硏究科 博士
成均館大學校 儒敎文化硏究所 硏究員
成均館大學校 東洋哲學科 BK사업단 硏究敎授
誠信女子大學校 時間講師
忠北大學校 哲學科 敎授(現)

論著 〈中國 古代 신화자료의 儒敎的 전개〉, 〈馬王堆帛書 '易傳'의 道器論 硏究〉등
共譯 ≪중국고전명언사전≫ 등

共同研究

朴載福

北京大學 考古文博學院 碩士, 博士
儒道會 漢文硏修院 修了
成均館大學校 儒敎文化硏究所 先任硏究員
京東大學校 韓國語敎員學科 敎授(現)

論著 ≪先秦卜法硏究≫, 〈尙書에 보이는 갑골점복 고찰: 최근 발견된 출토자료와의 비교분석을 중심으로〉 등
譯書 ≪中國 文明의 起源을 새롭게 탐구한 區系類型論≫ 등

金 赫

高麗大學校 中語中文學科 學士
延世大學校 中語中文學科 碩士
復旦大學 中國語言文學系, 博士
延世大學校 中語中文學科 講士
慶尙國立大學校 中語中文學科 敎授(現)

論著 〈殷墟文字丙編〉, 〈중국 出土文獻의 새로운 세계〉 등
著書 ≪한자, 그것이 알고 싶다≫ 등

金正男

漢陽大學校 中語中文學科 學士
서울大學校 中語中文學科 碩士, 博士
復旦大學 中國語言文學系, 博士
檀國大學校 일본연구소 HK연구教授
慶尙國立大學校 국제지역연구원 학술연구교수
東國大學校 WISE캠퍼스 글로벌어문학부 교수(現)

論著 〈≪詩經≫〈關雎〉新解釋 - 安徽簡〈詩經〉을 중심으로〉, 〈清華簡 ≪金縢≫을 통해 본 ≪尙書≫ '詰屈聱牙' 현상의 유형적 고찰 -출토문헌과 통행본의 대조를 중심으로〉
著書 ≪중국 出土文獻의 새로운 세계≫ 등

東洋古典譯註叢書 206

譯註 說文解字注 6　　35,000원

2025년 08월 20일 초판 인쇄
2025년 08월 29일 초판 발행

著者　許愼　注　段玉裁

企劃編輯　東洋古典飜譯編輯委員會
責任飜譯　李忠九
共同飜譯　成嘒濟 林在完 趙成德 黃鳳德
責任研究　元勇準
共同研究　金正男 金　赫 朴載福
飜譯研究管理 朴相水
潤　　文　朴相水
校　　訂　朴相水
編輯出版　白俊哲

發 行 人　金　炫
發 行 處　社團法人 傳統文化研究會
등록 : 1989. 7. 3. 제1-936호
서울 종로구 삼봉로 81 두산위브파빌리온 1332호
전화 : (02)762-8401　전송 : (02)747-0083
전자우편 : juntong@juntong.or.kr
누리집 : www.juntong.or.kr
사이버書院 : hm.cyberseodang.or.kr
온라인서점 : book.cyberseodang.or.kr
총판 : 한국출판협동조합(070-7119-1750)

ISBN 979-11-5794-437-8 94710
978-89-85395-71-7(세트)

※ 이 책은 2023년도 교육부 고전문헌 국역지원사업 지원비에 의해 번역되었음.